Tytuł oryginału: Палачи. Они выполняли заказы Сталина

© Copyright 2011 by Nowaja gazieta

© Copyright by Demart SA Wszelkie prawa zastrzeżone.
Warszawa 2022 Żadna część ani całość wydawnictwa **Psy Stalina** nie może być reprodukowana ani przetwarzana w sposób elektroniczny, mechaniczny, fotograficzny i inny, nie może być użyta do innej publikacji oraz przechowywana w jakiejkolwiek bazie danych bez pisemnej zgody Wydawcy. Zespół opracowujący tę publikację starał się weryfikować podane informacje w różnych źródłach, jednak nie może wziąć odpowiedzialności za skutki ich wykorzystania.

Wydanie II, rozszerzone

Wydawca: Demart SA
02-495 Warszawa
ul. Poczty Gdańskiej 22a
tel. 22 662 62 631
www.demart.com.pl
e-mail: info@demart.com.pl

Dział zamówień:
Sprzedaż hurtowa:
tel. 22 498 01 77/78
e-mail: biuro.handlowe@demart.com.pl
Sprzedaż detaliczna:
e-mail: sklep@polskaniezwykla.pl

Przekład z języka rosyjskiego: Justyna Prus-Wojciechowska, Katarzyna Syska

Konsultacja naukowa: prof. Jakub Wojtkowiak

Redakcja: Witold Sienkiewicz, Marzena Wieczorek

Projekt graficzny książki,
projekt okładki: Krzysztof Stefaniuk

Fotografie: ze zbiorów autora

Skład i łamanie: Tomasz Góra, Ewa Marszał-Demianiuk

Korekta językowa: Edyta Malinowska-Klimiuk, Marlena Dobrowolska

Przygotowanie do druku: Recontra Studio Graficzne

ISBN: 978-83-7912-449-7

Spis treści

- 4 O autorze
- 5 Słowo wstępne
- 11 Od autora
- 15 Beria - cyniczny stalinista
- 29 Jak Beria zdobywał zaufanie
- 35 Menedżer GUŁagu
- 43 Na zamówienie Stalina
- 54 Tajne morderstwa na rozkaz Stalina
- 68 Laboratorium X
- 81 Próba przekupienia Hitlera
- 92 Najlepiej wykształcony oprawca
- 105 Wielcy bracia
- 119 Ławrientij Drugi (Ławrientij Canawa)
- 134 Kamienny gość
- 147 Etatowy państwowy morderca
- 159 Czy to na pewno był rycerz?
- 173 Rodos - wyspa archipelagu GUŁag
- 183 Śledczy - łamacz kości: wariant na eksport
- 196 Taki zwykły księgowy
- 212 Tortury w imieniu Stalina: „Bić bez litości"
- 216 Człowiek w skórzanym fartuchu
- 251 Oprawcy z Sandarmochu
- 273 Honorowy obywatel GUŁagu
- 282 Zdolne uczennice Berii
- 295 Chwalił się egzekucjami
- 303 Styl Stalina: zabić i oszkalować
- 310 Mały Katyń
- 319 Abakumow: „Wszyscy mają się mnie bać..."
- 335 Kto rozstrzeliwał Polaków w 1940 roku
- 341 Wykaz załączników (Dokument 1)
- 393 Jeden z „listy białoruskiej"
- 406 Tyran u schyłku życia
- 409 Wykaz załączników cd. (Dokumenty 2-5)
- 424 Skróty
- 426 Indeks osobowy

O autorze

Nikita Wasiliewicz Pietrow (ur. 1957 rok), doktor, wybitny badacz historii najnowszej, zastępca przewodniczącego Rady Naukowo-Informacyjnego i Edukacyjnego Centrum „Memoriał" zajmującego się dokumentowaniem zbrodni stalinowskich. Był ekspertem Sądu Konstytucyjnego oraz Komisji Rady Najwyższej Federacji Rosyjskiej do spraw przejęcia archiwów KPZS i KGB przez archiwa państwowe. Jest autorem ponad 100 prac poświęconych historii terroru sowieckiego, masowych represji i resortów karnych, które przetłumaczono na wiele języków, w tym niemiecki, angielski i francuski. W swoich opracowaniach poruszał też wątki polskie jak np. fałszowanie referendum i wyborów w latach 1946-47 czy obława augustowska nazywana Małym Katyniem. Do bardziej znaczących publikacji Nikity Pietrowa należą:

Stalin's Loyal Executioner: People's Commissar Nikolai Ezhov, 1895–1940., (Lojalny kat Stalina: ludowy komisarz Nikołaj Jeżow), California 2002, wspólnie z Markiem Jansenem;

Pierwyj Priedsiedatel' KGB – Iwan Sierow (Pierwszy przewodniczący KGB – Iwan Sierow), Moskwa 2005;

Stalinskij pitomiec – Nikołaj Jeżow (Wychowanek Stalina – Nikołaj Jeżow), Moskwa 2008, wspólnie z Markiem Jansenem;

Po scenariju Stalina: rol' organow NKWD-MGB w sowietizacyi stran Central'noj i Wostocznoj Jewropy 1945 – 1953 gg. (Według scenariusza Stalina: rola organów NKWD-MGB w sowietyzacji państw Europy Środkowej i Wschodniej), Moskwa 2011. (Ta książka otrzymała wyróżnienie na II Kongresie Zagranicznych Badaczy Dziejów Polski, który odbył się w Krakowie w 2012 roku.);

Na dorobek naukowy Nikity Pietrowa składa się też redakcja informatorów oraz zbiorów dokumentów pochodzących z archiwów już niedostępnych dla badaczy. Poniżej wymieniono tylko najbardziej znaczące publikacje:

Kto rukowodił NKWD 1934-1941. Sprawocznik (Kto kierował NKWD 1934-1941. Informator), Moskwa 1999, wspólnie z K.W. Skorkinem;

GUŁAG: Gławnoje uprawlenije łagieriej. 1918-1960 (GUŁag: Główny Zarząd Obozów), Moskwa 2000, wspólnie z A. I. Kokurinem;

Łubianka. WCzK-OGPU-NKWD-NKGB-MGB-MWD-KGB. 1917–1991. Sprawocznik (Łubianka. WCzK-OGPU-NKWD-NKGB-MGB-MWD-KGB. 1917–1991. Informator), Moskwa 2003, wspólnie z A. I. Kokurinem;

Istorija stalinskogo Gułaga. Koniec 1920-ch – pierwaja połowina 1950-ch godow: Sobranije dokumientow w 7 tomach, t. 2. Karatel'naja sistema: struktura i kadry (Historia stalinowskiego GUŁagu. Od końca lat 20. do połowy lat 50.: Zbiór dokumentów w 7 tomach, t. 2. System karny: struktura i kadry), Moskwa 2004, wspólnie z N. I. Władimircewem;

SWAG i niemieckije organy samouprawlenija. 1945–1949: Sbornik dokumientow (Sowiecka Administracja Wojskowa w Niemczech i niemieckie organy samorządowe. 1945-1949. Zbiór dokumentów), Moskwa 2006;

Apparat NKWD-MGB w Giermanii. 1945–1953: Sbornik dokumientow (Aparat NKWD-MGB w Niemczech. 1945-1953: Zbiór dokumentów), Moskwa 2009, wspólnie z J. Fojtcykiem;

Kto rukowodił organami gosbiezopasnosti, 1941–1954. Sprawocznik (Kto kierował organami bezpieczeństwa państwowego, 1941-1954. Informator), Moskwa 2010;

Die sowjetischen Geheimdienstmitarbeiter in Deutschland: 1945–1954, (Sowieckie tajne służby w Niemczech: 1945-1954), Berlin 2010.

Słowo wstępne
(do wydania I)

Wojciech Materski

Autor niniejszej książki, Nikita Pietrow znany jest w Polsce przede wszystkim jako wybitny działacz społeczny, wiceprzewodniczący Stowarzyszenia „Memoriał" – rosyjskiej organizacji zajmującej się pozyskiwaniem, opracowywaniem i propagowaniem wiedzy o ofiarach represji oraz monitorowaniem praw człowieka. Mniej osób wie, że jest on zarazem wybitnym historykiem, od wielu lat drążącym tematykę wynaturzeń państwa sowieckiego, pod kostiumem ideologii ukrywającego swój prawdziwy charakter – kierowanej przy pomocy manipulacji, łamania wszelkich praw i procedur organizacji przestępczej, opartej na mechanizmach podobnych do mafii, ale nieporównanie bardziej krwawych. Wydał z tego zakresu kilka wyjątkowej wagi publikacji dokumentów. Jest też współautorem podstawowych leksykonów o sowieckich organach przymusu, ludziach nimi kierujących i zmianach organizacyjnych zachodzących w ich usytuowaniu w systemie.

Udostępniane czytelnikowi polskiemu *Psy Stalina* ukazują epizody historii Sowietów – od lat 20. po 50. – charakteryzujące w porażający sposób funkcjonowanie systemu wymyślonego przez Lenina, a dopracowanego w szczegółach przez Stalina. Jego podstawą były w pełni kontrolowane przez capo di tutti capi tajna policja (Czeka i jej kolejne mutacje) i wymiar pseudo-sprawiedliwości (tzw. trójki, dwójki, Kolegium Wojskowe Sądu Najwyższego, Narada Specjalna). Instytucje te spełniały nawet najbardziej przerażające, wynaturzone zamówienia (*zakazy*) Stalina, nie cofały się przed żadnym przestępstwem. Odpowiednia liczba realizowanych przez nie „spraw"[1] i ofiar konieczna była dla „oliwienia systemu", utrzymywania społeczeństwa w odpowiednim napięciu, niepewności, w przekonaniu, iż tajna policja wszystko kontroluje, że żaden odruch oporu nie ujdzie jej uwagi.

Niebywale rozbudowany, stale doskonalony w swej skuteczności aparat sprawował terror bezpośredni nad społeczeństwem, paraliżował w zarodku wszelkie odruchy sprzeciwu, poprzez różnorakie „akcje prewencyjne" utrzymywał w skali powszechnej atmosferę podejrzliwości i strachu, budował oplatającą wszystkie warstwy społeczne sieć donosicielstwa. Służył zarazem Stalinowi do niszczenia wszelkich rzeczywistych i potencjalnych wrogów z kierownictwa partii, rządu i wojska, a także ze swoich własnych kolejnych kierownictw. Dyktator bowiem do nikogo nie miał zaufania, wszyscy wcześniej czy później musieli – według logiki systemu – paść jego ofiarą. Zagrożeni byli wszyscy i wszyscy zdawali sobie z tego sprawę, prześcigając się w rywalizacji o względy tyrana, w odgadywaniu jego najbardziej nieprawdopodobnych podejrzeń, wykazując się wskazaniem dotąd nieujawnionych „wrogów".

Autor przedstawia proces przechodzenia „organów" od fazy, w której każdy z ich pracowników zajmował się rutynowo mordowaniem, do stanowiącej główny przedmiot jego zainteresowania fazy wyspecjalizowanych zawodowych katów (*rasstrielczikow*). Na bazie oryginalnej dokumentacji archiwalnej rekonstruuje kryteria ich doboru, usytuowanie w systemie, drogi awansu, spektakularne momenty służby, aż po „wypadanie" z zawodu na skutek „zmiany ekipy" (czyli jej likwidacji fizycznej), przeciążeń psychicznych czy zaawansowanego alkoholizmu. Rekonstruuje najbardziej spektakularne epizody procesu selekcjonowania sowieckiej elity partyjno-państwowej przez etatowych oprawców, realizujących nie tyle

---

[1] Wszystkie określenia w cudzysłowie przytaczam za Nikitą Pietrowem.

polecenia swych szefów, co przekazywane za ich pośrednictwem, a czasami też bezpośrednio ścisłe wytyczne Stalina.

Tyran do granic psychopatii fascynował się mordowaniem swych rzeczywistych i domniemanych wrogów, ale nade wszystko ich torturowaniem, szczególnie wyrafinowanym biciem prowadzącym niemal do śmierci. Uzdolnienia enkawudzistów do wielogodzinnego bicia i rozstrzeliwania cenił sobie Stalin na tyle, iż kierował się nimi przy obsadzaniu wysokich stanowisk w aparacie represji.

Odtwarzając początki funkcjonowania w ramach sowieckiego resortu spraw wewnętrznych komanda zawodowych katów sięga Pietrow do narodzin państwa „nowego typu". Od zarania sowieckiej tajnej policji, już w początkach powołanej do życia w grudniu 1917 r. CzeKi Feliksa Dzierżyńskiego likwidacja w uproszczonym trybie wrogów klasowych, rzeczywistych i potencjalnych przeciwników narzuconego przez bolszewików systemu odbywała się na skalę masową. Zatrudniani byli przy niej wszyscy bez wyjątku pracownicy. Jednak traktowanie przesłuchań i rozstrzeliwań jako rutynowego obowiązku każdego czekisty okazało się mało efektywne. Z czasem zaczęto więc wyławiać osoby szczególnie predestynowane do tej „pracy", wytrzymałe fizycznie i psychicznie, a zarazem mające inklinacje do torturowania, sadystycznego zadawania bólu, zdolne w każdym wypadku wymusić od ofiar potrzebne zeznania – przed ich rozstrzelaniem (uduszeniem, zamęczeniem, sprokurowaniem „wypadku"). Z czasem ukształtowała tzw. grupa specjalna (*spiecgruppa*), w której skład wchodziły osoby zdolne do codziennego mordowania – w ich liczbie także członkowie bezpośredniej ochrony samego Stalina. Kwalifikowano do niej na ogół ludzi spaczonych psychicznie, o niskim poziomie wykształcenia, ale dużej wytrzymałości, sile i ogólnej sprawności fizycznej. Nazywano ich komisarzami do zleceń specjalnych.

Obok rozstrzeliwań, specjalnością *psów Stalina* było wymuszanie zeznań. Nie musiała ich nawet składać osoba przesłuchiwana (torturowana), od niej wymagano tylko podpisu. W ważnych śledztwach odpowiednią treścią i formą zeznań zajmował się śledczy, „łączący mordobicie z pracą literacką". Za treść tych zeznań, ich zgodność z „zamówieniem" Stalina osobiście odpowiadali szefowie tajnej policji, wpierw „sadystyczny karzeł" Nikołaj Jeżow, a następnie „rzeźnik łubiański" Ławrientij Beria. Przestępstwem służbowym nie było bynajmniej zamęczenie torturami ofiary na śmierć, ale nie wymuszenie przed tą – właściwie oczywistą – śmiercią, żadnego obciążającego ją zeznania. Nieważne było przy tym czy miało ono coś wspólnego z rzeczywistością czy też było przygotowane przez oprawcę. Zeznania pozyskiwano w różnoraki sposób, w zależności od przesłuchującego, np. przez skakanie po obalonym na ziemię przesłuchiwanym, duszenie spalinami samochodowymi czy przypalanie języka. Nade wszystko używano jednak uznawanej za niezawodne narzędzie – gumowej pałki, pod uderzeniami której pękały kości. Bestialsko bito nie tylko mężczyzn, ale też kobiety. Do skrytobójczego zabijania stosowano w niektórych wypadkach trucizny.

Z masy spraw prowadzonych przez „organy", ich czołowych śledczych i katów autor wybrał kilkanaście. Dla polskiego czytelnika szczególnie interesujące są w pracy wątki represji skierowanych wobec obywateli polskich. W kilku rozdziałach podejmuje Pietrow szczegółowe, wiążące się z tematem książki aspekty mordu na polskich jeńcach wojennych i więźniach wiosną 1940 r. – najpełniej w rozdziale stanowiącym próbę zewidencjonowania i scharakteryzowania ich katów. Pietrow przypomina, iż lista nazwisk 125 katów, bezpośrednich wykonawców zbrodni katyńskiej jest od lat znana, była wielokrotnie publikowana. On natomiast w oparciu o szeroką kwerendę archiwalną opracował jej znacznie poszerzoną wersję, rozbudowaną w zdecydowanej większości wypadków nie tylko o pełne imiona i patronimiki, ale też życiorysy zawodowe, ujęte na miarę informacji dostępnych w zachowanych kartotekach personalnych resortu.

Ujawnia Pietrow interesujące następstwa znanej z literatury o Katyniu wypowiedzi Wsiewołoda Mierkułowa (według innych źródeł Ławrientija

Berii) w rozmowie z płk. Zygmuntem Berlingiem, płk. Eustachym Gorczyńskim i ppłk. Leonem Bukojemskim o zaginionych tysiącach polskich jeńców wojennych: „Zrobiliśmy z nimi wielką pomyłkę" (*My sdiełali s nimi bolszuju oszybku*). Stała się ona w 1953 r. podstawą śledztwa przeciwko nim o zdradę stanu, złamanie tajemnicy milczenia na temat zbrodni katyńskiej; zostało ono zaprzestane po nagłej śmierci Stalina.

Nikita Pietrow ma niedające się przecenić zasługi w przybliżeniu nas do prawdy o Obławie Augustowskiej, dokonanej w lipcu 1945 r. przez SMERSZ[2] masowej zbrodni, porównywalnej z ludobójstwem katyńskim. Po ponad sześćdziesięciu latach milczenia w tej kwestii władz sowieckich/rosyjskich, całkowitego braku jakichkolwiek wiarygodnych informacji na temat ponad tysiąca osób przepadłych wówczas bez wieści, znalazł on w byłym archiwum NKWD i udostępnił opinii publicznej dokumenty jednoznacznie wskazujące sprawców mordu. Są one podstawą rozdziału poświęconego Obławie, którą dość trafnie Pietroń nazywa Małym Katyniem. Zbrodnię tę łączy on z psychozą, jaka ogarnęła sowieckie organy bezpieczeństwa w związku z podróżą Stalina na konferencję Wielkiej Trójki do Poczdamu i totalnym pacyfikowaniem trasy jego przejazdu koleją. Wzmiankuje też o kilku innych „polskich epizodach", jak lista ukraińska zbrodni katyńskiej i sprawa podstępnego aresztowania i procesu tzw. 16-ki (kierownictwa Polski Podziemnej).

Walory informacyjne, unikalna baza źródłowa wykładu, znakomity warsztat i konwencja narracji, wszystko to czyni z książki Nikity Pietrowa pozycję ze wszech miar godną uwagi. Jak żadna inna przybliża ona prawdę o systemie sowieckiego państwa-partii, o jego współtwórcy i wieloletnim nadzorcy, sadyście i psychopacie Józefie Stalinie.

Wojciech Materski

---

[2] Smiert' szpionam (Śmierć szpiegom) – w latach 1943-1946 oficjalna nazwa sowieckiego kontrwywiadu wojskowego.

Wojciech Jerzy Materski (ur. 1944) – profesor nauk humanistycznych, historyk i politolog specjalizujący się w badaniach najnowszej historii powszechnej i Polski. Zajmuje się zwłaszcza historią ZSRS oraz stosunkami polsko-sowieckimi. Przyczynia się do normalizacji naszych relacji z Rosją w ramach Polsko-Rosyjskiej Grupy do Spraw Trudnych. Jest autorem i współautorem około 400 prac, w tym 20 książek.

Od autora

Będzie to – mimo wszystko – książka o Stalinie. Obserwując ludzi z jego otoczenia, możemy z powodzeniem wyciągać wnioski o nim samym. Wystarczy dobrze się przyjrzeć, kogo awansował i dopuścił do siebie, umieszczając na kierowniczych stanowiskach w tajnej policji – instytucji stanowiącej najważniejszy instrument umacniania jego władzy i walki z politycznymi przeciwnikami.

Wśród faworytów Stalina ze struktur bezpieczeństwa państwowego są postaci wyraziste i zapadające w pamięć. Od Jeżowa i jego podwładnych – rzeźników Wielkiego Terroru, którzy utopili kraj we krwi, po ich następców z klanu Berii – wyrafinowanych przestępców, którzy nie powstrzymali się przed wypełnieniem żadnego, nawet najbardziej zbrodniczego rozkazu. Zakres ich działań był szeroki: porwania, tajne morderstwa i nieludzkie eksperymenty nad skazanymi na śmierć.

Na dodatek, we wszystkich represjach wyraźnie widać wolę Stalina. Dyktator wykazał się nadzwyczajnym talentem w tworzeniu silnego zespołu wirtuozów tortur. I osobiście dyrygował – kogo, kiedy i jak torturować.

Nawet w ostatnich miesiącach życia, o czym dobitnie świadczą dokumenty, Stalin trzymał aparat bezpieczeństwa twardą ręką. Często można dziś przeczytać, jakoby w ostatnich latach dyktator stopniowo oddalał się od rządzenia, władza wyślizgiwała mu się z rąk... A niektórzy twierdzą nawet, że został on odsunięty od władzy przez ludzi ze swojego najbliższego otoczenia. Akurat! To właśnie bezpieka, znajdująca się pod kontrolą, i to wyłączną, Stalina, była realną władzą, która pozwalała mu błyskawicznie rozprawić się z każdym, włącznie z członkami Biura Politycznego. Także dzisiaj, gdy czytamy dokumenty z tamtej epoki, wstrząsające jest, ile osobistego okrucieństwa, nieuzasadnionej złości widać w ostatnich rozkazach Stalina (patrz Załącznik, dokumenty 2–5). Jakby przeczuwał, że nieodwracalnie jego czas dobiega końca, i starał się zdążyć jeszcze kogoś wtrącić do więzienia, żeby bić i męczyć.

Czy o tym pamiętamy? Czy dobrze przyswoiliśmy te lekcje historii? Niestety, to tu, to tam, można usłyszeć dywagacje o „historycznej korzyści", jaką przyniosła dyktatura stalinowska. Stalin jest przedstawiany jako „wybawca ojczyzny", jego upiększony wizerunek regularnie próbuje się umieszczać na plakatach w przeddzień Dnia Zwycięstwa[3]. Odrodzeniu mitu o „mądrym, drogim i ukochanym" może przeciwdziałać tylko ścisła, poparta licznymi dokumentami wiedza historyczna o Stalinie – tyranie i mordercy.

A przecież dokumentów nie brakuje – jest ich całe mnóstwo. Rosjanie do dziś mają jednak problem z uświadomieniem sobie potworności zbrodni popełnianych przez Stalina.

Ławrentija Berii – szefa NKWD w czasach Stalina nie trzeba chyba specjalnie przedstawiać. O zbrodniach popełnionych przez niego w okresie, kiedy sprawował funkcję narkoma (ludowego komisarza) spraw wewnętrznych, napisano bardzo wiele. Ale on również stał się dzisiaj obiektem najróżniejszych spekulacji o „niewinności" i „braku związku" z krwawymi akcjami reżimu sowieckiego. Charakterystyczne dla współczesnych apologetycznych dzieł poświęconych Berii i jego roli w historii są mieszanie pojęć oraz ewidentne próby idealizowania wizerunku stalinowskiego satrapy.

Po śmierci Stalina Beria jako pierwszy rzucił się do demaskowania niedawnych zbrodni despoty. Czy mogło go to uratować? To wątpliwe.

---

[3] Rocznica zwycięstwa nad faszystowskimi Niemcami w II wojnie światowej obchodzona jest w Rosji jako święto państwowe 9 maja (przyp. red.).

Beria nie rozumiał, że jego własne zbrodnie, które popełnił w NKWD na rozkaz Stalina w latach 1938–1945, nie zostaną zapomniane. Mało tego, stając w 1953 roku na czele połączonego Ministerstwa Spraw Wewnętrznych (w skład którego weszły również struktury bezpieczeństwa państwowego), mianując na kluczowe stanowiska swoich wygnanych wcześniej z organów współpracowników, porządnie nastraszył pozostałych członków kremlowskiego kierownictwa, a tym samym przesądził i przyspieszył swój koniec.

Członkowie Prezydium Komitetu Centralnego[4] tradycyjnie z obawą patrzyli na organy represji jako domenę Stalina znajdującą się poza ich zasięgiem. I po śmierci dyktatora byli zdeterminowani, by przejąć nad nimi kontrolę, rozpędzając zjednoczoną ponownie ekipę Berii i tym samym usunąć potencjalne zagrożenie.

A galeria portretów ludzi z najbliższego otoczenia Berii! W tym czekistowskim panoptikum każda twarz jest niezapomniana! Śledczy-sadyści Włodzimirski, Rodos i Szwarcman; bracia Kobułowowie czy doskonale wykształcony Mierkułow – wszyscy oni są ewidentnym przykładem odczłowieczenia. Ich biografie i czyny pokazują, jak system podporządkowywał sobie jednostkę, pozwalając wylać się najgorszym instynktom. Przecież ludzie ci nie urodzili się przestępcami i sadystami, nie byli nimi w dzieciństwie. To system stalinowski zrobił z nich zbrodniarzy.

Zachowanie aresztowanych kompanów Berii podczas śledztwa i procesu ujawniło zadziwiającą prawidłowość – zupełny brak refleksji w związku z popełnionymi zbrodniami. Zdarzało się nawet zaprzeczanie zbrodniom jako takim. I jak tu nie wierzyć w to, że władzy sowieckiej udało się wyhodować nowy gatunek człowieka? Wobec takich przykładów Dostojewski z jego psychologizmami, analizowaniem ciemnych zakamarków świadomości i jednoczesną wiarą w ludzką skruchę wydaje się niepoprawnym romantykiem.

---

[4] Prezydium KC – kolegialny organ kierowniczy partii. Na ostatnim za życia Stalina XIX Zjeździe w 1952 roku zastąpiło Biuro Polityczne (przyp. red.).

Ani skruchy, ani żalu z powodu swoich czynów Beria i jego najbliżsi współpracownicy nie okazali. Nawet przyparci do ściany dowodami popełnionych zbrodni, zrzucali winę na siebie nawzajem i, oczywiście, na Stalina, licząc, że autorytet „wodza" zapewni im rozgrzeszenie. Dla wielu z nich proces stał się niemiłą niespodzianką. Wierzyli w swoją bezkarność i, jak np. Riumin, arogancko zakładali, że historia organów zaczyna się od nich, a doświadczenie poprzednich pokoleń czekistów znaczy tyle co nic. Nie przychodziło im do głowy, że mogą podzielić los swoich poprzedników, rozstrzelanych za nadgorliwość i bezmyślne wykonywanie zbrodniczych rozkazów.

Beria – cyniczny stalinista

Życie i losy sowieckiego biesa

Nie ma chyba bardziej złowieszczego symbolu epoki sowieckiej niż Beria. Po wykonaniu na nim wyroku śmierci w 1953 roku jego imię wymazano z historii. W opasłym uniwersyteckim podręczniku *Istorija KPSS (Historia KPZS)*, przez studentów nazywanym „cegłą" ze względu na ciężar – w sensie dosłownym i przenośnym, była krótka informacja o tym, że „polityczny awanturnik" Beria „przez długi czas czynił bezprawie", próbował postawić MWD „ponad partią i rządem" i „przejąć władzę w partii i w kraju"[5]. Co w rzeczywistości oznaczała owa inwektywa, można się było tylko domyślać. O tym, jak postąpiono z tym „awanturnikiem", podręcznik informował nadzwyczaj oszczędnie: „Beria i jego wspólnicy zostali postawieni przed sądem i ponieśli zasłużoną karę"[6]. Ale kim byli ci wspólnicy, ilu ich było i na ile surowa była kara, która ich spotkała? Krążyły plotki, jedne bardziej fantastyczne od drugich, ale były one zgodne co do tego, że Beria był maniakiem seksualnym i okazał się, ni mniej, ni więcej, tylko angielskim szpiegiem.

Zszywka pożółkłych gazet z marca 1953 roku w przedziwny sposób pozwala cofnąć się w czasie. Oto sowieccy przywódcy na trybunie mauzoleum Lenina podczas pogrzebu Stalina. Staromodne, ciężkie palta, dziwne

---

[5] *Istorija KPSS*, red. B. N. Ponomariow, M. S. Wolin, W. S. Zajcew i dr., Moskwa 1985, s. 532.
[6] Tamże.

czapki i twarze buldogów. Ale jedna postać w tym szeregu przyciąga wzrok – wyraźnie wyróżniając się na tle innych, wydaje się wręcz ekscentryczna. Beria, okutany szalem, w kapeluszu mocno wciśniętym na czoło. Tak zazwyczaj przedstawiano szpiegów i innych zagranicznych przedstawicieli tajnych profesji w sowieckich książeczkach z serii „Przeczytaj, towarzyszu!".

Tajemnica Berii zaczęła się stopniowo rozwiewać dopiero w 1986 roku. Na łamach gazet pojawił się zalew publikacji o tym, kto i jak go rozstrzelał, o jego zbrodniach, popełnionych na rozkaz Stalina i, naturalnie, o licznych kochankach, których liczba miała iść w setki. Wspomnień i artykułów o Ławrentiju Berii opublikowano w różnego rodzaju periodykach tak wiele, że można było odnieść wrażenie, iż każdy, kto tylko mógł, popełnił artykuł o jego nikczemnych postępkach. Oczywiście, było w tych artykułach epoki pierestrojki niemało informacji ważnych i autentycznych, ale prawdziwie rzetelna i głęboka wiedza na temat Berii pojawiła się dopiero dzięki rozpoczętym w 1991 roku publikacjom materiałów archiwalnych. Portret przybocznego Stalina nagle nabrał treści i kolorów, wyszło na jaw wiele szczegółów, które kontrastowały z czarno-białym obrazem rzeźnika z Łubianki. Jak pogodzić przeprowadzoną przezeń zaraz po śmierci Stalina rehabilitację lekarzy[7], umorzenie szeregu innych głośnych spraw, inicjatywy mające na celu złagodzenie systemu represji z jego wieloletnią działalnością w charakterze kata stojącego na czele NKWD?

Pojawiły się też pierwsze publikacje, których autorzy nieśmiało argumentowali, że Beria nie był aż takim nikczemnikiem, działał dla dobra państwa, wykuwał dla ojczyzny tarczę atomową... A w ostatnim czasie jest jeszcze lepiej. Wydaje się książki, przedstawiające Berię jako „najlepszego z menedżerów" epoki stalinowskiej, bez którego nie tylko znacznie ucierpiałaby obronność państwa, ale wręcz nie wiadomo, czy ZSRS oparłby się presji uzbrojonego po zęby Zachodu! W tego typu publikacjach

---

[7] Chodzi o lekarzy pochodzenia żydowskiego oskarżonych o udział w tzw. spisku lekarzy kremlowskich, którym zarzucono planowanie zamachu na Józefa Stalina. Inspiratorem tej prowokacji, która miała zapoczątkować kolejną czystkę, był Stalin (przyp. red.).

popełnione przez Berię zbrodnie są marginalizowane i usprawiedliwiane albo wręcz się im zaprzecza. Tak, bez wątpienia powiało nowym. Coraz modniejsze jest dzisiaj pisanie o szczególnych zasługach różnych bohaterów epoki stalinowskiej dla państwowości.

Spróbujmy jednak odpowiedzieć na pytanie, który z nich jest prawdziwy – Beria skazujący czy Beria ułaskawiający? I czy można zachwycać się GUŁagowskim systemem zarządzania zbudowanym na krwi?

Portret na krwawym tle

Dwoistość cechuje również wspomnienia tych, którzy się z Berią zetknęli. Anna Łarina (Bucharina) pisze, że podczas pierwszych spotkań z nim w latach 1928–1938 Beria zrobił na niej wrażenie „człowieka niegłupiego i rzeczowego" i „nie dało się w nim zauważyć nic demoralizującego". Niemniej jednak zaraz potem dodaje, że Beria był „bezideowym karierowiczem". Niezwykle wylewni okazali się jego najbliżsi współpracownicy: „Beria – to karierowicz, awanturnik i bonapartysta" (Bogdan Kobułow – wieloletni zastępca Berii w NKWD)[8]; „Beria dał się poznać jako karierowicz, człowiek władczy i zły", cechowały go „wiarołomność i mściwość" (Władimir Diekanozow)[9]; „Beria był człowiekiem brutalnym, despotycznym, władczym" (Ławrentij Canawa – ludowy komisarz – minister bezpieczeństwa państwowego Białorusi)[10]; „opętany manią władzy, kapryśny i mściwy" (Stiepan Mamułow – naczelnik sekretariatu NKWD)[11]. Na władczość Berii zwracają uwagę także liczni autorzy wspomnień. Ale prawie wszyscy, którzy mieli z nim styczność, podkreślają właśnie jego „bezideowość".

---

[8] B. S. Popow, W. T. Oppokow, *Bierijowszczina*, w: W. F. Niekrasow (red.), *Bierija: koniec kariery*, Moskwa 1991, s. 303.
[9] Tamże, s. 304–305.
[10] Tamże, s. 305.
[11] Rosyjskie Archiwum Państwowe Historii Społeczno-Politycznej, f. (fond – zespół archiwalny) 17, op. (opis' – inwentarz archiwalny) 171, d. (dieło – teczka archiwalna) 464, l. (list – karta) 27–31. Dalej będziemy używać rosyjskiego skrótu RGASPI (przyp. red.).

O tym, że w jego twarzy było coś takiego, co kazało zatrzymać na niej wzrok i wyróżniało go z szeregu kremlowskich przywódców, pisałem już wcześniej. Wedle opisu jednego z liderów komunistycznej partii Jugosławii Milovana Dżilasa, Beria był „trochę otyły, zielonkawo-blady, o miękkich, wilgotnych rękach". Dżilas wspomina: „Jego kwadratowe usta i wyłupiaste oczy za binoklami nagle przypomniały mi Wujkowicza, jednego z naczelników królewskiej policji belgradzkiej, który specjalizował się w torturowaniu komunistów"[12]. A więc – powierzchowność policjanta, typowego sadysty. Brzmi znajomo...

Narzuca się zadziwiająca analogia, która daje klucz do zrozumienia fenomenu Berii. „Niezwykle ambitny, ale nie próżny; dąży do władzy, ale nie daje się skusić jej pozorom. Jako prawdziwy mistrz politycznej intrygi ceni jedynie władzę prawdziwą, a nie jej zewnętrzne przejawy... I podczas gdy inni ograniczeni są swoimi poglądami, swymi wystąpieniami i publicznym działaniem, on, unikający rozgłosu, zachowuje wewnętrzną swobodę..."[13] – tak Stefan Zweig pisze o napoleońskim ministrze policji Josefie Fouché.

Jak celnie zaobserwował pisarz, to właśnie „niezmienny brak poglądów" i umiejętność, by w porę przejść na stronę większości, zapewniły Fouché długotrwałą polityczną karierę na przestrzeni sprzecznych ze sobą porządków. „Liczyło się dla niego tylko jedno: by zawsze znaleźć się wśród zwycięzców, a nie zwyciężonych. W jego błyskawicznych przemianach, w bezgranicznym cynizmie jego zdrad widać bezczelność, która oszałamia i zadziwia. Wystarczy mu doba, czasem godzina, a czasem wręcz jedno mgnienie, by na oczach wszystkich odrzucić sztandar jednych poglądów i szumnie rozwinąć inny. On podąża nie za ideą, a za czasem..."[14].

Beria, podobnie jak Fouché, łączy w sobie skrajne cechy: okrucieństwo i żądzę krwi z przejawianym czasem miłosierdziem, „może, w zależności

---

[12] M. Dżilas, *Rozmowy ze Stalinem*, Paryż 1962, s. 83.
[13] S. Zweig, *Sobranije soczinienij w 7 tomach*, Moskwa 1963, t. 4, s. 412–413.
[14] Tamże, s. 416–417.

od kierunku wiatru, wyciągnąć z prawej kieszeni dowód swojej bezwzględności lub z lewej – humanizmu..."[15].

Chcąc nie chcąc, rodzi się pytanie, skąd się wziął?

Droga do władzy

Kariera Berii do końca lat 20. XX wieku to typowa dla epoki sowieckiej historia prowincjonalnego działacza. Urodzony w 1899 roku we wsi Mercheuli w obwodzie suchumskim (Abchazja), w rodzinie chłopskiej, Ławrientij Pawłowicz Beria ukończył w 1915 roku suchumską szkołę podstawową jako wzorowy uczeń i rozpoczął naukę w średniej szkole mechaniczno-budowlanej w Baku. Tutaj, zgodnie z oficjalną biografią, został skarbnikiem nielegalnego kółka marksistowskiego i w marcu 1917 roku zorganizował komórkę Socjaldemokratycznej Partii Robotniczej Rosji (bolszewików). Oficjalny partyjny staż Berii liczy się zatem od marca 1917 roku, chociaż jak i kiedy w rzeczywistości trafił do partii z całą pewnością nie wiadomo.

W szkole Beria był starostą klasy i, jak później tłumaczył, z grupą kolegów „zapisał się do partii bolszewików". Nie zachowały się jednak żadne dokumenty, które by to potwierdzały. Wiadomo, że w okresie od czerwca do grudnia 1917 roku Beria pełnił służbę na Froncie Rumuńskim w charakterze technika – stażysty w oddziale hydrotechnicznym, w styczniu 1918 roku znowu był w Baku – jako pracownik Bakijskiego Sowietu[16], a następnie w okresie okupacji tureckiej był pracownikiem biurowym w fabryce. Dokument potwierdzający, że Beria był członkiem bolszewickiej organizacji partyjnej techników, pochodzi dopiero z 1919 roku.

Inna ciemna plama w jego biografii to służba w organizacji wrogiej bolszewikom – kontrwywiadzie Musawatu (azerbejdżańskiej partii na-

---

[15] Tamże, s. 444–445.
[16] Chodzi o utworzoną w listopadzie 1917 roku Radę Bakijską, która ogłosiła w mieście władzę sowiecką (przyp. red.).

cjonalistycznej). Beria tłumaczył, że wstąpił do niej jesienią 1919 roku z polecenia jednego z przywódców partii Hummet[17], Mirzy Dawuda Husejnowa. Beria nie sprecyzował jednak, jakie były jego dokonania na rzecz bolszewików. Ale po aresztowaniu, podczas przesłuchania 23 lipca 1953 roku przyznał się, że jako agent Musawatu przeprowadził rewizję w rewolucyjnej gazecie „Iskra" w Baku[18]. W marcu 1920 roku Beria porzucił tę pracę i zatrudnił się w urzędzie celnym w azerbejdżańskiej stolicy. Epizod związany ze służbą w Musawacie jeszcze nie raz odbije mu się czkawką. Przez całe życie będzie musiał się z niego tłumaczyć i usprawiedliwiać.

Jego aktywna bolszewicka biografia rozpoczyna się w 1920 roku. Beria, przyjęty do służby w oddziale zwiadowczym 11. Armii, został aresztowany przez mieńszewicki rząd Gruzji i zesłany do Azerbejdżanu, gdzie wkrótce znalazł pracę w CzK[19]. Tu kariera Berii nabrała rozpędu. Szybko awansował ze stanowiska zastępcy szefa Wydziału Tajno-Operacyjnego na zastępcę przewodniczącego CzK Azerbejdżanu. W listopadzie 1922 roku został przeniesiony na stanowisko zastępcy przewodniczącego CzK Gruzji i już w grudniu 1926 roku stanął na czele GPU[20] Gruzji, a w kwietniu 1931 roku został pełnomocnym przedstawicielem OGPU na Zakaukaziu.

Od początku swojej kariery Beria został zauważony przez kogo trzeba i miał szczęście do znajomości. Już w 1920 roku znał się z ludźmi z otoczenia Stalina – Kirowem i Ordżonikidze, również w 1920 roku poznał

---

[17] Powstała w 1904 roku muzułmańska socjaldemokratyczna organizacja Hummet była autonomiczną częścią Socjaldemokratycznej Partii Robotniczej Rosji. Założona w 1902 roku Musawat była pierwszą tajną młodzieżową organizacją azerską (przyp. red.).

[18] RGASPI, f. 17, op. 171, d. 465, l. 29–37. Znajdujące się w tym zbiorze materiały śledztw dotyczących Berii i innych przywódców stalinowskiego aparatu bezpieczeństwa (teczki od 463 do 487) zostały częściowo opublikowane w wydanej niedawno książce: O. B. Mozochin (red.), *Politbiuro i dieło Bierija. Sbornik dokumientow*, Moskwa 2012.

[19] CzK, także Czeka, WCzK (Wsierossijskaja cziezwyczajnaja komissija po bor'bie s kontrriewolucyjej, sabotażom i spiekulacyjej, ros., Wszechrosyjska Komisja Nadzwyczajna do Walki z Kontrrewolucją, Sabotażem i Spekulacją) – akronim sowieckiej instytucji bezpieczeństwa państwa w latach 1917–1922 (przyp. red.).

[20] Gosudarstwiennoje politiczeskoje uprawlenije, ros., Państwowy Zarząd Polityczny – nazwa policji politycznej w latach 1922–1923; wcześniej CzK, później OGPU (Objedinionnoje gosudarstwiennoje politiczeskoje uprawlienije, ros., Zjednoczony Państwowy Zarząd Polityczny) (przyp. red.).

osobiście Mikojana. Chodziły plotki, że jego znajomość ze Stalinem rozpoczęła się we wrześniu 1924 roku, kiedy ten przyjechał do Gruzji, by zdusić wystąpienia mieńszewików. Tak czy inaczej, już w 1931 roku Stalin doskonale go znał i bardzo cenił. W okresie ostrej wewnątrzpartyjnej walki w partii komunistycznej Gruzji w listopadzie 1931 roku Beria awansował na stanowisko pierwszego sekretarza Komitetu Centralnego KP(b) Gruzji. O tym, że był to osobisty wybór Stalina, świadczy list, który ten wysłał w 1932 roku do Kaganowicza. Beria to „dobry organizator, sprawny i zdolny działacz" – pisał Stalin. A Samson Mamulija, którego kandydaturę proponował na to stanowisko Ordżonikidze „nie jest wart lewej nogi Berii"[21]. Beria na dobre wkroczył do kręgu wyższej sowieckiej nomenklatury, gdy w listopadzie 1932 roku został pierwszym sekretarzem Zakaukaskiego Komitetu Krajowego WKP(b)[22] (obejmującego Gruzję, Armenię i Azerbejdżan), a następnie – gdy w lutym 1934 roku został wybrany na członka KC WKP(b).

Nieprzypadkowo latem 1938 roku, kiedy Stalin szukał następcy Jeżowa na stanowisku ludowego komisarza spraw wewnętrznych, jego wybór padł właśnie na Berię. Idealnie predestynowały go do tej funkcji zarówno jego cechy charakteru, jak i zasługi wobec wodza oraz dotychczasowa kariera.

Mały Stalin

Dlaczego więc w 1938 roku na następcę Jeżowa wybrano właśnie Berię, a nie jakiegoś innego kandydata? Stalin cenił go szczególnie nie tylko jako partyjnego kolegę – sekretarza, który na dodatek aktywnie uczestniczył

---

[21] *Stalin i Kaganowicz. Pieriepiska. 1931–1936 gg.*, red. O. W. Chlewniuk, P. U. Dewis, L. P. Koszelowa, E. A. Ris, L. A. Rogowaja, Moskwa 2001, s. 276. Mamulija był pierwszym sekretarzem KC KP(b) Gruzji, zanim funkcję tę objął Beria; Mamuliji zarzucono „odchylenie nacjonalistyczne", a w 1937 roku został aresztowany i rozstrzelany.
[22] Wsiesojuznaja kommunisticzeskaja partia (bolszewikow), ros., Wszechzwiązkowa Partia Komunistyczna (bolszewików) (przyp. red.).

w lutowo-marcowym plenum KC w 1937 roku[23]. Dał się również poznać jako człowiek twardego czekistowskiego chowu. W latach 1937–1938, kiedy Beria stał jeszcze na czele gruzińskiego KC, osobiście uczestniczył w przesłuchaniach i pobiciach więźniów[24]. Wykazał się niezwykłą gorliwością w demaskowaniu „wrogów ludu" i przenosił na lokalny grunt styl relacji Stalina z NKWD. Podobnie jak Stalin, otrzymywał i dokładnie czytał protokoły przesłuchań aresztowanych, nie tylko osobiście wydawał rozkazy w sprawie aresztowań, lecz także decydował o tym, kogo w jaki sposób należy przesłuchiwać, kogo torturować... Większość regionalnych sekretarzy partyjnych nie odznaczała się taką gorliwością. Starali się raczej trzymać NKWD na dystans. Rzecz jasna, oni również kierowali represjami, wchodzili w skład trójek NKWD[25], podpisywali protokoły, na podstawie których wysyłano na śmierć tysiące niewinnych ludzi. Ale Beria w Gruzji był swojego rodzaju małym Stalinem – skazywał i ułaskawiał, ale również osobiście uczestniczył w katowaniu więźniów.

Podczas śledztwa w 1953 roku ujawniono wiele dokumentów dotyczących osobistego udziału Berii w Wielkim Terrorze w latach 1937–1938. Były to zarówno jego notatki służbowe z NKWD Gruzji, dotyczące aresztowań (np. nakaz aresztowania 14 osób z 17 lipca 1937 roku), jak i zapiski na protokołach przesłuchań – w rodzaju „aresztować wszystkich" lub naj-

---

[23] Chodzi o plenum KC WKP(b), które obradowało w okresie 23.02.–3.03.1937 roku. Było ono przygotowaniem do wielkiej czystki. Na plenum m.in. wykluczono z partii przywódców tzw. bloku prawicowo-trockistowskiego – Nikołaja Bucharina i Aleksieja Rykowa (później zostali oni aresztowani i osądzeni w trzecim pokazowym procesie moskiewskim, zwanym też „procesem dwudziestu jeden", i straceni; był to początek tzw. Wielkiego Terroru) (przyp. red.).
[24] Wiele lat wcześniej, w 1922 roku w Baku Berię chwalono za czekistowskie metody pracy – z wykorzystaniem tortur podczas przesłuchań w celu wymuszenia przyznania się więźniów do winy. B. S. Popow, W. T. Oppokow, *Bierijowszczina*, w: W. F. Niekrasow (red.), *Bierija: koniec kariery*, Moskwa 1991, s. 374–375. Zob. także: B. S. Popow, W. T. Oppokow, *Bierijowszczina*, „Wojenno-istoriczeskij żurnał" 1990, nr 3, s. 89; „Socyalisticzeskij wiestnik" 1922, nr 16, s. 12.
[25] Trójki NKWD to składające się z szefa miejscowego NKWD, szefa organizacji partyjnej i prokuratora komisje powołane w 1938 roku jako organ sądownictwa doraźnego. Trójki w trybie szybkim rozpatrywały sprawy tzw. elementów antysowieckich lub antykomunistycznych. Były szczególnie aktywne w okresie terroru Jeżowa lat 1937–1938 (przyp. red.).

bardziej charakterystyczne na innych protokołach: „Tego porządnie wziąć w obroty. Może się okazać szpiegiem", „Wziąć w obroty – wyegzekwować przyznanie się do winy", a kogoś innego „potajemnie pojmać" i „zlać"[26]. Tak, stara czekistowska szkoła dawała o sobie znać.

Udział w torturach

Bogdan Kobułow, który w latach 1937–1938 był zastępcą narkoma spraw wewnętrznych Gruzji, przyznał podczas procesu w grudniu 1953 roku: „Beria osobiście przyjeżdżał na przesłuchania, kazał bić przesłuchiwanych"[27]. Były narkom spraw wewnętrznych Gruzji Siergiej Goglidze również opowiadał o torturach, w których uczestniczył Beria: „Pierwsze ciosy zadał Matikaszwilemu Beria, a następnie zaczął go bić Kobułow (...)"[28]. Podobna sytuacja miała miejsce podczas przesłuchania Ogwarelidzego, dyrektora Teatru im. Szoty Rustawelego „(...) który w obecności Berii potwierdził wcześniejsze przyznanie się do winy. Wówczas Beria nakazał natychmiast pobić aresztowanego, co uczyniono przy nim"[29]. Podczas śledztwa 14 sierpnia 1953 roku Beria przyznał, że dwukrotnie aresztowani zostali doprowadzeni do budynku KC KP(b) Gruzji, gdzie urzędował, a pięcio- lub sześciokrotnie sam udawał się do NKWD Gruzji na przesłuchania: „Raz lub dwa przy mnie pobito aresztowanych za moją zgodą"[30].

Szeroko praktykowane wymuszenia zeznań pobiciami – „stosowanie fizycznych środków nacisku" wobec aresztowanych, jak określano to w dokumentach KC – zostało wprowadzone na polecenie Stalina w 1937 roku. Dla Berii nie była to pierwszyzna. Są świadectwa, z których wynika, że już w 1922 roku podczas pracy w CzK stosował podobne metody. W 1937 roku ochoczo wprowadzał te praktyki w NKWD Gruzji. Wspomniany wyżej

---
[26] A. W. Suchomlinow, *Kto wy, Ławrientij Bierija?*, Moskwa 2003, s. 83–84.
[27] B. S. Popow, W. T. Oppokow, *Bierijowszczina*, w: W. F. Niekrasow (red.), *Bierija: koniec kariery*, Moskwa 1991, s. 374.
[28] Tamże.
[29] Tamże, s. 375.
[30] RGASPI, f. 17, op. 171, d. 466, l. 161.

Goglidze oświadczył podczas przesłuchania w 1953 roku, że na początku 1937 roku Beria wrócił z Moskwy do Tbilisi (jak podejrzewał Goglidze, ze spotkania z Jeżowem), zebrał w KC KP(b) Gruzji czekistowskich kierowników, włącznie z szefami rejonowych oddziałów NKWD i zakomunikował: „Trwa walka z wrogami i jeśli się nie przyznają, można bić"[31]. Kiedy na przesłuchaniu pytanie w tej sprawie zadano Berii, odpowiedział, że owszem, przeprowadził takie zebranie z dziesięcioma gruzińskimi czekistami po przyjeździe z Moskwy i otrzymaniu tam wskazówek KC dotyczących „nasilenia walki z trockistami i prawicowcami" (chociaż nie pamiętał, czy spotkał się w tej sprawie z Jeżowem), jednak polecenia bicia nie wydawał. W sprawie bicia uściślił jednak: „To było później, kiedy ten system wprowadził Jeżow"[32].

Osobisty „biograf" Stalina

Jeszcze jednym ważnym czynnikiem, który sprawił, że Beria stał się niezatapialny, było wydanie przez niego książki *Przyczynek do dziejów organizacji bolszewickich w Kraju Zakaukaskim*[33], w której wychwalał przedrewolucyjne zasługi Stalina w walce z samodzierżawiem. Czytając tę książkę, można było odnieść wrażenie, że Stalin był jedyną liczącą się postacią ruchu komunistycznego na Zakaukaziu. Beria oczywiście nie był autorem tej książki i nie napisał nawet linijki. Publikacja została opracowana w tbiliskiej filii Instytutu Marksa – Engelsa – Lenina, a autorem oryginału był Eryk Bedija. W jej powstaniu uczestniczyło ponad 20 osób, a redaktorami byli wierni pomocnicy Berii – Wsiewołod Mierkułow i Boris Ludwigow.

Najpierw, w dniach 21–22 lipca 1935 roku Beria wygłosił przed tbiliskim aktywem partyjnym dwudniowy wykład (po prostu przeczytał gotową książkę), który następnie natychmiast został przedrukowany przez

---

[31] Tamże, l. 162.
[32] Tamże, l. 162–163; d. 470, l. 184–185.
[33] Wydanie polskie: Warszawa 1949 (przyp. red.).

prasę centralną. Taki wkład w budowę kultu Stalina nie mógł pozostać niedoceniony. Druk zaktywizował panegiryczne wystąpienia pod adresem wodza, np. 9 sierpnia 1935 roku w „Izwiestiach" temat podchwycił Karol Radek w obszernym artykule *Jak wykuwał się wódz*. A Eryka Bedije po cichu rozstrzelano w 1937 roku.

Wybór wodza

Na wybór Stalina nie tylko miały wpływ oddanie i zaangażowanie Berii na polu represji. Niewykluczone, że znaczenie miał też konflikt Berii z Jeżowem i grożące Berii z jego strony prześladowania. W swoim czasie Beria zaczynał listy do Jeżowa od słów: „Dorogoj Kola" (Drogi Mikołajku), ale w 1938 roku ich przyjaźń się zakończyła. Do Jeżowa docierały sygnały o skandalicznych nadużyciach, jakich dopuszczał się Beria w Gruzji, i informacje go kompromitujące. Mało tego, Jeżow przedsięwziął kroki w kierunku dyskredytacji Berii. Świadczą o tym dokumenty zachowane w zespole dokumentów Jeżowa. Jest tam np. notatka z 26 marca 1938 roku dotycząca sytuacji w gruzińskiej organizacji partyjnej i „samowoli Berii i Diekanozowa", raport dyrektora pawilonu kultur subtropikalnych Wszechzwiązkowej Wystawy Rolniczej „o stylu i metodach rządzenia Berii, Diekanozowa (…)", itp.[34].

Jeżow postanowił również nagłośnić musawatycki wątek biografii Berii. Jeśli potwierdziłoby się, że nie było żadnego partyjnego zlecenia i Beria służył we wrogim kontrwywiadzie z własnej nieprzymuszonej woli, to taki materiał byłby zabójczy!

---

[34] Zob. RGASPI, f. 671, op. 1, d. 264; w szczególności raport W. P. Czieriepniowej z 26 marca 1938 roku o sytuacji w gruzińskiej organizacji partyjnej, samowoli Berii, Diekanozowa i innych, o represjach z ich strony; raport dyrektora pawilonu subtropikalnych kultur na Wszechzwiązkowej Wystawie Rolniczej M. F. Safonowa o stylu i metodach zarządzania Berii, Diekanozowa i innych.

Najprawdopodobniej z polecenia Jeżowa szef IV Oddziału I Zarządu NKWD Aleksandr Żurbienko 1 lipca 1938 zamówił w CGAOR[35] szereg materiałów ze zbiorów mieńszewickiego rządu Gruzji, w których Beria mógł być wspomniany jako „agent kontrwywiadu" mieńszewików. Wydano mu sprawy z zespołu 1865 (teczki 17, 24, 29, 34) i 1005 (teczki 240 i 1021), przy czym później, 16 listopada 1938 roku, teczki nr 240 i 1021 zostały zwrócone do archiwum, a pozostałe materiały nie wróciły tam aż do 1953 roku[36]. Beria był w trudnej sytuacji. Jedynym człowiekiem, który mógł potwierdzić, że Beria wstąpił do musawatyckiego kontrwywiadu z polecenia partii Hummet, był Mirza Dawud Husejnow – naczelnik Oddziału Szkół Nierosyjskich w Ludowym Komisariacie Oświaty RFSRS. Ten zaś został w 1937 roku aresztowany i rozstrzelany 21 marca 1938 roku.

Aresst, którego nie było

W NKWD pod kierownictwem Jeżowa Beria miał niemało wpływowych wrogów. To ci, których wygonił z OGPU Zakaukazia, torując sobie drogę do władzy. Byli to np. narkom spraw wewnętrznych Kazachstanu, komisarz bezpieczeństwa państwowego 1. rangi Stanisław Redens, którego miejsce na stanowisku pełnomocnego przedstawiciela OGPU na Zakaukaziu zajął Beria za pomocą intryg w 1931 roku; albo naczelnik Zarządu NKWD obwodu jarosławskiego Andriej Jerszow-Łurje, pozbawiony w 1928 roku funkcji naczelnika Oddziału Ekonomicznego Zakaukaskiego OGPU. Oczywiście, byli oni świadomi, że ze względu na swoje wpływy polityczne Beria nie mógł być łatwą zdobyczą. Jerszow-Łurje komentował w rozmowach z osobami ze swojego otoczenia, że po publikacji książki o historii organizacji bolszewickich na Zakaukaziu Beria „stał się zupełnie nietykalny." Czekista ubolewał: „Meldowałem Jeżowowi i nic nie możemy

---

[35] Centralne Państwowe Archiwum Rewolucji Październikowej (obecnie Państwowe Archiwum Federacji Rosyjskiej, GARF). Tu i dalej będziemy używać skrótów rosyjskich – CGAOR i GARF (przyp. red.).
[36] RGASPI, f. 17, op. 171, d. 463, l. 238.

z nim zrobić (…). W tym cały nasz problem"[37]. Według jednej z wersji, Jeżow sporządził już nawet nakaz aresztowania Berii, ale ten w porę się o tym dowiedział od szefa NKWD Gruzji Goglidzego i od razu zadzwonił do Stalina, by umówić się na spotkanie. Stalin przyjął go, a efektem tej rozmowy było mianowanie Berii na pierwszego zastępcę Jeżowa[38].

Ta historia ma jeden słaby punkt – bez wiedzy Stalina Jeżow nie odważyłby się podjąć jakichkolwiek działań przeciwko członkowi KC i Prezydium Rady Najwyższej ZSRS, a już na pewno nie podpisałby nakazu aresztowania. Jeśli natomiast Stalin wydałby taką dyspozycję, to nie przyjąłby Berii osobiście, a aresztowanie nastąpiłoby niezwłocznie.

Powstaje uzasadnione pytanie, czy Stalin mógł nakazać aresztowanie Berii. Przecież w takim wypadku bezcenna z punktu widzenia partyjnej propagandy książka o historii bolszewików na Zakaukaziu zostałaby pozbawiona autora. A zasady były niezłomne – jeśli organy NKWD „zdejmowały" autora, taki sam los bez wyjątku spotykał jego dzieło – wszystkie książki z bibliotek i księgarń były wycofywane i likwidowane. Czy Stalin był gotów złożyć w ofierze tak cenny pean na swoją cześć?

Ważniejsze jest jednak coś innego. Stalin zrozumiał, że Beria i Jeżow zostali przeciwnikami, i mógł mianować Berię na następcę Jeżowa bez obaw, że ci dwaj połączą siły. W końcu, wedle zamysłu Stalina, nowy narkom spraw wewnętrznych powinien być funkcjonariuszem partyjnym, a jeszcze lepiej, członkiem KC z solidnym czekistowskim doświadczeniem. Jedynym pretendentem, który mógł pod względem dotychczasowej kariery równać się z Berią, był przywódca partyjny z Azerbejdżanu Mir-Dżafar Bagirow.

Stalin nie planował od razu mianować Berii narkomem, postanowił najpierw uczynić go pierwszym zastępcą Jeżowa. Miało to miejsce 22 sierpnia 1938 roku. Stalin słusznie założył, że Beria będzie krok po kroku wypierać Jeżowa z NKWD, zbierać przeciwko niemu dowody,

---
[37] B. S. Popow, W. T. Oppokow, *Bierijowszczina*, w: W. F. Niekrasow (red.), *Bierija: koniec kariery*, Moskwa 1991, s. 338.
[38] Tamże.

przeprowadzać aresztowania wśród wiernych współpracowników Jeżowa, aż w końcu będzie mógł przedstawić poprzedniego narkoma jako stuprocentowego wroga i spiskowca. Tak też się stało.

Jak Beria zdobywał zaufanie

22 sierpnia 1938 roku Beria został nominowany pierwszym zastępcą ludowego komisarza spraw wewnętrznych. Dzień wcześniej zakończyła się II sesja Rady Najwyższej ZSRS i członek Prezydium Rady Najwyższej Beria był jeszcze w Moskwie. Natychmiast po powołaniu, wieczorem 22 sierpnia, został przyjęty przez Jeżowa na Łubiance[39].

W związku z rozpoczęciem nowej pracy w NKWD Beria musiał opuścić stanowisko pierwszego sekretarza KC KP(b) Gruzji. Przekazanie obowiązków i przeprowadzenie plenum KC wymagało jego obecności w Tbilisi. Plenum KC KP(b) Gruzji, podczas którego Beria został zwolniony z dotychczasowej funkcji, odbyło się 31 sierpnia. Najprawdopodobniej ostatnie dni pobytu w Gruzji Beria spędził bardzo owocnie, rekrutując wiernych sobie ludzi, nadających się do pracy na kierowniczych stanowiskach w NKWD. I rzeczywiście, wkrótce do stolicy zaczęli przybywać gruzińscy czekiści, zajmując kluczowe stanowiska na Łubiance.

Na początku września Beria wrócił do Moskwy i przystąpił do pracy w NKWD, 4 września po południu znowu pojawił się w gabinecie Jeżowa, gdzie pozostał do wieczora[40].

Nominacja Berii dobiła Jeżowa. Zaczął pić jeszcze więcej niż dotychczas. Po powrocie do Moskwy z Dalekiego Wschodu 25 sierpnia Michaił

---

[39] Centralne Archiwum Federalnej Służby Bezpieczeństwa, f. 3, op. 5, d. 92, l. 23. Dalej będziemy używać rosyjskiego skrótu CA FSB (przyp. red.).
[40] Tamże, l. 25.

Frinowski, formalnie wciąż piastujący funkcję pierwszego zastępcy narkoma spraw wewnętrznych, zastał w NKWD atmosferę paniki i strachu: „Jeszcze nigdy nie widziałem Jeżowa takiego przybitego. Mówił: 'Gówniana sytuacja' – i od razu dodał, że Beria został umieszczony w NKWD wbrew jego woli"[41]. Od 22 sierpnia do 4 września Jeżow i jego ludzie gorączkowo domykali sprawy aresztowanych wcześniej czekistów. Nie powinny one były wpaść w ręce Berii. Nikt nie był w stanie zagwarantować, że – przesłuchiwani przez Berię – nie zaczną zeznawać przeciwko Jeżowowi. Rozstrzelano ich pospiesznie 29 sierpnia.

Jeżow próbował jeszcze różnymi sposobami ograniczyć wpływy Berii w NKWD, chciał awansować wrogo do niego nastawionego Stanisława Redensa na swojego drugiego zastępcę, przywrócić kolegialne zarządzanie NKWD. Ale było już za późno. Beria szybko wziął sprawy w swoje ręce i wprowadził zarządzenie, zgodnie z którym cała dokumentacja trafiająca do KC i placówek regionalnych była ważna wyłącznie wówczas, kiedy obok podpisu Jeżowa widniał na niej jego własny podpis. Jednocześnie Beria stanął na czele kluczowego I Zarządu (bezpieczeństwo państwowe) NKWD. Teraz to on dyktował, kto i kiedy powinien zostać aresztowany. Opracował też nową strukturę NKWD, która natychmiast została zatwierdzona przez Stalina. A nowa struktura to nowe etaty. Rozpoczęła się czystka aparatu NKWD, trwały areszty w otoczeniu Jeżowa.

Czas Wielkiego Terroru dobiegał końca. 8 października 1938 roku Biuro Polityczne zleciło specjalnie utworzonej komisji przygotowanie w ciągu dziesięciu dni projektu dokumentu w imieniu KC, Rady Komisarzy Ludowych i NKWD w sprawie „nowego porządku przeprowadzania aresztowań, nadzoru prokuratorskiego i prowadzenia śledztwa". Na czele komisji stanął Jeżow, a w jej skład weszli Beria, Gieorgij Malenkow, będący kierownikiem Oddziału Kierowniczych Organów Partyjnych KC, prokurator Andriej Wyszynski i narkom sprawiedliwości Nikołaj Ryczkow[42].

---

[41] CA FSB, f. 3-os., op. 6, d. 3, l. 359–367.
[42] *Łubianka. Stalin i Gławnoje uprawlenije gosbiezopasnosti 1937–1938*, red. W. N Chaustow, W. P. Naumow, N. S. Płotnikowa, Moskwa 2004, s. 562.

Komisja odbyła kilka spotkań w gabinecie Jeżowa. W efekcie powstała uchwała KC WKP(b) i Rady Komisarzy Ludowych ZSRS *O aresztowaniach, nadzorze prokuratorskim i prowadzeniu śledztwa*, która położyła kres tzw. operacjom masowym NKWD. 17 listopada 1938 roku uchwała została zatwierdzona przez Biuro Polityczne. Tak więc Jeżow, który z rozkazu Stalina rozpętał masową rzeź, sam musiał opracowywać sposób ukrócenia terroru.

Uchwała pozytywnie oceniała rezultaty masowych operacji przeprowadzonych przez NKWD w latach 1937–1938, chociaż zwracała uwagę, że „uproszczenie przebiegu śledztwa i procesu" doprowadziło do „poważnych błędów i wypaczeń" w pracy NKWD i prokuratury. Uchwała zakazywała przeprowadzania operacji masowych, likwidowała trójki NKWD i wprowadzała nadzór prokuratorski nad wszystkimi procedurami związanymi z zatrzymaniem[43].

Uchwała ta okazała się śmiertelnym ciosem dla Jeżowa i kierownictwa NKWD. Stalin chciał na nich zrzucić winę za wypaczenia w trakcie masowych represji, przy czym chodziło właśnie o wypaczenia, a nie o czystkę jako taką. Wątpliwość co do znaczenia i konieczności masowych represji nie pojawiała się ani w tej uchwale, ani w żadnej z późniejszych decyzji Stalina. Uważał on, że kierunek działań był prawidłowy, ale nie osiągnięto najważniejszego celu, ponieważ – jak głosiła uchwała – nie udało się „całkowicie zdemaskować aresztowanych szpiegów i dywersantów zagranicznych wywiadów i w pełni ujawnić ich przestępczych powiązań". Ten sam dokument podkreślał, że „zadanie oczyszczenia" ZSRS ze „szpiegów, terrorystów i dywersantów" nie zostało doprowadzone do końca[44].

W okresie Wielkiego Terroru aresztowano nieco ponad 1,5 miliona ludzi, z czego skazano 1 milion 344 tysiące, a z nich rozstrzelano prawie 700 tysięcy. Podczas zapoczątkowanej przez Berię rewizji tych spraw uwolniono, według różnych szacunków, od 100 do 150 tysięcy ludzi.

---

[43] G. W. Kostyrczenko, B. J. Chazanow, *Koniec karjery Jeżowa*, „Istoriczesjkij Archiw" 1992, nr 1, s. 125–128.
[44] Tamże.

W większości byli to ci, których aresztowano i nie zdążono postawić przed sądem do 17 listopada 1938 roku, czyli do końca Wielkiego Terroru. W samym tylko roku 1939 na skutek umorzeń uwolniono 83 tysiące osób. Tuż przed nominacją Berii na narkoma i zaraz po niej przez centralny aparat NKWD przetoczyła się fala aresztowań. Aresztowano całe otoczenie Jeżowa, całe kierownictwo. A kierowników regionalnych NKWD Beria aresztował partiami. Zeznał o tym podczas przesłuchania w 1953 roku Mierkułow. Do Moskwy wezwano grupę kierowników regionalnych NKWD (od 15 do 20 osób). „Każdy z nich był oddzielnie wzywany z sekretariatu do gabinetu narkoma, gdzie natychmiast był aresztowany". Jak wyjaśnił Mierkułow, „operację tę przeprowadzał Beria"[45].

Teraz w gabinetach Łubianki zaczęły się rządy ludzi Berii. Kiedy pierwsi z nich pojawili się tam we wrześniu 1938 roku, już na sam ich widok Jeżowa ogarniało przerażenie. Szczególnie rzucał się w oczy ważący 130 kilogramów Bogdan Kobułow. „Kiedy Kobułow bił swoje ofiary, używał pięści, morderczej przy jego słoniowej wadze, i ulubionej metalowej pałki". Ze względu na szerokie bary Beria nazywał go Samowarem[46].

Władimir Diekanozow, który również przybył z Gruzji i został w pierwszych dniach grudnia wyznaczony na stanowisko szefa Oddziału Zagranicznego GUGB[47] (wywiad zagraniczny), nie ukrywał swojego zapału i otwarcie informował współpracowników, że ludzie z Oddziału Zagranicznego „wszyscy pójdą siedzieć, bo to zdrajcy"[48]. Beria cenił swoich najlepszych ludzi. Najbliższym współpracownikom nadał nawet czułe przydomki: Mierkulicz (Wsiewołod Mierkułow), Kobulicz (Bogdan Kobułow) i Mamulicz (Stiepan Mamułow).

Metody śledcze z 1937 roku na dobre zakorzeniły się w systemie bezpieczeństwa państwowego. Nowe pokolenie czekistów, które zastąpiło

---

[45] RGASPI, f. 17, op. 171, d. 469, l. 56–57.
[46] S. Montefiore, *Stalin. Dwór Czerwonego Cara*, Warszawa 2004, s. 278.
[47] Gławnoje uprawlenije gosudarstwiennoj biezopasnosti, ros., Główny Zarząd Bezpieczeństwa Państwowego – jeden z zarządów NKWD, odpowiedzialny m.in. za bezpieczeństwo wewnętrzne, ochronę rządu, wywiad zagraniczny (przyp. red.).
[48] RGASPI, f. 17, op. 171, d. 472, l. 51.

kadry Jeżowa, przejęło je jak pałeczkę w sztafecie. Jak zeznawał podczas śledztwa Mierkułow, „przez więzienie w Lefortowie strach było przechodzić, słychać było krzyki bitych ludzi. W nocy nie mogłem zasnąć, wspominając te obrazy. Aresztowanych bito również w gabinetach śledczych w narkomacie. Trwało to mniej więcej do połowy 1939 roku, kiedy wprowadzono zakaz bicia w pomieszczeniach resortu i robiono to tylko w więzieniach – Lefortowskim i Suchanowskim. Trzeba było mieć specjalną zgodę Berii, moją lub Kobułowa, żeby przewieźć tam aresztowanych. Możliwe, że robiono to też za zgodą naczelników pionów śledczych"[49]. Beria również uczestniczył w torturowaniu. Mierkułow zeznawał: „(…) w mojej obecności Beria kilka razy bił aresztowanych" w swoim gabinecie i w więzieniu – ręką i gumową pałką[50]. Na dobrą sprawę NKWD zachowało całe instrumentarium, wszystkie metody wypracowane w czasie Wielkiego Terroru. Wciąż korzystano ze słynnego przepisu z 1 grudnia 1934 roku o przyspieszonym i uproszczonym trybie rozpatrywania spraw przez Izbę Wojskową Sądu Najwyższego ZSRS, kontynuowana była praktyka zatwierdzania „list śmierci" przez Stalina i Biuro Polityczne. Komisja Specjalna przy narkomie NKWD[51] uzyskała nowe pełnomocnictwo – decydowania o konfiskacie mienia. Kiedy zaistniała taka potrzeba, ponownie utworzono specjalną trójkę – decyzją Biura Politycznego z 5 marca 1940 roku w celu rozprawienia się z polskimi jeńcami wojennymi – oficerami i cywilami, aresztowanymi w zachodnich obwodach. I to właśnie Beria wyszedł z propozycją, by wszystkich ich rozstrzelać jako „zatwardziałych, nierokujących poprawy wrogów władzy sowieckiej", co uczyniono wiosną 1940 roku. Zamordowano 21 857 obywateli polskich. Ta potworna zbrod-

---

[49] Tamże, d. 469, l. 58.
[50] Tamże, l. 57.
[51] Osoboje Sowieszczanije, ros., Komisja Specjalna (tzw. OSO, Centralna Trójka) – kolegialny pozasądowy organ w strukturach tajnej policji politycznej ZSRS, działający w latach 1922–1953 kolejno przy: GPU, OGPU, NKWD, MGB. Komisja nie miała obowiązku zachowywania żadnych procedur i gwarancji procesowych, w tym prawa do obrony. Sprawy najczęściej były rozpoznawane zaocznie. W okresie Wielkiego Terroru zdarzało się, że na jednym posiedzeniu Komisja rozpatrywała do tysiąca spraw. Zajmowała się m.in. organizacją zbrodni katyńskiej (przyp. red.).

nia jest dzisiaj określana jako „sprawa katyńska" (od nazwy miejscowości, gdzie po raz pierwszy znaleziono ciała rozstrzelanych Polaków). Do dzisiaj władze rosyjskie ukrywają okoliczności tej zbrodni, utajniwszy decyzję Głównej Prokuratury Wojskowej Federacji Rosyjskiej o umorzeniu śledztwa w 2004 roku. Po nieudanej próbie zwalczenia przestępczości kryminalnej w Moskwie „legalnymi" sposobami Beria zwrócił się 21 lutego 1940 roku do Mołotowa z pismem, w którym zaproponował, by aresztować i wyrokiem Komisji Specjalnej, wysłać do łagrów na okres do 8 lat „nielegalnie zamieszkujących w Moskwie i jej okolicy 5–7 tysięcy osób z elementu kryminalnego", a trzystu „zawodowych bandytów i złodziei, wcześniej skazanych i notowanych za napady i kradzieże", rozstrzelać na mocy wyroków Izby Wojskowej. Biuro Polityczne doceniło jego zapał. Adnotacja Stalina miała następującą treść: „Jestem za. Rozstrzelajcie ok. 600 osób. St[alin]". Dalej następowały podpisy Mołotowa, Woroszyłowa i Kaganowicza. I rzeczywiście, po co bawić się w śledztwo, dowody w sądzie – wystarczą przecież formalne przesłanki: był wcześniej skazany, zameldowania nie posiada. W owym czasie Beria, podobnie jak i jego idol Stalin, wierzyli w efektywność środków nadzwyczajnych. Ten instrument, jak im się wydawało, działał bez zarzutu.

Menedżer GUŁagu

W chwili gdy Beria obejmował funkcję narkoma spraw wewnętrznych, GUŁag był już nieodłącznym elementem sowieckiej gospodarki. To NKWD zlecano sztandarowe budowy, które wykonywano – oczywiście – rękami więźniów. Praca zeków nie wymagała pełnowartościowej zapłaty i można ich było wysłać w dowolne miejsce, choćby najdalszy punkt Związku Sowieckiego, dokąd wolny robotnik nie zgodziłby się wyjechać za żadne pieniądze. Niemniej jednak gospodarcza efektywność GUŁagu jest kwestią sporną. Ekonomiści i historycy słusznie zakładają, że najcenniejszym i najdroższym kapitałem państwa byli ludzie, których masowa eksterminacja w obozach była nierozumna, a przede wszystkim zbrodnicza. A zwyczaj beztroskiego zaspokajania potrzeb gospodarki kosztem więźniów doprowadził do bezmyślnego trwonienia sił i środków na ekonomicznie nieuzasadnione i niepotrzebne obiekty.

Beria przystąpił do czystki w GUŁagu równie energicznie, jak robił to w pozostałych częściach aparatu NKWD. Trwała wymiana kadr i ludzie Jeżowa byli rugowani zewsząd. O osiągnięciach na tym odcinku Beria donosił Stalinowi i Mołotowowi:

„Od początku 1939 roku NKWD ZSRS prowadzi systematyczne działania dotyczące uporządkowania spraw i kierownictwa GUŁagu. Dotychczas GUŁag stanowił słabo zorganizowaną strukturę, która nie odpowiadała stawianym przed nią zadaniom i realizowała swoje funkcje w stopniu niezadowalającym, zarówno gdy idzie o przetrzymywanie więźniów, ich ochronę i utrzymanie niezbędnego obozowego reżimu, jak i w dziedzinie działalności produkcyjnej i w budownictwie. Kierownictwo GUŁagu i cały jego aparat były zaśmiecone ludźmi antysowieckimi i niewydolnymi pracownikami"[52].

Sprawę zarządzania GUŁagiem Beria załatwił w tradycyjny sposób: pod koniec 1938 i na początku 1939 roku – jak pisał do Stalina – „za wrogą działalność" aresztowano 83 osoby zajmujące w GUŁagu kierownicze stanowiska, a następnie „przeprowadzono szereg działań mających na celu organizacyjno-gospodarcze wzmocnienie obozów i budów". Do pracy w systemie GUŁagu skierowano 3450 specjalistów z wyższym i średnim wykształceniem oraz 906 pracowników wydelegowanych z KC WKP(b) i „wyłonionych spośród czekistów"[53].

Tradycyjnie „trudnym odcinkiem" była ochrona obozów. Ze względu na dramatyczny brak pracowników, w charakterze strażników zatrudniano samych więźniów. Oczywiście, powodowało to wzrost liczby ucieczek. Na początku 1939 roku Beria utworzył w GUŁagu Zarząd WOCHR[54] (ochrony wojskowej), na czele którego stanął dowódca wojskowy Gieorgij Dobrynin, świeżo upieczony absolwent Akademii Wojskowej im. M. Frunzego. Do ochrony obozów skierowano 17 oficerów wyższych i ponad 400 oficerów młodszych. Pensje strażników znacznie wzrosły, a w celu „zwiększenia ich autorytetu" – naczelnicy ochrony obozowej zostali jednocześnie zastępcami kierowników odpowiednich zarządów i wydziałów ochrony w łagrach[55]. Mało tego, 21 marca 1939 roku Beria wydał rozkaz NKWD nr 00268 o zastąpieniu strażników rekrutowanych spośród więźniów obozów pracy poprawczej i kolonii pracownikami najemnymi,

---

[52] Archiw Priezidienta Rossijskoj Fiederacii, ros., Archiwum Prezydenta Federacji Rosyjskiej, f. 3, op. 58, d. 167, l. 128. Dalej będziemy używać rosyjskiego skrótu AP RF (przyp. red.).
[53] Tamże.
[54] Wojska wnutrienniej ochrany Riespubliki (Wojska WOCHR), ros., Wojska Ochrony Wewnętrznej Republiki – utworzone zostały w 1919 roku, wchodziły w skład NKWD (wojska dozorowe), zajmowały się głównie pilnowaniem więźień (przyp. red.).
[55] AP RF, f. 3, op. 58, d. 167, l. 128–139.

czyli mówiąc krótko – zlikwidował praktykę szerokiego wykorzystania więźniów do ochrony obozów[56]. Na dzień 1 września 1940 roku w ochronie obozów pracowało tylko 2650 więźniów (co stanowiło zaledwie 0,2% ogólnej liczebności WOCHR GUŁagu), podczas gdy 1 stycznia 1939 roku wśród strażników było 25 tysięcy więźniów[57]. W rezultacie, jak pisał Beria, liczba ucieczek z obozów w porównaniu z 1936 rokiem zmalała dwukrotnie.

Rewizja wyroków z okresu Wielkiego Terroru, rozpoczęta po pojawieniu się Berii we władzach NKWD, jak również uwolnienie części więźniów, spowodowały zmniejszenie liczebności osadzonych w obozach. To z kolei wiązało się z koniecznością uporządkowania podejścia do „zasobów siły roboczej". W okresie od 1 stycznia 1939 roku do 1 stycznia 1940 roku ogólna liczebność osadzonych w więzieniach, obozach i koloniach[58] zmniejszyła się z 2 024 946 do 1 846 270 osób[59]. W tych warunkach dla Berii kluczową sprawą było utrzymanie „kontyngentu obozowego", przecież to właśnie więźniowie obozów byli wykorzystywani do pracy na budowach kluczowych obiektów gospodarki narodowej. Beria osiągnął ten cel nie tylko za pomocą nowych aresztowań, lecz także dzięki „zasobom wewnętrznym" – przerzuceniu do obozów prawie połowy osadzonych w więzieniach i niewykorzystanych do poważnych prac. W efekcie w 1939 roku liczba osób odsiadujących wyroki w więzieniach zmniejszyła się z 352 508 do 186 278 osób[60], a liczebność więźniów obozów prawie nie uległa zmianie – 1 stycznia 1939 roku wynosiła ona 1 672 438 osób, a 1 stycznia 1940 roku – 1 659 992[61].

W pogoni za „zasobami siły roboczej" Beria nie gardził nawet niewielkimi kąskami. Jego uwagę zwróciły istniejące w GUŁagu obozy specjalne (o zaostrzonym rygorze) przy łagrach tiemnikowskim, karagandyjskim

---

[56] Tekst rozkazu zob. GARF, f. 9401, op. 1, d. 514, l. 157–158.
[57] AP RF, f. 3, op. 58, d. 167, l. 128–139.
[58] Chodzi o więźniów nie tylko obozów pracy poprawczej, lecz także więzień i kolonii.
[59] GARF, f. 9414, pp. 1, d. 2877, l. 140.
[60] Tamże.
[61] Tamże.

i w Sibłagie (Nowosybirsk), w których przetrzymywano przede wszystkim kobiety – żony skazanych „zdrajców ojczyzny"[62], nie zaangażowane do żadnych poważniejszych prac. Przecież je także należało zmusić do pracy. Ale, jak pisał Beria 13 maja 1939 roku do Biura Politycznego, w utworzonych w 1937 roku obozach specjalnych obowiązywał zaostrzony rygor – zakaz wyprowadzania więźniów do jakichkolwiek prac zewnętrznych i inne ograniczenia: zakaz widzeń, otrzymywania listów i paczek oraz, naturalnie, niedopuszczalne przedterminowe zwolnienia.

Beria pisał, że w obozach tych znajduje się 13 088 osób i mniej więcej połowa z nich nie pracuje, w związku czym zaproponował, by „szczególnie niebezpieczny" element – żony, które „wiedziały o kontrrewolucyjnej działalności swoich mężów" lub zostały „przyłapane na antysowieckiej i kontrrewolucyjnej działalności" przenieść do Siewwostłagu[63], łagrów w Workucie, Norylsku i Republice Komi[64], a pozostałe osoby skierować do obozów o rygorze ogólnym i wykorzystać do pracy według specjalności[65]. 21 maja 1939 Biuro Polityczne zaakceptowało te propozycje.

Jednak najbardziej radykalną metodą zatrzymania więźniów w GUŁagu było zlikwidowanie zwolnień przedterminowych. 9 kwietnia 1939 roku Beria skierował do Stalina i Mołotowa pismo z propozycją zaprzestania tej praktyki i zachęcenia więźniów do dobrej pracy „lepszym wyżywieniem", wyposażeniem, premiami pieniężnymi i złagodzeniem rygoru obozowego. Jednocześnie proponował zaostrzenie kar za odmowę pracy i „dezorganizację życia obozowego". Na początku pisma Beria zaznaczył, że na „sile roboczej" obozów pracy poprawczej NKWD w trzeciej pięciolatce[66] spoczywa przeprowadzenie „kluczowych przedsięwzięć budow-

---

[62] Członkowie rodzin skazanych przez Izbę Wojskową Sądu Najwyższego ZSRS za przestępstwa antypaństwowe i „zdradę ojczyzny" podlegali karze na podstawie rozkazu NKWD nr 00486 z 15 sierpnia 1937 roku *O operacji represjonowania żon i dzieci zdrajców ojczyzny* (zob. A. I. Kokurin, N. W. Pietrow, *GUŁag: Gławnoje uprawlenije łagieriej. 1918–1960*, Moskwa 2000, s. 106–110).
[63] Siewwostłag – Siewiero-wostocznyj isprawitel'no-trudowoj łagier, ros., Północno-Wschodni Obóz Pracy Poprawczej – kompleks obozów pracy, usytuowanych na północy ZSRS.
[64] Komi ASRS – Autonomiczna Socjalistyczna Republika Sowiecka Komi (przyp. red.).
[65] RGASPI, f. 17, op. 171, d. 376, l. 1–3.
[66] Zakończenie trzeciej pięciolatki planowano na 1942 rok.

nictwa" wartych do 12 miliardów rubli i „to stawia przed narkomatem spraw wewnętrznych niezwykle poważne zadanie zapewnienia maksymalnego wykorzystania obozowej siły roboczej"[67]. Beria zwrócił uwagę na trzy kluczowe zagadnienia. Po pierwsze, konieczne są „zdecydowane i poważne kroki" mające na celu poprawienie obozowych norm żywieniowych, zaś normy obowiązujące dotychczas (2000 kalorii) są obliczane przy założeniu, że więźniowie nie pracują; nawet ta zaniżona norma jest realizowana zaledwie w 65–70%, w efekcie 1 marca 1939 roku w łagrach znajdowało się 200 tysięcy „słabowitych" więźniów. Po drugie, przekonywał, potrzebne były mechanizacja i wyposażenie techniczne. „Kierownictwo resortu zdemoralizowane w przeszłości nadmiarem siły roboczej, nie zajmowało się kwestią racjonalizacji mechanizacji prac"[68]. I po trzecie, pisał Beria, polityka zwolnień przedterminowych prowadzi do tego, że więźniowie, odbywając zaledwie połowę lub nawet jedną trzecią wyroku, „nie zdążą odczuć poprawczego efektu pracy".

Problem z „odpływem" więźniów Beria ilustrował przykładem Bamłagu[69], z którego w 1938 roku zwolniono 90 z 260 tysięcy więźniów, przy czym znaczną część stanowili zwolnieni przedterminowo. Wszystkie te sprawy – podsumowywał Beria – prowadzą do tego, że „przestępcy się nie resocjalizują, a siła robocza jest skandalicznie źle wykorzystywana"[70].

Chociaż Beria używał poważnych i przekonujących argumentów, Stalin nie spieszył się z decyzją i poprosił o opinię przewodniczącego Rady Komisarzy Ludowych Mołotowa. Ten dopiero w czerwcu 1939 roku skierował do Biura Politycznego pismo, w którym poparł propozycje Berii. W szczególności Mołotow podkreślał, że na NKWD spoczywa odpowiedzialność za „budowę kluczowych obiektów o znaczeniu obronnym" – kolei i dróg, lotnisk, budów specjalnych będących w gestii Ludowego Komisariatu Marynarki Wojennej, elektrowni wodnych – kujbyszewskiej

---

[67] AP RF, f. 3, op. 58, d. 167, l. 96.
[68] Tamże, l. 97.
[69] Bamłag, Bajkalsko-Amurskij ispravitiel'no-trudowoj łagier, ros., Bajkalsko-Amurski Obóz Pracy Poprawczej (przyp. red.).
[70] AP RF, f. 3, op. 58, d. 167, l. 98.

i rybińskiej, na ogólną sumę ponad 5 miliardów rubli. Do wykonania tych prac, według wyliczeń NKWD – pisał Mołotow – potrzeba 1 milion 550 tysięcy więźniów, podczas gdy faktycznie 1 kwietnia 1939 roku w obozach było 1 milion 264 tysiące (w tym do 150 tysięcy „słabowitych")[71].

Wkrótce, 10 czerwca 1939 roku Biuro Polityczne KC WKP(b) zatwierdziło propozycje Berii o zaprzestaniu przeliczania dni roboczych i zakazie zwolnień przedterminowych:

1. Zrezygnować z systemu przedterminowych zwolnień warunkowych w stosunku do kontyngentu obozowego. Skazany powinien odbyć w łagrze okres kary ustalony przez sąd. Prokuraturze ZSRS i sądom nakazać zaprzestanie rozpatrywania spraw dotyczących warunkowych zwolnień przedterminowych z łagrów[72], a Ludowemu Komisariatowi Spraw Wewnętrznych – zaprzestanie praktyki przeliczania jednego przepracowanego dnia na dwa dni odbywanej kary.
2. Jako główny bodziec do zwiększenia wydajności pracy w obozach ustanowić – lepsze zaopatrzenie i wyżywienie dobrych robotników, osiągających wysokie wskaźniki wydajności pracy, premie pieniężne dla tej kategorii więźniów i złagodzony rygor obozowy, z ogólną poprawą ich warunków życiowych. W stosunku do wybranych więźniów, wyróżniających się w pracy, osiągających w długim okresie wysokie wskaźniki – dopuszczać przedterminowe zwolnienie warunkowe na mocy decyzji Kolegium NKWD lub Komisji Specjalnej NKWD na specjalny wniosek komendanta łagru i szefa oddziału politycznego łagru.
3. Wobec bumelantów, osób odmawiających pracy i dezorganizatorów produkcji stosować surowe środki przymusu – zaostrzony rygor obozowy, karcer, gorsze warunki bytowe i inne środki oddziaływania dyscyplinarnego. Wobec najbar-

---

[71] Tamże, l. 102.
[72] Decyzja dotyczyła wyłącznie systemu obozów pracy poprawczej. Ale Beria szybko wydał rozkaz NKWD nr 0168 z dnia 15 czerwca 1939 roku, w którym rozszerzył nowe zasady również na system kolonii i więzień. Następnego dnia, 16 czerwca, Beria zwrócił się jednak do Stalina z wnioskiem o formalną zgodę i Biuro Polityczne KC WKP(b) jeszcze tego samego dnia podpisało decyzję (P4/17) *O likwidacji przedterminowego zwolnienia warunkowego skazanych*, w której mowa była o zniesieniu zwolnienia przedterminowego również dla więźniów przebywających w koloniach poprawczych i więzieniach (AP RF, f. 3, op. 57, d. 38, l. 171.). Zob. także: Dekrety Prezydium Rady Najwyższej ZSRS z 15 i 29 czerwca 1939 roku, w: A. I. Kokurin, N. W. Pietrow, *GUŁag*, s. 116–117).

dziej perfidnych dezorganizatorów życia obozowego i pracy stosować jeszcze bardziej surowe kary sądowe, włącznie z najwyższym wymiarem kary w szczególnych przypadkach. O wszystkich przypadkach zastosowania tych środków oddziaływania szeroko informować więźniów łagru.

4. Zapewniać obozowej sile roboczej żywność i odzież roboczą z takim założeniem, by fizycznie możliwości obozowej siły roboczej można było w maksymalnym stopniu wykorzystać w dowolnym rodzaju pracy. Radzie Komisarzy Ludowych ZSRS zleca się rewizję i zatwierdzenie norm zaopatrzenia w żywność[73] i odzież łagrowej siły roboczej NKWD[74].

Wejście w życie tej decyzji spowodowało nieporozumienie między NKWD i Prokuraturą ZSRS. Informował o tym Beria w liście do Stalina 26 czerwca 1939 roku (nr 2370/b). Pisał, że na podstawie rozkazu NKWD odwołano dokonane już wcześniej przeliczenia dni roboczych i, zdaniem Berii, „nie przeczy to decyzji Biura Politycznego, a wynika z jej sensu". Jeśli nie odwołanoby tych przeliczeń, to już w ciągu najbliższych 2–3 lat trzeba by zwolnić 125–150 tysięcy więźniów i byłaby to de facto kontynuacja praktyki przedterminowych zwolnień warunkowych – motywował Beria i dalej pisał – „Prokurator ZSRS tow. Pankratjew, nie sprzeciwiając się co do samego odwołania przeliczeń, uważa, że skoro w decyzji KC WKP(b) z 10 czerwca nie mówi się wprost o ich odwołaniu, to należy na zastosowanie takiego środka uzyskać sankcję KC WKP(b)"[75]. Stalin poparł Berię i zapisał na dokumencie krótką kategoryczną decyzję: „Odwołać. J.St.", rozstrzygając spór bez zbędnych formalności[76].

Podsumowując we wrześniu 1940 roku rezultaty działalności gospodarczej łagrów, Beria poinformował Stalina, że w 1939 roku GUŁag

---

[73] Nowe normy żywieniowe dla więźniów zostały zatwierdzone 4 lipca 1939 roku postanowieniem Rady Gospodarczej przy Radzie Komisarzy Ludowych nr 669-133s i wprowadzone w życie rozkazem NKWD nr 00943 z 14 sierpnia 1939 roku (A. I. Kokurin, N. W. Pietrow, *GUŁag*, s. 476–489).
[74] AP RF, f. 3, op. 58, d. 6, l. 187–188.
[75] Tamże, d. 167, l. 112.
[76] Tamże.

zrealizował produkcję i roboty zlecone warte 3,5 miliarda rubli oraz inwestycje kapitałowe warte 1,5 miliard rubli (było to ok. 8,5% ogólnej wielkości robót w skali kraju)[77].

Ponadto, zgodnie z raportem księgowym NKWD przesłanym do Ludowego Komisariatu Finansów i Banku Przemysłowego ZSRS, straty w ramach działalności GUŁagu wyniosły w tym roku 229 milionów rubli (w tym w leśnictwie 119 mln rubli)[78].

Modnie jest dzisiaj przedstawiać Berię jako swojego rodzaju „efektywnego menedżera", świetnie radzącego sobie z problemami gospodarczymi. Ale mamy tu do czynienia z ewidentną zamianą pojęć i próbą idealizacji satrapy. W warunkach wolnej gospodarki menedżer zarządza wynajętymi i dobrze opłacanymi pracownikami, dbając o efektywność ich pracy. A Beria? Przecież był on zaledwie dowódcą armii niewolników, zeków, których życie nie było nic warte. Z równym powodzeniem za „menedżera" można uznać Himmlera, przecież pod jego rządami skutecznie pracowali więźniowie w licznych podziemnych fabrykach Rzeszy. Jeśli odrzucić moralność, można oczywiście wszystko, i Berię można przedstawiać jako efektywnego menedżera. Ale w istocie – zarówno Himmler, jak i Beria byli zarządcami niewolników, którzy zresztą nieszczególnie troszczyli się o długotrwałą przydatność do pracy „kontyngentu obozowego".

Zawsze można przecież przysłać z wolności nowe posiłki. Ulubioną groźbą Berii było: „Zetrzemy na łagrowy pył!". I miliony, które bez śladu przepadły w GUŁagu, to właśnie efekt zarządzania na krwi w wykonaniu Stalina i Berii.

---

[77] Ogół inwestycji w przemyśle ZSRS w 1939 roku wyniósł 17,59 miliarda rubli (zob. *Tretja siessija Wierchownogo Sowieta SSSR 25–31 maja 1939 g. Stienograficzeskij otczot*, Moskwa 1939, s. 374).

[78] Beria informował, że największe straty przynosił Łokczymski Obóz Pracy Poprawczej z powodu „rzadkiego zalesienia" i na podstawie konsultacji z Gospłanem został on zamknięty w sierpniu 1940 roku. Za niegospodarność – pisał Beria – NKWD ZSRS aresztowało i skierowało do sądu sprawy naczelników następujących obozów pracy poprawczej: Łokczymskiego – Wasilkioti, Usolskiego – Iwonina i Krasnojarskiego – Szatowa (AP RF, f. 3, op. 58, d. 167, l. 135).

Na zamówienie Stalina

Jak zamordowano Sokolnikowa i Radka

W styczniu 1937 roku odbył się pokazowy proces w sprawie „Antysowieckiego Centrum Trockistowskiego" – drugi z całego szeregu późniejszych „procesów moskiewskich". Najważniejsi jego bohaterowie – byli opozycjoniści Gieorgij Piatakow, Leonid Sieriebriakow, Nikołaj Murałow, Jakow Lifszyc i Jakow Drobnis zostali rozstrzelani. Jednak niektórzy oskarżeni, tacy jak utalentowany publicysta Karol Radek i ekonomista, były ludowy komisarz finansów Gieorgij Sokolnikow zostali skazani na karę pozbawienia wolności.

Mówi się, że do zlitowania się nad Radkiem namówił Stalina obecny podczas procesu Lion Feuchtwanger[79]. Tak czy inaczej – zróżnicowane podejście do oskarżonych miało pokazać całemu światu „obiektywność i brak uprzedzeń" sowieckiego sądownictwa.

Ale przecież Stalin, którego mściwość stała się już legendą, nie mógł pozostawić przy życiu swoich wieloletnich przeciwników i krytyków. I rzeczywiście – ponad rok później (w maju 1939 roku) obaj zostali zamordowani w więzieniu. Prawda o tym przestępstwie była skrzętnie ukrywana aż do niedawna. Nawet w okresie pierestrojki, kiedy ludzie oskarżeni w związku ze sprawą „Antysowieckiego Centrum Trockistowskiego" zostali

---

[79] Lion Feuchtwanger, niemiecki pisarz pochodzenia żydowskiego, antyfaszysta sympatyzujący z systemem politycznym obowiązującym w ZSRS lat 30. XX w.; po 1933 roku był na wygnaniu we Francji, ZSRS i USA (przyp. red.).

w końcu zrehabilitowani, losy Radka i Sokolnikowa komentowano krótko: „zabici przez współwięźniów". Centralne Archiwum FSB do tej pory odrzuca kolejne wnioski córki Sokolnikowa Geliany Grigorjewny Sokolnikowej o ujawnienie miejsca pochówku ojca, zasłaniając się twierdzeniem, że dokumenty Sokolnikowa nie zostały odnalezione.

Śledztwo w sprawie okoliczności zabójstwa Radka i Sokolnikowa wszczęto od razu po XX Zjeździe, kiedy stworzono komisję do spraw badania materiałów „procesów moskiewskich" z lat 1936–1938. Z archiwum KGB wydobyto i przeanalizowano wszystkie materiały związane z tymi procesami. Wniosek komisji był jednoznaczny – każdy z pokazowych procesów w latach 1936–1938 został spreparowany. Ale ówczesna chruszczowowska władza nie odważyła się na ogłoszenie rehabilitacji byłych opozycjonistów.

Znaleziono niezbite dowody na to, że za zabójstwa odpowiadał Stalin. Uważnie obserwował zachowanie Radka i Sokolnikowa po ich skazaniu. Jak wyjaśnili wezwani w 1961 roku do KC KPZS byli kierownicy Oddziału Tajno-Politycznego Głównego Zarządu Bezpieczeństwa Państwowego NKWD[80] Piotr Fiedotow i Jakow Matusow: „Wydziały operacyjne CzK przy aresztach śledczych dla więźniów politycznych swoje raporty o zachowaniu Radka, Sokolnikowa i im podobnych kierowały bezpośrednio do Berii, ten zaś wysyłał je lub relacjonował Stalinowi, o czym pracownicy oddziału wiedzieli zarówno ze słów Kobułowa, jak i z zapamiętanych treści jego adnotacji na raportach z aresztów śledczych dla więźniów politycznych"[81]. Jednocześnie obaj przesłuchiwani Fiedotow i Matusow twierdzili, że „zabójstwa Radka i Sokolnikowa zostały wykonane na rozkaz Stalina[82].

Później, w latach 40., Stalin pośrednio przyznał się do tego i nawet wskazał motywy zamordowania Radka. Kilka lat temu w galerii Marata Gelmana zwiedzający mogli obejrzeć żartobliwe autografy Stalina umiesz-

---
[80] Dalej będziemy używać rosyjskiego skrótu GUGB NKWD (przyp. red.).
[81] RGASPI, f. 17, op.171, d. 448, l. 184.
[82] Tamże.

czone na rysunkach artystów. Otóż, na jednym z rysunków Surikowa[83] wódz napisał: „Ryży parszywiec Radek. Nie sikałby pod wiatr – nie byłby złośliwy, byłby żywy. J. Stalin"[84]. Przedstawiony na tym rysunku nagi model o atletycznej budowie niczym nie przypominał Radka. Zerowe podobieństwo. Być może po prostu myśl o człowieku zamordowanym na jego rozkaz natrętnie powracała do Stalina.

Radek oczywiście rozmawiał ze współwięźniami o tym, że wszystkie „procesy moskiewskie" to fikcja. I czasem dziwił się: „Nie rozumiem tylko, dlaczego mnie nie rozstrzelali. Najwidoczniej chcą mnie użyć w jakimś niemieckim albo polskim procesie"[85]. Tyle że w celi z Radkiem specjalnie umieszczono wyłącznie takich współwięźniów, którzy natychmiast przekazywali jego słowa do komórki operacyjnej.

A oto szczegóły zabójstwa Radka, podane w suchym urzędowym stylu dokumentu z archiwum Komisji Szwernika[86]: „W maju 1939 roku do Wierchnieuralskiego Więzienia pojechał pracownik operacyjny Zarządu II [Tajno-Politycznego – przyp. red.] GUGB NKWD Kubatkin. Za pierwszym razem wziął ze sobą niejakiego Martynowa, rzekomo więźnia (nie udało się ustalić jego tożsamości), który został zamknięty w jednej celi z Radkiem, specjalnie sprowokował go do bójki, ale nie dał rady go zabić, więc Kubatkin wywiózł go z powrotem z więzienia. Kilka dni później Kubatkin znów przyjechał z innym więźniem o nazwisku Warieżnikow. Tego też umieścili w celi z Radkiem. Następnego dnia, 19 maja, Warieżnikow wywołał bójkę i zabił Radka. W akcie wypisanym przez administrację więzienia zamieszczono informację, że Warieżnikow jest trockistą. W rzeczywistości pod tym nazwiskiem krył się I. Stiepanow,

---

[83] Wasilij Surikow (zm. 1916 rok), wybitny rosyjski malarz i rysownik, współtwórca m.in. fresków w moskiewskiej Cerkwi Chrystusa Zbawiciela, zburzonej na rozkaz Stalina w 1931 roku i odbudowanej w 2000 roku (przyp. red.).
[84] *Posłanija wożdża. Awtografy Stalina* (*Przesłania wodza. Autografy Stalina*), Katalog wystawy 18–24 grudnia 2009 roku.
[85] RGASPI, f. 17, op. 171, d. 448, l. 186.
[86] Komisja powołana została w 1956 roku (tzw. Komisja Szwernika) i zajmowała się rehabilitacją ofiar zbrodni stalinowskich. Na jej czele stał Nikołaj Szwernik, wówczas szef związków zawodowych (przewodniczący Wszechzwiązkowej Rady Związków Zawodowych) (przyp. red.).

były szef NKWD Czeczeńsko-Inguskiej Autonomicznej Socjalistycznej Republiki Sowieckiej, który został aresztowany w lutym 1939 roku za poważne przekroczenie uprawnień służbowych. W listopadzie tego roku na rozkaz Berii Stiepanow wyszedł z aresztu. W postanowieniu o umorzeniu sprawy wskazano, że wypełnił on «specjalne zadanie» wagi państwowej"[87]

Zorganizowanie likwidacji Sokolnikowa zostało powierzone innemu funkcjonariuszowi Oddziału Tajno-Politycznego – Grigorijowi Szarokowi. Przytoczony poniżej dokument o okolicznościach zamordowania Radka i Sokolnikowa nie wymaga specjalnych komentarzy. Ale warto wyjaśnić, co się stało z ludźmi zamieszanymi w tę sprawę. Szeregowi wykonawcy – Stiepanow i Łobow – w nagrodę otrzymali wolność. Kubatkin i Szarok natomiast zostali nagrodzeni kierowniczymi stanowiskami.

Grigorij Fiodorowicz Szarok urodził się w 1900 roku w guberni witebskiej w rodzinie chłopskiej, był Rosjaninem. Skończył szkołę wiejską, pracował jako robotnik fizyczny przy budowie linii kolejowej i w fabryce. W 1919 roku został powołany do Armii Czerwonej, służył jako kaemista, a od 1921 roku przeszedł do dywizjonu specjalnego przeznaczenia WCzK-GPU. W 1922 roku wstąpił do partii jak wielu innych. Po demobilizacji w 1924 roku pracował na stanowiskach administracyjno-gospodarczych jako zarządca domów Najwyższej Rady Gospodarki Narodowej i Moszyłstroju (moskiewskiego państwowego przedsiębiorstwa budowlanego), kadrowiec w resorcie zaopatrzenia RFSRS. Próbował dostać się na studia, skończył nawet kursy w Moskiewskim Instytucie Przemysłowo-Ekonomicznym, ale nie miał szczęścia do nauki. W 1932 roku wrócił do „organów" jako pełnomocnik i asystent oficera operacyjnego w Oddziale Tajno-Politycznym OGPU i NKWD. Od 1936 roku był młodszym lejtnantem BP (bezpieczeństwa państwowego), od listopada 1937 roku – lejtnantem, a 4 kwietnia 1939 roku awansował już na starszego lejtnanta BP.

---

[87] RGASPI, f. 17, op. 171, d. 448, l. 190.

Po zabójstwie Sokolnikowa Szarok błyskawicznie piął się po szczeblach kariery. W październiku 1939 roku został zastępcą ludowego komisarza spraw wewnętrznych Kazachstanu, w maju 1940 roku – szefem miejskiego zarządu NKWD w Wilnie. Awansował też błyskawicznie: kapitan BP (5.10.1939 rok), major BP (14.03.1940 rok) i pułkownik BP (14.02.1943 rok). Na początku wojny stał na czele grupy operacyjnej NKWD 22. Armii Frontu Zachodniego i następnie Frontu Kalinińskiego, potem pracował u Sudopłatowa[88] (tutaj przydało mu się wcześniejsze doświadczenie!) w IV Zarządzie NKGB[89] [odpowiedzialnym za sabotaż i dywersję na tyłach wroga – przyp. red.] jako zastępca szefa, a w sierpniu 1943 roku został szefem I Oddziału (Głównego). W latach 1943–1944 był szefem II Zarządu NKGB Białorusi, następnie wiceszefem Zarządu NKGB w obwodzie homelskim, a od listopada 1945 roku – szefem Zarządu NKGB (po wojnie Zarządu MGB) w obwodzie mołodeczańskim. W 1946 roku został przesunięty do centralnego aparatu MGB[90], gdzie pełnił funkcję wiceszefa oddziału najpierw w V, a od 1949 roku w VII Zarządzie.

W maju 1954 roku odszedł do rezerwy ze względu na wiek. Przez cały okres służby był szczodrze nagradzany. Otrzymał Order Lenina (1954 rok), Order Czerwonego Sztandaru (1950 rok), Order Wojny Ojczyźnianej 1. klasy (1945 rok), Order Wojny Ojczyźnianej 2. klasy (1948 rok), dwa Ordery Czerwonej Gwiazdy (1943 rok i 1944 rok), order „Znak Honoru" (1940 rok) i 11 medali. Już na emeryturze w Moskwie przez pewien czas pracował jako instruktor Centralnego Klubu Automobilistów (1961–1968). Zmarł w Moskwie w listopadzie 1981 roku.

Inaczej potoczyły się losy Kubatkina. On też najpierw zrobił karierę, ale koniec końców został rozstrzelany przez Stalina. Piotr Nikołajewicz Kubatkin urodził się w 1907 roku w rodzinie górnika, skończył tylko kilka

---

[88] Pawieł Sudopłatow, wysoki funkcjonariusz (generał) sowieckich służb bezpieczeństwa i wywiadu (przyp. red.).
[89] Narodnyj komissariat gosudarstwiennoj biezopasnosti, ros., Ludowy Komisariat Bezpieczeństwa Państwowego (przyp. red.).
[90] Ministerstwo gosudarstwiennoj biezopasnosti, ros., Ministerstwo Bezpieczeństwa Państwowego (przyp. red.).

klas, przed rozpoczęciem służby w organach bezpieki jako komsomolec zdążył popracować fizycznie w kopalni, w piekarni (jako chłopiec na posyłki) i pełnił funkcję sekretarza w komórce Komsomołu. Od 1929 roku służył w wojskach pogranicznych OGPU, potem w GPU-NKWD w Odessie. W 1930 roku wstąpił do partii. W marcu 1937 roku dostał się do Centralnej Szkoły GUGB NKWD, ale w okresie masowych represji odwołano go i w sierpniu wcielono do Oddziału Tajno-Politycznego GUGB NKWD. W 1939 roku był już pomocnikiem szefa wydziału w II Oddziale GUGB i został wybrany na sekretarza komitetu partii GUGB. Po zabójstwie Radka w czerwcu 1939 roku mianowano go szefem Zarządu NKWD obwodu moskiewskiego, od sierpnia 1941 roku był szefem Zarządu NKWD (od maja 1943 roku – NKGB) obwodu leningradzkiego. W 1946 roku przez krótki okres Kubatkin dowodził zagranicznym wywiadem: od czerwca do września 1946 roku stał na czele I Głównego Zarządu MGB ZSRS. Tempo jego awansów było wprost oszałamiające. W czerwcu 1939 roku ze starszego lejtnanta awansował od razu, z pominięciem dwóch pośrednich stopni, na starszego majora BP, w lutym 1943 roku otrzymał stopień komisarza BP 3. rangi, a w czerwcu – generała-lejtnanta. Jednak służba w wywiadzie mu się nie udała, we wrześniu został odwołany ze stanowiska i wysłany w listopadzie na posadę szefa gorkowskiego Zarządu MGB.

Krzyżyk na karierze Kubatkina został postawiony w 1949 roku w związku ze „sprawą leningradzką". Minister bezpieczeństwa państwowego Abakumow 22 lutego wysłał do Malenkowa list, w którym opisał Kubatkina w najciemniejszych barwach: nie dopełnia swoich obowiązków, leni się i chwaląc się znajomością z Sekretarzem KC WKP(b) Kuzniecowem, zastrasza czekistów, w sposób niegodny członka partii odnosi się do funkcjonariuszy operacyjnych, krzykami i grubiaństwem tłumi inicjatywę czekistów w terenie, lekceważy obwodowy komitet partii. W grudniu 1948 roku podczas wyborów do komitetu partii Zarządu MGB obwodu gorkowskiego Kubatkin nie dostał się do niego – przeciwko niemu zagłosował kolektyw.

Na tym jednak nie koniec. Według Abakumowa, Kubatkin już wcześniej był złym pracownikiem – zarówno w Zarządzie NKGB obwodu leningradzkiego, jak i w I Głównym Zarządzie MGB. Wniosek ministra był bezlitosny: „Kubatkin dowiódł, że jest leniem i głupcem, dlatego jego dalsza służba w organach MGB jest wysoce niepożądana"[91].

Ale i to nie był jeszcze koniec. 21 czerwca 1949 roku Abakumow doniósł Stalinowi, że kiedy był kierownikiem leningradzkiego Zarządu NKGB, Kubatkin polecił zlikwidować kompromitujące materiały na sekretarza miejskiego komitetu partii Kapustina[92]. Stalin rozkazał aresztować obu. 23 lipca Kubatkina aresztowano i 27 października 1950 roku rozstrzelano w związku ze „sprawą leningradzką". Po śmierci Stalina zarówno on, jak i pozostali figuranci tej sprawy zostali zrehabilitowani. Obecnie Kubatkin ma status „represjonowanego bez powodu", a jego nazwisko figuruje w „Księdze pamięci" ofiar represji politycznych[93].

A Szaroka mało kto pamięta, co najwyżej może weterani Centralnego Klubu Automobilistów.

---

[91] CA FSB, f. 4-os., op. 7, d. 3, l. 133–134.
[92] CA FSB, f. 4-os., op. 7, d. 11, l. 261–263.
[93] *Rasstrielnyje spiski. Moskwa 1935–1953. Donskoje kładbiszcze*, Moskwa 2005.

Z notatki przewodniczącego KGB przy Radzie Ministrów ZSRS I. A. Sierowa do KC KPZS w sprawie „Antysowieckiego Centrum Trockistowskiego" o okolicznościach zabójstwa G. J. Sokolnikowa i K. B. Radka.

nr 1621-s
29 czerwca 1956 r.
Ściśle tajne

<...>

Po wyroku Radek i Sokolnikow twierdzili w rozmowach ze współwięźniami, że są niewinni i że proces był ustawiony. Niewątpliwie właśnie to doprowadziło do podjęcia w maju 1939 roku decyzji o ich „likwidacji". Dokumenty z archiwum KGB świadczą o tym, że zabójstwo Radka i Sokolnikowa zostało przeprowadzone pod kierownictwem Berii i Kobułowa według specjalnie opracowanego planu.

Bezpośrednie wykonawstwo zlecono pracownikom II Oddziału NKWD ZSRS – starszemu oficerowi operacyjnemu służb bezpieczeństwa Kubatkinowi, oficerowi operacyjnemu Szarokowi i specjalnie dobranym osobom z grupy aresztowanych, którzy w trybie tajnym zostali wysłani do więzień – Wierchnieuralskiego i Tobolskiego, gdzie przetrzymywani byli Radek i Sokolnikow.

Jak wynika z ustaleń, zabójstwo Sokolnikowa miało miejsce w następujących okolicznościach.

Najpierw Sokolnikowa przeniesiono do osobnej celi, a 21 maja 1939 roku, zgodnie z przyjętym planem, do celi weszli: naczelnik więzienia Filagin, oficer operacyjny Szarok i przywieziony z Moskwy więzień Łobow (były zastępca szefa Oddziału Specjalnego Leningradzkiego Okręgu Wojskowego, skazany w związku z zabójstwem Kirowa), rzucili się na Sokolnikowa i zabili go. W sprawie tego wypadku natychmiast sporządzono fikcyjny akt i spisano protokół przesłuchania więźnia P. M. Kotowa (pod takim nazwiskiem figurował Łobow). W protokole tym, sporządzonym przez naczelnika więzienia, okoliczności zabójstwa Sokolnikowa zostały przedstawione następująco:

„Wyzywający ton w pytaniu Sokolnikowa rozzłościł mnie. Nazwałem go faszystowskim sługusem i powiedziałem, że za niego i jemu podobnych liderów ja także muszę odpowiadać. Sokolnikow natychmiast wstał z pryczy i z groźnym wyrazem twarzy zaczął się do mnie zbliżać. Siedziałem na swoim łóżku, obok stał więzienny nocnik, chwyciłem go i uderzyłem Sokolnikowa w głowę, aby go odsunąć od siebie" (teczka arch. nr 300954, t. 1, akta osobowe 138).

W analogicznych okolicznościach, pod nadzorem starszego oficera operacyjnego Kubatkina 19 maja 1939 roku w Wierchnieuralskim Więzieniu NKWD zamordowano Radka.

Również w tym wypadku przygotowane wcześniej zabójstwo zostało następnie opisane jako skutek bójki. W akcie zgonu Radka sporządzonym przez administrację więzienia czytamy:

„Podczas oglądu ciała więźnia K. B. Radka na szyi stwierdzono dwa krwawe sińce, z ucha i gardła ciekną krew na skutek silnego uderzenia głową o podłogę. Śmierć nastąpiła na skutek ciosów i duszenia ze strony więźnia Warieżnikowa – trockisty, o czym zaświadcza niniejszy akt" (teczka arch. nr 300935, t. 1. akta osobowe 105).

Ustalono, że wkrótce po tym sprawcy zabójstwa Radka i Sokolnikowa – Kubatkin i Szarok, którzy do tej pory byli szeregowymi pracownikami aparatu NKWD, awansowali – Kubatkin na szefa Zarządu NKWD, a Szarok – na zastępcę narkoma spraw wewnętrznych Kazachskiej SRS.

Inni skazani w związku z tą sprawą – Stroiłow i Arnold[94], którzy również wyparli się swoich zeznań, do jesieni 1941 roku byli przetrzymywani w Orłowskim Więzieniu NKWD, a 11 września 1941 roku zostali rozstrzelani wraz z grupą innych więźniów wskutek zaocznego, pozbawionego jakich-

---

[94] Michaił S. Stroiłow był od 1935 roku głównym inżynierem okręgu przemysłowego kombinatu „Kuzbass" w Nowosybirsku i jego rejonie. W 1936 roku został aresztowany w związku ze sprawą „centrum trockistowskiego" i skazany w drugim pokazowym procesie na karę więzienia (tzw. proces alternatywnego antysowieckiego centrum trockistowskiego, 23.01.1937 roku). Walentin W. Arnold, szef zaopatrzenia zakładów przemysłowych Kuzbassu, został również aresztowany w 1936 roku i jego dalsze losy były podobne do losów Stroiłowa (przyp. red.).

kolwiek podstaw wyroku Izby Wojskowej Sądu Najwyższego ZSRS. Ciekawa wydaje się też historia Owczynnikowa – byłego naczelnika miejskiego oddziału NKWD w Prokopjewie, który „prowadził" Arnolda. Owczynnikow w grudniu 1940 roku został skazany przez Trybunał Wojskowy Okręgu Zachodniosyberyjskiego na 10 lat pozbawienia wolności. W areszcie opowiadał swoim współwięźniom o sfałszowaniu sprawy Arnolda i deklarował, że zamierza napisać oświadczenie w tej sprawie.

24 marca 1941 roku, pomimo braku jakichkolwiek dodatkowych materiałów, sprawa Owczynnikowa została wznowiona i na mocy wyroku Trybunału Wojskowego skazano go na rozstrzelanie.

<...>

Przewodniczący Komitetu Bezpieczeństwa Państwowego
przy Radzie Ministrów ZSRS I. Sierow.

(RGASPI, f. 17, op. 171, d. 455, l. 33–35;
Opublikowano w: N. W. Pietrow, *Pierwyj priedsiedatiel KGB Iwan Sierow*,
Moskwa 2005, s. 313–315).

PROKOPIJ MAKSYMOWICZ ŁOBOW (1899–?), od 1921 roku w organach WCzK, nagrodzony odznaczeniem „Zasłużony funkcjonariusz WCzK-GPU (V)" nr 505. Funkcjonariusz Leningradzkiego Zarządu NKWD, po zabójstwie Kirowa skazany przez Izbę Wojskową Sądu Najwyższego ZSRS 23 stycznia 1935 roku „za niedbałe wykonywanie obowiązków służbowych" na dwa lata pozbawienia wolności. W 1961 roku Łobow jeszcze żył i był wzywany do KC KPZS w celu udzielenia wyjaśnień.

IWAN WASILIEWICZ OWCZYNNIKOW (1898–1941), od 1923 roku w organach GPU, od lutego 1933 roku do listopada 1936 roku stał na czele miejskiego oddziału GPU-NKWD w Prokopjewie, następnie do maja 1938 roku był szefem miejskiego oddziału NKWD w Tomsku. Kapitan BP. Od października

1938 roku naczelnik Siewwostłagu i pomocnik szefa „Dalstroju"[95], następnie szef Zarządu Budownictwa Dróg „Dalstroju". Rozstrzelany.

Iwan Iwanowicz Stiepanow, komendant NKWD Czeczeńsko-Inguskiej ASRS, od lutego do listopada 1939 roku przebywał w więzieniu.

Wasilij Pietrowicz Filagin (1909–?), od 1938 roku w organach NKWD, polituk w Więzieniu Tobolskim, od 1 kwietnia 1939 roku naczelnik Tobolskiego Więzienia Zarządu NKWD obwodu omskiego, od kwietnia 1940 roku zastępca szefa Oddziału Więziennictwa NKWD Czuwaszji, od 1941 roku w Armii Czerwonej.

---

[95] Dalstroj (Gławnoje uprawlenije stroitiel'stwa Dal'niego Wostoka) – utworzone w 1931 roku państwowe przedsiębiorstwo budownictwa przemysłowego i drogowego na północnym wschodzie Syberii (okolice Kołymy). Opierało się na pracy więźniów, podlegało NKWD (przyp. red.).

Tajne morderstwa na rozkaz Stalina

Jak kilerzy z Łubianki wykonywali „delikatne zlecenia" wodza

Ambasador[96]

W maju 1939 roku Iwana Trofimowicza Bowkun-Ługańca, pełnomocnego przedstawiciela (ambasadora) ZSRS w Chinach, wezwano do Moskwy. Trudno powiedzieć, czy spodziewał się nieprzyjemności. Jeśli tak, to przeczucie go nie zawiodło, chociaż na początku wszystko układało się całkiem nieźle. Został wysłany na urlop do domu wczasowego w Ckaltubo. Żona miała dojechać do niego później.

Bowkun-Ługaniec nie wiedział, że narkom spraw wewnętrznych Gruzji Rapawa otrzymał od Berii polecenie zakwaterowania w tym samym domu wczasowym dwóch specjalnie przybyłych z Moskwy funkcjonariuszy NKWD. W 1953 roku Rapawa zeznał śledczemu, że agenci przyjechali dzień lub dwa później niż dyplomata i oświadczyli, że mają rozkaz zlikwidowania Bowkuna-Ługańca w trybie tajnym, ponieważ „jest wrogiem ludu i jeśli przeprowadzą jawną egzekucję, to jego wspólnicy mogą przezornie pozostać w Chinach"[97]. Miał zostać zlikwidowany przez otrucie.

---

[96] Formalnie był on pełnomocnym przedstawicielem, co wówczas odpowiadało funkcji ambasadora (przyp. red.).
[97] K. A. Stolarow, *Pałaczi i żertwy*, Moskwa 1997, s. 268.

Rapawa miał wątpliwości, czy otrucie to najlepszy sposób rozprawienia się z ofiarą. Zadzwonił do Berii: „Nagła śmierć tak ważnego urzędnika niewątpliwie pociągnie za sobą interwencję lekarską, sekcję zwłok itp."[98]. Beria uważnie wysłuchał jego uwag i odpowiedział: „Zapytam i dam znać". Najwidoczniej morderstwo zamówił Stalin. To właśnie jego Beria miał zapytać, jak powinni działać. Dwa dni później Rapawa dostał polecenie: odesłać obu agentów NKWD, którzy przybyli, by zlikwidować Bowkuna-Ługańca z powrotem do Moskwy, a samego ambasadora potajemnie aresztować i dostarczyć na Łubiankę. Jak wyjaśniał Rapawa podczas śledztwa: „To polecenie Berii wykonałem po cichu, nocą, tak że żadne osoby trzecie nie wiedziały o aresztowaniu"[99].

Iwan Trofimowicz Bowkun-Ługaniec (Orelski) (1899–1939), urodził się w Ługańsku w rodzinie robotnika. Ukrainiec. W 1913 roku ukończył szkołę kolejową i wstąpił do kolegium nauczycielskiego w Czerkasach, studiował tam 2 lata, rzucił naukę i w 1915 roku wyjechał do Kijowa. Podejmował się tymczasowych prac. Od 1916 roku pracował w oddziale Wszechrosyjskiego Związku Ziemstw[100], gdzie zajmował się rekrutacją grup saperskich na Froncie Rumuńskim, od 1917 roku w Odessie na stanowisku adiutanta dowódcy konnej rezerwy. Uczestniczył w ruchu rewolucyjnym, aresztowany w Odessie w czasie okupacji, uciekł do Kijowa. Od 1918 roku członek partii Ukraińskiej Rewolucyjnej Grupy „Boroťba" (Walka)[101], służył jako żołnierz i pracownik polityczny w czerwonych oddziałach partyzanckich i w Armii Czerwonej. Od 1920 roku w partii komunistycznej. Od 1921 roku zastępca naczelnika oddziału do spraw walki z bandytyzmem kijowskiej gubernialnej CzK; następnie sprawował

---

[98] Tamże.
[99] Tamże, s. 269.
[100] Utworzony w sierpniu 1914 roku Wszechrosyjski Związek Ziemstw był organizacją społeczno-polityczną, niosącą pomoc materialną i medyczną dla frontu. Od 1915 roku zaangażował się politycznie po stronie opozycji wobec caratu (przyp. red.).
[101] Chodzi o bolszewizującą frakcję tzw. borotbistów (od wydawanego przez nich pisma „Boroťba"), którzy w maju 1918 roku odłączyli się od Ukraińskiej Partii Socjalistów-Rewolucjonistów, głoszącej program niezależnej Ukrainy. W sierpniu 1919 roku „borotbiści" połączyli się z lewicowymi socjaldemokratami, tworząc Ukraińską Partię Komunistyczną (przyp. red.).

kierownicze stanowiska w GPU Ukrainy. W latach 1929–1931 słuchacz Akademii Wojskowej Armii Czerwonej. Od kwietnia 1931 roku pomocnik szefa wydziału w Oddziale Specjalnym OGPU, później zastępca szefa Oddziału Operacyjnego Głównego Zarządu Wojsk Pogranicznych i Wewnętrznych. Aresztowany 3 listopada 1933 roku za przynależność do „Ukraińskiej Organizacji Wojskowej", zwolniony z aresztu 17 lutego 1934 roku „z powodu braku wiarygodnych dowodów". Od 1934 roku naczelnik Zarządu Ochrony Wewnętrznej Zarządu NKWD obwodu swierdłowskiego. W listopadzie 1937 roku mianowany na pełnomocnego przedstawiciela ZSRS w Chinach. Stopień kombriga[102] nadano mu 23 grudnia 1935 roku. 29 sierpnia 1936 roku nagrodzony odznaczeniem „Zasłużony funkcjonariusz WCzK-GPU (XV)".

Bowkuna-Ługańca przewieziono do Moskwy i oddano w ręce śledczych z Łubianki, a ci, nie tracąc czasu, wzięli się do pracy. Już 9 czerwca 1939 roku Beria wysłał Stalinowi i Mołotowowi protokół (pod nr 1991/b) przesłuchania Bowkuna-Ługańca z 5 czerwca z zeznaniami, w których ten przyznał się do winy[103]. Jak się jednak okazało, zmuszenie przesłuchiwanego do „przyznania się" nie przyszło im łatwo. Beria pisał, że dopiero po konfrontacji z aresztowanym byłym narkomem spraw wewnętrznych Jeżowem i jego zastępcą Frinowskim, Bowkun-Ługaniec zeznał, że w 1934 roku „został wciągnięty do antysowieckiej organizacji spiskowej" w NKWD przez swojego ówczesnego przełożonego Frinowskiego. Śledztwo trwało i 14 czerwca Beria wysłał Stalinowi protokół (pod nr 2069/b) przesłuchania Bowkuna-Ługańca z 11 czerwca, w którym ten zeznał, iż do grupy „spiskowców" należeli były radca przedstawicielstwa ZSRS w Chinach, a jednocześnie rezydent NKWD w Chongqingu pułkownik Michaił Iwanowicz Ganin oraz sekretarz przedstawicielstwa, a jednocześnie rezydent NKWD w Hankou – pułkownik Nikołaj Aleksan-

---

[102] Kombrig – najniższy stopień oficerów wyższych (odpowiednika generalicji) służby liniowej, wprowadzony w Armii Czerwonej i Wojskach Pogranicznych NKWD w 1935 roku (przyp. red.).
[103] CA FSB, f. 3, op. 6, d. 135, l. 86.

drowicz Tarabarin (Tobare). Żaden z nich jeszcze nie został aresztowany, a Tarabarin przebywał w tym czasie w Chinach.

Dalszy los byłego czekisty i dyplomaty Bowkuna-Ługańca wydawał się oczywisty – rozstrzelanie razem ze swoimi byłymi zwierzchnikami. Ale Stalin zadecydował inaczej. Coś podpowiedziało dyktatorowi, że nie warto nagłaśniać aresztowania byłego ambasadora, jeśli do tej pory fakt ten był starannie ukrywany. Dlatego znowu uruchomiono plan tajnej likwidacji, ale już według innego scenariusza. Aresztowano żonę Bowkuna-Ługańca – miała podzielić tragiczny los męża.

O dalszym biegu sprawy opowiedział na przesłuchaniu w prokuraturze 1 września 1953 roku jeden ze współpracowników Berii Szałwa Cereteli: „Zostałem wezwany do gabinetu Bogdana Kobułowa, gdzie znajdował się Włodzimirski i jeszcze jeden funkcjonariusz. Kobułow poinformował nas, że jest dwójka aresztantów, których należy zabić w nietypowy sposób. Motywował to jakimiś przyczynami operacyjnymi. Wtedy też oświadczył, że wypełnienie tego zadania powierza się naszej trójce i że mamy to zrobić bezpośrednio w wagonie, w którym ci ludzie będą jechać z Moskwy do Tbilisi"[104]. Przy tym z planu przekazanego przez Kobułowa wynikało, że wszystko należy ustawić tak, „żeby ludzie myśleli, że ofiary zginęły w wypadku samochodowym w drodze do kurortu Ckaltubo" oraz że narkom spraw wewnętrznych Gruzji otrzymał już odpowiednie wskazówki. Cereteli zeznał, że po tych instrukcjach cała grupa udała się do narkoma: „Od Kobułowa zaraz poszliśmy do gabinetu Berii. Ten nie powiedział nam nic nowego, powtórzył tylko to, co mówił Kobułow. Poprosiłem (nie pamiętam – Berię czy Kobułowa) o pozwolenie na egzekucję za pomocą broni palnej, ale zabroniono nam to robić, mówiąc, że trzeba ich zlikwidować cicho, bez hałasu. Dowódcą naszej grupy był Włodzimirski, pamiętam, że wagon był niestandardowy, miał nawet salonkę, w całym wagonie pięć osób – nasza trójka, kobieta i mężczyzna"[105].

---

[104] RGASPI, f. 17, op. 171, d. 467, l. 187–190.
[105] Tamże.

SZAŁWA OTAROWICZ CERETELI (1894–1955), od 1920 roku w organach WCzK, w latach 1939–1941 pierwszy zastępca szefa III Oddziału Specjalnego (Operacyjnego) NKWD ZSRS, od 1941 roku pierwszy zastępca narkoma bezpieczeństwa państwowego Gruzji, od 1948 roku dowódca Wojsk Pogranicznych Okręgu Gruzińskiego, generał-lejtnant. W sierpniu 1953 roku został zwolniony z MWD ze względu na nieprzydatność do służby. Aresztowany 13 sierpnia 1953 roku, 19 września 1955 roku skazany przez Izbę Wojskową Sądu Najwyższego ZSRS podczas procesu w Tbilisi z artykułów 58-1 „b", 58-8 Kodeksu Karnego RFSRS na karę śmierci. Rozstrzelany 15 listopada 1955 roku. Nie został zrehabilitowany.

Dalej Cereteli powiedział: „(…) Zlikwidowaliśmy te osoby. Włodzimirski młotkiem zabił kobietę, a ja młotkiem uderzyłem mężczyznę, którego następnie nasz współpracownik zadusił, potem zapakował ciała w worki i przeniósł do samochodu"[106]. Kim był „trzeci współpracownik"? W tej kwestii następnego dnia – 2 września – zeznawał w prokuraturze Włodzimirski. Oświadczył, że bezpośrednimi wykonawcami zabójstwa byli Cereteli i Mironow (szef wewnętrznego więzienia NKWD). Jednocześnie Włodzimirski zaprzeczał, jakoby zabił kobietę, i ciągle powtarzał, że szefem ich grupy był Cereteli[107].

ALEKSANDR NIKOŁAJEWICZ MIRONOW (1896–1968), pochodził z rodziny parobka. Skończył dwuletnią szkołę wiejską we wsi Kubinskoje w obwodzie wołogodzkim. Pracował jako robotnik fizyczny, murarz, konduktor. Od 1915 roku – szeregowy na froncie niemieckim, od 1916 roku – chorąży. Od 1918 roku służył w Armii Czerwonej. Do WKP(b) wstąpił w 1932 roku. Od 1923 roku na służbie w organach OGPU, naczelnik wewnętrznego więzienia NKWD--MGB ZSRS, pułkownik. Od 1953 roku na emeryturze w Moskwie.

---

[106] Tamże.
[107] Tamże, l. 201–205.

Ciała zamordowanych zapakowali w worki, wyładowali z wagonu na niewielkiej stacji i przekazali funkcjonariuszom NKWD przysłanym przez Rapawę. O upozorowaniu wypadku Rapawa mówił podczas śledztwa: „Na drodze między Ckaltubo i Kutaisi puściłem ze zbocza pusty samochód osobowy, następnie wezwałem milicjantów, żeby odpowiednio opisali wypadek (w samochodzie był celowo zepsuty układ kierowniczy), a co do ofiar – ogłoszono, że odwieziono je do szpitala w Tbilisi w celu udzielenia natychmiastowej pomocy medycznej"[108]. Jak wyjaśnił Cereteli: „Ciała zabitych zostały gdzieś pogrzebane, ale potem przyszedł nakaz z Moskwy, żeby pochować ich z honorami. Wtedy ciała odkopano, złożono do porządnych trumien i na nowo pochowano, ale tym razem już w sposób jawny"[109].

Na uroczyste pożegnanie Bowkuna-Ługańca i jego żony, które odbyło się 15 lipca 1939 roku w Domu Armii Czerwonej w Tbilisi, przyszedł tłum ludzi. Pogrzeb zaś odbył się na Cmentarzu Nowo-Wieryjskim. Pośród wysokich urzędników gruzińskich wyznaczonych do udziału w ostatnim pożegnaniu „tragicznie zmarłych", oprócz II sekretarza KC KP(b) Gruzji Kandida Czarkwianiego, był również zamieszany w to morderstwo Rapawa, chociaż na ceremonii żałobnej nie zabierał głosu.

AWKSIENTIJ NARIKIJEWICZ RAPAWA (1899–1955), od listopada 1938 roku narkom spraw wewnętrznych Gruzji, od 1943 roku minister bezpieczeństwa państwowego Gruzji, od 1948 roku minister sprawiedliwości Gruzji. Aresztowany w listopadzie 1951 roku w związku ze „sprawą megrelską", zwolniony w kwietniu 1953 roku. Od kwietnia do czerwca 1953 roku minister kontroli państwowej Gruzji. Ponownie aresztowany 17 czerwca 1953 roku, 19 września 1955 roku skazany na karę śmierci przez Izbę Wojskową Sądu Najwyższego ZSRS na procesie w Tbilisi. Rozstrzelany 15 listopada 1955 roku. Nie został zrehabilitowany.

---

[108] K. A. Stolarow, *Pałaczi i żertwy*, Moskwa 1997, s. 269.
[109] RGASPI, f. 17, op. 171, d. 467, l. 187–190.

Podczas śledztwa Cereteli i Włodzimirski próbowali zrzucać winę na siebie nawzajem. Włodzimirski twierdził, że „szef grupy" likwidatorów nie był on, lecz Cereteli, żonę Bowkuna-Ługańca zamordował również nie on, lecz Mironow. Niestety, prokuratorzy prowadzący sprawę nie zadali sobie trudu precyzyjnego wyjaśnienia okoliczności zabójstwa np. Borisa Czuprina, kierowcy rzekomo rozbitego samochodu pełnomocnego przedstawiciela. A były naczelnik więzienia wewnętrznego NKWD Mironow w ogóle nie został aresztowany, chociaż podczas przesłuchań wyraźnie padło jego nazwisko jako jednego z uczestników zbrodni.

Godne uwagi jest, że podczas wszystkich tych zeznań ani Cereteli, ani Włodzimirski nie uznali swojego czynu za przestępstwo. Cereteli powiedział: „Likwidację tych osób uważałem za prawnie uzasadnioną, ponieważ operacją kierował Włodzimirski, który był wtedy szefem Wydziału Śledczego NKWD ZSRS do Spraw Szczególnej Wagi [w rzeczywistości był pomocnikiem naczelnika Wydziału Śledczego – N. P.] i znał sprawy tych aresztowanych"[110]. Włodzimirski również oświadczył: „Nie traktowałem tamtej sprawy jako morderstwo, ale jako zadanie operacyjne"[111]. Taka oto skrzywiona czekistowska logika.

Oczekiwania Stalina sprawdziły się w stu procentach. Śmierć dyplomaty w wyniku rzekomego wypadku drogowego, odnotowana w centralnej prasie pełnymi współczucia nekrologami, nie wystraszyła „spiskowców" i nie zmotywowała ich do ukrycia się. Osoby wymienione przez Bowkuna-Ługańca podczas śledztwa jako „spiskowcy" zostały aresztowane – Ganin (11.07.1939 roku) i Tarabarin (17.08.1939 roku), skazani przez Izbę Wojskową Sądu Najwyższego ZSRS 28.01.1940 roku na karę śmierci i rozstrzelani następnego dnia. Obaj zostali zrehabilitowani także jednego dnia – 25.06.1957 roku.

---

[110] Tamże.
[111] Tamże, l. 205.

Żona marszałka

Nie istnieje wiarygodna odpowiedź na pytanie, co skłoniło Stalina do wydania rozkazu Berii, aby porwać i zamordować Kirę Iwanowną Simonicz-Kulik – żonę marszałka Grigorija Iwanowicza Kulika. Jedni twierdzą, że Stalin podejrzewał ją o szpiegostwo, inni sugerują osobiste pobudki – podobno dyktator był w niej kiedyś zakochany. Tak czy inaczej – małżonki wysoko postawionych sowieckich i partyjnych urzędników były ich słabym punktem. W okresie represji były zagrożone nie mniej od swoich mężów. Stalin niezwykle podejrzliwie traktował żony swoich współpracowników, które miały „niewłaściwe" pochodzenie społeczne lub narodowe czy też podejrzaną przeszłość. Przecież takie żony „z przeszłością" to (według wodza) oczywisty cel wrogich wywiadów i prosta droga do sowieckich sekretów. W różnym czasie aresztowano żony członków Politbiura Kalinina i Mołotowa oraz pomocnika Stalina, Poskriebyszewa. Na mężowskie prośby o litość dla towarzyszek życia Stalin pozostawał nieczuły.

W trybie tajnym aresztować żonę marszałka Kulika – takie zadanie Beria zlecił swojemu współpracownikowi – Wieniaminowi Gulstowi – zastępcy naczelnika I Oddziału GUGB NKWD, który odpowiadał za ochronę szefów partii i rządu. Oto, co zeznał w sierpniu 1953 roku w trakcie przesłuchań w Prokuraturze Generalnej (1 września ten protokół trafił na Kreml do Malenkowa): „W 1940 roku wezwał mnie do siebie Beria. Kiedy się stawiłem, zapytał, czy znam żonę Kulika. Odpowiedziałem twierdząco, a on na to: „Wypatroszę ci bebechy, obedrę ze skóry, odetnę język, jeśli zdradzisz komuś to, co zaraz usłyszysz!". Potem Beria powiedział: „Trzeba porwać żonę Kulika, ale tak, żeby była sama. Jako pomocników dostaniesz Ceretelego i Włodzimirskiego"[112].

---
[112] Tamże, l. 172–173.

Wieniamin Naumowicz Gulst (1900–1972), od 1921 roku w strukturach gruzińskiej CzK, w latach 1938–1941 zastępca szefa I Oddziału GUGB NKWD ZSRS, od 1941 roku wiceminister bezpieczeństwa państwowego Estonii, w latach 1942–1947 szef III Oddziału Zarządu Transportu NKWD-MGB ZSRS. W grudniu 1947 roku zwolniony z MGB z przyczyn zdrowotnych. Po odejściu na emeryturę mieszkał w Moskwie. Pozbawiony stopnia generała-majora 23 listopada 1954 roku z powodu „dyskredytacji w czasie służby w organach bezpieczeństwa państwowego".

Przez dwa tygodnie czekiści zastawiali pułapkę w okolicy ulicy Worowskiego, ale żona Kulika nigdy nie wychodziła bez towarzystwa. Zastępca narkoma spraw wewnętrznych Mierkułow co noc przyjeżdżał na kontrolę tajnego posterunku. W końcu w maju 1940 roku Simonicz-Kulik wyszła samotnie z domu, została niepostrzeżenie zatrzymana i wysłana do Więzienia Suchanowskiego[113] – supertajnego podmiejskiego więzienia NKWD.

O szczegółach tej akcji opowiedział podczas przesłuchania 4 sierpnia 1953 roku uczestnik porwania Włodzimirski. Według jego wersji, grupą porywaczy dowodził Cereteli, zadanie powierzył im bezpośrednio Beria, a operacją kierował Mierkułow[114]. Włodzimirski wyjaśnił, że nie brał osobiście udziału w przesłuchaniach Simonicz-Kulik. Według zeznań Mierkułowa z 28 września 1953 roku, Simonicz-Kulik została dwa lub trzy razy przesłuchana w Więzieniu Suchanowskim, a następnie zwerbowana. Po jakimś czasie Beria powołując się na „instancję", oświadczył, że nie należy wypuszczać kobiety na wolność, lecz zlikwidować. Beria powiedział też, że ogłosił oficjalne poszukiwania Simonicz-Kulik również z polecenia

---

[113] Więzienie to (o szczególnym znaczeniu) zostało utworzone w 1931 roku w budynkach byłego klasztoru św. Katarzyny pod Moskwą, znajdującego się w sąsiedztwie wsi i dworu Suchanowo (stąd nazwa więzienia). Nieoficjalnie więzienie nazywano „daczą tortur" lub – bardziej oficjalnie – „obiektem specjalnym nr 110". U schyłku Wielkiego Terroru w 1938 roku klasztor, który był już obiektem NKWD, przekształcono (za sprawą Jeżowa i Berii) w miejsce przetrzymywania szczególnie ważnych więźniów. W więzieniu tym po swoim upadku został zamknięty i następnie rozstrzelany współtwórca tego obiektu – Jeżow (przyp. red.).
[114] Tamże, d. 465, l. 149–151.

„instancji", aby stworzyć odpowiednie pozory. Opierając się na tych informacjach Mierkułow, jak sam wyjaśnił, nie uważał jej zamordowania za „nielegalne"[115]. Na przesłuchaniu 31 sierpnia 1953 roku Beria potwierdził, że Simonicz-Kulik była przetrzymywana w Więzieniu Suchanowskim[116].

„Instancja" – pod tym eufemizmem Prokuratura Generalna w protokołach przesłuchań ludzi Berii wstydliwie kamuflowała imię organizatora i inicjatora tych przestępczych działań – Stalina, chociaż zdarzało się, że jego nazwisko padało bezpośrednio. Tylko on mógł zadecydować o losie Kiry Simonicz-Kulik. Okoliczności jej zabójstwa ujawnił podczas przesłuchania Włodzimirski. Razem z naczelnikiem więzienia wewnętrznego Mironowem udał się do Więzienia Suchanowskiego. Tam wydano im aresztowaną, którą następnie odwieźli do jednego z pomieszczeń budynku NKWD w Zaułku Warsanofjewskim, gdzie na wewnętrznym podwórzu spotkali się z komendantem NKWD Wasilijem Błochinem. Mironow i Błochin zaprowadzili żonę marszałka do pomieszczenia w piwnicy tego budynku i tam ją rozstrzelali. Dosłownie kilka minut później, kiedy wszyscy wrócili na podwórze, podeszli do nich prokurator ZSRS Wiktor Boczkow i Bogdan Kobułow. Boczkow ostro skarcił Błochina za to, że nie zaczekali na niego i Kobułowa z egzekucją[117]. Włodzimirski opisał tę scenę następująco: „Doskonale pamiętam, jak Błochin przy mnie zameldował im, że wykonał wyrok. Wtedy Boczkow sklął i surowo skarcił Błochina za to, że wykonał wyrok nie czekając na niego i Kobułowa"[118]. Kiedy zeznania te 25 stycznia 1954 roku przeczytano na przesłuchaniu Boczkowowi, ten oświadczył, że „było to zbyt dawno i nie przypomina sobie" takiej sytuacji, dlatego nie może ani potwierdzić zeznań Włodzimirskiego, ani im zaprzeczyć[119].

Błochin, który latami wykonywał egzekucje, podczas przesłuchania 19 września 1953 roku opowiedział, jak wezwał go Kobułow i oświadczył,

---

[115] Tamże, op. 171, d. 469, l. 54–64.
[116] Tamże, d. 467, l. 174–181.
[117] Tamże, d. 465, l. 149–151.
[118] Tamże, d. 474, l. 46.
[119] Tamże, l. 46.

iż przywiozą kobietę, którą należy rozstrzelać bez sporządzania dokumentów, przy czym „Kobułow zabronił pytać ją o cokolwiek"[120]. W tym samym dniu Włodzimirski i Mironow dostarczyli na miejsce kaźni kobietę, którą Błochin zabił w ich obecności. W trakcie tego samego przesłuchania Błochin przypomniał sobie, że był jeszcze tylko jeden analogiczny przypadek w 1940 lub 1941 roku, kiedy rozstrzelał w obecności Kobułowa i Włodzimirskiego jakiegoś nieznajomego mężczyznę. Kobułow zapewniał go, że dokumenty o egzekucji zostaną sporządzone później[121].

Rutynowa procedura rozstrzelania obejmowała obowiązkowe przesłuchanie skazanego w celu ustalenia danych osobowych i zweryfikowania tych danych z nakazem egzekucji oraz aktami sprawy, żeby uniknąć ewentualnej pomyłki. Ponadto podczas egzekucji wymagana była obecność przedstawiciela Oddziału Ewidencyjno-Archiwalnego. Jak zeznał na przesłuchaniu Arkadij Giercowski, który w 1940 roku pełnił funkcję zastępcy szefa I Oddziału Specjalnego (Ewidencyjno-Archiwalnego) NKWD, Simonicz-Kulik została rozstrzelana bez udziału przedstawicieli tego organu[122].

Czy Beria i jego pomocnicy zdawali sobie sprawę, że z polecenia Stalina dokonują morderstwa? Bo przecież tylko morderstwem można nazwać tajne rozstrzelanie bez procesu i sporządzenia jakichkolwiek dokumentów. Musieli zdawać sobie z tego sprawę, ale wiernie służąc „panu", nie dopuszczali do siebie myśli, że mogą odmówić wykonywania takich zadań. To typowa ideologia i klimat mafijnego klanu. 29 sierpnia 1953 roku Mierkułow był przesłuchiwany w związku ze „sprawą Berii" jeszcze w charakterze świadka. Na pytanie, jak ocenia historię porwania i zamordowania żony marszałka Kulika, odpowiedział: „Oceniam to jako fakt skandaliczny, sprzeczny z moimi przekonaniami, który nie przyniósł żadnych efektów z punktu widzenia celowości działań. Ale nie miałem wątpliwości, że takie było polecenie Józefa Wissarionowicza Stalina, a każde

---

[120] Tamże, d. 468, l. 155–160.
[121] Tamże.
[122] Tamże, d. 465, l. 142–150.

polecenie towarzysza Stalina wykonywałem bez zastrzeżeń"[123]. I dodał, że Beria powiedział mu wyraźnie, iż w sprawie Simonicz-Kulik jest bezpośredni rozkaz Stalina[124].

Na polecenie Stalina planowano jeszcze jedno zabójstwo, ale nie doszło ono do skutku z przyczyn od Berii niezależnych. Na przesłuchaniu 31 sierpnia 1953 roku Beria zeznał, że w tym samym 1940 roku polecił Gulstowi zorganizowanie zabójstwa byłego narkoma spraw zagranicznych Maksima Litwinowa i nawet sam pojechał obejrzeć zakręt, gdzie miał się wydarzyć upozorowany wypadek drogowy[125]. Jednak dwa tygodnie później Beria poinformował Gulsta, że „nie ma już takiej konieczności"[126]. W trakcie tego przesłuchania Beria jak zwykle na początku powiedział, że „możliwe, iż wydał polecenie przygotowania zabójstwa M. M. Litwinowa"[127], a potem, pod koniec przesłuchania wyraźnie oświadczył, że było to „polecenie J. W. Stalina"[128].

W okresie powojennym praktyka indywidualnego terroru też miała się dobrze. Na przykład, 22 sierpnia 1953 roku podczas przesłuchania Sudopłatow zeznał, że na początku 1946 roku dostał od Berii i Mierkułowa zadanie przygotowania operacji zlikwidowania Piotra Kapicy – naukowca, członka Akademii Nauk ZSRS, ponieważ ten „odmawia pracy na rzecz programu atomowego". W maju 1946 roku Sudopłatow meldował ministrowi bezpieczeństwa państwowego Abakumowowi o stanie przygotowań do tego morderstwa. Jednak jakiś czas później Abakumow poinformował Sudopłatowa: „rezygnujemy z realizacji"[129]. Najprawdopodobniej Stalin rozmyślił się, kiedy ocenił ewentualne koszty. Inni mieli mniej szczęścia niż Kapica. Wystarczy przywołać zlecone przez Stalina zabójstwo Naro-

---

[123] Tamże, d. 467, l. 148.
[124] Tamże.
[125] Tamże, l. 174–181.
[126] Tamże.
[127] Tamże, l. 180.
[128] Tamże, l. 181.
[129] Tamże, l. 159.

dowego Artysty ZSRS Solomona Michoelsa[130] w 1948 roku, czy szereg tajnych egzekucji wykonanych na terenie ZSRS w latach 1946–1947 przez Sudopłatowa, Ejtingona, Majranowskiego.

Za wykonywanie tych zabójstw odpowiadała specjalnie utworzona służba „DR" MGB (dywersja i terror indywidualny), na której czele stał Sudopłatow. W czerwcu 1946 roku w Uljanowsku został zamordowany pracujący dla sektora wojskowego polski inżynier Naum Samet, który planował powrót do Polski. Polecenie zabicia go minister bezpieczeństwa państwowego Abakumow otrzymał od Stalina 12 czerwca, a meldunek o wykonaniu „zadania" złożył wodzowi 26 czerwca 1946 roku. W pociągu w pobliżu miasta Kirsanow we wrześniu 1946 roku został zamordowany ważny działacz ukraińskiego ruchu eserów Aleksandr (Ołeksandr) Szumski, który przebywał na zesłaniu i drażnił Stalina swoimi listami. Abakumow poprosił Stalina o zezwolenie na zamordowanie go 23 sierpnia 1946 roku i otrzymał je. Opracowany przez Sudopłatowa 6 września plan zabójstwa Szumskiego Abakumow zatwierdził 8 września 1946 roku.

Latem 1947 roku w więzieniu został zabity Amerykanin Isaiah Oggins, były agent sowiecki, skazany przez Komisję Specjalną jeszcze przed wojną (jego wyrok dobiegał końca). O zgodę na „usunięcie" go Abakumow wnioskował do Stalina i Mołotowa 21 maja 1947 roku. Plan zabicia Ogginsa poprzez wstrzyknięcie trucizny został przygotowany przez Ejtingona 30 lipca 1947 roku. I w końcu czwarty udokumentowany przypadek – zamordowanie 1 listopada 1947 roku Fiodora Romży, biskupa kościoła grekokatolickiego w Użgorodzie. Plan morderstwa przygotował jeszcze w lutym 1947 roku minister bezpieczeństwa państwowego Ukraińskiej SRS Siergiej Sawczenko. 27 października na Romżę napadli ludzie Sudopłatowa, taranując jego konny wóz ciężarówką. Romża z ciężkimi obrażeniami trafił do szpitala, gdzie wstrzyknięto mu śmiertelną truciznę. We wszystkich tych morderstwach

---

[130] Solomon Michoels – aktor i reżyser, twórca w ZSRS teatru żydowskiego (przyp. red.).

decydującą rolę odegrał pułkownik służby medycznej Majranowski – właśnie on wykonywał zabójcze zastrzyki i kierował specjalnym laboratorium w strukturach NKWD-MGB, w którym testowano trucizny na więźniach skazanych na śmierć.

„Normalizacja" działalności NKWD za rządów Berii po wstrząsach lat 1937–1938 w żadnym wypadku nie oznaczała zaprzestania aresztowań, a nawet masowych egzekucji. Ale terror stał się do pewnego stopnia zindywidualizowany. Nie było już masowych aresztowań, jak w okresie Wielkiego Terroru. Za to NKWD miało teraz więcej czasu i utalentowanych pracowników. Również Stalin przejawiał fantazję w sferze wyrównywania rachunków. Podsumowując: w maju 1939 roku na jego polecenie zamordowano Sokolnikowa i Radka, odbywających wyrok w więzieniu. W tym samym miesiącu podjęto decyzję o tajnym zabójstwie ambasadora ZSRS w Chinach Bowkun-Ługańca. Jednocześnie spośród współpracowników NKWD z kręgu Berii wyłoniono swoistą nieformalną grupę wykonawców przestępczych zleceń. Stalin powinien być zadowolony ze swego wyboru: nowy ludowy komisarz spraw wewnętrznych Beria wniósł do działań NKWD pewną finezję, zaczęto stosować gangsterskie metody rozprawiania się z osobami niewygodnymi dla reżimu. Beria z kolei doskonale rozumiał, czego chciał od niego Stalin. Wystarczyła mu sugestia lub nawet delikatna aluzja dyktatora.

Laboratorium X

W centrum sowieckiej stolicy przeprowadzano eksperymenty na ludziach

Jedną z najbardziej mrocznych kart w biografii Berii było utworzenie specjalnego laboratorium, w którym przeprowadzano śmiertelne eksperymenty na ludziach. W opublikowanej 24 grudnia 1953 roku krótkiej informacji prasowej o procesie Berii nie ośmielono się o tym wspomnieć, ale już w wyroku sądu czytamy: „Ustalono również, że podsądni Beria, Mierkułow i Kobułow dopuszczali się innych nieludzkich zbrodni – przeprowadzali eksperymenty polegające na testowaniu trucizn na więźniach skazanych na najwyższy wymiar kary oraz stosowaniu środków narkotycznych podczas przesłuchań"[131]. Co się za tym kryło? Jak była zorganizowana ta działalność i jak duży miała zasięg?

Podczas śledztwa w sprawie Berii w 1953 roku był to jeden z decydujących wątków, chociaż nie od razu został odkryty. Aresztowany jeszcze za życia Stalina w ramach zdemaskowania „spisku syjonistycznego w MGB" pułkownik służby medycznej Grigorij Majranowski (skazany przez Komisję Specjalną MGB 14 lutego 1953 roku na 10 lat) sam zwrócił na siebie uwagę prokuratury. Wiosną 1953 roku w nadziei na uwolnienie niejednokrotnie zwracał się do nowego ministra spraw wewnętrznych Berii,

---

[131] „*Prigowor okonczatielnyj i obżałowaniju nie podleżyt*". *Poslednije słowa podsudimych i prigowor po diełu Bierii i jego soobszcznikow*, „Istocznik" 2002, nr 6, s. 82.

otwarcie pisząc w listach o swojej „szczególnej pracy" w laboratorium specjalnym i przypominając swoje zasługi. W pierwszym liście, wysłanym z więzienia we Włodzimierzu 21 kwietnia 1953 roku, pisał: „Własnoręcznie zlikwidowałem wielu zagorzałych wrogów władzy sowieckiej, w tym różnego rodzaju nacjonalistów (również żydowskich) – wiadomo o tym generałowi-lejtnantowi P. Sudopłatowowi" – i zapewniał Berię, że gotów jest wykonać „wszystkie jego rozkazy dla dobra naszej potężnej ojczyzny!"[132]. Po aresztowaniu Berii listy te trafiły do rąk śledczych i nitka prowadząca do Majranowskiego zaczęła się rozplątywać. 18 sierpnia 1953 roku sprawa Majranowskiego została przekazana prokuraturze.

GRIGORIJ MOISIEJEWICZ MAJRANOWSKI (1899–1964), w 1923 roku ukończył studia medyczne na Uniwersytecie Moskiewskim. W 1937 roku w organach bezpieczeństwa państwowego był szefem laboratorium toksykologicznego, przeprowadzał eksperymenty na więźniach skazanych na karę śmierci, zabijał ich, używając różnego rodzaju trucizn. Na rozkaz kierownictwa MGB ZSRS brał udział w tajnych zabójstwach przeciwników politycznych. Pułkownik służby medycznej. W grudniu 1951 roku aresztowany, skazany 14 lutego 1953 roku przez Komisję Specjalną MGB[133] na 10 lat więzienia. W 1961 roku zwolniony z więzienia. Nie został zrehabilitowany.

Podczas przesłuchania 27 sierpnia 1953 roku Majranowski opowiedział ze szczegółami, jak pod koniec 1938 roku lub na początku 1939 roku zwrócił się do Berii z prośbą o zgodę na przeprowadzanie doświadczeń na ludziach: „Beria zaakceptował moją propozycję. Zlecono mi przeprowadzenie tych badań na skazanych"[134].

Przyszła kolej na przesłuchanie głównego oskarżonego. 28 sierpnia 1953 roku na pytanie o testowanie trucizn na skazanych na śmierć przez

---

[132] CA FSB, ASD (Archiwno-sledstwiennoje dieło, ros., osobowe akta śledcze) Majranowskiego, nr N-21216, l. 278–280.
[133] Zob. przyp. 51.
[134] RGASPI, f. 17, op. 171, d. 467, l. 123–127.

rozstrzelanie Beria odpowiedział: „Nie pamiętam". Ale po tym, jak odczytano mu zeznania Majranowskiego, zrozumiał, że nie ma sensu się zapierać. „Przyznaję, że to, o czym mówi Majranowski, to straszna, krwawa zbrodnia. Zlecałem Majranowskiemu przeprowadzenie eksperymentów na skazanych na najwyższy wymiar kary, ale to nie był mój pomysł"[135]. Natychmiast zapytano Berię, czy jego zastępca Wsiewołod Mierkułow był wprowadzony w tajemnicę speclaboratorium. „Zdecydowanie tak" – odpowiedział Beria, dodając, że Mierkułow „bardziej się tym zajmował"[136]. Po kolejnej chwili namysłu, Beria uznał, że nie dość precyzyjnie wyjaśnił swoją wykonawczą rolę w tej sprawie: „Chcę dodać, że polecenie zorganizowania speclaboratorium dostałem od J. W. Stalina i zgodnie z tymi zaleceniami przeprowadzane były doświadczenia, o których była mowa wcześniej"[137].

Mierkułow, piastujący wówczas stanowisko ministra kontroli państwowej ZSRS, nie został jeszcze aresztowany. Ale prowadzący śledztwo już przyglądali mu się jako głównemu współpracownikowi Berii i na razie przesłuchiwano go w charakterze świadka. Ku zaskoczeniu śledczych podczas przesłuchania 29 sierpnia 1953 roku Mierkułow nie tylko nie zaprzeczył istnieniu w NKWD takiego laboratorium, ale wręcz zaczął uzasadniać konieczność jego utworzenia. Na pytanie, czy nie uważa tych eksperymentów za zbrodnię przeciwko ludzkości, Mierkułow oświadczył: „Nie uważam tak, ponieważ ostatecznym celem tych doświadczeń była walka z wrogami państwa sowieckiego. NKWD to taka instytucja, która mogła dokonywać podobnych doświadczeń na osądzonych wrogach władzy sowieckiej w interesie państwa sowieckiego. Jako funkcjonariusz NKWD wykonywałem te rozkazy, ale jako człowiek, uważałem tego rodzaju doświadczenia za niepożądane"[138]. Tak oto w osobie Mierkułowa państwo pokonało człowieka.

---

[135] Tamże, l. 136.
[136] Tamże.
[137] Tamże, l. 142.
[138] Tamże, l. 146.

Tego rodzaju rewelacyjnymi wyznaniami Mierkułow utorował sobie drogę na ławę oskarżonych. Prokurator generalny Roman Rudenko 1 września 1953 roku skierował do Malenkowa informację o Mierkułowie z prośbą o nakaz jego aresztowania jako „jednego ze współpracowników Berii". Była w niej mowa o tym, że Mierkułow kierował działaniem tajnego laboratorium, w którym przeprowadzano eksperymenty na ludziach, uczestniczył również w porwaniu Simonicz-Kulik. Jak odnotował prokurator Rudenko, Mierkułow był przesłuchiwany dwukrotnie, ale „zeznawał niechętnie"[139]. Decyzja o aresztowaniu została podjęta, chociaż nie od razu. Sądząc po podpisach na dokumencie, Mołotow i Chruszczow zapoznali się z prośbą Rudenki 8 września, ale decyzja zapadła dopiero dziesięć dni później: „Na posiedzeniu Prezydium KC 17.09 wydano zgodę. Poinformowano o tym towarzyszy Rudenkę i Krugłowa. D. Suchanow 17.09.53"[140].

Beria tymczasem próbował wszelkimi sposobami umniejszyć swoją rolę w utworzeniu i funkcjonowaniu Laboratorium X. Podczas przesłuchania 31 sierpnia oświadczył: „Majranowskiego widziałem tylko dwa lub trzy razy. Informował mnie o pracy laboratorium i o doświadczeniach na żywych ludziach", a zgodę na przeprowadzenie konkretnych eksperymentów wydawał Mierkułow[141]. Beria twierdził, że nie pamiętał Siergieja Muromcewa, innego pracownika laboratorium, również zaangażowanego w eksperymenty na ludziach. Tłumaczył, że wkrótce po nominacji na stanowisko narkoma zaczął „interesować się tymi truciznami w związku z zaplanowaną akcją wobec Hitlera"[142].

Na pytanie: „Jak oceniacie doświadczenia na ludziach, tajne porwania i zabójstwa", Beria odpowiedział: „To niedopuszczalne i krwawe zbrodnie". Po umieszczeniu tych słów w protokole, Beria własnoręcznie napisał: „Protokół przeczytałem, moje słowa przytoczono zgodnie z prawdą. Ł. Beria. Dodam, że zajmowałem się truciznami i laboratorium w związku z pole-

---

[139] Tamże, l. 152–154.
[140] Tamże.
[141] Tamże, l. 176.
[142] Tamże, l. 177.

ceniami otrzymanymi od J. W. Stalina, on również wydał rozkaz w sprawie Simonicz-Kulik i Litwinowa"[143].

Po aresztowaniu Mierkułow zeznał podczas przesłuchania 28 września, że osobiście zezwolił Majranowskiemu na podanie trucizn 30–40 skazanym, tłumacząc, że tylko on i Beria mogli wydawać takie zezwolenia. Po raz kolejny powtórzył, że nie widzi w tym nic nielegalnego, ponieważ chodziło o skazanych na karę śmierci i miał formalną akceptację Berii. Zastrzegł wprawdzie: „Nie podejrzewałem, że w tych doświadczeniach chodziło o znęcanie się nad skazanymi. Myślałem nawet, że procedura błyskawicznego otrucia skazanego jest lżejszą śmiercią niż rozstrzelanie. Oczywiście, powinienem był zainteresować się szczegółami tych doświadczeń i wyznaczyć ich rozsądne ramy lub w ogóle nakazać zaprzestania tego rodzaju praktyk"[144].

Podczas przesłuchań 6 i 7 sierpnia 1953 roku Majranowski opowiedział szczegółowo, jakie trucizny testował na więźniach. Lista obejmowała około piętnastu pozycji, począwszy od nieorganicznych związków arsenu i talu, cyjanku potasu i cyjanku sodu po złożone substancje organiczne: kolchicynę, digitoksynę, akonitynę, strychninę i truciznę pochodzenia roślinnego kurarę[145]. Jednocześnie te same trucizny testowano na zwierzętach i wyniki tych badań Majranowski opublikował w 1945 roku. O eksperymentach na ludziach nie było w nich naturalnie ani słowa. Jako zapalony badacz, Majranowski nie mógł nie podzielić się ze śledczym „swoimi odkryciami" i wrażeniami. Dokładnie opowiadał o działaniu tych czy innych trucizn. Na przykład o tym, że *trójfluorek trójetyloaminy* powoduje śmierć zwierząt, ale nie działa na ludzi. Według słów Majranowskiego najcięższa była śmierć spowodowana działaniem akonityny, którą otruł dziesięć osób: „Muszę przyznać, że mnie samego ciarki przechodzą, gdy sobie o tym przypominam"[146].

---

[143] Tamże, l. 181.
[144] Tamże, d. 469, l. 64.
[145] Tamże, l. 129–138.
[146] Tamże.

Oprócz prowadzącego badania toksykologiczne Majranowskiego w eksperymentach brali udział starszy chemik laboratorium specjalnego Aleksandr Aleksandrowicz Grigorowicz i bakteriolog Siergiej Muromcew, badający działanie jadu kiełbasianego. Wstęp do laboratorium mieli: Sudopłatow, Ejtingon, Filimonow i naczelnik laboratorium Arkadij Osinkin[147]. Jak wyjaśnił podczas śledztwa Majranowski, oprócz kierownictwa NKWD o doświadczeniach na ludziach wiedzieli również podwładni komendanta Łubianki Błochina, pracownicy komendantury: bracia Wasilij i Iwan Szygalowowie, Demjan Siemienichin, Iwan Feldman, Iwan Antonow, Wasilij Bodunow, Aleksandr Dmitrijew, którzy zazwyczaj dokonywali rozstrzelań, a w przypadku przekazania skazanych do laboratorium Majranowskiego byli zwalniani z konieczności wykonywania swoich katowskich obowiązków[148]. Trudno powiedzieć, czy byli zadowoleni z takiego obrotu spraw, czy nie widzieli w Majranowskim konkurenta, mogącego „odebrać im robotę" – zastąpić fiolką z trucizną ich spracowane dłonie, poznaczone odciskami od rękojeści pistoletów. I co robić w takiej sytuacji? Zwolnić się?

Michaił Pietrowicz Filimonow (1910–1958), w 1935 roku ukończył Moskiewski Instytut Precyzyjnej Technologii Chemicznej, w 1938 roku – studia doktoranckie. Od grudnia 1938 roku w NKWD, od marca 1939 roku szef IV Oddziału Specjalnego (Wydział Laboratoriów) NKWD ZSRS, od stycznia 1942 roku szef IV Oddziału IV Zarządu NKWD-NKGB ZSRS. Pułkownik bezpieczeństwa państwowego. W lutym 1945 roku zwolniony z MWD ZSRS „z powodu dyskredytacji".

O historii utworzenia laboratorium opowiedział szczegółowo komendant Błochin na przesłuchaniu 19 września 1953 roku. Beria wkrótce po objęciu stanowiska narkoma spraw wewnętrznych wezwał go do siebie i powiedział, że trzeba przygotować pomieszczenie do eksperymentów

---
[147] Tamże, d. 467, l. 123–127.
[148] Tamże, l. 207.

na więźniach, skazanych na rozstrzelanie. Błochin twierdził, że rozmowa ta miała miejsce w 1938 roku. Beria pytał najpierw, czy nie można by wykorzystać w tym celu pomieszczenia w budynku nr 2 (budynku głównym siedziby NKWD na Łubiance). Błochin odpowiedział, że wykonywanie tego rodzaju pracy w budynku nr 2 nie jest możliwe i można zaadaptować pomieszczenie w innym budynku (jak wynika z zeznań Majranowskiego chodzi o budynek NKWD w Zaułku Warsanofjewskim). Błochin naszkicował plan i przekazał go Mamułowowi. Pomieszczenie na 1. piętrze przerobiono na pięć sal i sekretariat. Beria uprzedził, że sprawa jest ściśle tajna, tak że Błochin był przekonany, iż chodzi o wykonywanie tam wyroków śmierci, tylko „nie wiedział, w jaki sposób"[149].

Majranowski podawał więźniom truciznę w jedzeniu, za pomocą zastrzyków, eksperymentował również z bronią bezdźwiękową[150]. Błochin opowiadał: „Podczas uśmiercania więźniów przy pomocy trucizn byłem obecny ja, częściej dyżurni. Ale przychodziłem do sali Majranowskiego zawsze po egzekucji, żeby zakończyć całą operację. Z zarządu Sudopłatowa najczęściej przychodził Ejtingon, trochę rzadziej sam Sudopłatow. Zawsze obecni byli przedstawiciele wydziału „A" Podobiedow, Giercowski, Worobjow"[151]. Rozkazy wyselekcjonowania więźniów dla laboratorium wydawali I Oddziałowi Specjalnemu NKWD, a od 1943 roku Oddziałowi „A" NKGB Beria i jego zastępcy – Mierkułow i Kobułow[152].

„Z więzienia odbierali ich nie tylko moi pracownicy – mówił Błochin – ale koniecznie musieli być obecni ludzie z Oddziału «A», razem z którymi sprawdzaliśmy tożsamość aresztowanych. Tych przeznaczonych do przekazania Majranowskiemu umieszczano w celach również obowiązkowo w obecności pracowników Oddziału «A». Po nastąpieniu zgonu przedstawiciel Oddziału «A» sporządzał na odwrocie rozkazu akt o wykonaniu wyroku, który podpisywał pracownik tegoż oddziału, a także ja

---

[149] Tamże, d. 468, l. 155–160.
[150] Tamże.
[151] Tamże, l. 158.
[152] Tamże, l. 155–160.

i czasem przedstawiciel zarządu Sudopłatowa. Akty te są przechowywane w Oddziale «A» (...)"[153].

Błochin wyjaśnił, że egzekucje skazanych w ten sposób odbywały się od 1938 do 1947 roku. Najwięcej – w latach 1939–1940, ok. 40 osób. Na początku wojny proceder przerwano, a następnie od 1943 roku, kiedy doświadczenia wznowiono – znowu ok. 30 osób. Błochin miał notes, w którym z własnej inicjatywy wpisywał nazwiska skazanych, na których przeprowadzano eksperymenty, ale w 1941 roku spalił go. W 1943 roku znowu zaczął notować, a odchodząc na emeryturę w 1953, roku przekazał zeszyt swojemu zastępcy Jakowlewowi, który spalił go za zgodą Błochina[154].

W grudniu 1953 roku Beria i jego najbliżsi współpracownicy zostali skazani i rozstrzelani. Ale prokuratura kontynuowała śledztwo w sprawie speclaboratorium. Oto, co podczas przesłuchania 4 marca 1954 roku zeznał o swoim udziale w jego pracach i doświadczeniach na ludziach Muromcew[155]. Został przyjęty do NKWD w październiku 1937 roku, zachęcony przez naczelnika Oddziału Technik Operacyjnych Alochina do pracy tymczasowej na stanowisku naczelnika grupy mikrobiologicznej i podlegał początkowo Alochinowi, a następnie Łapszynowi, Filimonowowi, później Sudopłatowowi i jego zastępcy Ejtingonowi, a po wojnie – Krawczence.

Siergiej Nikołajewicz Muromcew (1898–1960), w 1923 roku ukończył Moskiewski Uniwersytet Państwowy, w 1932 roku kursy specjalne Akademii Obrony Chemicznej, doktor nauk biologicznych, profesor, członek Wszechzwiązkowej Akademii Nauk Rolniczych im. Lenina (1948 rok), laureat Nagrody Stalinowskiej II stopnia (1948 rok). Od 1937 roku w organach bezpieczeństwa państwowego, stanął na czele laboratorium bakteriologicznego. Pułkownik służby medycznej. Zwolniony w 1951 roku z powodu choroby. Pracował jako dyrektor Instytutu Epidemiologii i Mikrobiologii im. N. Gamalei Akademii

---

[153] Tamże.
[154] Tamże, l. 155–160.
[155] Tamże, d. 474, l. 52–59.

Nauk Medycznych ZSRS. Zmarł 14 grudnia 1960 roku (nekrolog opublikowano w czasopiśmie „Medicynskij rabotnik" 16 grudnia).

W 1942 roku Muromcew został wezwany przez Sudopłatowa, który w obecności Filimonowa zaproponował mu uczestniczenie w dyżurach w speclaboratorium. Do jego obowiązków należało prowadzenie obserwacji i zapis ich wyników. „Nie uczestniczyłem osobiście w aplikowaniu trucizn" – mówił Muromcew. Zgodnie z jego zeznaniami, prawie codziennie w Laboratorium X bywał Filimonow, „raz widziałem Sudopłatowa (przychodził razem z Filimonowem) – skontrolował sytuację, przeszedł się korytarzykiem, parę minut posiedział w sekretariacie, zadał kilka pytań Majranowskiemu i wyszedł"[156]. Jak zeznał Muromcew, jego dyżury w speclaboratorium nie trwały długo – ok. 2–3 miesięcy, potem zrezygnował z nich, ponieważ nie był „w stanie znosić tej sytuacji": permanentnego pijaństwa Majranowskiego, Grigorowicza, Filimonowa i pracowników z grupy specjalnej Błochina. Pytany, czy sam Błochin w owych libacjach uczestniczył, Muromcew twierdził, że nie pamięta. „Poza tym, Majranowski zdumiewał swoim zwierzęcym, sadystycznym stosunkiem do więźniów"[157] – wspominał Muromcew. Niektóre środki wywoływały u więźniów straszne cierpienia. Relacje Muromcewa z żoną zaczęły się psuć (nie podobało jej się, że nie nocuje w domu). Muromcew porozmawiał z Błochinem, ten z kolei z Sudopłatowem i przestano go wzywać na dyżury. Jak wyjaśniał Muromcew, „nie zwracał się do Filimonowa, ponieważ ten w tym czasie kompletnie się już zapił"[158].

Podczas dyżurów Muromcewa przeprowadzono doświadczenia nad ok. 15 skazanymi. Na pytanie, czy testował swoje preparaty, Muromcew odpowiedział: „Filimonow powiedział mi raz, że Sudopłatow zlecił, bym przetestował działanie jadu kiełbasianego w speclaboratorium, gdzie odby-

---
[156] Tamże, l. 55.
[157] Tamże, l. 56.
[158] Tamże.

wałem dyżury u Majranowskiego"[159]. Muromcew przeprowadzał doświadczenie razem z Majranowskim, toksynę podano w jedzeniu. „Przeprowadziliśmy trzy takie doświadczenia, chyba ze skutkiem śmiertelnym. Śmierć nastąpiła w ciągu 48 godzin"[160]. We wszystkich przypadkach obserwowano niewielkie bóle żołądka, mdłości i paraliż. Muromcew nie pamiętał dokładnie, czy testował działanie zarazków anginy septycznej, ale jeśli tak było, to toksyna okazała się zupełnie nieszkodliwa. Rezultaty eksperymentów dotyczących jadu kiełbasianego Filimonow przekazywał Sudopłatowowi.

Muromcew wspominał jeszcze, jak raz z polecenia Sudopłatowa, które przekazane mu zostało przez Filimonowa, wydzielił podczas wojny Majranowskiemu jedną porcję jadu kiełbasianego do użycia, jak mu powiedział Filimonow, za granicą, w Paryżu. Później Sudopłatow wezwał Muromcewa i w obecności Filimonowa zbeształ go, że preparat nie był trujący.

Muromcew twierdził, że nigdy nie był przyjmowany przez Berię, raz tylko był u Mierkułowa w Kujbyszewie w sprawie pracy laboratorium. Muromcew wyjaśnił, że nie wiedział, kim są ludzie, na których przeprowadzano eksperymenty, miał tylko świadomość, że to skazani na śmierć. I dodał: „W ogóle to uważam te badania za niedopuszczalne z czysto ludzkiego punktu widzenia. Mówiono nam, że wszystkie te trucizny będą użyte w operacjach poza granicami kraju. Tak mówili Filimonow i Sudopłatow"[161]. Przypomniał sobie jeszcze jedną bardzo ważną rzecz: „Majranowski w latach 1947–1948 brał udział w jakichś operacjach zleconych przez kierownictwo ministerstwa, a w latach 1949–1950 siedział w swoim gabinecie w laboratorium i w ogóle nie uczestniczył w pracy zespołu"[162].

Podczas przesłuchania 13 marca 1954 roku[163] Majranowskiego zapytano, dlaczego ukrywał, że badanie trucizn prowadził jeszcze w 1938 roku w więzieniu wewnętrznym. Majranowski przyznał, że badania zaczął w po-

---
[159] Tamże.
[160] Tamże.
[161] Tamże, l. 59.
[162] Tamże, l. 58.
[163] Tamże, l. 60–64.

mieszczeniu budynku w Zaułku Warsonofjewskim, ale jeden raz, kiedy trzeba było sprawdzić jakąś substancję dla kierownictwa, przeprowadzał eksperymenty w wewnętrznym więzieniu NKWD ZSRS. Na potrzeby badań oddano tam 5–6 cel. Eksperymenty trwały kilka dni, ale Majranowski nie pamiętał, jaki środek testował – mogła to być bezsmakowa pochodna iperytu siarkowego do oddziaływania przez przewód pokarmowy i duże dawki benzedryny.

Grigorowicz zaczął pomagać przy dyżurach, kiedy jeszcze doświadczenia były prowadzone w jednym pomieszczeniu w Zaułku Warsanofjewskim, pomagał również Walerij Szczegolew (w kwietniu 1940 roku w trakcie eksperymentu popełnił samobójstwo, zażywając truciznę)[164].

Na pytanie o doświadczenia z zatrutymi nabojami, Majranowski zeznał, że przeprowadzał takie za czasów Filimonowa. Uczestniczył w nich sam Majranowski, Grigorowicz, Filimonow i grupa specjalna Błochina. Były to naboje o słabszej mocy, wewnątrz których umieszczano akonitynę. „Zaczęliśmy te doświadczenia w górnej sali w Zaułku Warsanofjewskim, wtedy, kiedy na dole w sześciu salach trwały już badania nad truciznami"[165]. W tych doświadczeniach uczestniczyli więźniowie, na których wcześniej testowano już toksyny, ale wyzdrowieli, a także skazani przywiezieni z więzienia. Majranowski: „W Zaułku Warsanofjewskim, na górze, eksperymentowaliśmy na jakichś trzech osobach. Później te badania przeniosły się do piwnicy, gdzie wykonywano wyroki, w tym samym budynku w Zaułku Warsanofjewskim. Tu przeprowadziliśmy doświadczenia na około dziesięciu skazanych"[166].

Strzelano nabojami rozrywającymi, celowano tak, by nie zabić od razu. Śmierć następowała w okresie od 15 minut do godziny, w zależności od tego, gdzie trafiła kula. Strzelał Filimonow lub ktoś z grupy specjalnej. Według słów Majranowskiego, nie strzelał ani on sam, ani Grigorowicz.

---

[164] Tamże, d. 476, l. 145–160. O Szczegolewie: A. Kułanow, *Uż my ich duszyli, duszyli...*, „Diletant" 2012, nr 3, s. 60–62.
[165] RGASPI, f. 17, op. 171, d. 474, l. 61.
[166] Tamże.

„Wydaje mi się, że wszystkie przypadki zastosowania zatrutych naboi zakończyły się śmiercią, chociaż pamiętam jednego, którego pracownicy grupy specjalnej dobijali"[167] – dodał Majranowski. Raz kula zatrzymała się w kości i więzień sam ją wyjął. Podczas doświadczeń z trującymi nabojami obecni byli Majranowski, Filimonow, Grigorowicz, Błochin i jego ludzie z grupy specjalnej. Na pytanie śledczego o pracownika tej grupy Okuniewa Majranowski powiedział: „Okuniew był pułkownikiem. Na imię miał Aleksiej (imienia ojca nie pamiętam). Pracował w zarządzie ochrony rządu, ale z jakiegoś powodu formalnie był członkiem grupy specjalnej. Był obecny podczas doświadczeń, znał naszą robotę. Nie pamiętam, czy towarzyszył nam podczas doświadczeń z zatrutymi nabojami. Okuniew zajmował się raczej zakopywaniem i paleniem trupów. On też się rozpił i za alkoholizm został zwolniony i odesłany na emeryturę. Kilka razy odbywał leczenie w klinice psychiatrycznej"[168].

Majranowski przypomniał sobie jeszcze o doświadczeniach z usypiającą poduszką, w której była trucizna, i o tym, jak więźniom podawano duże dawki leków nasennych, co prowadziło do śmierci.

Cały szereg przestępstw pozostał niezbadany. Podczas przesłuchania 27 sierpnia 1953 roku Majranowski zeznał, że uczestniczył w operacjach likwidacji różnych osób podczas tajnych spotkań w mieszkaniach konspiracyjnych. Polecenia dostawał za pośrednictwem Sudopłatowa. Szczegóły planowanych akcji omawiano u Berii lub Mierkułowa i podczas tych spotkań zawsze był obecny Sudopłatow (czasem Ejtingon i Filimonow). Jak wyjaśnił Majranowski, „nigdy nie tłumaczono mi, za co ta czy inna osoba ma zostać zabita i nawet nie ujawniano ich nazwisk". Spotykał się z potencjalnymi ofiarami w mieszkaniach konspiracyjnych i w czasie jedzenia, picia, jak tłumaczył, „domieszywał im truciznę", a czasami wstępnie „otumanioną osobę" zabijał za pomocą zastrzyku. Majranowski twierdził, że zginęło tak „kilkadziesiąt osób"[169]. Podczas późniejszych przesłu-

---

[167] Tamże.
[168] Tamże, l. 62.
[169] Tamże, d. 476, l. 123–127.

chań unikał rozmowy na ten temat i twierdził, że wcześniej miał na myśli wyłącznie pomieszczenia laboratorium[170].

W sprawie speclaboratorium zeznawał również Sudopłatow. Podczas przesłuchania 1 września 1953 roku powiedział, że o Laboratorium X i doświadczeniach dowiedział się od naczelnika IV Oddziału Specjalnego Filimonowa, gdy jego oddział wszedł w skład zarządu podlegającego Sudopłatowowi. W pomieszczeniach laboratorium, mieszczących się w Kuczynie i na 4. Ulicy Mieszczańskiej w Moskwie eksperymentowano na zwierzętach, a w Zaułku Warsonofjewskim – na ludziach. To była szczególnie tajna praca i regulamin Laboratorium X znajdował się wyłącznie w sekretariacie narkomatu. Prace w laboratorium specjalnym prowadzili Filimonow, Majranowski i Muromcew, a raportowali Mierkułowowi i Berii. Zgodnie z zachowanymi protokołami badań, pracę rozpoczęto w 1937 lub 1938 roku. W sumie zachowało się 150 protokołów[171].

Według zeznań Sudopłatowa, w 1946 roku Abakumow zarządził likwidację laboratorium, a protokoły badań nakazał mu trzymać u siebie. I Sudopłatow przechowywał te dokumenty aż do swojego aresztowania w 1953 roku. Meldował o nich ministrowi bezpieczeństwa państwowego Ignatjewowi i jego zastępcom – Riuminowi i Ogolcowowi[172]. Po aresztowaniu Sudopłatowa protokoły znajdowały się w Prokuraturze Generalnej.

W 1954 roku teczka o nazwie „Materiały laboratorium X" została przekazana z Prokuratury Generalnej do archiwów KGB. Jej zawartość dzisiejsza FSB[173] utrzymuje w tajemnicy, chociaż jest to sprzeczne z art. 7 „Ustawy o tajemnicy państwowej", zakazującej utajniania informacji o represjach i zbrodniach sądowych. Ciekawe, jak długo FSB zamierza otaczać tajemnicą nazwiska ofiar zbrodniczych eksperymentów stalinowskich czekistów?

---

[170] Tamże, l. 145–160.
[171] Tamże, l. 182–186.
[172] Tamże, l. 183–185.
[173] Fiederalnaja służba biezopasnosti, ros., Federalna Służba Bezpieczeństwa – służba specjalna Federacji Rosyjskiej, utworzona w 1995 roku, następczyni KGB (przyp. red.).

Próba przekupienia Hitlera

Jak w czerwcu 1941 roku Stalin chciał ratować reżim kosztem ustępstw terytorialnych

Dogmatyzm Stalina i jego uporczywe trzymanie się wymyślonych schematów polityki zagranicznej doprowadziły do tragedii 1941 roku i śmierci wielu milionów naszych obywateli.

Kilka dni po rozpoczęciu wojny między Rzeszą i ZSRS, w czerwcu 1941 ambasador Bułgarii w Moskwie Iwan Stamenow został zaproszony do restauracji *Aragwi* przez niejakiego Pawła Anatoljewicza Pawłowa, który przedstawił się jako sekretarz samego Berii[174]. To, co dyplomata usłyszał od wpływowego rozmówcy, przechodziło ludzkie pojęcie. Okazało się, że Stalin chce przekazać rządowi niemieckiemu propozycję zawarcia pokoju. Przy czym gotów jest do ogromnych ustępstw terytorialnych.

W charakterze „sekretarza Berii" wystąpił wysoko postawiony czekista, szef grupy specjalnej NKWD Paweł Sudopłatow. A pytania i propozycje przedstawione w czasie rozmowy Stamenowowi w celu przekazania ich dalej do Berlina dał mu Beria. Ich treść i sens nie pozostawiały

---

[174] Iwan Stamenow, będący od 11 lipca 1940 roku do 9 września 1944 roku ambasadorem Bułgarii w ZSRS, 2 sierpnia 1953 roku skierował do ambasady ZSRS w Sofii pismo z opisem swojej znajomości z Pawłem Anatoljewiczem Pawłowem i szczegółami ich spotkania w restauracji *Aragwi*, którego celem było przedyskutowanie „propozycji rządu sowieckiego w sprawie pokoju". Wcześniej Pawłowa przedstawił Stamenowowi jako „sekretarza Berii" Paweł Dnieprow (pracownik NKWD P. Żurawlow). Po spotkaniu w *Aragwi*, jak zapewnia, Stamenow nigdy więcej nie spotkał się z Pawłowem (RGASPI, f. 17, op. 171, d. 465, l. 133–144).

żadnych wątpliwości co do autorstwa. Zupełnie rozpoznawalny styl Stalina, charakterystyczne dla niego powtórzenia: „Co zadowoliłoby Niemcy, na jakich warunkach Niemcy zgadzają się zakończyć wojnę, co jest potrzebne do zakończenia wojny". Ciekawe jest jednak coś innego. Stalin zupełnie utracił kontakt z rzeczywistością. Jak tonący, chwytający się brzytwy, wierzył, że jeszcze nie jest zbyt późno, by wszystko zatrzymać, przekształcić w incydent graniczny, swojego rodzaju niemiecką demonstrację siły, mającą wzmocnić żądania terytorialne. A on – Stalin – musi tylko przekonać wszystkich o konieczności podpisania nowego pokoju brzeskiego. Tak, to prawda – pokoju haniebnego, ale niezbędnego dla ratowania kraju.

Co zmusiło w 1953 roku Sudopłatowa do sporządzenia dokumentu o swoim udziale w takim haniebnym przedsięwzięciu? Przecież, najprawdopodobniej, przyspieszył on tylko jego aresztowanie jako zaufanego pełnomocnika Berii. Dla Sudopłatowa, świadomego, jaka kara mu grozi, kluczową sprawą było odcięcie się zarówno od Berii, jak i od całej tej niebezpiecznej akcji. Przecież ustępstwo terytorialne na rzecz Hitlera to oczywista „zdrada ojczyzny"! Najważniejsze to nie stać się kozłem ofiarnym.

Post factum Sudopłatow wymyślił wytłumaczenie dla tamtej haniebnej inicjatywy Stalina. W swoich wspomnieniach kłamie – twierdzi, że wydarzenie to miało miejsce 25 lipca i było tak naprawdę dezinformacją w celu zyskania na czasie i zebrania sił[175].

W swoich zeznaniach w prokuraturze 10 sierpnia 1953 roku Sudopłatow był bardziej precyzyjny. Zrekonstruował cztery punkty podyktowane przez Berię, wspominając, że tamten groził mu i jego rodzinie „unicestwieniem"[176], jeśli nie zachowa sprawy w najgłębszej tajemnicy. Po aresztowaniu, już na pierwszym przesłuchaniu 21 sierpnia 1953 roku Sudopłatow wyjaśnił, że jego rozmowa ze Stamenowem miała charakter spotkania z agentem, a nie „negocjacji jak z ambasadorem" i w ogóle,

---

[175] P. Sudopłatow, *Wspomnienia niewygodnego świadka*, Warszawa 1999, s. 340–341.
[176] RGASPI, f. 17, op. 171, d. 466, l. 37–42.

jeśli nie byłby przekonany, iż był to rozkaz rządu sowieckiego, to nie wykonałby go[177].

Również Beria próbował się usprawiedliwiać. Podczas przesłuchania 11 sierpnia 1953 roku opowiedział, jak został wezwany przez Stalina, który zapytał go: „Czy Stamenow jest jeszcze w Moskwie?". Dowiedziawszy się, że tak, Stalin chciał za pośrednictwem jego kontaktów w Berlinie ustalić: „Do czego dąży Hitler, czego chce?"[178]. Po tym, jak pokazano mu notatkę sporządzoną przez Sudopłatowa, Beria twierdził, że dwa pierwsze punkty są zgodne z prawdą, a co do reszty, to „nie pamięta"[179]. Dwa dni później Berię znowu zapytano o tę sprawę, przekazując mu „radosną wiadomość", że w związku z postanowieniem prokuratury z 12 sierpnia 1953 roku dołożono mu zarzut „zdrady ojczyzny"[180]. Beria ponownie zaczął podkreślać, że wykonywał bezpośredni rozkaz Stalina, i tym razem przypomniał sobie i potwierdził także pozostałe punkty propozycji złożonej przez Stalina Hitlerowi, uściślając jednak, że nie chodziło o całą Ukrainę i republiki bałtyckie, ale tylko o ich część, i w ogóle nie było mowy o Białorusi, Bukowinie i Przesmyku Karelskim[181]. Następnego dnia, 14 sierpnia 1953 roku Beria dodał: „Wierzyłem Sudopłatowowi, miałem do niego zaufanie, uważałem za odważnego i sprytnego, poza tym J. W. Stalin polecił, by żadnych nowych osób do kontaktów ze Stamenowem nie angażować"[182].

Po rozmowie ze Stamenowem kontrolowano szyfrogramy ambasady bułgarskiej, żeby sprawdzić, czy „propozycja pokoju" złożona przez Stalina została przekazana dalej. Beria meldował o tym Mołotowowi. Czy ten zmuszony był w 1953 roku do wyjaśnień na forum Prezydium KC KPZS – nie wiadomo. Na wieki zamilkł również inicjator potencjalnej zmowy z Hitlerem – zmarły dyktator.

---

[177] Tamże, d. 467, l. 31–36.
[178] Tamże, l. 30–36.
[179] Tamże.
[180] Tamże, d. 466, l. 151–154.
[181] Tamże.
[182] Tamże, l. 156.

Hitler rozmawiał ze Stalinem

Skąd wzięło się przekonanie Stalina, że po otrzymaniu odstępnego, Hitler zostawi go w spokoju? Tuż przed wojną w potoku napływających na Kreml depesz wywiadowczych znalazła się jedna nadzwyczaj interesująca informacja od źródła o pseudonimie Licealista. Na biurko Stalina trafiła ona 25 maja 1941 roku: „Niemiecki plan wojny z ZSRS został opracowany w najdrobniejszych szczegółach. Maksymalna długość trwania wojny to sześć tygodni. W tym czasie Niemcy opanowaliby prawie całą europejską część ZSRS, ale rząd w Swierdłowsku pozostawiliby w spokoju. Jeśli Stalinowi udałoby się następnie utrzymać ustrój socjalistyczny w pozostałej części kraju, to Hitler nie będzie mu przeszkadzał"[183].

Temu źródłu Kreml wierzył w zupełności. Dopiero po wojnie okazało się, że posiadający szerokie kontakty wśród elit władzy w Rzeszy Licealista (łotewski korespondent w Berlinie Orests Berlinks) był podwójnym agentem, wykonującym bezpośrednie rozkazy niemieckich władz. A przecież Stalin przyjmował jego informacje za dobrą monetę. Nic w tym dziwnego, skoro wszystkie jego prognozy spełniały się, jak np. zapowiedź napaści na Jugosławię. Ustami Licealisty ze Stalinem rozmawiali Hitler i Ribbentrop, którzy bezpośrednio wysyłali sygnały o tym, co czeka ZSRS i jego przywódców.

Historia pozyskania Licealisty jako źródła informacji przez Amajaka Kobułowa (pseudonim Zachar) – rezydenta sowieckiego wywiadu zagranicznego w Berlinie – na dobre wyszła na jaw w 1947 roku, kiedy na Łubiance przesłuchano aresztowanego oficera niemieckiego wywiadu Siegfrieda Müllera. Od 1940 roku Müller pracował w Referacie D-4 Gestapo (śledzenie cudzoziemców akredytowanych w Berlinie), a wiosną 1941 roku został referentem rosyjskiego sektora „Abwehrstelle Berlin". Z jego zeznań wynika, że w sierpniu 1940 roku szef ekspozytury TASS w Berlinie – Iwan Filippow-Judin[184] – zaproponował Berlinksowi

---

[183] *1941 god*, red. W. P. Naumow, Moskwa 1998, t. 2, s. 260.
[184] Iwan Filippowicz Filippow-Judin (1907–1989), w latach 1939–1941 kierownik wydziału TASS w Berlinie. Po wojnie pracował jako pomocnik Doradcy Politycznego SWAG, a następnie na kierowniczym stanowisku w MSZ ZSRS.

współpracę z wywiadem sowieckim, ten jednak od razu doniósł o tym Gestapo. Tam zadziałano błyskawicznie – standartenführer SS Rudolf Likus zwerbował Berlinksa (w Gestapo pseudonim Peter), a następnie wykorzystał jako kanał dezinformacji. Kilka dni później Filippow skontaktował Berlinksa z rezydentem Kobułowem[185].

Kobułow był zachwycony nowym nabytkiem. Zdawało mu się, że Berlinks to cenny i perspektywiczny informator, posiadający szerokie znajomości w kręgach elit Rzeszy. Nadano mu pseudonim Licealista i wypłacano od 300 do 500 reichsmarek miesięcznie. To spora suma! Według Müllera o wiadomościach od Berlinksa raportowano do Hitlera i Ribbentroppa, a niemiecką dezinformację, która płynęła przez niego do Kobułowa, sprawdzał i zatwierdzał sam Hitler[186].

Berlinks zaskarbił sobie takie zaufanie Kobułowa, że ten – chwaląc się czy też w porywie szczerości – wyjawił mu, że raporty wysyła bezpośrednio do Stalina i Mołotowa. A Peter, rzecz jasna, wszystko, co usłyszał od rezydenta Kobułowa, od razu przekazywał standartenführerowi SS Likusowi[187]. Ostatnie doniesienie Berlinksa – że Kobułow mówił, że ZSRS nie chce wojny z Niemcami, zezłościło führera. Hitler napisał na tym raporcie komentarz: „kłamca". Po czym rozkazał aresztować agenta. Berlinks jednak nie trafił do więzienia – sprawę jakoś zatuszowano i wysłano go do Szwecji, gdzie miał kontynuować służbę tajnego współpracownika[188].

Na Kremlu natomiast Licealista cieszył się pełnym zaufaniem. Szczególnie oczywiste wydawały się Stalinowi sygnały dotyczące wojskowych przygotowań Wehrmachtu na granicy sowieckiej – że to tylko forma nacisku, by uzyskać określone ustępstwa. Podobnie jak to, że wkrótce nastąpi niemieckie ultimatum. Stalin czekał na nie. Tak bardzo, że tracił cierpliwość.

---

[185] CA FSB, f. 4-os., op. 5, d. 15, l. 230–249.
[186] Tamże.
[187] Likus, przydzielony do „Osobistego Sztabu" Ribbentropa, awansował do stopnia oberführera SS (O. W. Wiszlew, *Nakanunie 22 ijunia 1941 goda*, Moskwa 2001, s. 132).
[188] CA FSB, f. 4-os., op. 5, d. 15, l. 230–249.

Nieprzypadkowo na tydzień przed wybuchem wojny w słynnej depeszy TASS z 14 czerwca[189] słychać było nieukrywane zaskoczenie brakiem niemieckiego ultimatum i żal, że Niemcy „nie proponują jakiegoś dalej idącego porozumienia". Za pomocą tej depeszy Stalin próbował odwrócić uwagę od koncentracji wojsk sowieckich na granicy i ich ofensywnej konfiguracji, przy czym aluzja była czytelna: gdzie jest ultimatum? Przecież wcześniej Hitler zawsze działał według utartego schematu – najpierw żądania, a po odmowie – atak. Według Stalina wojnę można było odsunąć w czasie, lawirując... A jeśli nie, to najpierw doczekać się ultimatum, a potem uderzyć samemu, nie wychodząc przy tym na agresora.

Na stalinowską próbę wybadania gruntu (depesza TASS z 14 czerwca) Niemcy nie odpowiedzieli i nawet nie wspomnieli o niej w swojej prasie. Po prostu zachowali się, jakby tego nie zauważyli. O poziomie rozdrażnienia i zdenerwowania Stalina świadczy jego słynna rezolucja na wiadomości narkoma bezpieczeństwa państwowego Wsiewołoda Mierkułowa nr 2279/m z 17 czerwca 1941 roku, w której narkom, powołując się na źródła informacji w sztabie niemieckiego lotnictwa i w ministerstwie gospodarki, twierdził, że „wszystkie działania wojskowe mające na celu przygotowanie Niemiec do zbrojnego ataku na ZSRS zostały sfinalizowane i uderzenia można spodziewać się w każdej chwili"[190]. Była też mowa o tym, że Węgry zaangażują się w działania wojenne po stronie Niemiec, a informator w ministerstwie gospodarki podał listę funkcjonariuszy Rzeszy wytypowanych na naczelników zarządów wojskowo-gospodarczych „przyszłych okręgów" okupowanego terytorium ZSRS w Kijowie, Moskwie i na Kaukazie.

---

[189] Było to znane oświadczenie oficjalnej, sowieckiej agencji informacyjnej TASS rozpowszechnione 14 czerwca 1941 roku, w którym zapewniano, że Niemcy nie zamierzają przystąpić do wojny z ZSRS i zerwać paktu o nieagresji, jak również o tym, że Berlin nie proponował Moskwie żadnego zacieśnienia więzi i nie prowadzono w tej sprawie negocjacji (przyp. red.). Tamże, s. 364.

[190] *Siekriety Gitlera na stole u Stalina*, Moskwa 1995, s. 161–163.

Na wiadomości Mierkułowa Stalin jaskrawozieloną kredką napisał: „Do tow. Mierkułowa. Jeb-ł pies wasze «źródło» w ministerstwie gospodarki. To nie źródło, tylko dezinformator. I. St."[191]. Można się domyślić, co wywołało taki gniew. Treść punktu drugiego wiadomości była dla Stalina szczególnie przykra: „W kręgach sztabu lotnictwa depesza TASS z 6 czerwca została przyjęta nader ironicznie. Podkreślają, że oświadczenie to nie może mieć żadnego znaczenia"[192]. A więc nie dość, że pomylili datę tak ważnej dla Stalina depeszy TASS, to jeszcze mają czelność ironizować o tym, co wydawało się szczytowym osiągnięciem jego myśli państwowej i sztuki dyplomatycznej, o jego ostatniej nadziei... À propos, niemieccy antyfaszyści Harro Schulze-Boysen, oberlejtnant Luftwaffe (pseudonim agenturalny Starszyna), oraz Arvid Harnack, starszy radca w ministerstwie gospodarki (pseudonim agenturalny Korsykańczyk), przypłacili życiem współpracę z sowieckim wywiadem. Obaj zostali straceni w 1942 roku.

Stalin nie mógł wiedzieć, co Goebbels zapisał w dzienniku 16 czerwca – zaledwie kilka dni przed wybuchem wojny. Minister propagandy zanotował usłyszane od Hitlera objaśnienie zbliżającego się wydarzenia: „tym razem robimy wszystko inaczej – nie polemizujemy na łamach prasy, zachowujemy całkowite milczenie, a w dniu „X" po prostu uderzamy"[193].

W związku z gwałtownym rozwojem wypadków na Kremlu narastała panika. 21 czerwca Goebbels zapisał w dzienniku: „Kwestia Rosji zaostrza się z każdą godziną. Mołotow chciał złożyć wizytę w Berlinie, lecz spotkał się ze zdecydowaną odmową. Naiwne kalkulacje. Takie rzeczy trzeba było robić pół roku temu... W Finlandii mobilizacja. Teraz to Moskwa chyba zauważyła, co grozi bolszewizmowi..."[194].

---

[191] „Izwiestija CK KPSS" 1990, nr 4, s. 221.
[192] *Siekriety...*, s. 162.
[193] O. W. Wiszlew, *Nakanunie...*, s. 151.
[194] Tamże, s. 152–153.

Tak, Hitler zburzył cały schemat. Żadnego ultimatum nie było. Uderzył pierwszy i był to bardzo mocny cios. Powiedzieć, że Stalin się pogubił, to jakby nic nie powiedzieć. Był rozbity i moralnie zmiażdżony. Pierwszego dnia nie był w stanie wystąpić z publicznym przemówieniem, zlecił to Mołotowowi. Stąd i retoryka urażonych – „zaatakowali podstępnie". Co więc robić? Ustąpić i utrzymać władzę przynajmniej na części terytorium państwa! I im wcześniej się ustąpi – rozumował Stalin, tym mniej trzeba będzie oddać. Może nie trzeba będzie jechać do Swierdłowska, a poświęciwszy zachodnie obwody i republiki bałtyckie, uda się utrzymać w Moskwie.

Hitler proponował Stalinowi wyniesienie się za Ural, a Stalin gotów był poświęcić głównie swoje nabytki terytorialne z lat 1939–1940. Jak słusznie zauważył historyk Siergiej Słucz: „Stalin nie rozumiał natury Hitlera jako polityka uznającego tylko jeden argument – siłę. Konwulsyjne ruchy, które Kreml odegrał na arenie międzynarodowej wiosną 1941 roku, były wyrazem owej nieadekwatnej oceny bieżącej sytuacji"[195].

Nie jest jasne, czy ambasador Stamenow przekazał informację do odpowiednich rąk. Berlin milczał. Hitler wierzył w siłę niemieckich wojsk i nie potrzebował sowieckich ustępstw. Był zdania, że miejsce Stalina nie jest w Moskwie, a za Uralem. Chyba w 1942 roku, podczas rozmowy w wąskim kręgu zaufanych osób, na pytanie, komu powierzyć zarządzanie terytorium ZSRS za linią Archangielsk – Kirow – Astrachań, na której zatrzymają się niemieckie wojska, Führer wypowiedział się w takim samym duchu: „Powierzymy to Stalinowi, on przecież wie, jak sobie radzić z tym narodem".

---

[195] S. Z. Słucz, *Stalin i Gitler, 1933 – 1941: rasczoty i proscoty Kriemla*, w: *Stalin i Niemcy: Nowyje issledowanija*, Moskwa 2009, s. 121.

„Kiedy na Kremlu za murami –
Murem od ludzkich spraw odcięty..."[196]

Minęły lata. Generalissimus Stalin jest otoczony sławą, a nadworni historycy piszą „słuszną historię wojny" – historię jego zwycięstw. Ale on pamięta, że trzy osoby znają tajemnicę jego tchórzostwa w 1941 roku i to, jak nisko wtedy upadł. Oni również zdają sobie sprawę, że lepiej by było, gdyby tego nie wiedzieli. I właśnie tym można wytłumaczyć późniejsze wydarzenia, gdy w 1950 roku, nagle, ni z tego, ni z owego, Stalin zlecił ministrowi bezpieczeństwa państwowego Abakumowi aresztowanie Sudopłatowa. Opowiedział o tym także Beria znajdujący się już w areszcie [w wersji rosyjskiej zachowano styl i interpunkcję oryginału – N. P.]:

„(...) w 1950 roku w połowie lub na początku roku Abakumow, który był u mnie w Radzie Ministrów w jakiejś innej sprawie, opowiedział, że dostał od J. W. Stalina rozkaz aresztowania Sudopłatowa, Ejtingona i szeregu innych pracowników. Abakumow nie powiedział mi, za co należy ich aresztować. Dla mnie było jasne, że areszt Sudopłatowa oznaczał jego likwidację. Dlatego powiedziałem Abakumowi, żeby jeszcze raz porozmawiał ze Stalinem, tym bardziej, że Abakumow nie wskazał przyczyn aresztowania. Powiedziałem Abakumowi: «Na twoim miejscu oszczędziłbym Sudopłatowa i nie dał go zabić»"[197].

Zachowanie Stalina zaniepokoiło Berię. Rozumiał, że nie będzie trudno rozprawić się z Sudopłatowem, ale potem przecież nadejdzie jego kolej. A kto następny? Mołotow? W ostatnich latach życia dyktatora cień podejrzenia padł i na jednego, i na drugiego. Berię trzymał w szachu za pomocą „sprawy megrelskiej", a Mołotowa wyparł ze „ścisłego kierownictwa", poddając go publicznej krytyce podczas październikowego plenum KC KPZS jako „kapitulanta", który ulega Zachodowi. Prawdopodobnie, w dal-

---
[196] Fragment utworu Aleksandra Twardowskiego *Tak to było*, przeł. Andrzej Mandalian (przyp. red.).
[197] RGASPI, f. 17, op. 171, d. 466, l. 156.

szej perspektywie, całej tej trójce Stalin gotował marny koniec. Ale dzień 5 marca 1953 roku wprowadził do tego planu pewne poprawki.

Z notatki Pawła Sudopłatowa do Rady Ministrów 7 sierpnia 1953 roku

„Niniejszym melduję o następującym znanym mi fakcie.

Kilka dni po zdradzieckiej napaści faszystowskich Niemiec na ZSRS, mniej więcej ok. 25–27 czerwca 1941 roku, zostałem wezwany do gabinetu służbowego zajmującego wówczas stanowisko ludowego komisarza spraw wewnętrznych ZSRS Berii. Beria powiedział mi, że na mocy decyzji rządu sowieckiego konieczne jest wyjaśnienie przy pomocy nieoficjalnych kanałów, na jakich warunkach Niemcy są gotowe zgodzić się na przerwanie wojny przeciwko ZSRS i zatrzymanie ofensywy wojsk niemiecko-faszystowskich.

Beria wyjaśnił, że ta decyzja rządu sowieckiego ma na celu stworzenie warunków, które dadzą rządowi możliwość manewru i zyskania na czasie, by zebrać siły. W związku z tym Beria nakazał mi spotkać się z bułgarskim ambasadorem w ZSRS Stamenowem, który według informacji NKWD ZSRS miał kontakty z Niemcami i był im dobrze znany (…).

Beria nakazał mi zadać podczas rozmowy ze Stamenowem cztery pytania. Kwestie te dyktował, zaglądając do swojego notesu, a ich sens sprowadzał się do następujących punktów:

1. Dlaczego Niemcy, łamiąc pakt o nieagresji, rozpoczęły wojnę przeciwko ZSRS;
2. Co zadowoliłoby Niemcy, na jakich warunkach Niemcy zgodzą się zakończyć wojnę, co jest potrzebne do zakończenia wojny;
3. Czy Niemcy zadowoli przekazanie Berlinowi takich ziem sowieckich jak republiki bałtyckie, Ukraina, Besarabia, Bukowina, Przesmyk Karelski;

4. Jeśli nie, to do jakich jeszcze terytoriów Niemcy roszczą pretensje. Beria nakazał mi, żebym rozmawiał ze Stamenowem tak, by nie było jasne, że są to pytania zadawane w imieniu rządu sowieckiego, a zadał je w czasie rozmowy na temat sytuacji wojennej i politycznej, i bym ustalił również, jakie jest zdanie Stamenowa w tych czterech kwestiach. Beria powiedział, że sens mojej rozmowy ze Stamenowem sprowadza się do tego, żeby Stamenow dobrze te cztery pytania zapamiętał. Wyraził przy tym przekonanie, że Stamenow sam przekaże te pytania do wiadomości Niemców (…)"[198].

---

198 AP RF, f. 3, op. 24, d. 465, l. 204–208, opublikowane w zbiorze *1941 god. Dokumienty*, Moskwa 1998, kn. 2, s. 487–488.

Najlepiej wykształcony oprawca

O skromnym ministrze bezpieczeństwa państwowego Wsiewołodzie Mierkułowie

„Biliście". „Tak, biłem, biorąc przykład z Berii" – z rozbrajającą prostotą odpowiedział Mierkułow podczas przesłuchania w 1953 roku i natychmiast wytłumaczył: „W trakcie przesłuchania jakiegoś aresztanta Beria kilka razy osobiście go uderzył i w dalszej części przesłuchania zaproponował mi, żebym także uderzył aresztowanego. Było to dla mnie obrzydliwe, ponieważ nigdy wcześniej, nawet w dzieciństwie, nie brałem udziału w bójkach ani nie biłem nikogo, ale nie miałem odwagi się sprzeciwić. Poza tym uznałem, że skoro sam Beria bije, to znaczy, że tak trzeba, więc nie chcąc uchodzić za inteligenta-mięczaka, uderzyłem aresztowanego kilka razy w twarz"[199].

Wydarzyło się to jesienią 1938 roku, kiedy Beria szykował się do zajęcia stanowiska Jeżowa, narkoma spraw wewnętrznych, po tym jak otrzymał awans na jego pierwszego zastępcę. Beria sprowadził z Tbilisi swoich najbliższych współpracowników i obsadził nimi odpowiedzialne stanowiska w NKWD. Jeden z nich – Mierkułow – od razu objął posadę zastępcy szefa GUGB i otrzymał stopień komisarza BP 3. rangi. „Przez pierwszy miesiąc po przyjeździe do Moskwy Beria kazał mi codziennie od rana do wieczora siedzieć u niego w gabinecie i obserwować, jak

---
[199] RGASPI, f. 17, op. 171, d. 469, l. 58.

pracuje"[200]. Lekcje te nie poszły na marne. Jak zeznał podczas śledztwa Mierkułow, „w tamtych czasach biło się regularnie" i on również brał w tym udział, jako że nie chciał zostać uznany przez śledczych za „czyściocha"[201].

Co musiało stać się z krajem, z ludźmi, żeby z natury dobry i delikatny, wychowany w porządnej szlacheckiej rodzinie chłopiec zrobił błyskotliwą karierę w resorcie karnym, doszedłszy do stanowiska kierownika organów bezpieczeństwa państwowego ZSRS? W odróżnieniu od wielu czekistów, Mierkułow nie miał braków w wykształceniu. Urodzony w 1895 roku w mieście Zakatały na terytorium namiestnictwa kaukaskiego Wsiewołod Nikołajewicz Mierkułow skończył z wyróżnieniem gimnazjum w Tyflisie oraz studiował trzy lata na wydziale fizyki i matematyki na Uniwersytecie Piotrogrodzkim. I okazał się najbardziej wykształcony w kręgu ludzi Berii. Nie powiodło mu się jednak z pochodzeniem. Ojciec – szlachcic, wojskowy w stopniu kapitana, był komendantem rejonu w okręgu zakatalskim. Matka, z domu Cinamzgwariszwili, szlachcianka. W 1899 lub 1900 roku ojciec został skazany za defraudację 100 rubli, spędził osiem miesięcy w więzieniu w Tyflisie, wnioskował o ułaskawienie, twierdząc, że stał się ofiarą pomówienia. Potem oboje rodzice zarabiali na życie prywatnymi lekcjami. W 1908 roku ojciec zmarł. Mierkułowowi nie było dane skończyć studiów. W październiku 1916 roku został zmobilizowany do wojska i wysłany do Carycyna – do batalionu studenckiego. Trzy tygodnie później trafił do szkoły chorążych, którą skończył w marcu 1917 roku. Dostał skierowanie do Nowoczerkaska do pułku zapasowego, gdzie przebywał do sierpnia. Nie uczestniczył w działaniach bojowych. Chociaż w tym okresie kilka razy jeździł na front, były to głównie wyprawy z prezentami dla żołnierzy. W październiku 1917 roku jego kompanię przerzucono na kierunek łucki, następnie aż do rozpadu frontu przebywał w okolicach rzeki Stochód. W tym czasie żołnierze i oficerowie masowo uciekali z frontu, ale młodszy oficer Mierkułow pozostawał wierny przysiędze. Na początku

---
[200] Tamże.
[201] Tamże.

1918 roku, kiedy padł rozkaz opuszczenia linii frontu, pozostał na swoim odcinku sam z 14 żołnierzami. Wraz z ormiańskim transportem udał się przez Kijów do Noworosyjska, następnie na parostatku przedostał się do gruzińskiego Poti. W końcu w kwietniu 1918 roku przybył do Tyflisu. Nie miał czym się zająć, zamieszkał u siostry. Zaczął wydawać ręcznie pisaną gazetę – robił na powielaczu kopie i sprzedawał je po trzy ruble. W lipcu 1918 roku Mierkułow ożenił się z Lidią Dmitrijewną Jachontową i przeprowadził się do niej. We wrześniu 1918 roku zaczął pracować w szkole dla niewidomych, na początku jako sekretarz, następnie jako wykładowca. Jak przyznał sam Mierkułow, w 1918 roku był apolityczny. W 1919 roku wstąpił do towarzystwa „Sokół", gdzie uprawiał gimnastykę, uczestniczył w życiu towarzyskim, grał w spektaklach amatorskich. Tam pod wpływem męża siostry Cowjanowa zapoznał się z literaturą marksistowską i już w okresie sowietyzacji Gruzji gotów był wstąpić do partii „ale nie wiedział, gdzie i jak może to zrobić"[202].

W opowieści Mierkułowa historia jego wstąpienia na służbę do CzK wydaje się zwyczajna i prosta. Miał dość pracy w szkole dla niewidomych, więc poprosił o pomoc swojego bolszewizującego kolegę z gimnazjum – Boszyndżagiana. Ten obiecał, że pomówi z kim trzeba, i skontaktował Mierkułowa z Takujewem z gruzińskiej CzK. We wrześniu 1921 roku Mierkułow został przyjęty na stanowisko asystenta pełnomocnika Oddziału Transportowego, a wkrótce przenieśli go na posadę pełnomocnika Oddziału Ekonomicznego CzK Gruzji.

Ale czy naprawdę wszystko szło tak gładko? W 1934 roku była czekistka z Tyflisu wysłała na nazwisko Jeżowa dość niezgrabne anonimowe pismo, w którym streszczona była historia zwerbowania Mierkułowa do grupy tajnych informatorów [we wszystkich cytatach ortografia i interpunkcja zgodna z oryginałem – N. P.]. Po sowietyzacji Gruzji Mierkułowa wezwali do CzK i zaproponowali mu bycie informatorem w środowisku białych oficerów. Mierkułow długo odmawiał, tak że „w końcu czekiści

---

[202] Tamże, l. 118.

stracili cierpliwość, wsadzili go do porządnej piwnicy i codziennie prali jak trzeba, dopóki nie zgodził się pracować dla CzK"[203]. Autorka anonimu podała się za „żywego świadka" tych wydarzeń, jako że brała w nich udział. W 1923 roku wyjechała na Kaukaz Północny, a kiedy wróciła, usłyszała od swojego byłego współpracownika – oficera operacyjnego, który kiedyś werbował Mierkułowa, że „ten białak[204] zrobił karierę i teraz jest najbliższym pomocnikiem Berii". Swój list zakończyła bojowym apelem: „Drogi towarzyszu Jeżow, przegoń tych zwolenników kapitału. Wiesz dobrze, jak pchają się we wszystkie dziury i sama dobrze pamiętam, jak tamten odpowiadał temu operacyjnemu że jego jako oficera krępuje samo słuchanie takich propozycji i za nic w świecie nie chciał informować o swoich kolegach białych… Dzisiej spotkałam tamtego operacyjnego. Powiedział mi, że już do tego teraz doszło, że życie białaka Mierkułowa chronią czekiści. Nieźle, co? Póki co nieznana ci kandydatka WKP(b) N. 18 lipca, Tyflis"[205].

Rzeczywiście, dla wielu przyszłych wysoko postawionych pracowników droga do CzK zaczynała się od tajnej współpracy, a w przypadku osób z „nieproletariackiego środowiska" była to właściwie zasada. W konkretnych tajnych zadaniach mieli dowieść swojej lojalności wobec systemu.

Jesienią 1922 roku Beria został przeniesiony z Baku do Tyflisu na stanowisko zastępcy szefa CzK Gruzji. Teraz Mierkułow był jego bezpośrednim podwładnym. I został zauważony. Poznali się w 1923 roku, kiedy grupa pracowników wydała z okazji święta 1 maja zbiór artykułów i notatek funkcjonariuszy gruzińskiej CzK. Berii spodobał się artykuł Mierkułowa i wezwał do siebie autora. Jak pisze o tym sam Mierkułow – Beria od razu rozszyfrował jego charakter, zobaczył w nim człowieka skromnego, nieśmiałego, dość introwertycznego i przewidział perspektywy wykorzystania jego zdolności we własnych interesach, a przy tym bez ryzyka, że stworzy sobie rywala[206].

---

[203] Tamże, f. 671, op. 1, d. 252, l. 239–240.
[204] Potoczne obraźliwe określenie białogwardzisty (przyp. red.).
[205] RGASPI, f. 671, op. 1, d. 252, l. 239–240.
[206] *Pis'mo Mierkułowa Malenkowu 23 ijulija 1953*, „Istocznik" 2004, nr 4, s. 97.

Po tym spotkaniu Mierkułow robi karierę w zawrotnym tempie. Od razu w maju 1923 roku został szefem Oddziału Ekonomicznego GPU Gruzji, od 1925 roku piastował funkcję szefa Oddziału Informacyjno-Agenturalnego GPU Zakaukazia, od 1929 roku był wiceszefem GPU Adżarii, a w maju 1931 roku został szefem Oddziału Tajno-Politycznego Pełnomocnego Przedstawicielstwa OGPU na Zakaukaziu. Problemy dotyczyły innych kwestii. Pochodzenie społeczne Mierkułowa znacznie utrudniało mu wstąpienie do partii. Był już funkcjonariuszem CzK, a dla pracowników operacyjnych członkostwo w partii było obowiązkowe, więc Mierkułow dwukrotnie (w 1922 i 1923 roku) składał podanie o przyjęcie do WKP(b). Dopiero za drugim razem został przyjęty jako kandydat – na dwuletni okres próbny. W 1925 roku złożył wniosek o członkostwo i niby został przyjęty, ale nie otrzymał legitymacji partyjnej. Dopiero interwencja Berii uratowała go w tej trudnej sytuacji. W 1927 roku Mierkułow dostał w końcu legitymację członkowską WKP(b) z informacją, że staż nalicza mu się od 1925 roku. Dla Mierkułowa Beria był nie tylko przychylnym zwierzchnikiem, lecz także wybawicielem. Bez jego wstawiennictwa mógł zostać bardzo łatwo usunięty zarówno z WKP(b), jak i GPU w efekcie regularnych kampanii oczyszczania partii i kontroli ewidencji dokumentów partyjnych. Dlatego Mierkułow szczególnie dotkliwie przeżywał swój błąd, kiedy w 1928 roku pod nieobecność Berii, pod wpływem namów współpracowników, razem ze wszystkimi podpisał krytyczne oświadczenie o niemożności pracy z Berią. Potem pokajał się i Beria mu wybaczył. Od tej pory Mierkułow był bezgranicznie wdzięczny i oddany Berii, co było związane z ciągłym poczuciem winy za tamtą „wpadkę".

Beria miał wielkie aspiracje. Mierkułow przyznał: „Beria dążył do władzy twardo i zdecydowanie – to było jego głównym celem". Kiedyś w 1930 lub 1931 roku Stalin w żartach zapytał Berię: „Co, chcesz być sekretarzem KC?" – a Beria bez cienia konsternacji odpowiedział: „A czy jest w tym coś złego?"²⁰⁷· W październiku 1931 roku Stalin przeniósł Berię z OGPU do pracy partyjnej i mianował na sekretarza KC KP(b) Gruzji. Beria z kolei pociągnął za sobą do aparatu KC Mierkułowa i mianował go na swojego pomocnika. Teraz Mierkułow mógł w pełni realizować swoje literackie zdolności. Sporządzał różne zaświadczenia, pisał dla Berii referaty i artykuły. Współredagował znany tekst: *Przyczynek do dziejów organizacji bolszewickich na Zakaukaziu*, który Beria wygłosił w 1935 roku, przygotował hasło o Berii w *Małej encyklopedii sowieckiej*, a w 1940 roku w wydawnictwie Zaria Wostoka (Jutrzenka Wschodu) wydał w postaci samodzielnej publikacji 64-stronicowy biograficzny szkic o Berii pt. *Wierny syn partii Lenina-Stalina*, który ukazał się nakładem 15 tysięcy egzemplarzy i składał się z peanów na cześć bohatera i sławienia jego zasług. W 1934 roku Mierkułow został kierownikiem Oddziału Sowieckiego Handlu Komitetu Krajowego WKP(b) Zakaukazia. W 1936 roku stanął na czele sektora specjalnego, a od czerwca 1937 roku kierował Oddziałem Przemysłowo-Transportowym KC KP(b) Gruzji. Koniec jego pracy partyjnej był bardzo podobny do początków. We wrześniu 1938 roku skorzystał z propozycji Berii, żeby razem z nim przenieść się do centrali NKWD w Moskwie. Później Mierkułow pisał: „Przyznaję, że wtedy, po przyjeździe do Moskwy bardzo ciężko mi się pracowało w NKWD ZSRS, chociaż nie spodziewałem się, że tak zareaguję. Z jednej strony – na początku brakowało mi odpowiednich nawyków operacyjnych (…), z drugiej – nowe czekistowskie «metody» stosowane w tamtym czasie, a wcześniej mi nieznane (przecież od siedmiu lat pracowałem w aparacie partyjnym), skrajnie mnie przygnębiały". Ale nic to, Mierkułow jakoś wytrzymał. Wszedł do kręgu najbliższych ludzi Berii, chociaż z zazdrością zauważał, że w Moskwie Beria traktuje go chłodniej i wyżej ceni Bogdana Kobułowa. Na znak bliskości i szczególnego zaufania Beria „nagrodził" swoich najbliższych towarzyszy żartobliwymi przydomkami. Mierkułowa nazywał „Mierkuliczem".

---

²⁰⁷ Tamże, s. 93.

W grudniu 1938 roku Mierkułow stanął na czele Głównego Zarządu Bezpieczeństwa Państwowego (GUGB) i został pierwszym zastępcą ludowego komisarza spraw wewnętrznych. Beria powierzał mu najważniejsze sprawy i śledztwa. Na jego polecenie Mierkułow osobiście odwiózł do krematorium ciało pobitego na śmierć podczas przesłuchań marszałka Wasilija *Bluchera*[208]. To właśnie na przesłuchaniu u Mierkułowa 13 kwietnia 1939 roku po pięciu miesiącach milczenia przyznał się do udziału w „spisku Jeżowa" Jefim Jewdokimow – człowiek z legendarną anarchistyczno--eserowską przeszłością, który do CzK wstąpił w 1919 roku. W sądzie Jewdokimow wyparł się tych zeznań, wyjaśniając, że nie wytrzymał tortur: „Mocno bili mnie po piętach"[209].

Zgodnie z postanowieniem KC WKP(b) z 5 marca 1940 roku Mierkułow stanął na czele trójki NKWD, która miała podjąć decyzję o rozstrzelaniu polskich jeńców wojskowych i cywilów. W efekcie decyzji tej trójki wiosną 1940 roku rozstrzelano 21857 osób, z których 4421 zginęło w lesie katyńskim pod Smoleńskiem. Rola Mierkułowa nie ograniczała się do kierowania specjalną trójką. Osobiście jeździł na Białoruś, aby kontrolować akcję rozstrzeliwania polskich cywilów w ramach decyzji z 5 marca 1940 roku. W raporcie MGB Białorusi znajdujemy informację, że „w 1940 roku towarzysz Mierkułow przyjechał specjalnie w związku z prowadzeniem śledztwa i wykonywaniem wyroków na aresztowanych w zachodnich obwodach Białoruskiej SRS"[210]. Jesienią 1943 roku jako ludowy komisarz bezpieczeństwa państwowego Mierkułow dołożył starań, aby zataić zbrodnię NKWD w Katyniu. Jeszcze przed ekshumacją przeprowadzoną przez ludzi Burdenki wysłał tam dwóch funkcjonariuszy NKGB w celu zatarcia śladów – wysłannicy przekopywali wspólną mogiłę, podrzucali fałszywe dokumenty, przygotowywali podstawionych niby-świadków itd.

---

[208] *Rieabilitacyja: kak eto było. Dokumienty Priezidiuma CK KPSS i drugie matieriały. Mart 1953 – fiewral' 1956*, red. A. N. Artizow, J. W. Sigaczow, W. G. Chłopow, I. N. Szewczuk, Moskwa 2000, t. 1, s. 333.
[209] Tamże, s. 331.
[210] CA FSB, f. 4-os., op. 4, d. 17, l. 173.

W trakcie śledztwa w sprawie Berii prokurator generalny Rudenko zwrócił uwagę na opublikowane w 1952 roku w USA dowody na to, że Beria, podczas spotkania jesienią 1940 roku z grupą polskich oficerów, pośrednio przyznał się do zamordowania tamtych wojskowych. Oświadczył, iż w stosunku do nich „popełniliśmy ogromny błąd. To była poważna pomyłka"[211]. Mniej więcej w tym samym duchu wypowiadał się Mierkułow w październiku 1940 roku, kiedy trwały rozmowy o formowaniu polskiej dywizji pancernej[212]. Rudenko uczepił się możliwości oskarżenia Berii i Mierkułowa za nagłośnienie tajemnicy mordu katyńskiego.

21 lipca 1953 roku Mierkułowa wprost zapytano: co powiedział wtedy Polakom? Ten przypomniał sobie, że w październiku 1940 roku przyjmował Polaków z Berlingiem na czele. Ale nie pamiętał, co odpowiedział im na pytanie o ludzi z Kozielska i Starobielska, nie przypominał sobie też, co mówił Beria. Wtedy śledczy uściślili pytanie: „A czy nie powiedzieliście, że został popełniony poważny błąd?". Na co Mierkułow: „Taka odpowiedź byłaby śmieszna. Oczywiście, nie powiedziałem nic takiego. W mojej obecności Beria również nie dawał polskim oficerom takiej odpowiedzi"[213].

W listopadzie 1940 roku Mierkułow w składzie delegacji Mołotowa udał się do Berlina na negocjacje z władzami Trzeciej Rzeszy. Trafiło mu się być na śniadaniu wydanym przez Hitlera 13 listopada na cześć sowieckiej delegacji w Kancelarii Rzeszy. Tego samego dnia wieczorem Mołotow zorganizował w rewanżu kolację w ambasadzie ZSRS w Berlinie, na którą oprócz Ribbentropa przybył też Reichsführer SS Himmler[214].

Było to historyczne spotkanie. Doszło wprawdzie do formalnego – ale jednak – kontaktu między NKWD i Gestapo. Oczywiście, dwaj zbrodniarze – Himmler i Mierkułow nie odbyli serdecznej pogawędki o taj-

---

[211] RGASPI, f. 17, op. 171, d. 464, l. 145–148.
[212] RGASPI, f. 17, op. 171, d. 464, l. 158–162.
[213] RGASPI, f. 17, op. 171, d. 464, l. 201–207.
[214] „Izwiestija" 13 listopada 1940.

nikach ich profesji, a i ramy protokołu dyplomatycznego do tego nie zachęcały. Ale gdyby spotkali się sam na sam...!

W lutym 1941 roku Mierkułow stanął na czele wyodrębnionego z NKWD Ludowego Komisariatu Bezpieczeństwa Państwowego. W roku tym Stalin wyjątkowo często przyjmował go w swoim gabinecie na Kremlu. W zeszycie wizyt zanotowano aż 22 spotkania. Nic w tym dziwnego. Tuż przed wybuchem wojny na bezpośrednie polecenie Stalina Mierkułow zainicjował głośną sprawę przeciwko wysoko postawionym generałom Armii Czerwonej oraz szefom przemysłu obronnego. W grupie oskarżonych był ludowy komisarz przemysłu obronnego Boris Wannikow i zastępca ludowego komisarza obrony gen. Kiriłł Mierieckow.

Później, w 1953 roku Beria zezna, że wobec aresztowanych w związku z tą sprawą stosowano tortury, a Mierkułow twierdził, że „odkrył podziemny rząd, zorganizowany rzekomo przez samego Hitlera"[215]. Podczas tych przesłuchań w 1953 roku okazało się, że Mierkułow w dość specyficzny sposób rozumie pojęcie tortur: „(...) Podczas przesłuchań, zarówno tych z moim udziałem, jak i pod moją nieobecność, Mierieckowa i Wannikowa bito ręką po twarzy, a gumową pałką po plecach i miękkich częściach ciała, ale przy mnie ciosy te nie były znęcaniem się nad więźniami. Osobiście również biłem przesłuchiwanych, ale nie stosowałem wobec nich tortur"[216].

Rzeczywiście, wielkie tortury – po prostu trochę poszturchiwali więźniów, żeby nie przysypiali! Mierkułowa nie zbił z tropu nawet fakt, że wkrótce Stalin rozkazał uwolnić obu podejrzanych. Stalin kazał aresztować i bić – załatwione, kazał uwolnić – też nie problem. Życiowym *credo* Mierkułowa była recytowana na jednym wydechu formułka: „Każde polecenie towarzysza Stalina wykonywałem bez zastrzeżeń"[217]. W identyczny sposób wyjaśniał swój udział w innych równie obrzydliwych przestępstwach – porwaniu i zamordowaniu żony marszałka Kulika, prowadzeniu doświad-

---

[215] A. W. Suchomlinow, *Kto wy, Ławrientij Bierija?*, Moskwa 2003, s. 139.
[216] Tamże.
[217] RGASPI, f. 17, op. 171, d. 467, l. 148.

czeń z truciznami na więźniach skazanych na śmierć. Próbując się usprawiedliwić, Mierkułow sam się w końcu zdemaskował: „Jako pracownik NKWD wykonywałem te zadania, jednak jako człowiek nie pochwalałem tego rodzaju działań"[218].

W chwili wybuchu wojny Mierkułow zajmował się całkiem niewinnym zadaniem – kierował deportacjami ludności z krajów bałtyckich i Białorusi. Jak odnotował w meldunku ludowy komisarz bezpieczeństwa państwowego Białorusi Ławrientij Canawa, „w 1941 roku przed rozpoczęciem walk z faszystowskimi Niemcami tow. Mierkułow na rozkaz organów kierowniczych przyjechał na Białoruś specjalnie w celu skontrolowania prowadzonej przez nas akcji wysiedlania wrogich elementów z zachodnich obwodów Białoruskiej SRS w głąb Związku Sowieckiego"[219].

Po połączeniu NKWD i NKGB w jeden ludowy komisariat w czerwcu 1941 roku Mierkułow znów zajął stanowisko zastępcy ludowego komisarza spraw wewnętrznych. We wrześniu wysłano go do Leningradu w celu przygotowania akcji wysadzenia miasta na wypadek wzięcia go przez Niemców, w październiku – do Kujbyszewa, gdzie dowodził ewakuowaną częścią centralnego aparatu NKWD. Według słów Mierkułowa, w tym okresie Beria przestał się nim interesować. Ochłodzenie stosunków nastąpiło, kiedy Beria na początku października 1941 roku poinformował swojego zastępcę o trudnej sytuacji w Moskwie i zasugerował, że ktoś powinien tam zostać i dowodzić organizowaniem podziemnej działalności na wypadek wejścia Niemców do stolicy. Mierkułow odmówił i niezadowolony z takiej decyzji Beria wysłał go do Kujbyszewa.

W kwietniu 1943 roku Mierkułow wrócił na stanowisko ludowego komisarza bezpieczeństwa państwowego. Przedtem – 4 lutego 1943 roku przyznano mu stopień komisarza BP 1. rangi, a po przejściu na zwykłą tytulaturę wojskową, 9 lipca 1945 roku został generałem armii. Podczas wojny Mierkułow napisał pod pseudonimem Wsiewołod Rokk sztukę

---

[218] Tamże, l. 146.
[219] CA FSB, f. 4-os., op. 4, d. 17, l. 173.

patriotyczną pt. *Inżynier Siergiejew*. Dramat o bohaterskim czynie inżyniera, który wysadził elektrownię po wejściu hitlerowców, był wystawiany w teatrach i cieszył się popularnością, podczas gdy jego autor piastował funkcję ludowego komisarza.

Stalin nie był zadowolony z pracy NKGB i jesienią 1945 roku nie raz wspominał o zamiarze wymiany całego kierownictwa w narkomacie. Pojawił się też nowy faworyt – szef GUKR SMIERSZ[220] Wiktor Abakumow. Jako pierwszy pod koniec 1945 roku z NKGB został usunięty zastępca ludowego komisarza Bogdan Kobułow. Wiosną 1946 roku Mierkułow zajmował się jeszcze opracowaniem nowej struktury Ministerstwa Bezpieczeństwa Państwowego (MGB), ale było już jasne, że jego dni na posadzie ministra są policzone. 4 maja 1946 roku KC WKP(b) zatwierdził nową strukturę MGB i jednocześnie tekę ministra od Mierkułowa przejął Abakumow. Proces przekazywania władzy w MGB okazał się dla Mierkułowa męczący i bolesny. Abakumow wszelkimi sposobami starał się oczernić jego pracę. Sam dymisjonowany minister w liście do Stalina z czerwca 1946 roku trafnie zdiagnozował prawdziwe przyczyny zdjęcia go ze stanowiska: „Kiedyś, Towarzyszu Stalin, nazwał mnie Towarzysz «nieśmiałym». Niestety, mieliście rację. Krępowałem się niepokoić Was telefonami, krępowałem się nawet pisać w wielu sprawach, które wtedy uznawałem za zbyt błahe, abym miał zajmować Wasz czas w dobie wojny, wiedząc, jak jesteście zajęci. Owa nieśmiałość w stosunku do Was doprowadziła do popełnienia błędów. Najpoważniejszy z nich polegał na tym, że w kilku przypadkach nie poinformowałem Was lub złagodziłem informację o sprawach, co do których moim obowiązkiem było składać natychmiastowe meldunki"[221].

Na podstawie wyników przekazania spraw w MGB został sporządzony akt, w którym wymieniono „wypaczenia i wady w pracy śledczej i agenturalnej", polegające przede wszystkim na tym, że bezpieka więcej

---

[220] Gławnoje uprawlienije kontrrazwiedki Smierť szpionam, ros., Główny Zarząd Kontrwywiadu Śmierć Szpiegom.
[221] AP RF, f. 3, op. 58, d. 28, l. 140–141.

uwagi poświęcała tropieniu tzw. elementów antysowieckich niż szpiegów. Nie bez znaczenia była też głośna klęska sowieckiej sieci wywiadowczej w 1945 roku w USA. W sierpniu 1946 roku w ramach partyjnej kary Mierkułowowi odebrano status członka KC WKP(b), degradując go do pozycji kandydata.

Mierkułow był szczery, kiedy pisał o swojej skromności i braku ambicji. W odróżnieniu od innych ludzi Berii nie zebrał wielu odznaczeń: Order Lenina (1940 rok), Order Kutuzowa 1. klasy (1944 rok, za wysiedlenie Czeczenów i Inguszy), Order Czerwonego Sztandaru (1944 rok, za wysługę lat) i 9 medali. Poza tym, oczywiście, odznaczenie „Zasłużony funkcjonariusz WCzK-GPU (V)" oraz przyznany w 1931 roku order Republiki Tuwa. Nie za wiele.

Po zwolnieniu z posady ministra bezpieczeństwa państwowego Mierkułow został w sierpniu 1946 roku zastępcą szefa Głównego Zarządu Mienia Sowieckiego za Granicą [ros. skrót GUSIMZ, przyp. red.] przy Ministerstwie Handlu Zagranicznego. Po utworzeniu w kwietniu 1947 roku osobnego Głównego Komitetu GUSIMZ przy Radzie Ministrów Mierkułow stanął na jego czele. Powoli zaczęły dochodzić do niego sygnały, że Stalin przywrócił go do łask. Rzeczywiście, w październiku 1950 roku dostał nominację na ministra kontroli państwowej ZSRS, a w październiku 1952 roku na XIX Zjeździe partii zachował status kandydata na członka KC KPZS. Od 1946 roku aż do śmierci Stalina Mierkułow nie widział się z Berią. Dwa razy zgłaszał się na wizytę do niego w Radzie Ministrów, ale nie został przyjęty. Mierkułow nie obrażał się za to, rozumiał, że nie jest teraz Berii potrzebny. Wszystko momentalnie zmieniło się 5 marca 1953 roku.

W przeddzień pogrzebu Stalina Beria wezwał do siebie Mierkułowa i zaproponował mu redagowanie przemówienia, które miał wygłosić na uroczystości pogrzebowej. Mierkułow był zszokowany dobrym nastrojem Berii: „Był wesoły, żartował i śmiał się, wydawał się czymś uskrzydlony. Ja byłem przygnębiony nieoczekiwaną śmiercią towarzysza Stalina i nie mieściło mi się w głowie, jak w takim czasie można zachowywać się tak wesoło i naturalnie"²²². Lojalność i mistyczne wręcz przywiązanie do Berii podyktowały jego byłemu podopiecznemu wyjaśnienie i usprawiedliwienie takiego zachowania. Stwierdził on mianowicie, że to specjalna taktyka demonstrowania opanowania działacza państwowego – Beria po prostu potrafił zachować zimną krew. Dlatego 11 marca 1953 roku Mierkułow napisał do Berii ciepły list, w którym wbrew zdrowemu rozsądkowi i wzgardziwszy osobistymi korzyściami wyraził gotowość opuścić stanowisko ministra i zająć dowolny wakat w MWD: „(…) Jeśli mogę być Ci przydatny na jakiejkolwiek funkcji w MWD, rozporządzaj moją osobą tak, jak uważasz za słuszne. Stanowisko nie gra dla mnie roli, dobrze o tym wiesz"²²³.

Mierkułow został aresztowany 18 września 1953 roku – najpóźniej ze wszystkich, zasiadł na ławie oskarżonych razem z Berią. Formalnie nie wycofano go nawet z grupy kandydatów na członków KC KPZS. Śledztwo w sprawie Berii, w trakcie którego wychodziły na jaw coraz to nowe przestępstwa z udziałem Mierkułowa, pozbawiło go szans na pozostanie na wolności. W grudniu 1953 roku razem z Berią i innymi pracownikami bezpieki został skazany na rozstrzelanie (został skremowany i pochowany na Cmentarzu Dońskim). Jego ostatnią wolą była prośba, aby uwolnić go od zarzutu działania kontrrewolucyjnego i skazać z innych artykułów kodeksu karnego. Żałował też przyjaźni z Berią, która doprowadziła go do zguby: „Wiele dla niego zrobiłem, pomagałem mu, ale myślałem, że Beria to uczciwy człowiek"²²⁴.

Ale czy sam Mierkułow był w zgodzie z własnym sumieniem? Czy rozumiał, co się z nim stało? Machina państwowa zabiła w nim zalążki ludzkich cech. Natura obdarzyła go wieloma zdolnościami, miał talent literacki, dobrze rysował – mógłby przeżyć zupełnie inne życie. Wybrał jednak drogę złoczyńcy i oprawcy.

---

²²² *Pis'mo Mierkułowa Malenkowu 21 ijulija 1953*, „Istocznik" 2004, nr 4, s. 93.
²²³ A. W. Suchomlinow, *Kto wy, Ławrientij Bierija?*, Moskwa 2003, s. 124.
²²⁴ *„Prigowor okonczatielnyj i obżałowaniju nie podleżyt". Poslednije słowa podsudimych i prigowor po diełu Bierii i jego soobszczenikow*, „Istocznik" 2002, nr 6, s. 78.

Wielcy bracia

Ulubieńcy Berii – Bogdan i Amajak Kobułowowie – portret czekisty

Kobulicz – właśnie tak – z szacunkiem, ale i czułością – nazywał narkom Beria Bogdana Zacharowicza Kobułowa. Miał ku temu powody. Od pierwszych dni panowania Berii w gmachu NKWD jesienią 1938 roku to właśnie on był najaktywniejszym pomocnikiem Ławrientija w śledztwach. Z wielkim zaangażowaniem bił i torturował. Był postawny, otyły i wykorzystywał te naturalne cechy w czasie tortur. „Kiedy Kobułow bił swoje ofiary, używał pięści, morderczej przy jego słoniowej wadze, i ulubionej metalowej pałki". Ze względu na szerokie bary Beria nazywał go Samowarem[225].

Miał młodszego brata – Amajaka, który też zrobił nie byle jaką karierę w organach karnych. Jego były zastępca (w Gagrach) zeznał na jego temat: „Sam bił aresztantów pałką, kładąc ich wcześniej na podłogę"[226]. Amajak musiał ich wcześniej układać na podłodze, ponieważ widocznie nie był tak imponującej postury jak starszy brat Bogdan. Obaj natomiast czerpali przyjemność ze znęcania się.

Bez tych barwnych postaci historia sowieckich organów bezpieki byłaby znacznie mniej ciekawa. Osiągnięcia tych dwóch wyrazistych

---
[225] S. Montefiore, *Stalin. Dwór Czerwonego Cara*, Warszawa 2004, s. 278.
[226] GARF, f. 7523, op. 76, d. 266, l. 15.

członków kohorty Berii do dziś są widoczne i robią wrażenie. Bracia Kobułowowie wyróżnili się w wielu kampaniach represji, pozostawili swoje podpisy w aktach śledczych mnóstwa niewinnie represjonowanych osób. Z tekstów tysięcy zatwierdzonych przez nich wyroków skazujących można by stworzyć imponującą antologię czekistowskich zbrodni.

Obaj przyszli na świat w Tyflisie w rodzinie krawca-chałupnika Zachara Oganiesowicza Kobułowa. Bogdan urodził się w 1904, a Amajak w 1906 roku. Starszy brat w 1922 roku skończył gimnazjum, młodszy w 1926 roku pięć klas szkoły handlowej i kursy dla spółdzielców. Po wojnie Amajak zdobył wyższe wykształcenie (prawdopodobnie uczył się zaocznie). Bogdan z kolei mniej więcej rok służył w Armii Czerwonej, po czym wstąpił w 1922 roku do gruzińskiej CzK, gdzie pod protekcją Berii piął się w górę. W połowie 1938 roku zajmował już stanowisko zastępcy ludowego komisarza spraw wewnętrznych Gruzji i posiadał stopień majora BP[227]. W latach 1937–1938 Kobułow razem z ludowym komisarzem Goglidzem prowadził posiedzenia i podpisywał protokoły trójki.

Tylko w czasach jego przewodnictwa trójka NKWD Gruzji skazała na rozstrzelanie 1233 osoby[228]. We wrześniu 1938 roku Beria pociągnął go za sobą do Moskwy, gdzie protegowany od razu otrzymał starszego majora BP i stanął na czele Oddziału Tajno-Politycznego GUGB NKWD, w grudniu 1938 roku, już w stopniu komisarza BP 3. rangi, stanął na czele wydziału śledczego, a w 1939 roku został szefem Głównego Zarządu Ekonomicznego NKWD. Dowodem zaufania ze strony Berii było włączenie Kobułowa w skład specjalnie utworzonej na mocy decyzji Politbiura z 5 marca 1940 roku trójki NKWD do pozasądowego „załatwienia" sprawy polskich oficerów i cywili.

W lutym 1941 roku został zastępcą narkoma bezpieczeństwa państwowego, a od lipca 1941 roku, po połączeniu obu komisariatów, piastował

---

[227] W tym czasie stopień majora bezpieczeństwa państwowego był najniższym stopniem oficerów wyższych NKWD. Odpowiadał kombrigowi w Armii Czerwonej – por. przyp. 99 (przyp. red.).
[228] A. W. Suchomlinow, *Kto wy, Ławrientij Bierija?*, Moskwa 2003, s. 152.

stanowisko zastępcy ludowego komisarza spraw wewnętrznych. W końcu od kwietnia 1943 roku objął funkcję pierwszego zastępcy narkoma bezpieczeństwa państwowego ZSRS. W lutym 1943 roku nadano mu stopień komisarza BP 2. rangi, czyli odpowiednik wojskowego generała-pułkownika.

Młodszy brat Amajak najpierw służył w Armii Czerwonej, później pracował jako sekretarz sądu ludowego, rachmistrz i księgowy w spółdzielni w Borżomi oraz w fabryce w Tbilisi, ale w końcu poszedł w ślady brata. W 1927 roku dostał posadę rachmistrza w Oddziale Finansów GPU Gruzji. Dwa lata później został przeniesiony do pracy operacyjnej na stanowisku pełnomocnika Oddziału Ekonomicznego (EKO). Berię Amajak poznał w 1929 roku. Został wtedy włączony do niewielkiej grupy pracowników GPU Zakaukazia, którą dowodził Beria. Grupa udała się do Baku, by rozbić tzw. Filię Prompartii[229]. Na miejscu Amajak przesłuchiwał Bułgakowa – naczelnika budowy ropociągu Baku – Batumi, który następnie został skazany jako „poważny szkodnik".

Beria był zadowolony: Amajak mu się spodobał. Dalej Kobułow młodszy pnie się po szczeblach kariery w ramach tegoż wydziału – w 1934 roku został szefem 1. wydziału w EKO Zarządu BP NKWD Gruzji. W 1937 roku przeniesiono go na posadę szefa 3. wydziału w Tajno-Politycznym Oddziale Zarządu BP NKWD Gruzji, a następnie do Oddziału Ochrony Przywódców. W szczytowej fazie Wielkiego Terroru w sierpniu 1937 roku Amajakowi przydzielono samodzielną „działkę" – został szefem Rejonowego Oddziału NKWD w Achalcyche, a od maja 1938 roku objął tę samą funkcję w Gagrze. Ta ostatnia praca była niezwykle ważna. To w Gagrze znajdowała się dacza Stalina i samych tylko oddelegowanych z moskiewskiej centrali pracowników ochrony NKWD było tam ok. trzystu.

Prawdziwa kariera Amajaka zaczęła się jednak w momencie objęcia przez Berię władzy w NKWD. 7 grudnia 1938 roku młodszy Kobułow został pierwszym zastępcą ludowego komisarza spraw wewnętrznych

---

[229] Promyszliennaja partia, ros., Partia Przemysłowa (przyp. red.).

Ukraińskiej SRS. W tym samym miesiącu ze stopnia starszego lejtnanta BP od razu awansował do stopnia majora BP. Jednakże nawet tak zaufanego człowieka Beria nie odważył się mianować narkomem największej republiki. Zrobił za to wszystko, co w jego mocy, żeby Amajak nie musiał się z nikim dzielić władzą. Stanowisko ludowego komisarza spraw wewnętrznych USRS pozostało nieobsadzone i Amajak faktycznie pełnił obowiązki narkoma do września 1939 roku.

Rezydent Zachar

We wrześniu 1939 roku Amajak został wysłany do Berlina jako rezydent NKWD. Oficjalnie był radcą Pełnomocnego Przedstawicielstwa (ambasady) ZSRS, a swoje raporty do Centrum w Moskwie wysyłał pod pseudonimem Zachar.

Nie udało mu się jednak pozostać incognito. Niemcy dość szybko rozszyfrowali prawdziwą funkcję nowego radcy i błyskawicznie ocenili jego marne doświadczenie w pracy wywiadowczej. Aresztowany po wojnie pracownik Abwehrstelle-Berlin Zygfryd Müller zeznał, że rezydentowi Zacharowi w sierpniu 1940 roku podsunięto agenta – łotewskiego korespondenta w Berlinie Orestsa Berlinksa, który rzekomo miał obszerne znajomości w kręgach kierowniczych Rzeszy[230].

Zachar był zachwycony nowym „nabytkiem". Łotewski agent otrzymał pseudonim Licealista i dostawał co miesiąc od 300 do 500 marek[231]. W rzeczywistości ten podwójny agent wypełniał bezpośrednie rozkazy niemieckich władz. Jego raporty wysyłane do Moskwy Stalin przyjmował bez najmniejszych podejrzeń. I rzeczywiście – wszystkie przepowiednie Licealisty spełniały się – jak np. ta o zaplanowanym zajęciu Jugosławii. Jednakże za pośrednictwem Licealisty Niemcy mogli również swobodnie dezinformować Stalina. Szczególnie istotne były wysyłane do Stalina

---

[230] RGASPI, f. 17, op. 171, d. 475, l. 39–60.
[231] Tamże.

sygnały o tym, że przygotowania wojenne Wehrmachtu w pobliżu sowieckiej granicy to wyłącznie próby nacisku w celu uzyskania pewnych ustępstw. W związku z tym należy czekać na niemieckie ultimatum. Stalin czekał, ale zamiast ultimatum, 22 czerwca nastąpiło uderzenie, które zniweczyło wszystkie plany kremlowskiego dyktatora.

Po ataku Niemiec Amajak razem z personelem sowieckiej ambasady okrężnymi drogami dotarł w lipcu 1941 roku do ZSRS. Chociaż w kręgach emigracyjnych w Berlinie mówiło się tylko o tym, że ludzie z NKWD – ambasador Diekanozow i radca Kobułow „tak się zbłaźnili, że po powrocie do Moskwy czeka ich egzekucja"[232], nic podobnego się nie stało. Amajak od razu (20 lipca) wskoczył na posadę ludowego komisarza bezpieczeństwa państwowego Uzbekistanu. Tego samego dnia wyszło rozporządzenie o połączeniu organów NKWD i NKGB, w efekcie czego 31 lipca 1941 roku został ludowym komisarzem spraw wewnętrznych Uzbekistanu. Na tej posadzie pracował do stycznia 1945 roku. Potem zaczął się nowy etap jego kariery. Kobułow młodszy został przeniesiony do Moskwy na stanowisko szefa Oddziału Operacyjnego i pierwszego zastępcy Zarządu Głównego do Spraw Jeńców Wojennych i Internowanych (GUPWI) NKWD ZSRS. Do jego obowiązków należało prowadzenie działalności agenturalnej wśród jeńców oraz prowadzenie śledztw w ich sprawach. Dwie serie pokazowych procesów niemieckich generałów, przygotowane i przeprowadzone po wojnie z udziałem Amajaka Kobułowa, zorganizowano według schematu opracowanego jeszcze przy okazji procesów moskiewskich w latach 1936–1937. Procesy opierały się na „zasadzie amalgamatu", kiedy na ławie oskarżonych generalicja „rozrzedzona była" mniej znaczącymi „uczestnikami bestialstw", a najważniejszy punkt stanowiło publiczne przyznanie się do winy. Liczył się efekt propagandowy.

Jako szef GUPWI Amajak dobrze wiedział, z kogo powinien brać przykład. Kiedy próbował wstrzymać masowe werbunki agentów pośród jeńców (aby ich potem wykorzystać po powrocie do ojczyzny), przypo-

---

[232] RGASPI, f. 17, op. 171, d. 475, l. 39–60.

mniano mu, że praca ta była wykonywana na osobisty rozkaz sekretarza KC Aleksandra Szczerbakowa. W odpowiedzi Amajak oświadczył, że „uznaje tylko polecenia Berii"[233]. Później, gdy sam został aresztowany, przypomniano mu oczywiście te słowa!

Pracownicy operacyjni GUPWI skupieni byli na demaskowaniu niemieckiej agentury wśród obywateli sowieckich. W tym celu jeńców intensywnie przesłuchiwano, wynajdując wśród nich współpracowników służb specjalnych. Dochodziło do kuriozalnych sytuacji. Do Moskwy dotarła informacja ministra spraw wewnętrznych Kazachstanu z zeznaniami jednego z jeńców, który twierdził, że zna nazwiska agentów zwerbowanych jeszcze przez Jagodę i Tuchaczewskiego. W Moskwie to łyknęli. Jeniec dostał lepsze jedzenie i porządny tytoń, a następnie został przewieziony do stolicy. Jednak dość szybko stało się jasne, że cała historia była wyssana z palca, a nazwiska zmyślonych agentów informator zapożyczył z „Pionierskiej prawdy". Kobułow tak się wściekł, że własnoręcznie pobił tego niemieckiego jeńca. Kiedy później usprawiedliwiał swój napad szału i udział w pobiciu, sporządził notatkę o tym, jak o odkrytym oszustwie poinformowano ministra spraw wewnętrznych: „Kiedy zameldowano o tym S. N. Krugłowowi, ten polecił stłuc tego bydlaka, więc zrobiliśmy to, a następnie skazaliśmy na 25 lat. Czy słusznie? Bez dwóch zdań"[234].

W GUPWI niczym w zwierciadle odbijały się wszystkie wady typowe dla systemu sowieckiego. Najczęstsze nadużycie to wykorzystywanie pozycji służbowej do celów osobistych. W maju 1948 roku po ponad rocznym dochodzeniu Komisja Kontroli Partyjnej udowodniła Amajakowi, iż „nie przerwał nielegalnego wykorzystywania pracy jeńców wojennych 27. łagru do produkcji mebli dla szeregu ważnych członków zarządu łagru, a także do okopywania prywatnych ogródków, mimo że wiedział o tych nadużyciach"[235].

---

[233] RGASPI, f. 17, op. 171, d. 475, l. 52.
[234] GARF, f. 7523, op. 76, d. 266, l. 67.
[235] RGASPI, f. 17, op. 100, teczka osobowa A. Z. Kobułowa.

W 1950 roku MWD wysłało Stalinowi gotowy raport na temat pracy GUPWI. Zapadły decyzje w sprawie przyznania orderów najlepszym pracownikom. Amajaka Kobułowa nominowano do Orderu Lenina, jednak ostatecznie go nie otrzymał. W 1951 roku GUPWI został zdegradowany do poziomu zarządu w ramach GUŁagu. 8 czerwca 1951 roku Kobułow młodszy został naczelnikiem Zarządu do spraw Jeńców i Internowanych i pierwszym zastępcą szefa GUŁagu. Na tym stanowisku pozostał aż do śmierci Stalina.

I znów Niemcy

Kariera starszego Kobułowa w bezpiece zakończyła się nagle. Jesienią 1945 roku Stalin postanowił przetrząsnąć całą wierchuszkę NKGB. 30 listopada Beria i Malenkow wezwali do siebie Kobułowa i bez podawania żadnych dodatkowych wyjaśnień oświadczyli mu, że zostaje odwołany ze stanowiska pierwszego zastępcy ludowego komisarza bezpieczeństwa państwowego. Następnego dnia Kobułow napisał do Stalina łzawy list, w którym zapewniał go o swojej lojalności i oddaniu[236]. Wódz odrobinę osłodził gorzką pigułkę dymisji i pozwolił Kobułowowi kandydować w lutym 1946 roku do Rady Najwyższej ZSRS drugiej kadencji, zostać wybranym i na potrzeby prasy dalej używać nieaktualnego już tytułu pierwszego zastępcy narkoma bezpieczeństwa państwowego. W rzeczywistości Bogdana męczyła niepewność co do jego dalszego losu, został bowiem formalnie pozostawiony „do dyspozycji WKP(b)". Dlatego też 1 czerwca 1946 roku napisał do Stalina, błagając, by ten przydzielił mu jakąkolwiek pracę[237].

W końcu dostał posadę. W 1946 roku został zastępcą szefa Głównego Zarządu Mienia Sowieckiego za Granicą (GUSIMZ) i miał zajmować się sowieckimi przedsiębiorstwami w Niemczech. Kraj ten w życiu obu

---

[236] RGASPI, f. 558, op. 11, d. 182, l. 91–92.
[237] RGASPI, f. 558, op. 11, d. 182, l. 97.

braci zajął szczególne miejsce. To z Niemcami związane były ich klęski i nagłe odmiany losu. Amajak pracował w Niemczech przed wojną, a teraz skierowano tam Bogdana. W październiku 1951 roku szef GUSIMZ mianował Kobułowa swoim pierwszym zastępcą i wysłał wszystkie niezbędne dokumenty do sekretariatu KC WKP(b), jednak tam sprawa „utknęła". W związku z tym Bogdan powinien był opuścić swoją posadę i wyjechać z Niemiec, a był tam bardzo potrzebny. Funkcjonariusze KC bezpośrednio wyjaśnili to Malenkowowi: „Pod względem rodzaju i skali produkcji sowieckie zakłady w Niemczech zajmują jedno z najważniejszych miejsc w systemie GUSIMZ. Wielkość produkcji w tych przedsiębiorstwach wynosi do 70% całego programu produkcyjnego Głównego Zarządu. Z niemieckich zakładów dostarcza się na potrzeby gospodarki ZSRS wiele niezwykle istotnych materiałów i sprzętu"[238]. Z tego powodu (jak dalej stało w piśmie) odwołanie Bogdana Kobułowa byłoby wysoce niekorzystne. Argumenty te przekonały Malenkowa. Mimo chwilowych kłopotów Bogdan nie przestał być ważną postacią polityczną. Na XVIII i XIX Zjeździe partii był zastępcą członka KC, piastował funkcję deputowanego do Rady Najwyższej ZSRS. Amajak pozostawał odrobinę w jego cieniu, ale obaj bracia szybko zdobywali coraz wyższe tytuły. W lipcu 1945 roku Bogdan otrzymał stopień generała-pułkownika, a Amajak – generała-lejtnanta. Obaj zostali szczodrze obsypani orderami. Starszy miał 3 Ordery Lenina (22.07.1937 rok, 30.04.1946 rok, 29.10.1949 rok), 5 Orderów Czerwonego Sztandaru (26.04.1940 rok, 20.09.1943 rok, 7.07.1944 rok, 3.11.1944 rok, 1.06.1951 rok), Order Suworowa 1. klasy (8.03.1944 rok); Order Kutuzowa 1. klasy (24.02.1945 rok), Order Wojny Ojczyźnianej 1. klasy (3.12.1944 rok), Order Czerwonego Sztandaru Pracy (24.06.1948 rok) i Order Czerwonego Sztandaru Pracy Gruzińskiej SRS (10.04.1931 rok).

Amajak nagradzany był nieco skromniej: 4 Ordery Czerwonego Sztandaru (26.04.1940 rok, 20.09.1943 rok, 31.07.1944 rok, 30.04.1946 rok),

---

[238] RGASPI, f. 17, op. 119, d. 609, l. 192.

Order Kutuzowa 2. klasy (21.06.1945 rok), Ordery Czerwonego Sztandaru Pracy (16.04.1942 rok) i Czerwonej Gwiazdy (3.11.1944 rok). Obaj bracia posiadali odznaczenie „Zasłużony funkcjonariusz WCzK-GPU (XV) (Bogdan otrzymał je 20.12.1932 roku, a Amajak 23.08.1937 roku). Oprócz tego Amajak szczycił się odznaką „Zasłużony pracownik MWD" (2.11.1948 rok). Daty przyznania orderów i odznak dowodzą udziału braci w represjach kolejnych lat. Na przykład Bogdan Kobułow został nagrodzony Orderem Suworowa za deportację Czeczenów i Inguszy, a Orderem Czerwonego Sztandaru za wysiedlenie Tatarów Krymskich, Order Wojny Ojczyźnianej otrzymał zaś za wysiedlenie Turków, Kurdów i Hemszylów z wybrzeża Morza Czarnego.

Rok 1953

Marzec 1953 roku dla obu braci okazał się przełomowy. Znów byli na samym szczycie hierarchii organów z Łubianki. I to ich zgubiło. Bogdan w końcu odszedł ze swojej posady w NRD i objął funkcję pierwszego wiceministra spraw wewnętrznych. Amajak też był w tym czasie faworytem Berii. W marcu 1953 roku Beria włączył go w skład delegacji rządowej, udającej się do Pragi na pogrzeb Gottwalda. Na jej czele stał Bułganin. W maju 1953 Amajak zostaje zastępcą naczelnika Urzędu Kontroli MWD.

Za rządów nowego ministra spraw wewnętrznych Berii struktury czekistowskie miały praktycznie nieograniczone możliwości. Czasem musiały spełniać funkcje daleko wychodzące poza ich oficjalne kompetencje. W postanowieniu o Urzędzie Kontroli MWD nie było mowy, że organ ten będzie zajmować się pracą agenturalną, przyjmować jakichś ludzi w mieszkaniach konspiracyjnych itd. Jednak Amajak nosił się z takimi planami, co wyjaśnił swojej prośbie o ułaskawienie: „Osobiście planowałem posiadanie agentury, żeby przeprowadzać kontrole działania organów regionalnych"[239]. Poza tym Kobułow młodszy doszedł do przekonania, że nie-

---

[239] GARF, f. 7523, op. 76, d. 266, l. 57.

zbędna jest „agentura specjalna" i wyjaśnił to za pomocą następującego epizodu.

W marcu 1953 roku w Pradze Bułganin polecił mu wyjaśnić przyczyny aresztowania ministra obrony narodowej Ludwika Swobody. Okazało się, że Swoboda pojawił się w zeznaniach uczestników procesu w związku ze sprawą Rudolfa Slanskiego. Minister obrony został wypuszczony z więzienia jeszcze przed śmiercią Stalina. Amajak wpadł na pomysł, żeby wykorzystać skompromitowanego i urażonego ministra do działalności wywiadowczej – „podrzucić Swobodę Anglosasom i zacząć grę", ponieważ czeski polityk był „świetną przynętą na wywiad angielski i amerykański"[240]. Trzeba przyznać, że sam Beria by tego lepiej nie wymyślił! Co za rozmach! Amajakowi nawet nie przyszło do głowy, że tego typu metody prowokacji wychodzą daleko poza ramy jego oficjalnych uprawnień służbowych. Tym bardziej w stosunku do obywateli państw „demokracji ludowej", gdzie od sierpnia 1949 roku na mocy postanowienia Rady Ministrów, podpisanego przez Stalina, sowieccy czekiści nie mieli prawa prowadzić działalności agenturalno-operacyjnej.

W maju i czerwcu 1953 roku Amajak dwukrotnie był w Berlinie. Pod koniec maja przeprowadzał z polecenia Berii kontrolę Aparatu Pełnomocnika MWD w Niemczech w celu reorganizacji jego działania i radykalnej redukcji etatów. Później, w kontekście wybuchu 17 czerwca w Berlinie powstania robotników przeciwko dyktaturze Socjalistycznej Partii Jedności Niemiec (SED), Beria i Kobułow młodszy usłyszą zarzut osłabienia sowieckich organów represyjnych w NRD. Dzień po wybuchu zamieszek w NRD Beria znów wysłał Amajaka do Berlina. Tam go aresztowano.

Bogdan tymczasem urzędował na Łubiance. Beria powierzył mu nadzorowanie dochodzeń i to właśnie Kobułow kierował selekcją najwyższej wagi – decydował, kogo z aresztowanych należy uwolnić i rehabilitować, a kogo pozostawić w więzieniu. Szczególnie uważnie Bogdan rozpatrywał przypadki współpracowników MGB aresztowanych na rozkaz Stalina.

---

[240] GARF, f. 7523, op. 76, d. 266, l. 58.

Z każdym rozprawiał się indywidualnie. Ludzi Berii wypuszczał na wolność i dawał posady w kierowniczych strukturach, ludzi Abakumowa zostawiał w areszcie. W szczególnych przypadkach, co do których nie było jasnych wskazówek Berii, zwlekał i długo się zastanawiał. W marcu 1953 roku Bogdan Kobułow wezwał na przesłuchanie aresztowanego w 1951 roku Lwa Szejnina (byłego pracownika prokuratury, a potem pisarza i dramaturga) i spojrzawszy na niego, wypowiedział głęboką myśl: „Ta główka jeszcze popracuje". Jednak z jakiegoś powodu nie uwolnił go od razu, lecz przekazał sprawę Leonidowi Rajchmanowi z poleceniem, żeby przed wypuszczeniem z więzienia zwerbować Szejnina do agentury[241].

W 1953 roku obaj bracia mieszkali w Moskwie. Bogdan na ulicy Serafimowicza 2/8, czyli w słynnym Domu nas rzeką Moskwą, gdzie aresztowania lokatorów były na porządku dziennym i nie skończyły się po śmierci Stalina. Ale nakaz aresztowania Kobułowa starszego był wystawiony na adres Biersienjewskaja nabierieżnaja 1/3.

Amajak mieszkał w kamienicy MWD pod adresem Kotielniczeskaja nabierieżnaja. Braci aresztowano tego samego dnia – 27 czerwca 1953 roku, Bogdana w Moskwie, a Amajaka w Berlinie razem z jeszcze jedną szychą z kręgu Berii – Goglidzem i natychmiast dostarczono ich samolotem do Moskwy. Ich sprawy powierzono prokuraturze. Bogdan został zaliczony do „bandy Berii" i był sądzony razem z tą grupą, Amajak natomiast nie dorastał rangą do miana pełnowartościowego członka „bandy", dlatego wszczęto dla niego osobną sprawę.

Bogdan został skazany na śmierć w grudniu 1953 roku w procesie Berii. Na zamykającym posiedzeniu sądu podczas wygłaszania ostatniego słowa nie był zbyt rozmowny. Miał pełną świadomość, czym to wszystko się skończy. Wyrazi wszy żal, że wierzył Berii i „bez zastrzeżeń wykonywał jego zbrodnicze rozkazy" poprosił, aby przekwalifikować jego oskarżenie z „przestępstw przeciwko rewolucji" na inny artykuł kodeksu[242]. Choć

---

[241] CA FSB, f. 4-os., op. 11, d. 15, l. 67–76.
[242] *„Prigowor okonczatielnyj i obżałowaniju nie podleżyt". Poslednije słowa podsudimych i prigowor po diełu Bierii i jego soobszcznikow*, „Istocznik" 2002, nr 6, s. 76.

zapewne zdawał sobie sprawę, że jego prośba nie zostanie spełniona. Być może przypomniał sobie, ilu on w taki sam sposób skazał na śmierć?

Proces

Możliwe, że gdyby nie starszy brat – słynny Kobulicz – Amajak pozostałby przy życiu. Dopiero podczas przesłuchania 17 marca 1954 roku pokazano mu wycinek z „Litieraturnej gaziety" z 27 grudnia 1953 roku z informacją o wyroku sądu oraz egzekucji Berii i jego ludzi[243]. W taki sposób Amajak dowiedział się o śmierci brata. Wtedy dotarło do niego, że czeka go identyczny los. Prowadzący sprawę śledczy Kawierin szczególnie starał się podkreślić udział podsądnego w „działalności spiskowej" Berii – w innym wypadku w żaden sposób nie dałoby się go skazać na rozstrzelanie. Amajak złożył dziewięć skarg na nieobiektywność śledczego – dwie wysłał do Malenkowa, trzy do Chruszczowa, jedną do Bułganina i trzy do prokuratora generalnego[244]. W skargach najmocniej podkreślał stronniczość śledczego. Wszystko na nic. 16 czerwca 1954 roku prokurator generalny Rudenko skierował do Prezydium KC KPZS projekt aktu oskarżenia Amajaka Kobułowa i poprosił o zgodę na przekazanie sprawy Izbie Wojskowej. Prezydium KC KPZS zaakceptowało tę propozycję 1 lipca 1954 roku[245].

Wyrok Izby Wojskowej z 1 października 1954 roku w sprawie Amajaka Kobułowa zawiera mocno upolitycznione oskarżenia. Znajdziemy tam zarówno twierdzenie, że był on „aktywnym uczestnikiem antysowieckiej grupy spiskowej Berii" oraz wykonywał „zbrodnicze zadania" tej grupy, jak i oskarżenie o „dezorganizację pracy sowieckiego wywiadu" w Niemczech w przededniu wojny, a w szczególności zarzuty, że wysyłał do Moskwy doniesienia podwójnych agentów, będące jawną dezinformacją, że podczas służby w Zarządzie do Spraw Jeńców Wojennych i Interno-

---

[243] GARF, f. 7523, op. 76, d. 266, l. 79.
[244] Tamże, l. 41.
[245] RGASPI, f. 17, op. 171, d. 475, l. 36.

wanych „utrudniał pracę sowieckich organów wywiadu pomimo specjalnych rozporządzeń A. S. Szczerbakowa w tej kwestii"[246]. Podobnych zarzutów było więcej, nawet o „antysowieckie insynuacje" dotyczące polityki zagranicznej ZSRS i agresji USA na Koreańską Republikę Ludowo-
-Demokratyczną. Trzeba jednak przyznać, że w jego sprawie i akcie oskarżenia jest też sporo konkretów – nielegalne działania, udział w fałszowaniu dokumentacji śledztw, „stosowanie przemocy fizycznej i tortur wobec aresztowanych"[247]. Za przestępstwa z artykułów 58-1 „b" i 58-11 Kodeksu Karnego RFSRS Amajak Kobułow został skazany na śmierć przez rozstrzelanie.

Wyrok był dla niego szokiem. Szczerze nie rozumiał – za co? Przecież bić i torturować kazała partia! On był tylko posłusznym wykonawcą. W podaniu o ułaskawienie pisał: „W 1937 roku dostaliśmy rozkaz od kierownictwa partyjnego, żeby stosować fizyczne środki nacisku na wrogów". Dodał, że pamięta, iż później, kiedy już pracował w Kijowie, on i Chruszczow otrzymali telegram podpisany przez Stalina z potwierdzeniem takich dyrektyw: „Zostało zwołane zebranie kierowników centralnych i regionalnych jednostek NKWD Ukraińskiej SRS z udziałem przedstawicieli Prokuratury, na którym to polecenie Stalina zostało odczytane"[248]. Amajak w swej prostoduszności uważał, że powinno mu się zarzucać „nie stosowanie przemocy w ogóle", lecz tylko „stosowanie ostrych metod nacisku niezgodnie z prawem, w sposób nieuzasadniony", podczas gdy śledczy Kawierin „udaje, że to dla niego coś nowego i niezwykłego. A przecież do 1953 roku biło się aresztowanych"[249].

W prośbie o ułaskawienie Amajak pisał: „Już 16 miesięcy żyję w ciągłym strachu przed śmiercią. Od 1 października śmierć wisi nade mną jak miecz Damoklesa. Siedząc w celi śmierci, z każdą chwilą czuję, że koniec się zbliża, czuję jego zimny oddech. Przez ten czas dużo przeżyłem.

---

[246] Tamże
[247] GARF, f. 7523, op. 107, d. 257, l. 101–103.
[248] GARF, f. 7523, op. 76, d. 266, l. 68.
[249] Tamże.

W imię humanizmu sowieckiego, w imię sprawiedliwości, w imię Lenina i Stalina ze łzami błagam o litość i darowanie mi życia. Podniecam w sobie ten płomyk nadziei i oczekuję sprawiedliwej decyzji. Każdy szelest przy drzwiach celi to nadludzkie katusze. Bardzo proszę o spełnienie mojej prośby"[250]. Przeklinał swojego śledczego: „Kawierin powinien być pociągnięty do odpowiedzialności za moją niewinną śmierć"[251].

Amajak nie przestawał pisać coraz to nowych wniosków o ułaskawienie. 30 października 1954 roku na zebraniu, które odbyło się u przewodniczącego Prezydium Rady Najwyższej ZSRS Woroszyłowa, zadecydowano odłożyć na później rozpatrzenie wniosków Kobułowa[252]. Na Kremlu długo wahano się co do decyzji w tej sprawie. W końcu 10 lutego 1955 roku zadecydowano o odrzuceniu jego próśb o ułaskawienie[253]. Został rozstrzelany 26 lutego 1955 roku.

Po egzekucji ciało Bogdana Kobułowa zostało skremowane, a prochy pochowane na Cmentarzu Dońskim. Tam również najprawdopodobniej trafiło ciało jego brata Amajaka.

---

[250] Tamże, l. 45.
[251] Tamże, l. 62.
[252] Tamże, l. 18.
[253] Tamże, l. 1.

Ławrientij Drugi
(Ławrientij Canawa)

Z więzienia pisał przepełnione żałością listy, które poruszyłyby każdego, kto ma w sobie choć trochę wrażliwości: „Własną krwią usprawiedliwię się przed partią i Ojczyzną. Liczę na Waszą wielkoduszność. Pokażcie mi – dziadkowi – wnuków, z których najstarszy zawsze po tym, jak wracałem z miasta, zaglądał mi w dłonie, licząc na jabłko lub inną niespodziankę. Bardzo trudno jest znosić niezawinione cierpienie. Jeszcze raz, ze łzami w oczach, proszę o pomoc"[254]. Takimi błaganiami przejąłby się nawet człowiek o kamiennym sercu. Ale ten, do kogo były one skierowane – stary żołnierz wojny domowej Klim Woroszyłow – nie okazał współczucia. Nie mógłby zresztą w żaden sposób pomóc. Wszak więźniem był Ławrientij Canawa – jeden z najbliższych współpracowników Berii. Do więzienia wtrącił go właśnie Beria – jeszcze do niedawna największy dobroczyńca i obrońca. Stało się to 4 kwietnia 1953 roku, wkrótce po śmierci Stalina. Beria zdecydowanie pozbywał się swoich najbardziej odpychających protegowanych. Było to dla niego typowe – najpierw skupiać wokół siebie i promować ludzi, by w razie konieczności mieć kogo poświęcić. Z jednakową łatwością ratował i niszczył!

---

[254] GARF, f. 7523, op. 85, d. 236, l. 5.

"**Wszyscy pracują wyłącznie ze strachu**"

Canawa rzeczywiście zawdzięczał Berii wszystko: wspaniałą karierę, niesławny koniec, nawet nazwisko. Z domu nazywał się Dżandżgawa, ale przy mianowaniu na wysokie stanowisko narkoma spraw wewnętrznych Białorusi w 1938 roku Beria poradził mu zmienić nazwisko na prostsze w wymowie, więc Dżandżgawa wziął nazwisko matki – Canawa. A jeszcze wcześniej, na samym początku czekistowskiej kariery, Beria uchronił go przed skandalem i więzieniem. W 1922 roku jako naczelnik CzK powiatu telawskiego w Gruzji Canawa nie tylko nadużywał uprawnień, lecz także porwał dziewczynę przy użyciu broni. Można, rzecz jasna, ironizować – że lokalne obyczaje, „prawo gór". Ale wtedy Canawę aresztowano i skazano na 5 lat obozu pracy przymusowej, w warunkach ścisłego odosobnienia. Udało mu się ukryć. A kiedy w 1923 roku kierownicze stanowisko w CzK Gruzji objął przybyły z Baku Beria, wystarał się o ponowne rozpatrzenie sprawy Canawy, przywrócenie mu członkostwa w partii (do której należał od sierpnia 1920 roku) oraz ponowne przyjęcie do pracy w organach.

Ławrientij Fomicz Dżandżgawa (Canawa) urodził się w sierpniu 1900 roku we wsi Nachunowo, w guberni kutaiskiej, w rodzinie chłopskiej. Był uczniem gimnazjum w Tyflisie (obecnie Tbilisi), lecz w 1919 roku przerwał naukę. Według oficjalnej biografii pracował jako najemny robotnik, a w 1921 roku zaczął organizować oddziały powstańcze w rodzinnej wsi. Sowietyzacja Gruzji otworzyła Canawie drogę do władzy. Od marca 1921 roku kierował CzK w powiecie senakijskim, a następnie tianeckim. Przez krótki czas, po nieprzyjemnej historii z porwaniem dziewczyny, pracował jako wiceszef kryminalnego wydziału śledczego milicji w Tbilisi oraz jako prokurator, a następnie wrócił do OGPU. W 1933 roku był kierownikiem 1. wydziału Oddziału Tajno-Politycznego GPU Gruzji.

W 1933 roku Beria wypromował Canawę na kierownicze stanowiska partyjne i gospodarcze. W latach 1935–1937 Canawa zdobył pozycję pierwszego sekretarza miejskiego komitetu partii w Poti, a w 1937 roku został szefem Kołchidstroju[255] oraz (jeszcze pod nazwiskiem Dżandżgawa) deputowanym Rady Najwyższej ZSRS.

Kiedy w 1938 roku Beria stanął na czele NKWD, zaczął skupiać wokół siebie zaufanych ludzi. Canawę uczynił szefem białoruskiego NKWD. Doskonale wiedział, że Canawa ma wobec niego dozgonny dług wdzięczności i nie zawiedzie – chociażby ze strachu, że wyjdą na jaw jego dawne grzechy. Był to typowy dla Berii styl zarządzania. Wiele lat później, w 1952 roku, w gronie współpracowników otwarcie przyznał: „nie ma ludzi, którzy porządnie pracują z własnej woli, wszyscy pracują tylko ze strachu"[256].

Przeszedłszy „szkołę Berii", Canawa dobrze przyswoił nauki mistrza. Pracownicy opisali go w następujący sposób: „ma wyjątkową skłonność do samowoli, przesadnej i odstręczającej wielkopańskości"[257]. Za przykładem Berii zrobił z siebie historyka: pod koniec lat 40. wydał dwutomową pracę *Ludowa wojna partyzancka na Białorusi przeciwko faszystowskim agresorom*, podając siebie jako autora, mimo że książkę napisali jego podwładni. Notabene, honorarium Canawy za tę monografię wynosiło 400 tysięcy rubli![258]

Od grudnia 1938 roku do października 1951 roku Canawa sprawował kolejno urzędy narkoma spraw wewnętrznych Białorusi, narkoma i ministra bezpieczeństwa państwowego Białorusi. Wojna przyniosła zmiany. Od czerwca 1941 roku został naczelnikiem Oddziału Specjalnego NKWD Frontu Zachodniego i jednocześnie, od paździer-

---

[255] Powołane do życia w 1932 roku przedsiębiorstwo, którego zadaniem było osuszenie i rolnicze zagospodarowanie ponad 40 tysięcy hektarów błot i mokradeł na terenie Gruzji (przyp. red.).
[256] *Dieło Bierija. Prigowor obżałowaniju nie podleżyt*, oprac. W. N. Chaustow, Moskwa 2012, s. 245.
[257] Tamże, s. 261.
[258] Tamże, s. 641.

nika tegoż roku – zastępcą Zarządu Oddziałów Specjalnych NKWD. Na froncie został ciężko ranny i kontuzjowany. Po mianowaniu na białoruskie urzędy Canawa od razu otrzymał od Berii stopień starszego majora BP (28.12.1938 rok), a niedługo potem – komisarza BP 3. rangi (14.03.1940 rok). Wojnę zakończył w stopniu generała lejtnanta (9.07.1945 rok).

W styczniu 1945 roku Canawę mianowano pełnomocnikiem NKWD przy 2. Froncie Białoruskim. Do jego zadań należało „czyszczenie" tyłów frontu z „wrogich elementów". Na terytorium zajętym przez oddziały 2. Frontu Białoruskiego liczne grupy operacyjne pod ogólnym zwierzchnictwem Canawy prowadziły szeroko zakrojone represje polityczne w celu sowietyzacji Niemiec. Canawa w sprawozdaniu dla Berii z 1 czerwca 1945 roku pisał, że powierzono mu zadania dotyczące „stworzenia organów lokalnej władzy, a także usunięcia wrogiego elementu na obszarze Niemiec"[259]. W czerwcu 1945 roku jego misja w Niemczech dobiegła końca i wrócił do Mińska.

Jesienią 1945 roku Stalin podczas urlopu obmyślał konieczne według niego zmiany kadrowe w NKWD i NKGB i w związku z tym zasięgał u Własika – szefa swojej ochrony – informacji na temat pracy wysoko postawionych czekistów, m.in. Canawy. Przy tym interesowali go wyłącznie protegowani Berii[260].

W 1946 roku grunt pod nogami Canawy się zachwiał. Nasłano na niego z Moskwy ostrą kontrolę. Nawet wśród podwładnych pojawiły się słuchy, że minister zostanie odwołany. Tym razem się jednak udało. Canawa sporządził obszerne i całkiem przekonujące wyjaśnie-

---

[259] GARF, f. 9401, op. 2, d. 127, l. 39–40.
[260] Własik pisał później: „Szef Rządu, przebywając po wojnie na południu, w mojej obecności wyrażał wielkie oburzenie w stosunku do Berii, mówiąc, że organy bezpieczeństwa nie wywiązały się należycie ze swoich zadań. Wskazał konkretne błędy w pracy jego kierownictwa i stwierdził, że wydał polecenie odsunięcia Berii od funkcji kierowniczych w NKWD. Pytał mnie, jak pracowali Mierkułow, Kobułow, a następnie o Goglidze i Canawę. Powiedziałem mu, co wiedziałem, wraz ze znanymi mi faktami o zawodowych niedociągnięciach kierownictwa" (Oświadczenie N. S. Własika zaadresowane do K. J. Woroszyłowa z 8 kwietnia 1955 roku. Zob. „Swobodnaja mysl'" 2001, nr 11, s. 108–109).

nia i przekazał je nowemu ministrowi bezpieczeństwa państwowego – Abakumowowi[261]. Wyjaśnienia przyjęto. Czarne chmury odpłynęły. Właśnie wtedy Canawa w kręgu podwładnych, nie krępując się, wygłosił tryumfalną frazę: „żeby mnie usunąć, trzeba po pierwsze zapytać Politbiuro, a po drugie – Berię"[262].

Zabójstwo Michoelsa

Narodowy Artysta ZSRS, dyrektor Państwowego Teatru Żydowskiego Solomon Michoels stał na czele Żydowskiego Komitetu Antyfaszystowskiego (JAK) – organizacji społecznej, która prężnie działała na rzecz zyskania przychylności zachodniej opinii publicznej dla ZSRS oraz zbiórki środków materialnych na potrzeby Armii Czerwonej w USA i innych krajach. Jednak po 1945 roku Stalinowi JAK przestał być potrzebny, a wszelkie kontakty Komitetu z zagranicą wydawały mu się wysoce podejrzane. Ataki na JAK były coraz mocniejsze. W listopadzie 1946 roku kierownik Wydziału Polityki Zagranicznej KC Michaił Susłow wysłał do Żdanowa i pozostałych sekretarzy KC szczegółową notatkę, w której twierdził, że działalność JAK „nabiera coraz bardziej syjonistyczno-nacjonalistycznego charakteru" oraz staje się „politycznie szkodliwa i niepożądana"[263].

Stalin uważał jednak, że aresztowanie Michoelsa przyciągnie uwagę opinii publicznej, a nie tego chciał. Kwestię JAK oraz jego szefa załatwiał za pomocą swoich tradycyjnych metod, łącząc represje z gangsterskimi sztuczkami. W ciągu wielu lat Michoels był pod obserwacją agentów, lecz mimo to organom bezpieczeństwa państwowego nie udało się zdobyć żadnych danych o jego „praktycznej antysowieckiej", „szpiegowskiej", terrorystycznej" czy jakiejkolwiek innej „szkodliwej" działalności prze-

---

[261] CA FSB, f. 4-os., op. 4, d. 17, l. 173.
[262] *Dieło Bierija...*, s. 628.
[263] *Jewriejskij antifaszystskij komitiet w SSSR. 1941–1948: Dokumientirowannaja istorija*, Moskwa 1996, s. 344.

ciwko ZSRS[264]. Stalin jednak dalej żywił przekonanie, że Michoels jest szefem „antysowieckiej żydowskiej organizacji nacjonalistycznej".

Według późniejszych zeznań Abakumowa, który w tamtym okresie był ministrem bezpieczeństwa państwowego, Stalin na początku 1948 roku zlecił mu pilne zadanie – by przy pomocy pracowników MGB zorganizować „likwidację" Michoelsa. Stalin wskazał nawet, którzy funkcjonariusze MGB powinni się tym zająć, wymieniając z nazwiska wiceministra bezpieczeństwa państwowego Siergieja Ogolcowa, ministra bezpieczeństwa państwowego Białorusi Ławrientija Canawę oraz zastępcę naczelnika II Głównego Zarządu MGB[265] Fiodora Szubniakowa.

W 1953 roku Canawa na żądanie Berii musiał napisać wyjaśnienie dotyczące udziału w zabójstwie Michoelsa – tym bardziej, że do morderstwa doszło na terenie jego daczy. 12 stycznia 1948 roku, około 10.00, Michoelsa i jego towarzysza Władimira Iljicza Gołubowa przywieziono na podwórze daczy. Canawa zaświadczył, że: „Natychmiast zostali wyprowadzeni z auta i stratowani kołami ciężarówki. Około północy, kiedy ruch na ulicach Mińska ucichł, ciała Michoelsa i Gołubowa rzucono na ciężarówkę, wywieziono i porzucono na jednej z ciemnych ulic miasta. Rano ciała zauważyli robotnicy, którzy powiadomili milicję"[266]. Poświęcili też Gołubowa – „swojego" człowieka, który zwabił Michoelsa w pułapkę. Okoliczności i szczegóły morderstwa Michoelsa są dziś dobrze znane. Dokładnie opisał je historyk Giennadij Kostyrczenko[267].

Opinii publicznej śmierć Michoelsa przedstawiono jako nieszczęśliwy wypadek. Opublikowano nekrolog, odbył się uroczysty pogrzeb. Wszczęto też śledztwo z udziałem najlepszych kadr milicji i kontrwywiadu. Szukano samochodu, który „dokonał przejechania" oraz kierowcy-przestępcy. Bez skutku. Aktywny udział w poszukiwaniach brał Canawa. Główny Zarząd Milicji Białorusi 11 lutego 1948 roku infor-

---

[264] *Ławrientij Berija. 1953. Stienogramma ijul'skogo plenuma CK KPSS i drugije dokumienty*, red. A. N. Jakowlewa, oprac. W. Naumow, J. Sigaczow, Moskwa 1999, s. 26.
[265] Zarząd ten odpowiadał za kontrwywiad (przyp. red.).
[266] *Ławrientij Berija. 1953...*, s. 27.
[267] Zob. pismo „Lechaim" 2003, nr 10, s. 39–48.

mował Moskwę o podjętych wysiłkach oraz o tym, że minister bezpieczeństwa państwowego Białorusi wraz z ministrem spraw wewnętrznych Bielczenką zatwierdzili „plan dodatkowych działań" w ramach poszukiwań[268]. Jednak Canawa najlepiej wiedział, że samochód, kierowca i wszyscy wykonawcy zabójstwa dawno odjechali do Moskwy. Pokazowe śledztwo trwało, a tymczasem Abakumow 30 kwietnia 1948 roku wysłał do Stalina wniosek o nagrodę dla zabójców. Rozporządzenie o nagrodzie zostało podpisane 28 października 1948 roku z oznaczeniem „nie publikować". Jeden z wykonawców morderstwa figurujący we wniosku Abakumowa – Ogolcow – otrzymał nagrodę dzień później na mocy innego, ogólnego rozporządzenia.

Wszechmocny minister

W 1950 roku Canawa osiągnął szczyt potęgi i sławy. Po raz trzeci został deputowanym Rady Najwyższej ZSRS. W Białorusi jego autorytet był niepodważalny, a wpływy – ogromne. Utrzymywał w strachu całą republikę. Szereg działań operacyjnych MGB BSRS prowadzony był pod bezpośrednim kierownictwem Canawy i miał na celu dyskredytację wysokich funkcjonariuszy partyjnych i państwowych. Ze szczególną pasją Canawa „kopał" pod sekretarzem KC KP(b) Białorusi Wasilijem Zakurdajewem oraz pod pierwszym sekretarzem Baranowiczowskiego Komitetu Obwodowego Wasilijem Samutinem. Materiały przysyłane przez Canawę Abakumow sprawnie przekazywał do KC. 13 kwietnia 1950 roku Abakumow skierował notatkę Canawy o Zakurdajewie i Samutinie do sekretarza KC Gieorgija Malenkowa, który odpowiadał za kadry partyjne. Canawa częściowo dopiął swego. Samutina odsunięto od pracy partyjnej i „przesunięto" na stanowisko wiceministra gospodarki leśnej BSRS, a Zakurdajewa wysłano na kursy przekwalifikowania zawodowego do Moskwy.

---

[268] GARF, f. 9401, op. 1, d. 2894, l. 331.

Canawa szczególnie zawzięcie prześladował tych, którzy przed 1939 rokiem wykonywali pracę partyjną i konspiracyjną w Polsce po linii Partii Komunistycznej Zachodniej Białorusi. W 1950 roku wiele wysiłku włożył w skompromitowanie Siergieja Prityckiego – pierwszego sekretarza Grodzieńskiego Komitetu Obwodowego. Pritycki mu podpadł, ponieważ na posiedzeniu biura komitetu obwodowego krytykował pracę obwodowego UMGB (Zarządu MGB). Gromadząc fałszywe „kompromitujące" materiały oraz zeznania, Canawa skompilował „teczkę" na Prityckiego, liczącą ponad 400 stron. W efekcie Pritycki stracił stanowisko pierwszego sekretarza komitetu obwodowego, jednak nakazu jego aresztowania Canawa nie uzyskał.

Canawa miał szczególną pozycję w gronie ministrów bezpieczeństwa państwowego oraz szefów zarządów krajowych i obwodowych. Dobitnie świadczy o tym fakt, że 12 sierpnia 1950 roku z okazji 50. urodzin otrzymał Order Lenina, a odpowiednia decyzja została opublikowana na pierwszej stronie gazety „Prawda". To unikalny przypadek! Abakumow zawczasu, 5 sierpnia, skierował do Stalina wniosek o przyznanie Canawie najwyższego odznaczenia z okazji jubileuszu, a decyzję podjęto na poziomie Biura Politycznego[269]. Przy czym w tamtym okresie na zaszczyt odznaczenia orderem z okazji 50. urodzin mogli liczyć tylko członkowie Politbiura lub szczególnie zasłużeni aparatczycy z kręgu elit nomenklatury, a nie kierownicy MGB. Tym ostatnim Stalin w ogóle żadnych orderów na osobiste rocznice nie dawał! A tu taki zaszczyt!

Canawa był zresztą jednym z najszczodrzej nagradzanych stalinowskich czekistów: czterokrotnie Order Lenina (26.04.1940 rok, 30.04.1946 rok, 30.12.1948 rok, 12.08.1950 rok), pięciokrotnie Order Czerwonego Sztandaru (12.04.1942 rok, 20.09.1943 rok, 3.11.1944 rok, 28.10.1948 rok, 1.06.1951 rok), Order Suworowa 1. klasy (15.08.1944 rok), dwukrotnie Order Kutuzowa 1. klasy (21.04.1945 rok, 29.05.1945

---

[269] CA FSB, f. 4-os., op. 8, d. 8, l. 75.

rok). Ponadto Order Czerwonego Sztandaru Pracy Gruzińskiej SRS (12.04.1931 rok), tuwiński order „Republiki" (1942 rok), mongolski Order Czerwonego Sztandaru (1942 rok), polski „Krzyż Grunwaldu" 3. klasy. I oczywiście resortowa odznaka „Zasłużony funkcjonariusz NKWD" (28.05.1941 rok).

Kiedy Stalin zdymisjonował Abakumowa i rozpoczął dużą czystkę w wierchuszce MGB, Canawa okazał się niezwykle potrzebny. 29 października 1951 roku został wiceministrem bezpieczeństwa państwowego oraz naczelnikiem II Głównego Zarządu MGB (kontrwywiad). Beria był wtedy u szczytu kariery i wpływów. Posiadanie swojego człowieka na wysokim stanowisku w MGB było dla niego bardzo istotne. Jednak już półtora tygodnia później, jak grom z jasnego nieba, pojawiła się wiadomość o „sprawie megrelskiej", a polityczne perspektywy Berii mocno zbladły. Stalin również zaczął wymagać od MGB rzeczy niemożliwej – prowadzenia wszystkich śledztw z zawrotną prędkością i prezentowania efektów pracy w postaci obciążających zeznań „spiskowców" czy „lekarzy-szkodników" w coraz szybszym tempie.

Niesławny/kompromitujący koniec

Canawa, mimo usilnych starań, nie mógł znacząco przyspieszyć procesów. Czynności śledcze w MGB szły powoli. A Stalin oczekiwał efektów i w końcu rozczarował się Canawą. W 1952 roku postanowił przekazać prowadzenie śledztwa w sprawie Abakumowa z prokuratury do MGB i zobowiązać MGB do znacznego przyspieszenia postępowania, wyznaczając restrykcyjne terminy. Znalazło to odzwierciedlenie w decyzji Biura Politycznego z 12 lutego 1952 roku, które nakładało na ministra bezpieczeństwa państwowego Ignatjewa obowiązek „przedstawienia planu radykalnego usprawnienia śledztwa" w MGB oraz wprowadzało od 1 kwietnia 1952 roku trzymiesięczny okres prowadzenia śledztwa w „najważniejszych sprawach" oraz miesięczny w pozostałych sprawach[270]. Na mocy tejże decyzji Canawę pozbawiono stanowisk naczelnika II Głównego Zarządu oraz wiceministra bezpieczeństwa państwowego. Zdecydowanie, acz bez zbędnego rozgłosu, oddano go „do dyspozycji KC WKP(b)". Ignatjew, który odczytał nastroje „góry", 11 marca 1952 roku wydał rozkaz o zwolnieniu Canawy do rezerwy z neutralną adnotacją „z powodu choroby", ale za to pozostawiając mu „prawo do noszenia munduru wojskowego"[271]. Dobra i taka pociecha.

Stało się! Canawę usunęli z organów. Wydarzyło się to, o czym Canawa kiedyś mówił jako o prawie niemożliwym – zgoda i Politbiura, i Berii. „Po pierwsze" i „po drugie" się zbiegły. Biuro Polityczne podjęło decyzję, a Beria nie mógł go obronić. Rozpoczął się najsmutniejszy okres jego życia. Mijały dni, a propozycji pracy nie było. W czerwcu 1952 roku coś się ruszyło. Zapadła decyzja Sekretariatu KC o mianowaniu Canawy na stanowisko naczelnika Głównej Inspekcji Ochrony MWD ZSRS. Ale coś poszło nie tak. Biuro Polityczne nie podjęło odpowiedniej decyzji i mianowanie się nie odbyło. Canawa wypadł też z nomenklatury partyjnej. Jeszcze w 1939 roku wybrano go na członka Centralnej Komisji Rewizyjnej WKP(b), lecz na XIX Zjeździe partii już nie wszedł do składu kierowniczych organów partii.

Śmierć Stalina pozwoliła Canawie na krótki czas wyjść z cienia. Na pogrzebie wodza powierzono mu funkcję jednego z mistrzów ceremonii[272]. Na czele konduktu pogrzebowego kroczyli sami generałowie, którzy na poduszeczkach nieśli nagrody i odznaczenia zmarłego. Tu się Canawie przydało prawo no noszenia generalskiego munduru. Jednak dalsze wypadki go niemile zaskoczyły.

---

[270] Takie wymogi były niemożliwe do zrealizowania w warunkach jednoczesnego prowadzenia przez wydział śledczy MGB wielu spraw. Wkrótce, zmieniając poprzednią decyzję, 19 marca 1952 roku (P86/89) Politbiuro nakazało wprowadzenie tej normy od 1 czerwca 1952 roku. Zob. RGANI, f. 3, op. 58, d. 10.
[271] CA FSB, f. 66. Zarządzenie MGB ZSRS nr 1452 z 11 marca 1952 roku.
[272] A. Majsienia, *Poplecznicy*, „Sowietskaja Biełorussija" 23 marca 1988 r.

Beria z werwą zaczął demaskować niedawne zbrodnie Stalina i MGB. W trakcie przygotowań do rehabilitacji osób aresztowanych w związku ze „sprawą lekarzy" pojawiło się również pytanie o tajemniczą śmierć Michoelsa. Beria zażądał wyjaśnień od byłego pierwszego zastępcy ministra bezpieczeństwa państwowego Ogolcowa oraz od Canawy. Żaden z nich nie spodziewał się takiej przewrotności ze strony nowego ministra. Ogolcow z oburzeniem mówił o „bluźnierstwie" Berii i o tym, że „żąda się od niego wyjaśnień w sprawie, która w swoim czasie została bardzo wysoko oceniona przez tow. Stalina"[273].

Beria zbadał okoliczności zabójstwa Michoelsa, po czym 2 kwietnia 1953 roku skierował do Prezydium KC KPZS notatkę, w której pisał, że to morderstwo „jest karygodnym złamaniem praw obywatela radzieckiego, gwarantowanych w Konstytucji ZSRS" i zaproponował, żeby Canawę aresztować, a dekret o nagrodzie dla zabójców Michoelsa odwołać[274]. Tak też uczyniono. Canawę aresztowano 4 kwietnia 1953 roku. Przy tym, w duchu represyjnych praktyk lat wcześniejszych, uprawnień deputowanego Rady Najwyższej pozbawiono go dopiero później – 22 sierpnia 1953 roku[275]. W tym samym dniu do aresztu trafił Ogolcow. Innym zabójcom, którzy w notatce Berii figurowali jako „wykonawcy techniczni", po prostu odebrano ordery. Dekret Prezydium Rady Najwyższej w tej sprawie był datowany na 9 kwietnia 1953 roku.

Canawa popadł w straszną rozpacz. W więzieniu jeszcze miał nadzieję, że Beria się zlituje lub nagle okaże się, że sytuacja nie jest aż tak poważna, dlatego wciąż próbował jakoś wzruszyć wszechmogącego ministra. Nie od razu dotarła do niego wiadomość, że Beria upadł i trwają aresztowania jego ludzi, którzy podczas śledztwa chętnie pogrążają swoich niedawnych współpracowników. Pojawiły się zezna-

---

[273] *Rieabilitacyja: kak eto było. Dokumienty Priezidiuma CK KPSS i drugije matieriały. Mart 1953 – fiewral' 1956*, red. A. Artizanow, J. Sigaczew, I. Szewczuk, W. Chłopow, Moskwa 2000, t. 1, s. 62.
[274] *Ławrientij Bierija. 1953...*, s. 26–28.
[275] GARF, f. 7523, op. 65, d. 497, l. 8.

nia, że Canawa należał do grupy „szczególnie zaufanych ludzi" Berii[276]. Jeszcze 28 czerwca 1953 roku Canawa wysłał do Berii kolejny błagalny list: „Wasze polecenia wykonam z pełnym oddaniem[277]. Beria już jednak nie mógł odpowiedzieć.

Dowiedziawszy się o aresztowaniu Berii, Canawa zmienił ton. Teraz stał się demaskatorem, śmiało krytykując człowieka, którego jeszcze niedawno błagał o wstawiennictwo: „Beria był okrutnym, despotycznym, władczym człowiekiem..."[278]. Inaczej zaczęły brzmieć też jego żałośliwe listy do kremlowskich włodarzy. Teraz zaczynały się tak: „Beria – zatwardziały wróg narodu radzieckiego, najmita kapitalizmu – powodowany osobistą zemstą, bezpodstawnie wtrącił mnie do więzienia i oto już piąty miesiąc trwa moja męka"[279]. Tymczasem 7 sierpnia 1953 roku śledczy zapytali Berię, jakie uczucia żywi w stosunku do Canawy, czy nie ma z nim jakichś „osobistych porachunków". Ten dość obojętnie odpowiedział: „Dobrze znam Canawę. Osobiście nic do niego nie mam. Aresztowałem Canawę mniej więcej miesiąc czy półtora miesiąca przed tym, jak mnie samego aresztowano"[280].

Beria nie wyjaśniał szczegółowo powodów aresztowania Canawy. Nie miał już do tego głowy. Ważniejsze było, żeby się jakoś samemu wyplątać. Canawa natomiast doskonale rozumie, w jaką pułapkę niechcący wpadł i dlaczego. Wprost pisze o tym Woroszyłowowi: „Nie mam nic wspólnego z zabójstwem tych osób. Całą operacją dowodzili Abakumow i Ogolcow. Abakumow kierował z Moskwy, a na miejscu w Mińsku całą operację przeprowadził Ogolcow wraz z liczną grupą pułkowników i podpułkowników przysłanych z Moskwy, z MGB ZSRS. Nie moja wina, że w wyniku zbiegu okoliczności operacja odbyła się w Mińsku, gdzie na swoje nieszczęście byłem ministrem bezpie-

---

[276] *Dieło Bierija...*, s. 268.
[277] Tamże, s. 628.
[278] Tamże, s. 213.
[279] GARF, f. 7523, op. 85, d. 236, l. 4.
[280] *Dieło Bierija...*, s. 213.

czeństwa państwowego"[281]. Kiedyś piastowanie wysokiego stanowiska ministra uważał za wielkie szczęście, a tu taka zmiana!

Starania Canawy nie przyniosły efektów. Koncepcja śledztwa w jego sprawie całkowicie się zmieniła. Teraz oskarżali go jako „człowieka Berii". Od sierpnia 1953 roku śledczych prowadzących jego sprawę Michoels w ogóle nie interesuje. O tym zabójstwie należało zapomnieć. Nie inkryminują go ani Abakumowowi, ani Canawie. A pozostali wykonawcy są na wolności. Logika byłych współpracowników Stalina jest prosta. Zleceniodawca i organizator przestępstwa spoczywa w Mauzoleum, więc wyciąganie na wierzch i upublicznianie faktów dowodzących, że Stalin był zwykłym kryminalistą, organizatorem politycznego morderstwa, jest wysoce niezręczne. Po aresztowaniu Berii sytuacja się zmieniła. Na osobisty rozkaz Malenkowa w sierpniu 1953 roku Ogolcowa wypuszczono na wolność[282]. Mniej ważnych wykonawców morderstwa nawet nie planowano poważnie karać – odebrano im ordery – i tyle. Pozostali oni na służbie: Fiodor Szubniakow na stanowisku zastępcy naczelnika II Głównego Zarządu KGB, Boris Krugłow w tym samym komitecie, awansowany na majora, Aleksandr Kosariew w randze podpułkownika KGB, a Nikołaj Powzun w stopniu podpułkownika spokojnie kierował klubem KGB w Mińsku. Wasilij Lebiediew od stycznia 1953 roku stał się skromnym moskiewskim emerytem, którego nikt nie niepokoił. Tylko nieszczęsny Canawa dalej siedział w więzieniu.

Teraz zarzuty przeciwko Canawie dotyczyły przede wszystkim jego udziału w falsyfikowaniu spraw oraz stosowaniu „nielegalnych metod w śledztwach". Zwłaszcza że epizodów tego typu zgromadzono w jego teczce aż nadto. Na przykład zaraz po objęciu stanowiska na Białorusi, 11 stycznia 1939 roku Canawa wydał rozkaz aresztowania działacza Komsomołu S. S. Fiodorowa. Żadnych materiałów na Fio-

---

[281] GARF, f. 7523, op. 85, d. 236, l. 4–5.
[282] *Rieabilitacyja...*, t. 1, s. 62–63, 383.

dorowa nie było, poza faktem, że pracował z Kosariewem – aresztowanym w Moskwie sekretarzem KC WLKSM (Wszechzwiązkowego Leninowskiego Komunistycznego Związku Młodzieży). Ale przecież niewiele było trzeba, żeby zrealizować plan – wystarczyło za wszelką cenę wyciągnąć z podejrzanego przyznanie się do „wrogiej działalności". Jak twierdził później Fiodorow, na początku Canawa, który kierował śledztwem, „sam go osobiście nie bił". Za to śledczy, wykonując polecenia Canawy, wykazywali niezwykłą gorliwość. Bili Fiodorowa pasem ze sprzączką, bili prasą i pięściami po głowie, skopywali nogą z taboretu. A pewnego razu Canawę też poniosło. Kiedy po raz kolejny przyprowadzono do niego Fiodorowa, zapytał: „No jak, zeznaje?", a usłyszawszy od śledczego, że oskarżony nie mówi „nic konkretnego", wpadł we wściekłość. Fiodorow opowiadał: „Canawa odwrócił się, uderzył mnie pięścią w twarz i rzekł: «Zeznasz, do jakiej organizacji cię zwerbowali»"[283]. Po czym zwrócił się do śledczego: „Bijcie, póki nie powie wszystkiego"[284]. Widocznie Canawa bardzo chciał swoimi sukcesami zrobić wrażenie na Moskwie. Wywęszywszy, że Fiodorow jeszcze wcześniej miał zawodowe kontakty z ważnym działaczem Kominternu Georgim Dimitrowem, zmienił taktykę i zaczął przymilnie namawiać Fiodorowa, by zeznawał przeciwko Dimitrowowi[285].

Tego typu danych o Canawie w dokumentach śledztwa jest znacznie więcej. Znajdziemy tam dowody na to, że gromadził prowokujące materiały na pisarzy Jakuba Kołasa i Jankę Kupałę, których Canawa w swoich raportach Berii określił jako główne figury w „nacjonalistycznej, faszystowskiej organizacji Białorusi"; że w okresie od grudnia 1944 roku do stycznia 1945 roku pod wodzą przybyłych z Moskwy Bogdana Kobułowa oraz Lwa Włodzimirskiego przeprowadzał na Białorusi masowe aresztowania niewinnych osób według wcześniej ustalonych „limitów"; że stosował prowokację w pracy operacyjnej; że

---

[283] *Dieło Bierija...*, s. 635.
[284] Tamże.
[285] Tamże, s. 636.

systematycznie podsłuchiwał rozmowy telefoniczne ważnych funkcjonariuszy bez załatwiania odpowiednich pozwoleń; że kompromitował i aresztował członków kierownictwa republiki; że praktykował „systematyczne oszukiwanie organów partyjnych", a także, co oczywiste, brał osobisty udział w biciu aresztantów[286]. W 1944 roku jeden ze śledczych, raportując Canawie stan spraw, usłyszał pytanie: „czy bijesz aresztowanych?". Stropiony, w odpowiedzi wspomniał coś o „sowieckiej praworządności". Canawa rozsiadł się w fotelu i ze śmiechem zwrócił się do wszystkich obecnych: „Słyszeliście? Nie bije. Co z ciebie za śledczy, a do tego gwardzista"[287].

Sądzić Canawę miała Izba Wojskowa Sądu Najwyższego ZSRS z artykułów 58-1 „b" (zdrada ojczyzny) i 58-11 (działania w składzie grupy) Kodeksu Karnego RSFRS, ale nie zdążyła. Od maja 1955 roku znajdował się on w szpitalu więziennym i nie był w stanie zapoznać się z materiałami sprawy. 8 października sprawę wstrzymano, a 12 października 1955 roku Canawa zmarł w szpitalu Więzienia Butyrskiego „wskutek niewydolności serca spowodowanej ostrą miażdżycą tętnic wieńcowych oraz przewlekłego tętniaka serca"[288]. Postępowanie umorzono bez uniewinnienia.

---

[286] Tamże, s. 625–641.
[287] Tamże, s. 638.
[288] GARF, f. 8131, op. 32, d. 4578, l. 269.

Kamienny gość

Szczególnie przez Berię ceniony Lew Włodzimirski

Jego nazwisko zamykało listę siedmiu wysoko postawionych funkcjonariuszy bezpieczeństwa państwowego, skazanych w grudniu 1953 roku na śmierć w tzw. sprawie Berii.

O ile imiona pozostałych brzmiały znajomo – bądź co bądź, byli to deputowani do Rady Najwyższej, członkowie i kandydaci na członków KC partii, narkomowie i ministrowie republik, którzy pojawiali się na łamach prasy – o Włodzimirskim nie można tego powiedzieć. Czytelnicy gazet praktycznie nic o nim nie wiedzieli. Dobrze znali jego nazwisko tylko ci, którzy znaleźli się po drugiej stronie drutu kolczastego. Wśród osadzonych w obozach i więzieniach krążyły o nim legendy. Ze względu na tubalny, niski głos, który gromko niósł się po korytarzach wydziału śledczego, więźniowie nazwali go Kamiennym Gościem.

Przyszły postrach przesłuchiwanych, Lew Jemieljanowicz Włodzimirski urodził się 10 stycznia 1905 roku (według starego stylu) w Barnaule. Choć we wszystkich ankietach osobowych jako swą datę urodzenia wskazywał rok 1903, zapewne jeszcze w młodości dodał sobie dwa lata, by móc wcześniej rozpocząć służbę. W albumie rodzinnym zachowała się dziecięca fotografia z datą 1907 roku, na której odwrocie widnieje wzruszający podpis: „Lowik ma dwa lata".

Wystarczy jedno spojrzenie na zdjęcie tego szczęśliwego i zadbanego dziecka, by stało się jasne, że z całą pewnością nie miało ono pochodzenia robotniczo-chłopskiego. Wprawdzie legenda rodzinna głosi, że przodkowie Włodzimirskiego byli polskimi rewolucjonistami, zesłanymi na stepy uralskie, ale trudno stwierdzić, czy to prawda. Wiadomo tylko, że jego matka była Kozaczką, a ojciec – Emilij (Jemieljan) Troadjewicz Włodzimirski był rotmistrzem, który po przejściu do rezerwy w 1905 roku pracował jako kontroler pociągów pasażerskich.

W 1914 roku znowu trafił do armii, w randze podasauła. W tym czasie rodzina Włodzimirskich mieszkała już w Moskwie i tutaj w 1917 roku Lew skończył trzy klasy szkoły podstawowej, a następnie szkołę średnią w Zarajsku, gdzie Jemeljan służył jako powiatowy komendant wojskowy, tym razem już Armii Czerwonej.

Na tym etapie zakończył systematyczną edukację. W 1924 roku ukończył jeszcze wieczorowe kursy ogólnokształcące przy Zarządzie Politycznym Floty Czarnomorskiej w Sewastopolu, a w 1930 roku – wieczorową sowiecką szkołę partyjną w Piatigorsku.

Wcześnie rozpoczął samodzielne życie. Od stycznia 1919 roku Włodzimirski służył w wojskach rowerowych, następnie jako pomocnik szofera w parku samochodowym Południowego i Południowo-Zachodniego Frontów Armii Czerwonej. Od grudnia 1920 roku w porcie wojennym w Sewastopolu pełnił funkcję bosmana-sternika. W 1923 roku wstąpił do Komsomołu[289]. Od lipca 1925 roku pracował jako sekretarz Rejonowego Komitetu Wykonawczego w Kisłowodzku, ale w maju 1927 roku niespodziewanie stracił pracę. Całe lato spędził w Piatigorsku na poszukiwaniu posady i dopiero we wrześniu 1927 roku zatrudnił się jako pełnomocnik w wydziale kryminalnym. Od tamtej pory jego kariera związana była z „organami". Od maja do października 1928 roku pracował

---

[289] Komsomoł – skrót nazwy (akronim) – Kommunisticzeskij sojuz mołodioży (Komunistyczny Związek Młodzieży), organizacji utworzonej w 1918 roku pod nazwą Rosyjski Komunistyczny Związek Młodzieży, zmienionej w 1926 roku na Wszechzwiązkowy Leninowski Komunistyczny Związek Młodzieży (WLKSM). Komsomoł był młodzieżowym zapleczem sowieckiej partii komunistycznej, został rozwiązany w 1991 roku (przyp. red.).

w tereckim okręgowym oddziale GPU w Żeleznowodsku, a następnie przez półtora roku stał na czele kryminalnej grupy śledczej tereckiego okręgowego oddziału administracyjnego.

Od kwietnia 1930 roku Włodzimirski był już na stałe zatrudniony w OGPU – w tereckim oddziale okręgowym, a następnie w sektorze operacyjnym. W grudniu 1931 roku został przyjęty do WKP(b). Później awansował na stanowisko w aparacie pełnomocnego przedstawicielstwa OGPU w Kraju Północnokaukaskim. Od lipca 1934 roku był pełnomocnikiem Oddziału Tajno-Politycznego UGB Zarządu NKWD w Kraju Północnokaukaskim. Kierownictwo zauważyło i doceniło młodego, aktywnego czekistę, który energicznie prowadził śledztwa i zręcznie radził sobie z opornymi podczas przesłuchań więźniami.

Do Moskwy, do Moskwy

Podczas rozprawy z ekipą swojego poprzednika Jagody nowy narkom spraw wewnętrznych Jeżow postawił na ludzi z Zarządu NKWD Północnego Kaukazu i tamtejsi czekiści szeroką falą zalali dopiero co zwolnione gabinety na Łubiance. O Włodzimirskim również nie zapomniano. Izrail Dagin, który niegdyś przyjmował go do pracy w tereckim GPU, a teraz robił błyskawiczną karierę u boku nowego narkoma, pomógł mu i tym razem. 8 maja 1937 roku Włodzimirski został zastępcą szefa I wydziału IV Oddziału (Tajno-Politycznego) GUGB NKWD ZSRS. Wydział ten zajmował się walką z byłymi opozycjonistami, których obecnie określano wyłącznie jako „trockistowsko-bucharinowską bandę szpiegów i dywersantów". 31 stycznia 1936 roku Włodzimirski otrzymał stopień lejtnanta bezpieczeństwa państwowego. Po przepracowaniu niedługiego czasu w centralnym aparacie NKWD 4 listopada 1937 roku awansowano go na starszego lejtnanta BP.

W Moskwie wyspecjalizował się w prowadzeniu śledztw. Od razu przydzielono mu najważniejsze sprawy. Pod koniec 1937 roku wspólnie z przyszłym ministrem bezpieczeństwa państwowego Abakumowem przesłuchiwał sekretarza komitetu obwodowego z Dniepropietrowska Natana Margolina. Bili go i torturowali tak zapamiętale, że ten w desperacji próbował powiesić się na sznurze związanym z chustek[290]. Z podobnym zaangażowaniem Włodzimirski przesłuchiwał w kwietniu 1938 roku pełnomocnika narkomatu spraw zagranicznych w Tadżykistanie Jakowa Ejngorna[291] i redaktora gazety „Turkmeńska Iskra" I. Rabinowicza, w sierpniu 1938 roku – przewodniczącego Rady Komisarzy Ludowych Uzbekistanu Sułtana Segizbajewa[292]. Torturami zmuszał ich do przyznania się do „wrogiej działalności". Rabinowicz przyznał się, że to właśnie on był liderem „organizacji trockistowskiej" w Turkmenii[293]. Włodzimirski z łatwością doprowadził do rozstrzelania ich wszystkich. W połowie lat 50. wszystkich oczywiście rehabilitowano jako ofiary nieuzasadnionych represji.

Zupełnie nowy etap kariery zaczął się dla Włodzimirskiego w chwili, gdy do kierownictwa NKWD wkroczył Beria. We wrześniu 1938 roku nowym szefem Oddziału Tajno-Politycznego (od 29 września – II Oddział GUGB) został faworyt Berii Bogdan Kobułow. Natychmiast rozpoczął tworzenie brygady doświadczonych śledczych i w ciągu miesiąca miał już w oddziale własny pion śledczy. Pod kierunkiem Kobułowa Włodzimirski szybko awansował na zastępcę naczelnika pionu śledczego w II Oddziale, a od 22 grudnia 1938 roku był już zastępcą szefa pionu śledczego NKWD, na którego czele stał Kobułow. Zdobywał kolejne stopnie: 25 lutego 1939 roku – kapitana BP, 14 marca 1940 roku – majora BP. We wrześniu 1939 roku po podziale pionu śledczego NKWD na dwie części – Oddział Śledczy GUGB i Oddział Śledczy GEU[294] (Głównego Zarządu Ekonomicznego) – Włodzimirski został zastępcą naczelnika Oddziału Śledczego GEU.

---

[290] *Rieabilitacyja...*, t. 1, s. 209.
[291] RGASPI, f. 17, op. 171, d. 358, l. 87.
[292] Tamże, d. 365.
[293] *Stalin i Gławnoje uprawlenije gosbiezopasnosti 1937–1938*, red. W. N Chaustow, W. P. Naumow, N. S. Płotnikowa, Moskwa 2004, s. 529.
[294] Gławnoje Ekonomiczeskoje Uprawlienije, ros., Główny Zarząd Ekonomiczny (przyp. red.).

Od marca do lipca 1940 roku krótko był szefem tego oddziału, a następnie objął funkcję pierwszego zastępcy szefa III (kontrwywiad) Oddziału GUGB NKWD.

Tak szybka droga awansu Włodzimirskiego nie była zaskoczeniem. Beria szczególnie go cenił i ufał mu w stu procentach. I nie przypadkiem właśnie jego zaangażował do tajnych zbrodni – zabójstwa w 1939 roku odwołanego do Moskwy ambasadora ZSRS w Chinach Bowkuna-Ługańca i jego żony oraz porwania i zamordowania w 1940 roku żony marszałka Kulika – Kiry Simonicz-Kulik.

Rok 1941 to dla Włodzimirskiego nowe perspektywy. W lutym stanął na czele Oddziału Śledczego do Spraw Szczególnej Wagi NKWD ZSRS, 12 lipca otrzymał stopień starszego majora bezpieczeństwa państwowego, a w sierpniu – po scaleniu NKGB i NKWD zachował stanowisko szefa Oddziału Śledczego. To on w 1941 roku nadzorował śledztwo w sprawie „spiskowców wojskowych" (Łoktionowa, Ryczagowa, Smuszkiewicza i innych)[295], o którym nawet słynący z mocnych nerwów Beria miał powiedzieć: „prawdziwa rzeźnia"[296].

Metody pracy Włodzimirskiego nie różniły się niczym od tych, które opanował jeszcze za czasów Jeżowa. Śledczy W. Iwanow, który w owych czasach był jego podwładnym, zeznał w 1956 roku podczas procesu Rodosa: „Na polecenie Rodosa wezwałem aresztowanego Łoktionowa i zaprowadziłem go na przesłuchanie do gabinetu naczelnika Oddziału Śledczego NKWD Włodzimirskiego. Podczas przesłuchania Włodzimirski i Rodos domagali się od Łoktionowa zeznań w sprawie jego antysowieckiej działalności. Łoktionow nie przyznawał się. Wówczas Włodzimirski i Rodos kazali mu położyć się na ziemi na brzuchu i na moich oczach zaczęli po kolei okładać go gumowymi pałkami, wciąż domagając się zeznań o antysowieckiej działalności. Trwało to dość długo – robili sobie niewielkie przerwy. Od ciosów i bólu Łoktionow tarzał się po podłodze,

---

[295] *Rieabilitacyja...*, s. 165–167.
[296] RGASPI, f. 17, op. 171, d. 469, l. 127.

płakał i krzyczał, że jest niewinny. W trakcie bicia stracił przytomność i trzeba go było cucić wodą"[297].

Po aresztowaniu w 1953 roku Włodzimirski ostrożnie przyznał się do udziału w tym śledztwie z 1941 roku. Bito w jego własnym gabinecie, bił on sam, używając gumowej pałki. „Pamiętam, że Ryczagow został raz mocno pobity, ale nie składał zeznań, nie bacząc na tortury"[298].

W czasie wojny i później

Wojna nie pozostała bez wpływu na życie Włodzimirskiego, odrywając go od rutynowych zajęć. W październiku 1941 roku na długi czas wyjechał z Moskwy do Kraju Krasnodarskiego, gdzie stanął na czele IX Zarządu Budownictwa Obronnego. W sierpniu 1942 roku Beria wraz z grupą wysoko postawionych pracowników NKWD na rozkaz Kwatery Naczelnego Dowództwa[299] udał się na Front Zakaukaski, aby dowodzić obroną przełęczy Grzbietu Kaukaskiego. Włączył do swojej świty również Włodzimirskiego[300]. Pod koniec roku o mało nie zlikwidowano pionu śledczego NKWD. Trudno stwierdzić, czy chmury zebrały się nad tą instytucją z powodu długiej nieobecności Włodzimirskiego w Moskwie, czy też dlatego, że poszczególne komórki NKWD – jak Zarząd Kontrwywiadu, Zarządy Tajno-Polityczny i Transportu, nie mówiąc już o Kontrwywiadzie Wojskowym (oddziałach specjalnych) – posiadały swoje własne piony (oddziały) śledcze. Tak czy inaczej, w grudniu 1942 roku działalność pionu śledczego została wznowiona.

Gdy utworzono samodzielny Ludowy Komisariat Bezpieczeństwa Państwowego, w maju 1943 roku Włodzimirski stanął na czele Oddziału

---

[297] GARF, f. 7523, op. 89, d. 8728, l. 19.
[298] *Rieabilitacyja...*, s. 165–167.
[299] Stawka – Kwatera Główna (kierownictwo) Najwyższego Naczelnego Dowództwa (Stawka Wierchownogo Gławnokomandowanija), czyli najwyższy organ wojskowy w okresie wojny 1941–1945. Został utworzony 23.06.1941 roku decyzją rządu i KC sowieckiej partii komunistycznej. Od 10.07.1941 roku na czele Stawki stał Józef Stalin (przyp. red.).
[300] RGASPI, f. 17, op. 171, d. 465, l. 175–186.

Śledczego do Spraw Szczególnej Wagi NKGB (od marca 1946 roku – MGB). I chociaż ta jednostka śledcza nie była zbyt liczna – zatrudniała zaledwie 28 osób (faktycznie w maju 1946 roku pracowały tam 22 osoby[301]) – odgrywała ogromne znaczenie i posiadała wpływy w narkomacie. Zarówno szefowi – Włodzimirskiemu, jak i jego zastępcom, Rodosowi i Szwarcmanowi przysługiwał samochód służbowy[302]. Oddział prowadził śledztwa, które na zlecenie ministra bezpieczeństwa państwowego przekazywały mu poszczególne Zarządy MGB w centrum i organy regionalne[303].

W 1945 roku dla Włodzimirskiego najważniejsza była sprawa aresztowanych w Polsce i wysłanych do Moskwy członków polskiego „rządu londyńskiego". W ten sposób Stalin pozbywał się konkurencji politycznej, torując drogę swoim komunistycznym protegowanym w Warszawie. Włodzimirski osobiście przesłuchiwał wicepremiera rządu londyńskiego Jana Stanisława Jankowskiego[304]. Śledztwo zakończyło się głośnym procesem pokazowym (tzw. proces szesnastu). Niedługo przed jego rozpoczęciem, 12 czerwca 1945 roku Stalin wezwał do siebie na Kreml Włodzimirskiego, zastępcę narkoma spraw zagranicznych Wyszyńskiego, głównego prokuratora wojskowego Afanasjewa i prokuratora Ukrainy Rudenkę, który miał wystąpić na procesie jako oskarżyciel[305]. W trakcie 30-minutowej audiencji wódz zażądał, by proces został przeprowadzony jeszcze przed Paradą Zwycięstwa, „możliwie najszybciej" i zlecił nadzór nad tym zadaniem Wyszyńskiemu, który zdążył już zasłynąć jako mistrz organizacji tego rodzaju widowisk. Proces odbywał się w dniach 18–21 czerwca 1945 roku w Sali Oktiabrskiej w Domu Związków – tej samej, która w latach 1936–1937 zdobyła smutną sławę podczas tzw. procesów mo-

---

[301] CA FSB, f. 4-os., op. 4, d. 25, l. 42–47.
[302] Tamże, f. 4-os., op. 3, d. 2944.
[303] Tamże, f. 4-os., op. 4, d. 25, l. 45.
[304] *Łubianka. Stalin i NKWD-NKGB-GUKR „SMIERSZ" 1939 – Mart 1946*, red. W.N. Chaustow, W.P. Naumow, N.S. Płotnikowa, Moskwa 2006, s. 512–515.
[305] *Na prijomie u Stalina. Tietradi (żurnały) zapisiej lic, priniatych I. W. Stalinym (1924–1953 gg.). Sprawocznik*, red. A. A. Czernobajew, Moskwa 2008, s. 456.

skiewskich. 19 kwietnia 1990 roku Plenum Sądu Najwyższego ZSRS rehabilitowało wszystkich skazanych w tym procesie.

Zmiana władzy w MGB miała bezpośredni wpływ na życie Włodzimirskiego. Nowy minister Abakumow obsadzał kluczowe stanowiska swoimi ludźmi. Odsunął Włodzimirskiego od kierowania pionem śledczym i pozbawił etatu. Dopiero w sierpniu 1946 roku dał mu posadę szefa Zarządu MGB w obwodzie gorkowskim[306]. Nie zadbał jednak o to, by – jak było to dotąd w zwyczaju w przypadku stanowisk nomenklaturowych – zgłosić kandydaturę Włodzimirskiego do zatwierdzenia przez KC. Wywołało to skandal.

Pracownicy Zarządu Kadr KC WKP(b) skierowali do sekretarza KC Aleksieja Kuzniecowa raport w tej sprawie i w listopadzie tego samego roku Abakumow mianował na stanowisko naczelnika inną osobę[307]. Włodzimirski zaczął zaś odrzucać propozycje pracy poza Moskwą i w związku z tym 23 stycznia 1947 roku został zwolniony i przeniesiony do rezerwy. Formalnie przyczynę zwolnienia złagodzono, zapisując w dokumentach – „ze względu na stan zdrowia".

Podobnie jak inni ulubieńcy Berii, wybrani przez niego spośród wielu czekistów i szczególnie hołubieni, Włodzimirski błyskawicznie zdobywał kolejne stopnie, pokonując w ciągu niecałych dziesięciu lat (począwszy od 1936 roku) drogę od lejtnanta BP do generała lejtnanta. 14 lutego 1943 roku otrzymał stopień komisarza bezpieczeństwa państwowego, 2 lipca 1945 roku – komisarza bezpieczeństwa państwowego 3. rangi i, zaledwie kilka dni później, po przejściu na tytulaturę wojskową – 9 lipca 1945 roku otrzymał stopień generała lejtnanta.

Nie poskąpiono mu również odznaczeń państwowych – posiadał Order Lenina (30.04.1946 rok), dwa Ordery Czerwonego Sztandaru (26.04.1940 rok, 3.11.1944 rok), Order Czerwonego Sztandaru Pracy (21.02.1942 rok), Order Czerwonej Gwiazdy (22.07.1937 rok), order

---

[306] Dzisiejszy obwód twerski (przyp. red.).
[307] CA FSB, f. 4, op. 4, d. 132, l. 203–204.

„Znak Honoru" (20.09.1943 rok) i niezwykle prestiżową odznakę „Honorowy funkcjonariusz WCzK-GPU (XV)" (30.04.1939 rok).

Po zwolnieniu z „organów" życie trzeba było ułożyć od nowa. Pomogli Włodzimirskiemu towarzysze niedoli, podobnie jak on wyrzuceni przez Abakumowa – były minister bezpieczeństwa państwowego Wsiewołod Mierkułow i jego zastępca Bogdan Kobułow, którzy znaleźli sobie ciepłe posadki w GUSIMZ (Głównym Zarządzie Majątku Sowieckiego za Granicą) i chętnie przyjęli Włodzimirskiego na stanowisko naczelnika zarządu kadr.

Takie „zgrupowanie urażonych" nie tylko rozzłościło, lecz także przestraszyło Abakumowa. 9 grudnia 1947 roku sporządził i wysłał do Stalina oraz do sekretarza KC Kuzniecowa raport, w którym mściwie szkalował cały szereg pracowników GUSIMZ za „obce" pochodzenie społeczne, które stało się przyczyną zwolnienia z MGB. W sprawie Włodzimirskiego pisał, że „nie udało się ustalić jego pochodzenia", chociaż od razu dodał: „jego ojciec był kadrowym oficerem armii carskiej". Dalej Abakumow pisał: „Nie jest jasne, po co tow. Mierkułow robi to wszystko, jakby specjalnie ściąga do swojego aparatu ludzi z ciemną przeszłością, którzy, chowając urazę, jednocześnie starają się podtrzymywać kontakty z czekistami, węszą i gromadzą plotki, opowiadają najróżniejsze bajki, a w rezultacie mogą zaszkodzić sprawie"[308].

Prawdopodobnie Abakumow liczył, że Stalin zainteresuje się tą historią i rozpędzi „barak" Mierkułowa. Ale nic takiego się nie wydarzyło. Włodzimirski nadal pracował w GUSIMZ, chociaż od maja 1950 roku już na stanowisku naczelnika oddziału rewizyjnego. W kwietniu 1951 roku otrzymał od KC WKP(b) naganę za „osłabienie czujności" – po tym, jak jeden z pracowników, którego wcześniej rekomendował do pracy za granicą, próbował uciec na Zachód.

---

[308] Tamże, f. 4-os., op. 5, d. 23, l. 202–206.

Rok 1953

Wszystko gwałtownie zmieniło się po śmierci Stalina. Gdy w marcu 1953 roku Beria został ministrem spraw wewnętrznych, znowu zgromadził w swoim aparacie najbliższych sprawdzonych współpracowników. Jak za starych dobrych czasów Włodzimirski stanął na czele pionu śledczego i w ten sposób podpisał na siebie wyrok śmierci. Gdyby wówczas zignorował propozycję Ławrentija i Kobułowa, przechodząc do jakiejkolwiek cywilnej instytucji lub na emeryturę, może prowadzący śledztwo w sprawie Berii nie od razu by sobie o nim przypomnieli. Oczywiście, wcześniej czy później zrobiliby to i pewnie nie uniknąłby kary, ale może nie byłaby to kara śmierci.

Ale sprawy potoczyły się inaczej i już kilka tygodni po aresztowaniu Berii, 17 lipca 1953 roku zatrzymano również Włodzimirskiego. Podczas śledztwa wszystkiemu zaprzeczał albo tłumaczył, że był wyłącznie wykonawcą rozkazów. Kiedy np. mowa była o sporządzeniu antydatowanego nakazu rozstrzelania w 1941 roku grupy 25 więźniów (wśród nich byli generałowie Sztern, Łoktionow, Ryczagow i Smuszkiewicz), tłumaczył, że 17 października 1941 roku wyleciał do Krasnodaru nadzorować budownictwo obronne i wrócił do Moskwy dopiero 25 lutego następnego roku. W marcu wezwał go Kobułow informując, że trzeba sporządzić dokumenty dotyczące „rozstrzelanych na specjalny rozkaz" jesienią 1941 roku. Włodzimirski zrobił to, nie wpisując dat, a Kobułow dokumenty podpisał[309]. Kiedy 31 lipca 1953 roku zeznania te pokazano Berii, on – jak zwykle – najpierw stwierdził: „Pierwsze słyszę". Ale po krótkiej przerwie sprecyzował: „Chcę dodać, że lista była przekazana instancjom i uzyskała formalną akceptację"[310]. Beria udawał, że nie miał pojęcia o tym, iż jeden z rozstrzelanych, były funkcjonariusz WCzK Michaił Kiedrow, w ogóle miał wyjść na wolność, ponieważ Sąd Najwyższy go uniewinnił[311]. Każdy z nich próbował chować się za plecami kogoś innego – Beria

---

[309] RGASPI, f. 17, op. 171, d. 465, l. 117–123.
[310] Tamże.
[311] Tamże.

zasłaniał się Stalinem, Włodzimirski i pozostali całą winę zrzucali na Berię.

W sprawie zabójstwa Kiry Simonicz-Kulik Włodzimirskiego przesłuchiwano 4 sierpnia 1953 roku. Przyznał się do udziału w porwaniu[312], opowiedział, jak dostarczył ją do sali rozstrzeliwań w zaułku Warsanofjewskim i przekazał komendantowi Błochinowi. Twierdził przy tym, że nie był obecny przy samym rozstrzelaniu i znajdował się w tym czasie w sąsiednim pomieszczeniu. Ponadto zapewniał, że nie brał udziału w jej przesłuchiwaniu w czasie, gdy przez półtora miesiąca była przetrzymywana w Więzieniu Suchanowskim[313]. Według zeznań Błochina: „Oprócz Włodzimirskiego i Mironowa [komendanta więzienia wewnętrznego – N. P.] podczas tego rozstrzelania nikogo więcej nie było"[314].

W zeznaniach dotyczących zabójstwa Bowkuna-Ługańca i jego żony Włodzimirski wszelkimi sposobami próbował umniejszać swoją rolę, zaprzeczając, jakoby osobiście zamordował żonę dyplomaty drewnianym młotkiem. Ciekawe jest coś innego. Włodzimirski nie był świadom, a raczej robił takie wrażenie, że te działania miały zbrodniczy charakter. „Nie traktowałem tego przypadku jako zabójstwa, rozpatrywałem go jako zadanie operacyjne. Beria twierdził, że to ściśle tajne zlecenie rządu"[315]. Takie myślenie jest do dzisiaj typowe dla następców stalinowskiej bezpieki. Wystarczy nazwać coś „operacją specjalną" i od razu jakby przestaje to być zabójstwem.

W swoim ostatnim słowie podczas procesu Włodzimirski był zwięzły i trzymał się tej samej linii – on tylko wykonywał rozkazy, nie mając pojęcia o ich przestępczym charakterze. „O tym, że w NKWD, a następnie w MGB i MWD dochodziło do przestępstw, dowiedziałem się dopiero po zapoznaniu się z materiałami śledztwa. Jeszcze raz podkreślam, że nie byłem bliskim współpracownikiem Berii. Potwierdzam, że brałem udział

---

[312] Zgodnie z zeznaniami marszałka Kulika, jego żona zniknęła 5 maja 1940 roku, zob. W. A. Borbieniew, W. B. Riazancew, *Pałaczi i żertwy*, Moskwa 1993, s. 264.
[313] RGASPI, f. 17, op. 171, d. 465, l. 149–151.
[314] Tamże, d. 468, l. 155–160; A. W. Suchomlinow, *Kto wy…*, s. 218–219.
[315] A. W. Suchomlinow, *Kto wy…*, s. 217.

w pobiciach aresztowanych, ale robiąc to, byłem przekonany, że rozkazy Berii w sprawie bicia były uzgadniane. Dokumenty w sprawie rozstrzelania 25 więźniów podpisałem, antydatując na polecenie Mierkułowa. Decyzję o aresztowaniu Konstantina Ordżonikidzego podpisałem na polecenie Kobułowa. Raz jeszcze proszę sąd o obiektywną ocenę wszystkich dowodów dotyczących mojej osoby i o zmianę kwalifikacji mojego oskarżenia"[316].

23 grudnia 1953 roku o godz. 18.45 sąd ogłosił wyrok śmierci dla wszystkich siedmiu podsądnych. Został on wykonany tego samego dnia o godz. 21.20[317], z wyjątkiem Berii – jego rozstrzelano osobno nieco wcześniej, o godz. 19.50[318]. O godz. 22.45 ciała zabitych przekazano do krematorium na Cmentarzu Dońskim w celu skremowania[319].

Po procesie Berii i jego współpracowników wszyscy członkowie ich rodzin zostali zesłani. Ciągle jeszcze obowiązywały porządki zaprowadzone przez Stalina. Inna sprawa, że Włodzimirski nie miał zbyt wielu krewnych, których można by zesłać – tylko żonę. Rodzice jego zmarli jeszcze przed wojną, ojciec – w 1929 roku, matka – w 1940 roku. Włodzimirski miał jeszcze młodszą siostrę Junę (ur. w 1922 roku), ale i ona zmarła w 1942 roku w czasie blokady Leningradu. Ożenił się w 1922 roku w Sewastopolu. Jego wybranka Susana Jakowlewna pochodziła ze Zwienigorodki w guberni kijowskiej. Dzieci nie mieli. Podczas przesłuchań Włodzimirski przyznał się, że ma 10-letniego syna, ale w oficjalnej ankiecie danych osobowych z jakiegoś powodu fakt ten zataił[320]. Po jego skazaniu żona kilka lat spędziła na zesłaniu.

Gdy ogląda się zdjęcia Włodzimirskiego, uderzająca jest przemiana, jaka zaszła w nim na przestrzeni zaledwie dwudziestu lat. Przecież w chwili rozstrzelania nie miał nawet pięćdziesiątki. Za młodu wysoki, postawny, jasnowłosy, niebieskooki przystojniak z romantycznym maryarskim tatuażem na prawym ramieniu – kotwica, serce i miecz. W miarę upływu

---

[316] „Istocznik" 2002, nr 6, s. 76.
[317] A. W. Suchomlinow, *Kto wy...*, s. 437.
[318] Tamże.
[319] Tamże, s. 439.
[320] Tamże, s. 207.

lat krzepł i robił się coraz bardziej ociężały, stopniowo stając się typowym gospodarzem kierowniczych gabinetów, jakich i dzisiaj wielu – przysadzistym urzędasem z ciężkim wzrokiem kata. Trudno chyba o bardziej wymowny przykład tego, jak system rozkłada jednostkę, wysysając z niej wszystko co ludzkie, jak biurokratyzuje i przekształca człowieka w funkcję, w dwunożny agregat do torturowania.

Etatowy państwowy morderca

Dwa dni z życia Sudopłatowa

Na opustoszałej ulicy Uljanowska milicjant oraz kilkoro postawnych mężczyzn wyprowadzili z samochodu osobowego zdezorientowanego człowieka, szybko i bezszelestnie wepchnęli go do kabiny ciężarówki, która natychmiast ruszyła. Miasto dopiero budziło się do porannego życia. Przypadkowym przechodniom do głowy by nie przyszło, że na ich oczach dokonywane jest przestępstwo. A nawet gdyby taka myśl zakradła się do ich głów, najprawdopodobniej nie mieliby odwagi nawet przed sobą się do tego przyznać, a co dopiero zgłosić na posterunku! Widać było, że akcję prowadzą ludzie z szeregów władzy. Ale nie była to milicja, lecz oficerowie specjalnej jednostki „DR" MGB (oddział dywersji i terroru indywidualnego) na czele z Pawłem Sudopłatowem. Tak, sam szef oddziału wyjechał „w teren", żeby dokonać zabójstwa inżyniera.

Czym ten niepozorny człowiek zasłużył sobie na to, że rozkaz zamordowania go wydał sam Stalin? Inżynier z Polski Naum Samet przebywał w ZSRS. Pracował w sferze obronności jako szef wydziału technicznego i biura konstrukcyjnego w zakładzie przemysłu obronnego, projektował elementy wyposażenia łodzi podwodnych. Po wojnie Samet zaczął się starać o zezwolenie na powrót do Polski, w związku z czym zaczęto go podejrzewać, że zamierza stamtąd uciec na Zachód i „wydać znane mu tajemnice o wadze państwowej"[321].

Takie przyczyny podawał w każdym razie Abakumow w piśmie do Stalina z 11 czerwca 1946 roku, w którym prosił o zgodę na tajne zamordowanie Sameta. Zgodę uzyskał już następnego dnia, o czym świadczy notatka na piśmie: „Zatwierdzono. Przekazano telefonicznie. 12 czerwca 1946 roku"[322].

Uljanowsk. 17 czerwca 1946 roku

Przygotowanie i przeprowadzenie operacji zlecono Sudopłatowowi, który bez chwili zwłoki, już następnego dnia, opracował plan. Po wykonaniu akcji Sudopłatow 25 czerwca 1946 roku sporządził „notatkę", a ściślej – raport, w którym opisał, jak wszystko przebiegło. „Zgodnie z planem z 13.06.1946 roku w mieście Uljanowsku 17.06.1946 roku została przeprowadzona operacja «likwidacji» Samet N. T. Operacja była upozorowana na wypadek. W celu zorganizowania i zrealizowania zadania dotyczącego usunięcia Sameta – dalej oznaczanego jako «S» – do Uljanowska dwoma samochodami wyruszyła specjalna grupa operacyjna…".

W beznamiętnych wersach raportu Sudopłatowa o dokonanym morderstwie wyraźnie da się wyczuć zawodowy cynizm:

„14.06.1946 roku grupa operacyjna wyjechała z Moskwy i 16.06.1946 roku dotarła do wsi Tietiuszskoje, która położona jest w odległości 25 km na zachód od Uljanowska. W tym punkcie grupa pozostawała do dnia operacji, żeby nie przyciągać niepotrzebnie uwagi w Uljanowsku. 16.06.1946 roku wieczorem skontaktowano się osobiście z naczelnikiem UMGB obwodu uljanowskiego pułkownikiem Iwanowem[323], żeby ustalić dokładną lokalizację «S».

---

[321] Z raportu Komisji Kontroli Partyjnej przy KC KPZS z sierpnia 1968 roku (CA FSB, Teczka Specjalnego Znaczenia [Dieło osoboj ważnosti] 3, 1991, t. 1, l. 166).
[322] Z raportu Komisji Kontroli Partyjnej przy KC KPZS z sierpnia 1968 roku (CA FSB, Teczka Specjalnego Znaczenia 3, 1991, t. 1, l. 168).
[323] Wiktor Gawriłowicz Iwanow (1901–1960), w latach 1943–1947 szef UNKGB-UMGB obwodu uljanowskiego.

Iwanow zdobył potrzebne informacje i okazało się, że «S» znajduje się w Uljanowsku i 17 czerwca 1946 roku planuje wyruszyć pociągiem do miejsca zamieszkania w [miejscowości] Bazarnyj Syzgan. Ponieważ w Uljanowsku jako większej miejscowości łatwiej prowadzić obserwację obiektu i łatwiej go pojmać, została podjęta decyzja o przeprowadzeniu operacji właśnie w Uljanowsku 17.06.1946 roku.

«S» był inwigilowany przez UMGB, więc poleciłem towarzyszowi Iwanowowi zaprzestać obserwacji, a o 6 rano 17.06.1946 roku tajną obserwację przejęły siły grupy operacyjnej (pułkownik Lebiediew, podpułkownik Korowin i Babienkow).

O 7 rano 17.06.1946 roku cała grupa była już w Uljanowsku, gotowa do rozpoczęcia operacji. Ludzi i samochody rozstawiono we wcześniej ustalonych punktach, wydano odpowiednie instrukcje. Profesor Majranowski przygotował już specjalne środki. Operacja przebiegała w następujący sposób:

O godzinie 8:50 «S» wyszedł z hotelu i skierował się do centrum miasta. Podszedł do przychodni obwodowego wydziału zdrowia, stamtąd do herbaciarni, która okazała się zamknięta, a następnie poszedł w dół ulicy Gonczarowa.

Na rogu ulicy Gonczarowa i zaułku Krasnoznamiennego na moje polecenie tow. Pożarow ubrany w milicyjny mundur pod pretekstem sprawdzania dokumentów zatrzymał «S».

Moment zatrzymania był sygnałem dla towarzyszy prowadzących NN [narużnoje nabludienije – tajna obserwacja – N. P.], żeby zaczęli zbliżać się do Pożarowa i razem z zatrzymanym «S» i Pożarowem wsiedli w stojący w pobliżu samochód «Dodge».

Kiedy tylko «S» i grupa wsiedli do auta, to ruszyło w kierunku czekającego na nas samochodu ciężarowego «Studebaker». Zaraz po tym, jak «Dodge» podjechał do «Studebakera», cała grupa razem z «S» przesiadła się do ciężarówki i «Studebaker» ruszył po Trakcie Moskiewskim, drogą prowadzącą do miejscowości Bazarnyj Syzgan.

Zatrzymanie i przesadzenie «S» do ciężarówki nie zwróciło niczyjej uwagi: w pierwszym przypadku ulica, na której doszło do zatrzymania, była całkiem pusta, w drugim – przesiadka odbyła się tak szybko, że nikt nie zdążył tego zauważyć.

Ponieważ «S» po tym, jak wsadzono go do pierwszego samochodu, zaczął protestować i zachowywać się nerwowo, poinformowano go, że zatrzymanie wynika z faktu, że jego dokumenty wzbudzają podejrzenia i w związku z tym zostanie przewieziony pod adres zamieszkania w Bazarnym Syzganie, i jeśli uda się potwierdzić jego tożsamość, zostanie wypuszczony.

Wszystko to zostało powiedziane spokojnym tonem i widocznie w jakimś stopniu go uspokoiło, bo przy przesiadaniu się do drugiego samochodu zachowywał się spokojnie.

Kiedy «Studebaker» wyjechał za miasto, poleciłem przeprowadzić kontrolę osobistą «S». Komenda to była sygnałem dla profesora Majranowskiego, żeby wykonać zastrzyk. Zaraz po tym, jak powiedziałem „przeprowadzić kontrolę osobistą", osoby siedzące obok «S» przytrzymali go za ręce, a Majranowski w tym czasie zrobił zastrzyk „kolcem" [laska zakończona igłą – przyp. red.] w pośladek «S», wstrzykując mu 200 miligramów roztworu kuraryny (około dwóch mililitrów płynu).

Mimo że iniekcję wykonano w jadącym samochodzie, «kolec» i kuraryna zadziały bez zarzutu.

Działanie kuraryny zaczęło się po 3–5 minutach. «S» zaczął trzeć oczy, skarżyć się na serce, dusić się, tracić głos.

W 12 minucie «S» osunął się na ręce siedzących obok towarzyszy Majranowskiego i Lebiediewa i zaczęła się agonia.

5–7 minut później ciało «S» zostało wyciągnięte z samochodu i położone na drodze. «Studebaker» przejechał po ciele «S», a kiedy upewniłem się, że «S» jest martwy, cała grupa pojechała do Uljanowska, a stamtąd 17 czerwca 1946 roku o 9.35 wyruszyła do Moskwy"[324].

---

[324] CA FSB, 4-os., op. 4, d. 32, l. 350–355.

Znamienne, że Majranowskiego – tego niezastąpionego wykonawcę tajnych egzekucji – Sudopłatow z szacunkiem nazywa „profesorem". Nic dziwnego. Wszak to właśnie on wynalazł słynną „kłującą laskę" – przyrząd do wprowadzania śmiertelnych zastrzyków, wyglądający jak zwykła laska lub parasol.

Dalej Sudopłatow pisze: „Ja z pułkownikiem Lebiediewem zostałem w Uljanowsku, żeby obserwować, jak rozwiną się wypadki.

Jak się później okazało, ciało «S» zabrali ludzie z 5. oddziału milicji miasta Uljanowska o 12.00 w południe dnia 17.06.1946 roku.

Milicja od razu powzięła podejrzenie, że «S» zderzył się z samochodem lub wypadł z kabiny auta. Taką opinię zawarli w swoich oficjalnych dokumentach.

W protokole nr 154 sądowo-medycznym sekcji zwłok «S» odnotowano szereg wewnętrznych obrażeń, rozerwanie dróg oddechowych, złamania żeber oraz zapisano, że od narządów i czaszki «S» czuć było zapach alkoholu.

W sobotę 22 czerwca 1946 roku zwłoki «S» zostały pochowane na cmentarzu miejskim w Uljanowsku.

Cała operacja trwała mniej niż godzinę. Zaczęła się o 8.50, a zakończyła o 9.35.

Za wyjątkiem naczelnika UMGB pułkownika Iwanowa nikt z miejscowych władz nie wiedział i nie wie o przyjeździe grupy operacyjnej z Moskwy.

Nikt z pracowników grupy nie zna przyczyn operacji, zawodu ani miejsca pracy «S», a jego nazwisko podałem pułkownikom Pożarowowi i Lebiediewowi w ostatniej chwili"[325].

Patrzcie tylko! Z gotowością, na rozkaz wyruszyli zabić nieznanego im człowieka. Ale przecież góra powiedziała, że trzeba – znaczy trzeba! Jeśli mówią, że to „wróg", to znaczy że tak jest. Więc nie ma co się wahać, a tym bardziej zastanawiać się, na ile takie terrorystyczne

---

[325] Tamże.

działania we własnym kraju i przeciwko nieuzbrojonym obywatelom są zgodne z prawem.

Swoje sprawozdanie Sudopłatow przekazał ministrowi Abakumowowi, a ten zdał sprawę bezpośredniemu zleceniodawcy zabójstwa. Świadczy o tym napisana niebieską kredką rezolucja na pierwszej stronie dokumentu: „Zameldowano tow. Stalinowi. Abakumow. 27.06. [19]46 r[ok]"[326].

Między stacjami Saratów – Kirsanów. 19 września 1946 roku

Kolejne morderstwo wykonane przez funkcjonariuszy specjalnej jednostki „DR" MGB również sankcjonował Stalin, a w operacji bezpośredni udział brał Sudopłatow. Tym razem ofiarą padł Aleksandr Szumski – kiedyś ważny działacz ukraińskiego ruchu eserowskiego, który w 1920 roku wstąpił do partii komunistycznej. Szumski piastował odpowiedzialne stanowiska, ale został wypędzony z Ukrainy za przeciwstawianie się „rusyfikacji"[327]. W 1937 roku przebywał na zesłaniu w Krasnojarsku, gdzie go ponownie aresztowano. Jednak w 1939 roku w związku z ciężką chorobą (paraliż nóg) sprawę umorzono i Szumski pozostał na zesłaniu. W 1945 roku Szumski napisał do Stalina z żądaniem, żeby pozwolono mu wrócić do Kijowa. Zamiast tego w czerwcu 1946 roku przewieziono go od Saratowa. Tam Szumski próbował popełnić samobójstwo – podciął sobie żyły na nadgarstku

---

[326] Tamże, l. 350.
[327] Aleksandr Jakowlewicz Szumski (1890–1946), w ruchu rewolucyjnym od 1909 roku, członek Ukraińskiej Partii Socjalistów-Rewolucjonistów (borotbistów), w RKP(b) od 1920 roku. Członek KC KP(b) Ukrainy, członek Komitetu Wykonawczego Kominternu, członek Centralnego Komitetu Wykonawczego ZSRS oraz Prezydium Wszechzwiązkowej Centralnej Rady Związków Zawodowych. W latach 1924–1927 ludowy komisarz oświaty Ukrainy. Oskarżany o „odchylenie nacjonalistyczne". W 1927 roku rektor Leningradzkiego Instytutu Gospodarki Narodowej im. F. Engelsa, w latach 1929–1930 rektor Leningradzkiego Instytutu Politechnicznego im. M. I. Kalinina. W 1933 roku aresztowany w związku ze sprawą „ukraińskiej organizacji wojskowej", w tym samym roku skazany przez Kolegium OGPU na 10 lat pozbawienia wolności. W 1935 roku pobyt w łagrze zamieniono na zesłanie.

i zostawił zapiski, w których tłumaczył ten akt „zwieńczeniem protestu przeciwko dyskryminacji i przemocy"[328] oraz prosił o odszukanie jego żony. Do końca nie wiedział, że została rozstrzelana w 1937 roku. W takich przypadkach NKWD informowało krewnych o „wyroku 10 lat bez prawa do korespondencji". Niewielu domyślało się, że oznacza to rozstrzelanie.

20 lipca 1946 roku minister spraw wewnętrznych Krugłow informował Stalina o samobójczej próbie Szumskiego oraz o tym, że odratowano go i umieszczono w szpitalu. Krugłow dołączył do notatki jeden z najostrzejszych listów. Stalin zareagował w typowy dla siebie sposób – wiedział, jak skutecznie rozwiązywać takie problemy. Wydał więc Abakumowi odpowiednie polecenie. O jego treści można wnioskować z rezolucji Abakumowa na specjalnym oświadczeniu V Zarządu MGB o Szumskim, przekazanym ministrowi 1 sierpnia 1946 roku: „Osobiście tow. Sudopłatow. Proszę ze mną pomówić". A jeśli w sprawę angażuje się Sudopłatowa, to jej finał jest oczywisty.

23 sierpnia 1946 roku Abakumow podpisał notatkę zaadresowaną do Stalina, w której prosił o zgodę na zabójstwo: „Szumski powinien być natychmiast poddany izolacji, jednak żeby jego aresztowanie nie przyciągnęło uwagi ukraińskich nacjonalistów, należy Szumskiego zlikwidować poprzez otrucie, bez aresztowania"[329]. Stalin wniosek zaakceptował, a jego zgodę minister odnotował na tymże dokumencie: „Osobiście zameldowano tow. Stalinowi. Nasza propozycja została zatwierdzona". Punkty planu były zaszyfrowane i nader lakoniczne, a mimo to całkowicie jednoznaczne:

6 września 1946 roku Sudopłatow przygotował i podpisał plan operacji dotyczący sprawy „Choriok" [tchórz, zwierzę – przyp. tłum.] (pod takim kryptonimem rozpracowywano Szumskiego), a 8 września plan ten zatwierdził Abakumow.

---

[328] GARF, f. 9401, op. 2, d. 138, l. 256.
[329] Z raportu Komisji Kontroli Partyjnej przy KC KPZS z sierpnia 1968 roku (CA FSB, Teczka Specjalnego Znaczenia 3, 1991, t. 1, l. 169).

„W celu realizacji zadania zleconego przez ministra bezpieczeństwa państwowego ZSRS powołuje się grupę operacyjną na czele z «Andriejem»[330] (...)

2. Orientacyjnie planuje się przeprowadzenie operacji w mieście «Sorokin»[331].

3. Grupa operacyjna wyrusza do miejsca operacji w m.[ieście] «Sorokin» 10 września 1946 samochodami «Dodge» i «Studebeker».

4. Grupa operacyjna zatrzymuje się nieopodal «Sorokin», kontaktuje się z tow. Plescowem[332], ustala lokalizację «Tchórza», okoliczności, własnymi siłami przeprowadza wywiad uzupełniający i podejmuje decyzję o wykonaniu operacji.

5. Operacja prowadzona jest pod pretekstem powikłań w chorobie «Tchórza» z założeniem, żeby rezultaty operacji nie przykuwały zbytniej uwagi z zewnątrz i żeby operacja nie wywoływała niepożądanych pogłosek.

6. Podczas realizacji operacji dopuszcza się zastosowanie wobec «Tchórza» środków specjalnych.

7. Na miejsce operacji grupa operacyjna dociera, podając się za zespół wojskowych jadących do miasta «Sorokin» w celu znalezienia miejsc pod specjalne budowy MWS[333] ZSRS.

8. Grupa operacyjna zaopatruje się w niezbędne dokumenty, odzież cywilną i wojskową, żywność i pieniądze tak, żeby w kwestiach zakwaterowania i wyżywienia być niezależną od lokalnych organów.

9. «Andriej» informuje tow. Plescowa o celach przyjazdu do miasta «Sorokin»"[334].

Do grupy operacyjnej dołączono pułkownika służby medycznej Majranowskiego. Jak zwykle miał odegrać główną rolę. Oprócz tego

---
[330] Pseudonim operacyjny Sudopłatowa.
[331] Chodzi o Saratów.
[332] Siergiej Innokientjewicz Plescow (1906–1972), w latach 1945–1950 naczelnik UNKGB-UMGB obwodu saratowskiego, generał major.
[333] MWS – Ministerstwo Sił Zbrojnych.
[334] CA FSB, f. 4-os., op. 4, d. 32, l. 446–488.

wśród wpiętych do teczki archiwalnych papierów sprawy Szumskiego zachowała się oderwana klapka z pudełka papierosów „Kazbek", na której odwrocie narysowany był schemat wagonu sypialnego z zaznaczonymi przedziałami, toaletą i przedsionkiem, a także wypisane były fragmenty rozkładu jazdy na trasie Saratów – Moskwa, ze wskazaniem dat zmiany brygad pociągowych. Wszystko to dowodzi, że przygotowania do przestępstwa były bardzo staranne.

Przebieg morderstwa można wyczytać z materiałów śledztwa w sprawach Sudopłatowa i Majranowskiego: „operacja likwidacji Szumskiego odbyła się w pociągu, dokąd wsadzono go pod pretekstem wysłania do ojczyzny. Nocą członkowie grupy, którą dowodził Sudopłatow, weszli do przedziału, zatkali Szumskiemu usta, po czym Majranowski wstrzyknął mu truciznę"[335].

W archiwum zachował się protokół sekcji zwłok Szumskiego, sporządzony 20 września 1946 roku przez eksperta medycyny sądowej miasta Kirsanów, akt zgonu wystawiony przez biuro rejonowe Kirsanowskiego Urzędu Stanu Cywilnego o numerze 43. Z dokumentów wynika, że śmierć Szumskiego nastąpiła 19 września 1946 roku w wyniku wylewu krwi w jamie czaszki". Papiery te 21 i 23 września 1946 roku zostały przesłane z Saratowa i Kirsanowa do Moskwy[336].

Logiczny finał

Mówi się, że sen oprawcy jest czujny i niespokojny. Bo jak tu nie oczekiwać podstępu ze strony tyrana, który zawsze ma pokusę, żeby za jednym zamachem „sprzątnąć" też wykonawców swoich okrutnych rozkazów. Wiedzą o wiele za dużo! Czarne chmury nad głową Sudopłatowa zaczęły się zbierać w 1950 roku: Stalin zaproponował Abakumowowi, żeby go aresztować. Abakumow zwlekał, zasięgał rady u Berii

---

[335] Z raportu Komisji Kontroli Partyjnej przy KC KPZS z sierpnia 1968 roku (CA FSB, Teczka Specjalnego Znaczenia 3, 1991, t. 1, l. 170).
[336] CA FSB, f. 4-os., op. 4, d. 32, l. 446–488.

i w efekcie rok później sam trafił do aresztu. Losy Grigorija Majranowskiego rozstrzygnęły się w 1951 roku. Aresztowano go za „zdezorganizowanie pracy laboratorium toksykologicznego" oraz „wykorzystanie stanowiska w celu osiągnięcia korzyści osobistej" i w lutym 1953 roku OSO[337] MGB skazało go na 10 lat. Sudopłatow padł na fali demaskowania «bandy Berii»". W sierpniu 1953 roku został aresztowany, a we wrześniu 1958 roku – skazany na 15 lat. Dla pozostałych uczestników zabójstw Sameta i Szumskiego skończyło się na samym strachu. Żadnego z nich nie spotkała kara.

Nieco wcześniej niż Sudopłatow, bo w marcu 1957 roku, wyrok 12 lat pozbawienia wolności usłyszał jego wieloletni zastępca Naum Ejtingon. Jego również oskarżono o udział w tajnych terrorystycznych rozprawach z obywatelami niewygodnymi dla władzy i w testowaniu trucizn. Ejtingon i Sudopłatow w całości odsiedzieli karę, po czym natychmiast zaczęli się starać o rehabilitację. Aparat KC KPZS zdecydowanie i regularnie odrzucał wszystkie ich wnioski o rehabilitację i unieważnienie kary. W KC lista ich przestępstw była dobrze znana. Jednak mieli oni też swoich cichych, lecz wiernych fanów w strukturach siłowych, dla których stanowili przykład do naśladowania. W końcu nastał ich czas. W 1992 roku bez zbędnego rozgłosu Główna Prokuratura Wojskowa wydała decyzję o rehabilitacji Sudopłatowa i Ejtingona.

Stało się to wbrew materiałom postępowań i licznym świadectwom o ich przestępstwach. W wyroku Sudopłatowa wprost zostało powiedziane, że do zadań dowodzonej przez niego grupy należało „tajne porywanie obywateli" i „likwidowanie ich bez procesu i śledztwa"[338]. Osobno wspomniano też o działalności Laboratorium X[339]: „Specjalne laboratorium, założone w celu przeprowadzania eksperymentów nad działaniem trucizny na żywy organizm ludzki, funkcjonowało pod

---

[337] OSO ros. Osoboje sowieszczanije – Komisja Specjalna (Centralna Trójka) (przyp. red.).
[338] GARF, f. 7523, op. 108, d. 124, l. 13.
[339] Zob. rozdział *Laboratorium X*.

kierownictwem Sudopłatowa i jego zastępcy Ejtingona od 1942 do 1946 roku, którzy wymagali od pracowników laboratorium dostarczania tylko takich trucizn, które zostały przetestowane na ludziach". Działania te zakwalifikowano jako „ciężkie przestępstwa przeciwko ludzkości"[340].

„Nasi"

Skąd u współczesnych rosyjskich prokuratorów sympatia i podziw dla państwowych morderców? Czy to znaczy, że jeśli pracujesz dla państwa, jeśli rozkazy idą z samej góry, to wszystko można? Wszystko jest dozwolone? Pobrzmiewa w tym coś znajomego i bardzo literackiego. No oczywiście! Klasyk wszystko przewidział. W powieści Fiodora Dostojewskiego *Biesy* rewolucjonista Wierchowieński w prosty i przekonujący sposób policzył wszystkich swoich wspólników: „Nasi to nie tylko ci, co rżną i palą (…). (…) Przysięgli, uniewinniający stale przestępców, są nasi", po czym sformułował zasadę moralną: (…) przestępstwo nie jest obłąkaniem, przeciwnie, dowodzi zdrowego rozsądku (…)"[341]. Dokładnie tak, kropka w kropkę, usprawiedliwiał się w okresie postalinowskim jeden z czekistów: „to nie morderstwo, lecz jeden z rodzajów operacyjnej konieczności"[342].

Otóż, dla rosyjskich prokuratorów Sudopłatow, Ejtingon i inni urzędowi zabójcy to „nasi". Lecz przecież to nie jest żadna nowa ideologia – to raczej forma „czekizacji" świadomości prokuratorskiej. A z jaką pompą traktuje Sudopłatowa i Ejtingona dziennikarska brać! Artykuły prasowe, filmy dokumentalne, sławiące ich nielekką służbę na rzecz ojczyzny, w końcu – wzruszający nekrolog po śmierci Sudopłatowa napisany przez Aleksandra Minkina o patetycznym tytule

---

[340] GARF, f. 7523, op. 108, d. 124, l. 13.
[341] F. Dostojewski, *Biesy*, tekst opracowano na podstawie anonimowego XIX-wiecznego przekładu, Wydawnictwo Zielona Sowa, Kraków 2005, s. 298.
[342] O. F. Suwienirow, *Tragiedija RKKA. 1937–1938*, Moskwa 1998, s. 229.

Ojczyzna kochała Sudopłatowa mniej niż on ją[343]. Wszystko się pomieszało... Morderstwa dokonywane za granicą są przedstawiane jako bohaterski czyn, a o szeregu tajnych czekistowskich rozpraw z pogwałceniem krajowego prawa, o działalności laboratorium testującego trucizny na ludziach, którym kierował Sudopłatow – nie wspomina się nawet słowem.

Dziś nie jest za późno, żeby naprawić ten błąd i odwołać bezprawny akt rehabilitacji Sudopłatowa i Ejtingona. Precedensy tego typu już były. Decyzję może podjąć sama Główna Prokuratura Wojskowa FR po uprzednim zbadaniu (po raz kolejny) materiałów postępowań w ich sprawach. I byłby to akt w pełni legalny i sprawiedliwy!

---

[343] „Nowaja gazieta" 30 września 1996 r.

Czy to na pewno był rycerz?

Ejtingon - portret mordercy

Mówią, że na pogrzebie Ejtingona w maju 1981 roku ktoś z byłych współpracowników wypowiedział patetyczną frazę: „Dziś przy tej mogile kończy się rycerska epoka w historii naszego CzK..."[344]. To dziwne i nader wyrafinowane wyobrażenie o rycerskości. A może po prostu nie nadążamy za współczesnością i teraz służba w resorcie „mokrej roboty" oraz sztuka zabijania z ukrycia są uważane za... rycerskość?

Naum Isaakowicz Ejtingon urodził się w 1899 roku w Mohylewie. Ukończył 7 klas szkoły handlowej oraz szkołę średnią. W wieku 17 lat wstąpił do partii eserowców, a w 1919 - do partii bolszewików. Na służbę w „organach" Ejtingon dostał się jak wszyscy. Decyzją mohylewskiego komitetu gubernialnego partii w 1920 roku został skierowany do Oddziału Specjalnego Rejonu Umocnionego i w tym samym roku zatwierdzony na stanowisko naczelnika Oddziału Tajno-Operacyjnego oraz wiceprzewodniczącego gubernialnej CzK w Homlu. Zwrócono na niego uwagę i dwa lata później przeniesiono go do Moskwy. Tam ukończył studia na wydziale wschodnim Akademii Wojskowej, a w 1925 wysłano go do pracy za granicę, co stanowiło wyraz szczególnego zaufa-

---

[344] S. Władimirow, *Naum Ejtingon - gienierał-razwiedczik*, „Niezawisimoje wojennoje obozrienije" 2009, 4-10 grudnia, nr 43, s. 14-15.

nia. W latach 70., kiedy Ejtingon pisał liczne wnioski o rehabilitację, w jednym z pism do szefa KGB Andropowa zawarł barwny szczegół – opis tego, jak wyprawiał go na zagraniczną placówkę przewodniczący OGPU Dzierżyński. Żelazny Feliks po krótkim wyłożeniu sytuacji w Chinach oraz wskazaniu, na co należy zwrócić szczególną uwagę, rzekł: „Róbcie wszystko, co pożyteczne dla rewolucji"[345]. Ejtingon patetycznie to skomentował: „I całe życie stosowałem się do tego pouczenia...". A przecież napisał tak nie tylko po to, żeby pochwalić się bliskimi stosunkami z Dzierżyńskim. O, nie. Ejtingon dobrze wyczuł pociąg partyjnego karierowicza Andropowa do źródeł organizacji oraz jego szczególną estymę dla założycieli czekistowskiego zgromadzenia.

Andriej i Pierre

Zdaje się, że do 1937 roku ich drogi się nie spotkały. Połączyło ich zabójstwo. Ejtingon, który pracował w Hiszpanii pod pseudonimem Pierre, oraz jego przełożony – rezydent NKWD Aleksandr Orłow (pseud. Szwed) – mieli zlikwidować zdemaskowanego agenta „13" (Nikołaja Skoblina). Po porwaniu przez czekistów szefa Rosyjskiego Związku Ogólnowojskowego (ROWS) Jewgienija Millera Skoblin ukrywał się w sowieckiej placówce dyplomatycznej w Paryżu. Ratować go, a potem się z nim wozić – taka strategia nie pasowała do stylu NKWD. Zużyty materiał. W dodatku sam Stalin wydał zgodę, żeby się Skoblina pozbyć. Telegram wysłany 29 września 1937 roku z Moskwy do Paryża był krótki i klarowny: „Do Szweda, Jaszy. Wasz plan zaakceptowano. Gospodarz prosi, żeby zrobić co się da, żeby odbyło się czysto. Operacja nie powinna zostawić śladów. Żona powinna pozostać w przekonaniu, że trzynasty żyje i jest w domu. Aleksiej"[346].

---

[345] Pismo Ejtingona do przewodniczącego KGB przy Radzie Ministrów ZSRS J. W. Andropowa, 8 września 1975 roku (CA FSB, Teczka Specjalnego Znaczenia 3, 1991, t. 1, l. 194).
[346] CA FSB, f. 3, op. 4, d. 149. Wspomniany w telegramie Jasza to Jakow Sieriebrianskij, a Aleksiej – naczelnik Oddziału Zagranicznego GUGB NKWD Abram Słucki.

Szwedowi i Pierre'owi miał asystować Andriej. Pod takim pseudonimem pracował Sudopłatow. Wynajęto samolot w celu przelotu do Hiszpanii – na jego pokładzie podczas rejsu z Ejtingonem i Sudopłatowem Skoblin został zamordowany i zrzucony w górach[347]. Jak wspominał później Ejtingon, w 1938 roku na polecenie Moskwy znów pilnie wysłano go do Paryża, gdzie miał „zadbać o bezpieczny wyjazd do ZSRS tow. Sudopłatowa P. A. po doskonale wykonanym przez niego zadaniu, a także kilku innych funkcjonariuszy, którzy zajmowali się analogicznymi sprawami"[348]. Przyda się tu wyjaśnienie: Andriej uciekał z Rotterdamu, gdzie w maju 1938 roku dokonał zabójstwa lidera ukraińskiego ruchu narodowego Jewhena Konowalca. W dodatku zrobił to w sposób niebezpieczny dla postronnych – podsunął mu pudełko po cukierkach wypełnione materiałem wybuchowym. Ejtingon pomógł się ukryć nie tylko Andriejowi, lecz także innym wojownikom NKWD, którzy zostawili ślady w Paryżu.

Delegacja Pierre'a w Hiszpanii mogła skończyć się tragicznie. Latem 1938 roku jego szef – rezydent Orłow – uciekł, zabierając ze sobą wszystkie pieniądze z kasy rezydentury. W protokole zdawczo-odbiorczym akt NKWD w grudniu 1938 roku stwierdzono: „«Pierre», pracujący obecnie jako główny rezydent w Hiszpanii, jest zdemaskowany i również podlega odwołaniu"[349]. W tej samej placówce jako pracownik techniczny rezydentury zatrudniona była też Nina – żona «Pierre'a»"[350]. Oczywiście odwołano ich i rodzinny kontrakt się skończył. Na Ejtingona padł cień podejrzenia, jednak w Moskwie uznano, że wyjątkowo dobrze rozkręcił akcje dywersji i zabójstw. W dokumentach NKWD szczególnie podkreśla się, że w Hiszpanii jego „podstawowe zadania to porachunki [morderstwa – przyp. tłum.] oraz praca po linii

---

[347] Zgodnie z zeznaniami zastępcy naczelnika Oddziału Zagranicznego GUGB NKWD S. M. Szpigelglasa.
[348] Pismo Ejtingona do przewodniczącego KGB przy Radzie Ministrów ZSRS J. W. Andropowa, 8 września 1975 roku (CA FSB, Teczka Specjalnego Znaczenia 3, 1991, t. 1, l. 193).
[349] CA FSB, f. 3-os., op. 6, d. 9, l. 304.
[350] Tamże, l. 305.

«D»". Ejtingon zbudował tam całą sieć szkół dywersji – w Walencji, Madrycie, Barcelonie i Pozoblanco, do których rekrutowano głównie członków Brygad Międzynarodowych[351].

Duże doświadczenie Sudopłatowa i Ejtingona zostało docenione. W 1939 roku to właśnie im Stalin powierzył zorganizowanie zabójstwa Trockiego. Tak oto, połączeni niegdyś krwią Skoblina, zaczęli już na stałe pracować razem.

Inaczej „rozliczyć się" nie da

Seria aktów indywidualnego terroru organizowanych przez Sudopłatowa i Ejtingona zaczęła się w 1946[352], ale trwała też w 1947 roku. Zgody na morderstwa szły z Kremla. Jedną z ofiar padł Amerykanin Isaiah Oggins. Jego historia jest tyleż smutna, co pouczająca. Jak odnotowano w archiwalnej notatce:

„OOgginsie I. M. w archiwum znajdują się dane, z których wynika, że on i jego żona Oggins Norma, jako obywatele USA i członkowie amerykańskiej partii komunistycznej zostali zaangażowani we współpracę z organami bezpieczeństwa ZSRS i przez długi czas byli wykorzystywani w nielegalnych działaniach w USA, Europie i na Dalekim Wschodzie. W 1938 roku Oggins I. M. został aresztowany w związku z podejrzeniem o szpiegostwo i w 1940 roku na mocy decyzji Komisji Specjalnej przy NKWD ZSRS zamknięty w ITŁ [obóz pracy poprawczej – przyp. tłum.] na 8 lat. Natomiast współpraca organów z jego żoną trwała do 1939 roku, do jej powrotu do USA. Dowiedziawszy się o aresztowaniu męża, Oggins Norma od 1942 roku zaczęła aktywnie starać się o jego uwolnienie. W tym celu systematycznie odwiedzała sowiecki konsulat i ambasadę, zwracała się do Departamentu Stanu USA, pisała do Stalina. W latach 1942–1943 przedstawicielom ambasa-

---

[351] Tamże.
[352] Zob. „Nowaja gazieta" 7 sierpnia 2013 r.

dy amerykańskiej zezwolono na dwa widzenia z Ogginsem, po których ambasada niejednokrotnie wystosowywała prośby o jego przedterminowe zwolnienie"[353].

Nadszedł moment podjęcia decyzji. Zdaje się, że nikt nie zamierzał wypuszczać Ogginsa, a jego wyrok dobiegał końca. 25 lipca 1946 roku minister Abakumow w piśmie do Mołotowa streścił okoliczności sprawy Amerykanina, przypominając, że ma do odsiadki jeszcze osiem miesięcy i wprost zadał pytanie: czy należy sprawę Ogginsa skierować do ponownego rozpatrzenia, żeby rozważyć przedterminowe zwolnienie?[354]. Na Kremlu się wahali. A czas mijał. W końcu wiosną 1947 roku dojrzeli do decyzji. W piśmie Abakumowa do Stalina i Mołotowa z 21 maja 1947 roku zawarty jest plan rozwiązania problemu. Przeznaczeniem Ogginsa miała być śmierć. Abakumow pisał, że MGB uważa uwolnienie Ogginsa za niepożądane, ponieważ ten może zdekonspirować metody pracy sowieckiego wywiadu, zdradzić znaną mu zagraniczną agenturę, a także opowiedzieć o warunkach przetrzymywania skazanych w więzieniach i łagrach. A dalej wyłożył plan uśmiercenia uwięzionego Amerykanina:

„W związku z tym MGB ZSRS uważa za konieczne *zlikwidowanie Oggins Isaiah, a Amerykanów powiadomić, że Oggins, po widzeniu z przedstawicielami ambasady amerykańskiej, w kwietniu 1943 roku został z powrotem dostarczony do miejsca odbywania kary w Norylsku i tam w 1946 roku zmarł w szpitalu wskutek zaostrzenia gruźlicy kręgosłupa.*

W archiwach Łagru Norylskiego udokumentujemy proces choroby Oggins, udzielonej mu pomocy medycznej i wszelkiej innej. Zgon Oggins będzie uzasadniony historią choroby, aktem sekcji zwłok oraz aktem pochówku"[355].

---

[353] Z raportu Komisji Kontroli Partyjnej przy KC KPZS z sierpnia 1968 roku (CA FSB, Teczka Specjalnego Znaczenia 3, 1991, t. 1, l. 171–172).
[354] CA FSB, 4-os., op. 4, d. 13, l. 122–122ob.
[355] Zdania oznaczone kursywą zapisano w dokumencie odręcznie.

Propozycja zyskała akceptację Kremla. Na piśmie Abakumow odnotował: „Zatwierdzono. Przekazał mi to osobiście tow. Mołotow. 10 czerwca 1947 roku"[356]. Operację powierzono Ejtingonowi, lecz on znacznie skorygował plan likwidacji i postanowił nie komplikować sprawy wymyślaniem szczegółów dotyczących Norylska. W dokumentach archiwalnych znajduje się następująca informacja: „Plan usunięcia Ogginsa został sporządzony 30 lipca 1946 roku[357] przez Ejtingona. Według tego planu uśmiercenia Ogginsa miał dokonać Majranowski w pomieszczeniu speclaboratorium poprzez zastosowanie specjalnego preparatu. O terminie przeprowadzenia tej operacji danych brak. Do sprawy karnej Ogginsa dołączono zaświadczenie z Urzędu Stanu Cywilnego miasta Penza o jego śmierci, do której doszło rzekomo wskutek paraliżu serca 13 stycznia 1947 roku w Więzieniu Penzeńskim"[358].

Według zeznań udzielonych podczas śledztwa przez Ejtingona i Majranowskiego Oggins został zabity w speclaboratorium trucizną, którą wstrzyknął mu Majranowski. Podczas dochodzenia Ejtingon oświadczył ponadto, że Abakumow mówił mu, jak w trakcie przygotowania operacji likwidacji Ogginsa Mołotow wnikał we wszystkie szczegóły i wyrażał obawę, że Amerykanie będą domagać się wydania im zwłok Ogginsa[359].

Czy obawy Abakumowa, że Amerykanin może zdemaskować znaną mu sowiecką agenturę były zasadne? Odpowiedź na to pytanie również znajdziemy w cytowanym wyżej dokumencie: „Należy zaznaczyć, że powoływanie się Abakumowa na to, że Oggins mógłby zdemaskować znaną mu agenturę za granicą, są bezpodstawne. Kontrola przeprowadzona w 1946 roku dowiodła, że takiej agentury za granicą nie było"[360].

---

[356] Sudopłatow w piśmie do KC KPZS 11 października 1960 roku oświadczył, że Abakumow mówił mu, iż decyzja o likwidacji Ogginsa została podjęta przez Stalina na wniosek Mołotowa.
[357] Tak jest w tekście dokumentu. Możliwe, że chodzi o 30 czerwca 1947 roku. Według niedawno upublicznionych danych FSB Ogginsa zamordowano 5 lipca 1947 roku.
[358] Z raportu Komisji Kontroli Partyjnej przy KC KPZS z sierpnia 1968 roku (CA FSB, Teczka Specjalnego Znaczenia 3, 1991, t. 1, l. 171–172).
[359] Tamże, l. 167.
[360] Tamże, l. 171–172.

Dla siebie Ejtingon wymyślił sprytny schemat usprawiedliwienia, przypominający raczej kodeks honorowy mafijnego klanu. W trakcie śledztwa powtarzał, że osobiście zapoznawał się z materiałami dotyczącymi tych osób i dlatego twierdzi, że „byli to wrogowie władzy sowieckiej i że z wielu powodów nie dało się z nimi „rozliczyć" w inny sposób"[361].

Użhorod

18 listopada 1947 roku Prokurator Generalny ZSRS Konstantin Gorszenin wysłał sekretarzowi KC WKP(b) Aleksiejowi Kuzniecowowi specjalną wiadomość o poważnym zdarzeniu:

„27 października 1947 roku o północy na polnej drodze ze wsi Łochowo na powóz, w którym jechał grekokatolicki biskup Romża z grupą księży, uderzyła ciężarówka i zrzuciła go do przydrożnego rowu.

Kiedy pasażerowie powozu wyskoczyli i zaczęli się rozbiegać, osoby jadące w samochodzie ciężarowym oraz inne, które dojechały samochodem osobowym, napadły na nich i zaczęli ich bić żelaznymi przedmiotami.

W efekcie ciężko ranni zostali biskup Romża, ksiądz Baczyński, sekretarz biskupa Maslej i woźnica. Romżę przewieziono do szpitala, gdzie zmarł z powodu zadanych ran.

Według ustaleń postępowania przygotowawczego, napad na biskupa i jego towarzyszy był zorganizowany przez grupę złoczyńców, którzy dysponowali motocyklem, samochodem ciężarowym i osobowym.

Śledztwo w tej sprawie prowadzi Pełnomocny Przedstawiciel Ministerstwa Bezpieczeństwa Państwowego USRS.

Śledztwo nadzoruje Prokurator Obwodu Zakarpackiego"[362].

---

[361] Tamże, l. 167.
[362] GARF, f. 8131, op. 27, d. 3413, l. 9.

Złoczyńców nie udało się znaleźć. Przestępstwo chciano tradycyjnie „zwalić" na bandytów, tym bardziej że od razu zaczęły chodzić słuchy, iż napad na biskupa to „sprawka NKWD". Wszak Teodor Romża był znaczącą postacią. Zakończył niemiecko-węgierskie kolegium jezuitów w Rzymie (Germanicum)[363], studia na wydziale teologicznym na Papieskim Uniwersytecie Gregoriańskim oraz kolegium Russicum. W 1944 roku Watykan mianował Romżę na biskupa kościoła grekokatolickiego. Duchowny opowiadał się za przyłączeniem Ukrainy Zakarpackiej do Czechosłowacji i odmówił podpisania manifestu Rady Ludowej Ukrainy Zakarpackiej o przyłączeniu Zakarpacia do ZSRS. Po ukazaniu się dekretu o swobodnym przechodzeniu z wyznania unickiego na prawosławne i – odpowiednio – przekazywaniu unickich cerkwi, Romża zdecydowanie zaprotestował, podejmując aktywne działania na rzecz zjednoczenia unitów.

Minister bezpieczeństwa państwowego Mierkułow jeszcze 4 kwietnia 1946 roku poruszył kwestię aresztowania Romży, które uzasadniał tym, że Romża „prowadzi ożywioną działalność antysowiecką (…) Aktywizuje unitów w duchu antyradzieckim przeciwko prawosławiu, próbuje skontaktować się z Watykanem i Kardynałem Mindszentym".

W materiałach operacyjnych MGB Romżę opisano jako doskonale wykształconego, kulturalnego, władającego ośmioma językami, mądrego i sprytnego człowieka. Stalin obawiał się nadmiernego rozgłosu, więc nie wydał zgody na aresztowanie go. Ale zaczął się zastanawiać nad pozbyciem się biskupa za pomocą innych metod z arsenału MGB.

W materiałach dochodzenia w sprawach Sudopłatowa i Ejtingona czytamy: „W lutym 1947 roku w MGB ukraińskiej SRS opracowano plan zabicia Romży, podpisany przez ministra bezpieczeństwa państwowego Ukraińskiej SRS – Sawczenkę. Plan zawierał trzy warianty likwidacji Romży, w tym zamordowanie poprzez uderzenie w niego samochodem. Akcja pozbycia się Romży została przeprowadzona pod

---

[363] Autor błędnie podaje, że było to kolegium grecko-węgierskie (przyp. red.).

koniec października 1947 roku pod kierownictwem Sudopłatowa. Jak pisał w raporcie z 20 lutego 1954 roku zastępca sekretarza MGB Ukraińskiej SRS Pawlenko, przedsięwzięcie nie było udane, Romża przeżył, trafił do szpitala i tam wkrótce zmarł"[364].

Nic dziwnego, że „złoczyńców" nie znaleziono. Widać tu wyraźny styl grupy do zadań specjalnych Sudopłatowa. Tak samo w ciężarówce grupa wyruszała do Uljanowska i Saratowa, żeby zamordować Sameta i Szumskiego. Tyle że na Zakarpaciu coś poszło nie tak. Romża po napadzie nie umarł, lecz trafił do szpitala. Z opresji wybawiła oprawców sprawdzona metoda. Według zeznań Sudopłatowa, Ejtingona i Majranowskiego „Romża nie zmarł śmiercią naturalną, lecz został zabity poprzez wstrzyknięcie trucizny przez Majranowskiego, którego specjalnie w tym celu wezwano z Moskwy"[365].

Generała dzień powszedni

Zaczynało się wszystko zwyczajnie, jak zawsze. Minister bezpieczeństwa państwowego Abakumow 18 kwietnia 1950 roku wysłał do Stalina pismo z prośbą o zgodę na aresztowanie dramaturga Władimira Sołowjowa[366], a prośbę motywował twierdzeniem, że to „aktywny wróg władzy sowieckiej"[367]. Rzeczywiście, poważnych materiałów na pisarza zebrało się sporo: „Z danych operacyjnych wynika, że w latach 1935–1953 w swoim otoczeniu systematycznie oczerniał Partię, ustrój państwowy ZSRS, politykę narodowościową Rządu Sowieckiego oraz sowiecką realność, pisał i rozpowszechniał antysowieckie wiersze. W 1947 roku napisał sztukę «Sowiest'» [Sumienie], która podczas dyskusji na posiedzeniu

---

[364] Z raportu Komisji Kontroli Partyjnej przy KC KPZS z sierpnia 1968 roku (CA FSB, Teczka Specjalnego Znaczenia 3, 1991, t. 1, l. 172–173).
[365] Tamże.
[366] Władimir Aleksandrowicz Sołowjow (1907–1978), autor sztuk *Feldmarszałek Kutuzow* oraz *Wielki władca*, za które dwukrotnie otrzymał Nagrodę Stalinowską II stopnia – w 1941 roku i w 1946 roku.
[367] Pismo W. S. Abakumowa do Stalina nr 6668/A z 18 kwietnia 1950 roku (CA FSB, f. 4-os., op. 8, d. 4, l. 337–339).

sekretariatu Związku Pisarzy Sowieckich została uznana za oszczerczą i antysowiecką"[368]. Ku zaskoczeniu ministra, Stalin zgody nie dał. Nie dlatego, że nie uwierzył Abakumowowi, który tak przekonująco zreferował fakty. Prawdopodobnie Stalin liczył, że Sołowjow napisze nowe patriotyczne sztuki. Wszak w ostatniej – *Wielikij gosudar'* [Wielki władca] (o Iwanie Groźnym) car został przedstawiony jako mądry włodarz, troszczący się o imperium. Właśnie o to chodziło! Dlatego Stalin zaproponował inną, mniej banalną strategię. Po co od razu aresztowanie – może warto mu po prostu trochę „przemówić do rozsądku". Wiadomo, komu należało powierzyć to zadanie: mamy takich ludzi w MGB!

Dalsze wypadki sucho zreferowano w meldunku: „w marcu 1951 roku Sołowjow mówił jednemu ze swoich znajomych, że w sierpniu 1950 roku, wieczorem, w przed jego klatką kilku nieznanych mężczyzn napadło na niego i pobiło go – rzekomo za proamerykańskie wiersze"[369].

Nie ma potrzeby domyślać się, kim byli: „Sudopłatow i Ejtingon również przyznali, że przy ich osobistym udziale zaplanowano operację pobicia sowieckiego literata Sołowjowa za jego proamerykańskie sympatie. Sołowjow został pobity przez funkcjonariuszy specsłużb, w czym osobiście uczestniczył Ejtingon"[370].

Faktycznie – bicie pisarzy w bramach to najlepsze zajęcie dla generała. Czyż to nie król wywiadu?

„Burżuazyjny nacjonalista"

Ejtingonowi przypisuje się wypowiedź: „Jestem generałem bezpieczeństwa państwowego i Żydem. Gwarantowane, że dożyję swych dni w więzieniu (...)"[371]. Skąd taka zdolność przewidywania przyszłości? W październiku 1951 roku rzeczywiście został aresztowany i oskar-

---

[368] Z raportu Komisji Kontroli Partyjnej przy KC KPZS z sierpnia 1968 roku (CA FSB, Teczka Specjalnego Znaczenia 3, 1991, t. 1, l. 173–174).
[369] Tamże.
[370] Tamże, l. 167.
[371] S. Władimirow, *Naum Ejtingon...*, s. 14–15.

żony o „żydowski nacjonalizm", a także „szkodliwą i wywrotową" działalność w MGB. Podczas śledztwa Ejtingon zachował się właściwie. Ostrożnie przyznając się do błędów, a raczej „niedociągnięć" na służbie, natychmiast zaczynał referować projekty ulepszenia pracy wywiadowczej oraz snuć plany zagranicznych operacji. Najprawdopodobniej pielęgnował w sobie myśl, że taki profesjonalista jak on jeszcze się przyda, więc wyciągną go z więzienia. Na przesłuchaniu 8 lutego 1952 roku, którego protokół następnego dnia wysłano do Stalina, Ejtingon wyrzucał sobie, że za słabo wykorzystywał Amerykanów, a ponoć są sprzedajni i za pieniądze zrobią wszystko: „Dla Amerykanina sprzedać Czecha, Rumuna czy Polaka to drobnostka i jestem pewien, że przy dobrze przemyślanej kombinacji dwóch sierżantów amerykańskiej armii bez chwili zastanowienia za pieniądze dostarczą szefa ukraińskich nacjonalistów – Banderę – do strefy sowieckiej"[372]. Ejtingon nie zapomniał też o innych tematach, na które Stalin był wyczulany – mówił o tym, jak szkodzić Amerykanom w Japonii, jak wesprzeć Kurdów, a nawet – jakimi metodami podejść Titę. Niestety, Stalin nie okazał zainteresowania i Ejtingon dalej siedział. Oskarżono go nie tylko o „burżuazyjny nacjonalizm", lecz także o niezrealizowanie planu aktywnych działań czekistowskich za granicą. Mówiąc prościej – nikogo nie zabijali, lenili się. Ejtingon uznawał błędy, ale o wszystko obwiniał Abakumowa, który „wymyślał przeróżne preteksty, żeby nie zezwalać na przeprowadzanie aktywnych czekistowskich działań za granicą". W tych warunkach – żalił się Ejtingon – „Sudopłatow jako naczelnik i ja – jego zastępca – musieliśmy wymyślać, czym zająć naszych podwładnych, żeby stworzyć chociaż pozór pracy"[373].

Z perspektywy Stalina ta bezczynność była największym przestępstwem. 4 grudnia 1952 roku przyjęto podyktowaną przez Stalina uchwałę KC KPZS *O sytuacji w MGB*. W uchwale Stalin narzekał, że

---

[372] CA FSB, f. 4-os., op. 10, d. 66, l. 65.
[373] Protokół przesłuchania Ejtingona z 7 grudnia 1951 roku.

czekiści usprawiedliwiają się „zgniłymi i szkodliwymi rozważaniami o rzekomej niezgodności dywersji oraz terroru wobec wrogów klasowych z marksizmem-leninizmem" i zapomnieli „zalecenia Lenina, że walka klasowa to walka brutalna, a nie puste gadanie, nie rozumieją tej prostej prawdy, że MGB jest nie do pomyślenia bez dywersji prowadzonych w obozie wroga"[374]. Oto prawdziwie partyjne słowo!

Trudno powiedzieć, jak mogła zakończyć się sprawa Ejtingona. W projekcie wyroku skazującego w sprawie ministra bezpieczeństwa państwowego Wiktora Abakumowa, który Stalin otrzymał do akceptacji w lutym 1953 roku, Ejtingona nie było wśród oskarżonych, chociaż przytaczano tam jego zeznania obciążające byłego ministra[375]. Sprawę „żydowskiego nacjonalisty", podobnie jak sprawy ośmiu innych wysoko postawionych czekistów, wyodrębniono ze sprawy Abakumowa jako osobne dochodzenie. Na jaki proces je zachowano? Można przypuszczać, że Ejtingon miał być sądzony indywidualnie.

Śmierć Stalina okazała się dla Ejtingona wybawieniem. Beria, który jeszcze nie zdążył zadomowić się na Łubiance, natychmiast przypomniał sobie o nim. Uwolnił Ejtingona bez zbędnych formalności i polecił w charakterze odszkodowania wypłacić mu pokaźną sumę – 35 tysięcy rubli. Ejtingon wrócił na stanowisko zastępcy Sudopłatowa. Jednak po upadku Berii, 21 lipca 1953 roku, Ejtingona aresztowano, tym razem stawiając mu poważne zarzuty. Wyszły na jaw indywidualne zabójstwa i prace Laboratorium X, w którym testowano trucizny na ludziach. Ustalono udział Ejtingona w tych okrutnych eksperymentach. W 1945 roku, kiedy laboratorium zostało bez szefa, Sudopłatow, przekazując słowa narkoma Mierkułowa, oświadczył, że „speclaboratorium będzie odtąd kierował Ejtingon, który powinien wszystko wiedzieć, zanim zacznie stosować truciznę i uczyć tego innych"[376].

---

[374] RGANI, f. 3, op. 58, d. 10, l. 185.
[375] *Łubianka. Stalin i MGB SSSR...*, s. 568–570, 578, 586.
[376] Z raportu Komisji Kontroli Partyjnej przy KC KPZS z sierpnia 1968 roku (CA FSB, Teczka Specjalnego Znaczenia 3, 1991, t. 1, l. 175).

Ejtingon został skazany przez Izbę Wojskową Sądu Najwyższego ZSRS 6 marca 1957 roku na mocy artykułu 17-58-1 „b" Kodeksu Karnego RSFRS na 12 lat pozbawienia wolności. Karę odbywał w Więzieniu Władimirskim. 20 marca 1964 roku wyszedł na wolność, pracował jako redaktor w wydawnictwie „Stosunki Międzynarodowe" i wiódł skromny żywot emeryta.

Emeryci bez płaszcza i kindżału

Sudopłatow i Ejtingon niejednokrotnie przy okazji zjazdów partyjnych lub sowieckich jubileuszy przypominali o sobie, pisząc do KC wnioski z prośbą o rehabilitację. Lejtomotyw treści owych wniosków stanowiło twierdzenie, że zostali oskarżeni bezpodstawnie, ponieważ ich czekistowska działalność „zawsze była podporządkowana interesom Państwa Sowieckiego". W KC wciąż wystosowywano interpelacje, wyciągano teczki z archiwów... Lecz zawsze okazywało się, że nie ma żadnych podstaw do rehabilitacji. W KGB też już mieli dość pisania ogólnych informacji dotyczących ich spraw – trzeba było w kółko powtarzać to samo. Na przykład zastępca szefa KGB Pirożkow 16 stycznia 1976 roku podpisał kolejne zaświadczenie o Sudopłatowie i Ejtingonie, w którym podsumował ich główne przestępstwa: „Powołana na polecenie Berii, a kierowana przez Sudopłatowa i Ejtingona «grupa specjalna» dokonywała rozpraw nad obywatelami z pominięciem sądu i śledztwa. W latach 1946–1947 pod ich kierownictwem przeprowadzono cztery operacje, w których efekcie życie stracili: w Saratowie – _Szumski_[377], który w przeszłości był ważnym pracownikiem partyjnym i państwowym; w Uljanowsku – inżynier _Samet_; na Zakarpaciu – biskup kościoła unickiego _Romża_ oraz w Moskwie – _Oggins_, który w przeszłości był tajnym współpracownikiem NKWD. Sudopłatow i Ejtingon potwierdzili, że operacje

---

[377] Tu i dalej nazwiska wpisane odręcznie w luki zostawione w tekście drukowanym.

mające na celu likwidację tych osób zostały przeprowadzone pod ich zwierzchnictwem. Przyznali także, że brali udział w przygotowaniu operacji pobicia sowieckiego pisarza, laureata Nagrody Państwowej – Sołowjowa"[378].

W ocenie ówczesnej władzy sowieckiej działania Sudopłatowa i Ejtingona „miały przestępczy charakter", a fakt, że dokonywali „rozpraw nad obywatelami z pominięciem sądu i śledztwa", przeważał nad wszystkimi ich twierdzeniami o zasługach z okresu wojny.

Dziś konstruowana jest inna ideologia. Na pierwszym miejscu stoi kult państwa. W przekonaniu współczesnej rosyjskiej władzy – w imię państwa wszystko jest dozwolone. Zatem Sudopłatow i Ejtingon z ich mafijną ideologią „wyrównywania porachunków" i gangsterskimi metodami znów są mile widziani. Ich rehabilitacja oznacza usprawiedliwienie dzisiejszych morderców działających w imieniu państwa. Czy jednak w pośpiechu przeprowadzona rehabilitacja unieważnia fakt, że faktycznie popełnili szereg zbrodni i mają na rękach krew niewinnych ludzi? Nie. Dalej zasługują na to, żeby nazywać ich przestępcami.

---

[378] Raport zastępcy przewodniczącego KGB W. P. Pirożkowa z 16 stycznia 1976 roku. Do raportu dołączono kartkę z rezolucją: „Zameldowano tow. A. J. Pelsze. Nowych podstaw do ponownego rozpatrzenia sprawy brak. VI-76. W. Pirożkow" (CA FSB, Teczka Specjalnego Znaczenia 3, 1991, t. 1, l. 179–182).

Rodos – wyspa archipelagu GUŁag

Sadystyczne okrucieństwo trampoliną do kariery

1 lutego 1956 roku do sali posiedzeń Prezydium KC KPZS wprowadzono niewysokiego krępego mężczyznę. Był to były zastępca naczelnika Oddziału Śledczego MGB Boris Rodos, który – jak to się często zdarzało – przeistoczył się w zwykłego zeka.

Konwój czekał na zewnątrz. Zszokowany i nierozumiejący, po co i dokąd został tak nagle wywieziony z więzienia, Rodos zobaczył przed sobą kremlowski areopag w pełnej krasie. Doskonale znał te twarze z porozwieszanych w całym kraju oficjalnych portretów. Brakowało tylko dwójki – „wąsacza" i tego drugiego w staromodnym pince-nez, pod którego nadzorem Rodos zrobił taką niebywałą karierę, pokonując w ciągu zaledwie paru lat drogę od zwykłego funkcjonariusza do zastępcy szefa pionu śledczego.

Chruszczow od razu wziął byka za rogi: „Proszę opowiedzieć, jak to się stało, że ogłosił pan wrogami towarzyszy Postyszewa i Kosiora?". Rodos odpowiedział: „Robiłem to, co nakazywała partia. Powiedziano mi, że Kosior i Czubar to wrogowie ludu, więc jako śledczy powinienem był zebrać dowody i wyciągnąć z nich przyznanie się, że są wrogami"[379]. Po wysłuchaniu powyższego, Chruszczow podsumował: „Winni byli wyżej. Do prowadzenia śledztw zaangażowano półkryminalny element. Winny

---
[379] Tamże, s. 138.

był Stalin". Zgodzili się z nim członkowie Prezydium KC, którzy podczas tego posiedzenia przygotowywali treść referatu demaskującego Stalina przed zbliżającym się zjazdem partii. Tylko twardogłowy Mołotow ciągle powtarzał: „Ale Stalin był wielkim przywódcą, trzeba to przyznać"[380].

Naturalnie, jakżeby inaczej! Przecież to właśnie Stalin kazał aresztować i decydował o dalszych losach aresztowanych, a takim „wybitnym" śledczym jak Rodos i dziesiątkom jemu podobnych pozostawało wyłącznie w dowolny sposób doprowadzić do przyznania się oskarżonych do winy i włożyć im w usta odpowiednie zeznania, pogrążające samego aresztowanego i jego wspólników „spiskowców". Ale teraz, po zakończeniu tego krótkiego przesłuchania na posiedzeniu Prezydium KC, decydował się los samego Rodosa. Kara śmierci była nieunikniona.

Co sprawiło, że to właśnie Rodos – jeden z wielu śledczych sadystów pracujących dla Stalina – dostąpił takiego zaszczytu i stanął na Kremlu twarzą w twarz z najważniejszymi osobami w partii i w państwie? Kim był ten człowiek i skąd się wziął?

Jego losy są ciekawe i niezwykle pouczające, jak to zawsze bywa w przypadku czekistów Stalina. Boris Wieniaminowicz Rodos urodził się 22 czerwca 1905 roku w Melitopolu w rodzinie krawca-chałupnika. Do szkoły uczęszczał krótko, w 1921 roku ukończył szkołę podstawową i od razu rozpoczął pracę w prywatnym sklepie z owocami, pomagając przy pakowaniu, później zajmował się handlem obnośnym papierosami w rodzinnym Melitopolu. W 1924 roku ukończył półroczny kurs dla traktorzystów-mechaników. Pracy w zawodzie nie znalazł, zatrudnił się więc jako pracownik biurowy w Melitopolskim Rejonowym Związku Konsumentów (Rajpotriebsojuzie), a w 1925 roku jako rachmistrz w rezerwacie „Czapli" (Askanija-Nowa). Od lipca 1928 roku Rodos pracował jako sekretarz w biurze skarg Inspekcji Robotniczo-Chłopskiej okręgu melitopolskiego, a w kwietniu 1929 roku wrócił do rezerwatu, gdzie został sekretarzem komitetu robotniczego.

---

[380] Tamże, s. 175.

O tym okresie Rodos pisze w swojej autobiografii: „Aktywnie uczestniczyłem w pracy organizacji komsomolskiej i związków zawodowych". Był członkiem biura komórki komsomolskiej, drużynowym oddziału pionierskiego, członkiem lokalnego komitetu obwodowego komitetu wykonawczego, jednym z twórców „Lekkiej kawalerii"[381] na Melitopolszczyźnie i uczestnikiem obwodowego zlotu korespondentów robotniczych. Mało tego, zdążył nawet wziąć udział w rozkułaczaniu i kolektywizacji, „będąc asystentem pełnomocnika" komitetu rejonowego i rejonowego komitetu wykonawczego Nowotroicka[382].

Wtedy właśnie przydarzyła mu się niechlubna historia. W 1930 roku, gdy pracował jako sekretarz w dyrekcji rezerwatu, Rodos został oskarżony o próbę zgwałcenia pracownicy. Wyrzucono go z Komsomołu, a sąd ludowy nowotroickiego rejonu obwodu melitopolskiego skazał go na 6 miesięcy prac przymusowych za „znieważenie" (sam Rodos twierdził, że tylko „objął kobietę w pasie"). Mimo tego od razu znalazł pracę jako sekretarz wydziału biura budowlanego sowchozów zbożowych w Berisławiu i w 1931 roku został kandydatem na członka WKP(b). Tajemnica jego niezatapialności była prosta. Rodos był jednocześnie informatorem GPU i właśnie dzięki „organom" rozpoczęła się jego błyskotliwa kariera.

Wkrótce, w lipcu 1931 roku został zatrudniony jako sekretarz w rejonowym oddziale GPU w Berisławiu. Rok później był już asystentem pełnomocnika GPU w rejonie znamieńskim, a od 1933 roku był kolejno: asystentem pełnomocnika, pełnomocnikiem i oficerem operacyjnym GPU w Odessie. Również tutaj, w Zarządzie NKWD obwodu odesskiego, został wkrótce zastępcą szefa wydziału w IV Oddziale i w grudniu 1936 roku uzyskał status członka WKP(b). W tym samym roku został młodszym lejtnantem BP. W maju 1937 roku wysłano go na staż do Moskwy do IV Oddziału (Tajno-Operacyjnego) GUGB NKWD. Tutaj w apogeum represji

---

[381] „Lekka kawaleria" – komsomolskie oddziały ochotnicze, które urządzały naloty kontrolne na instytucje i przedsiębiorstwa w ramach walki z niegospodarnością i „nadmierną biurokratyzacją" (przyp. red.).
[382] RGASPI, f. 17, op. 100, akta osobowe Rodosa, l. 7.

Rodos zabłysnął i spodobał się komu trzeba. Zatrzymano go do pracy w Moskwie i w lutym 1938 roku został zastępcą szefa 6. wydziału IV Oddziału GUGB NKWD.

Szkołę wymuszania zeznań pobiciami rozpoczął pod okiem narkoma Jeżowa. W 1956 roku w prośbie o ułaskawienie pisał: „Po raz pierwszy byłem mimowolnym świadkiem użycia wobec aresztowanego fizycznych środków nacisku, kiedy podczas jednej z konfrontacji z udziałem Lewina i Michajłowa Jeżow osobiście zaczął bić Michajłowa, a za jego złym przykładem poszedł Frinowski i inni zajmujący w narkomacie kierownicze stanowiska"[383]. Rodos lekcję tę dobrze zapamiętał i szybko się uczył. 5 listopada 1937 roku otrzymał stopień lejtnanta BP.

Zmiana władzy w NKWD jesienią 1938 roku nie zahamowała kariery Rodosa. Przeciwnie, w grudniu awansował na zastępcę szefa Oddziału Śledczego NKWD, a 25 lutego 1939 roku, przeskakując o jeden stopień, został od razu kapitanem bezpieczeństwa państwowego. 4 lutego 1939 roku Rodos został zastępcą szefa Oddziału Śledczego GUGB NKWD, a w maju 1943 roku – Oddziału Śledczego NKGB ZSRS. 12 lipca 1941 roku otrzymał stopień majora, a 14 lutego 1943 roku – pułkownika BP.

Co sprawiło, że Rodos tak szybko awansował, zdobywając kolejne stanowiska i stopnie? W czym tkwiła tajemnica jego sukcesu? Odpowiedź jest prosta. Bardzo szybko został mistrzem zadawania tortur. Wystarczy wczytać się w oświadczenia aresztantów, którzy przeszli przez ręce śledczego Rodosa.

W oświadczeniu z 11 listopada 1940 roku Wsiewołod Meyerhold odżegnuje się od złożonych wcześniej zeznań i pisze: „Kładli mnie na podłogę twarzą do ziemi, gumowym kablem bili po piętach i po plecach; kiedy siedziałem na krześle, tym samym kablem bili mnie po nogach. W następnych dniach, kiedy miejsca po pobiciach podeszły krwią, znowu bili pasem po tych czerwono-niebieskich sińcach (…). Śledczy ciągle groził: «jeśli nie podpiszesz, znowu będziemy bić, głowy i prawej ręki

---
[383] GARF, f. 7523, op. 89, d. 8728, l. 35.

nie tkniemy, a z reszty zrobimy bezkształtny krwawy strzęp». I do 16 listopada 1939 roku wszystko podpisywałem"[384].

Robert Ejche oświadczył, stojąc przed Izbą Wojskową 2 lutego 1940 roku: „(…) We wszystkich tych rzekomo moich zeznaniach nie ma ani jednej litery, której byłbym autorem, za wyjątkiem podpisów pod tekstem protokołów, które złożyłem pod przymusem (…). Nazwiska osób z 1918 roku również wskazałem pod przymusem, pod naciskiem śledczego, który bił mnie od chwili mojego aresztowania. To na skutek bicia zacząłem podpisywać najróżniejsze brednie (…)"[385]. Jeszcze tego samego dnia Ejche został skazany na karę śmierci przez rozstrzelanie.

Podczas procesu Rodosa w 1956 roku jako świadek występował Basztakow, były szef I Oddziału Specjalnego (Ewidencyjno-Archiwalnego). Opowiedział on, jak Rodos, wraz z Berią i śledczym Jesaułowem, przed rozstrzelaniem brutalnie pobili zastępcę członka Biura Politycznego KC Ejche. Była to zemsta za jego oświadczenie w trakcie procesu. „Domagając się przyznania do szpiegostwa, Rodos, Beria i Jesaułow wybili mu oko. Ale nawet po czymś takim Ejche nie przyznał się do winy"[386]. I jeszcze bardziej szczegółowo: „Na moich oczach, na rozkaz Berii, Rodos i Jesaułow gumowymi pałkami brutalnie bili Ejche, który padał od ciosów, ale ci bili go nadal – leżącego, potem podnosili i Beria zadawał mu jedno pytanie: «Przyznajesz się, że jesteś szpiegiem?» Ejche odpowiadał: «Nie, nie przyznaję się». Wtedy Rodos i Jesaułow znowu zaczynali go bić i to koszmarne katowanie człowieka, który został skazany na rozstrzelanie, tylko przy mnie powtórzono z pięć razy. Podczas bicia wybili mu oko, które wypłynęło. Kiedy Beria przekonał się, że nie uzyska od Ejche żadnego przyznania się do szpiegostwa, kazał go wyprowadzić i rozstrzelać"[387].

Sadyzm i okrucieństwo Rodosa nie miały granic, rzeczywiście był mistrzem w stosowaniu wymyślnych tortur. Aresztowany Biełosłudcew,

---

[384] *Rieabilitacyja…*, t. 1, s. 271.
[385] Tamże, t. 2, s. 647.
[386] GARF, f. 7523, op. 89, d. 8728, l. 19–20.
[387] *Rieabilitacyja…*, t. 2, s. 647–648.

były szef Wydziału Kierowniczych Organów Komsomolskich KC WLKSM, w swoim oświadczeniu z 20 lutego 1940 roku skierowanym do Stalina tak opisywał jego metody: „Rodos wziął mocny skręcony sznurek z kółkiem na końcu i jak nie zacznie nim chłostać po nogach, uderzy i przeciąga po ciele (…). Wiłem się, rzucałem po podłodze i w końcu zobaczyłem tylko zwierzęcą twarz Rodosa. Oblał mnie zimną wodą, a później zmusił, bym usiadł odbytem na nodze krzesła. Znowu nie wytrzymałem tego strasznego tępego bólu i straciłem przytomność. Jakiś czas później, gdy odzyskałem przytomność, poprosiłem Rodosa o wyprowadzenie do toalety, żeby oddać mocz, a on na to: «Bierz szklankę i sikaj». Zrobiłem to i zapytałem, co mam zrobić ze szklanką. Rodos chwycił ją, podniósł do mojej twarzy i zaczął mi wlewać zawartość do ust, krzycząc: «Pij, ty gówno w ludzkiej skórze, albo zeznawaj». Było mi już naprawdę wszystko jedno, a ten krzyczy: «Podpisuj, podpisuj!». W końcu powiedziałem: «Daj, podpiszę wszystko, już mi wszystko jedno»"[388].

I co zrobił Stalin? Pomógł? Ukrócił nadużycia i zaprowadził sprawiedliwość? Nie. Stalin w pełni akceptował i popierał takie „metody" pracy śledczej. Dwa miesiące później, 26 kwietnia 1940 roku Rodos otrzymał swój pierwszy Order Czerwonej Gwiazdy.

Na mocy rozkazu NKWD nr 00342 z 20 marca 1940 roku Rodos został skierowany do czekistowskiej grupy operacyjnej NKWD w obwodzie lwowskim w celu przeprowadzenia aresztowań i sporządzenia akt śledczych dotyczących obywateli polskich, którzy zostali skazani na rozstrzelanie na podstawie decyzji Biura Politycznego z 5 marca 1940 roku. Na mocy tego rozkazu do zachodnich obwodów Białorusi i Ukrainy odkomenderowano kilkudziesięciu pracowników aparatu centralnego NKWD. Rodos spędził we Lwowie z „brygadą operacyjną NKWD" dwa miesiące i został za swoją pracę nagrodzony osobiście przez narkoma spraw wewnętrznych Ukrainy Sierowa – dostał od niego zegarek z dedykacją[389].

---

[388] GARF, f. 7523, op. 89, d. 8728, l. 19.
[389] Tamże, l. 47.

Rodos całymi dniami nie wychodził z pracy. W opublikowanej kilka lat temu książce *Ja – syn pałacza* (*Ja, syn kata*) jego syn pisze, że nie widywał ojca całymi tygodniami: „Budziłem się – jego już nie było, a gdy się kładłem – on ciągle jeszcze był w pracy"[390]. „Wracał do domu koszmarnie zmęczony, wycieńczony i bardzo długo, co pół godziny, ciągle od nowa namydlając ręce, mył je w umywalce. Po same łokcie. Jak chirurg"[391]. Naiwnym wydać się może, że praca śledczego to jedna wielka pisanina. Ależ nic podobnego! Jak wspomina syn Rodosa: „Kiedy szedł do pracy zgodnie z harmonogramem, czasami robił sobie lewatywę. Miał już spory brzuch, a praca była ciężka, fizyczna, wszystko się mogło zdarzyć (...)"[392].

W podpisanej w 1939 roku przez szefa Oddziału Śledczego NKWD Bogdana Kobułowa charakterystyce funkcjonariusza Rodosa napisano: „Przeprowadził cały szereg dużych śledztw. Posiada czekistowskie doświadczenie, robi postępy w pracy operacyjnej. Do zlecanych mu zadań podchodzi ze starannością, osiąga sukcesy w pracy nad kształtowaniem młodych kadr czekistowskich (...). Świadomy politycznie. Aktywnie uczestniczy w partyjnym i społecznym życiu kolektywu i pełni funkcję zastępcy redaktora naczelnego gazety ściennej (...)"[393]. No proszę! Nie tylko umiał pięknie wypełniać protokoły przesłuchań, lecz także zdążał w przerwach między znęcaniem się nad więźniami redagować gazetkę ścienną. A jednak koszty pracy śledczej dawały o sobie znać. W charakterystyce z 1942 roku odnotowano również wady Rodosa: „Nierówny charakter i niekiedy grubiańskie zachowanie w relacjach z pracownikami pionu śledczego"[394]. A w charakterystyce z 1946 roku była już tylko sucha notatka: „Cechy osobiste – uparty, wymagający od podwładnych, zdyscyplinowany"[395].

W czasie wojny Rodos – znany z zaangażowania, z jakim przeprowadzał represje polityczne – uczestniczył w śledztwach zbiorowych za tzw.

---

[390] W. B. Rodos, *Ja – syn pałacza*, Moskwa 2008, s. 7.
[391] Tamże, s. 19.
[392] Tamże.
[393] RGASPI, f. 17, op. 100, akta osobowe Rodosa, l. 10.
[394] Tamże, l. 11.
[395] CA FSB, f. 4-os., op. 4, d. 25, l. 52.

działalność antysowiecką. Były to sprawy: „Ludowej partii pracy", „Rosyjskiej partii narodowej", przywódców Polski Podziemnej i kierownictwa Armii Krajowej (sprawa Okulickiego i innych). Uczestniczył w śledztwie w sprawie dowódcy oddziału partyzanckiego Nikifora Kolady – legendarnego Bati, który we wrześniu 1942 roku otrzymał Order Lenina, a miesiąc później został aresztowany pod zarzutem „niewykonania rozkazu dowództwa i okłamania organów kierowniczych" (w 1954 roku Kolada został rehabilitowany). W 1945 roku brał udział w śledztwie mniszki Mieńszowej--Radiszczewej, podającej się za córkę Mikołaja II – Tatjanę Romanową[396].

Po mianowaniu Abakumowa na nowego ministra bezpieczeństwa państwowego w maju 1946 roku zmieniło się kierownictwo pionu śledczego. Włodzimirski został skierowany do Zarządu MGB w Gorkach, a dla Rodosa nie było etatu. Wkrótce jemu również znaleziono pracę, kierując go na stanowisko szefa Oddziału Śledczego Zarządu MGB w obwodzie krymskim. Wygnanie z aparatu centralnego MGB Rodos tłumaczył tym, że wysłał do sekretarza KC Aleksieja Kuzniecowa pismo z kompromitującymi informacjami o Abakumowie, a ten zemścił się na nim, gdy się o tym dowiedział[397].

W 1952 roku Rodos został zwolniony z MGB i zatrudnił się jako szef sztabu obrony przeciwlotniczej poczty w Symferopolu. Jako pamiątki z poprzedniej pracy zostały mu odznaczenia i nagrody: dwa Ordery Czerwonej Gwiazdy (26.04.1940 rok, 6.11.1946 rok), order „Znak Honoru" (20.09.1943 rok), cztery medale i odznaka „Honorowy funkcjonariusz WCzK-GPU (XV)" (9.05.1938 rok).

---

[396] Chodzi o Natalię Mieszową-Radiszczewą, córkę monarchisty. W 1918 roku po w Kijowie pod wpływem księży katolickich przeszła ona na katolicyzm. Od 1920 roku przebywała w Polsce, gdzie jej protektorami byli prymas Aleksander Kakowski i nuncjusz papieski w Warszawie. Wówczas zaczęła się podawać za „cudem ocaloną Tatjanę Romanową". Przebywała w warszawskim klasztorze szarytek, a następnie sakramentek. W 1939 roku znalazła się we Lwowie, gdzie jej protektorem został arcybiskup Andriej Szeptycki, następnie powróciła do Warszawy i została zwerbowana przez niemiecki wywiad. Od 1942 roku ponownie przebywała we Lwowie pod opieką Szeptyckiego (np. w klasztorze bazylianek: będąc opiekunką chorych w klasztornym szpitalu, m.in. współpracowała z UPA jako „Marylka Wysoka") (przyp. red.).
[397] GARF, f. 7523, op. 89, d. 8728, l. 46.

Po śmierci Stalina Rodos od razu napisał do Bogdana Kobułowa podanie z prośbą o rewizję decyzji o zwolnieniu i przywrócenie go do pracy w „organach". Ale Kobułow nie miał do tego głowy i Rodos otrzymał odpowiedź odmowną z powodu „braku wolnych etatów"[398]. A po aresztowaniu Berii dla Rodosa zaczęło się odliczanie czasu.

W latach 1938–1941 Rodos prowadził najgłośniejsze śledztwa, przesłuchiwał znanych przywódców państwowych, działaczy nauki i kultury. Ich lista robi wrażenie: to członkowie Biura Politycznego KC WKP(b) Stanisław Kosior i Włas Czubar, zastępcy członków Biura Politycznego Paweł Postyszew i Robert Ejche, sekretarz generalny Komsomołu (KC WLKSM) Aleksandr Kosariew, członkowie KC WKP(b) Aleksiej Stecki i Nikołaj Antipow, szereg sekretarzy komitetów obwodowych: Kabardyno--Bałkarii – Bejtał Kałmykow, Omska – Dmitrij Bułatow, Iwanowa – Iwan Nosow, dowódcy wojskowi: Mierecków, Sztern, Łoktionow, Smuszkiewicz, Ryczagow, inni wojskowi i kierownicy sektora zbrojeniowego aresztowani w 1941 roku, pisarz Izaak Babel, reżyser Wsiewołod Meyerhold.

Wszystkich ich zrehabilitowano w pierwszych latach po śmierci Stalina. Nie można było nie zwrócić uwagi na śledczego, który męczył tych ludzi podczas przesłuchań, zmuszając do składania fałszywych zeznań na własną niekorzyść i pogrążania innych. Już podczas śledztwa w sprawie Berii nazwisko Rodosa wypłynęło w związku z wieloletnim nielegalnym przetrzymywaniem w więzieniu Konstantina Ordżonikidzego, brata Sergo Ordżonikidzego[399]. Wiadomo, że rozkaz dawał bezpośrednio Stalin, a Rodos tylko „dopełnił formalności". Ale oto nastąpiła godzina rozliczenia: 5 października 1953 roku Rodos został aresztowany. Zarzucono mu „ciężkie przestępstwa przeciwko KPZS" z paragrafów 58-1 „b" (zdrada ojczyzny), 58-8 (terror), 58-11 (działanie w grupie) Kodeksu Karnego RFSRS.

Wygłaszając 25 lutego 1956 roku podczas XX Zjazdu swój słynny antystalinowski referat Nikita Chruszczow nie zapomniał powiedzieć

---

[398] Tamże.
[399] Byłego ministra przemysłu ciężkiego (przyp. red.).

paru słów o Rodosie, który zrobił na nim takie niezatarte wrażenie podczas spotkania w sali posiedzeń Prezydium KC KPZS: „Wysłuchaliśmy niedawno Rodesa [tak w tekście – N. P.], śledczego, który przesłuchiwał Kosiora i Czubara. Mały człowiek, ze słabym wykształceniem, o kurzym móżdżku, i ten człowiek decydował o losie tamtych ludzi (…)"[400]. A następnego dnia odbył się proces Rodosa – 26 lutego 1956 roku Izba Wojskowa Sądu Najwyższego ZSRS skazała go na karę śmierci przez rozstrzelanie. Przebywając w Więzieniu Butyrskim, 28 lutego Rodos napisał prośbę o ułaskawienie. Przyznając się do swych przewin wobec KPZS, twierdził, że był „ślepym narzędziem w rękach Berii i jego wspólników", ale odrzucał oskarżenia o „zamiary kontrrewolucyjne" i prosił o pozostawienie go przy życiu. „Ze względu na zupełnie niewinne moje dzieci, matkę-staruszkę i żonę, błagam Prezydium Rady Najwyższej ZSRS o pozostawienie mnie przy życiu, abym mógł wykorzystać swoje siły, by chociaż częściowo odkupić winy wobec partii i narodu pełną poświęcenia pracą w dowolnych warunkach"[401].

17 kwietnia 1956 roku Prezydium Rady Najwyższej ZSRS odrzuciło wniosek Rodosa o ułaskawienie i trzy dni później wyrok wykonano.

Oprawca został pochowany na Cmentarzu Dońskim, tuż obok swoich ofiar, które torturował, zanim wykonano na nich wyroki śmierci.

---

[400] *Dokład N. S. Chruszczowa o kultie licznosti Stalina na XX sjezdie KPSS: Dokumienty*, Moskwa 2002, s. 138.
[401] GARF, f. 7523, op. 89, d. 8728, l. 3, 48.

Śledczy - łamacz kości: wariant na eksport

Bił mężczyzn i kobiety przed ich rozstrzelaniem, a w głębi duszy wiedział, że sam „karę śmierci zniesie z trudem".

Prosił, żeby go rozstrzelać pięcioma kulami. „Od jednej nie umrę" – pisał we wniosku o ułaskawienie[402]. W odróżnieniu od Riumina, o jego procesie i egzekucji nie pisały gazety. Nie przyprowadzono go także na posiedzenie Prezydium KC KPZS jak Rodosa. Ale nie oznacza to, że Szwarcman, były zastępca szefa Oddziału Śledczego MGB, był człowiekiem niepozornym czy tuzinkowym. W materiałach śledztwa zgłaszanych do KC w związku ze sprawą Abakumowa jego nazwisko figurowało zaraz za byłym ministrem, a sprawę „spiskowców" z MGB nazywano sprawą Abakumowa-Szwarcmana. Lew Leonidowicz (Aronowicz) Szwarcman pracę w „organach" zaczął dość późno – w wieku 30 lat – ale karierę zrobił szybką i imponującą. W ciągu około pięciu lat zdobył wszystkie stopnie oficerskie. Urodził się 25 lipca 1907 roku w Petersburgu w rodzinie urzędnika bankowego. W ankietach Szwarcman zazwyczaj pisał, że „nie znał ojca"[403]. Robił to nawet nie ze względu na niewłaściwe pochodzenie społeczne. Było o wiele gorzej. Jego ojciec w czasie wojny domowej służył w Białej

---
[402] Tamże, d. 8382, l. 6.
[403] RGASPI, f. 17, op, 100, d. 229679.

Armii i w 1919 roku poległ w walce. Dwa albo trzy lata po urodzeniu syna ojciec Szwarcmana zostawił rodzinę. Matka przeprowadziła się i znalazła pracę jako felczerka-akuszerka w szpitalu ziemskim w miasteczku Szpoła, w powiecie[404] zwienigorodzkim, w guberni kijowskiej.

W 1923 roku Szwarcman ukończył szkołę robotniczą nr 25 w Kijowie (siedem klas), w tym samym roku zmarła jego matka. W czasie nauki dorabiał jako uczeń introligatora w chałupniczym warsztacie Zakrewskiego oraz jako robotnik w ogrodach Meyera w Kijowie. W latach 1923–1925 uczył się na kursach przygotowawczych do studiów na uczelni wyższej i jednocześnie pracował jako drużynowy w organizacji pionierskiej w Kijowie. Nie był to koniec jego edukacji. W styczniu 1925 roku został gazeciarzem w wydawnictwie „Mołodoj proletarij", a następnie reporterem gazety „Kijewskij proletarij". Również w 1925 roku wstąpił do Komsomołu.

Zadziorne pióro

Szwarcman okazał się świetnym dziennikarzem. Dość szybko awansował na szefa rubryki inspekcji robotniczo-chłopskiej w gazecie „Kijewskij proletarij", a wkrótce został wiceprzewodniczącym komórki partyjnej w tej gazecie. Zauważono go w Moskwie i KC Komsomołu podjęło decyzję o przeniesieniu go do stolicy. Tam od lutego 1929 roku Szwarcman objął stanowisko przewodniczącego działu informacji wewnętrznej w gazecie „Moskowskij komsomolec", a od stycznia 1930 roku pełnił po kolei funkcje szefa działu informacji, budownictwa miejskiego, przeglądów prasy, aż w końcu w czerwcu 1934 roku został sekretarzem redakcji w gazecie „Raboczaja Moskwa".

Jednak jego ostre pióro było potrzebne nie tylko w prasie. Talent pisarski wysoko ceniono także w innym resorcie. Tam niepotrzebne były eseje i reportaże – Szwarcman musiał opanować takie gatunki, jak nakazy

---

[404] Ros. ujezd – jednostka administracyjna w Imperium Rosyjskim oraz Rosji Sowieckiej w pierwszych latach po rewolucji 1917 roku; odpowiada powiatowi (przyp. red.).

aresztowań czy protokoły przesłuchań. Szwarcman prawdopodobnie przeszedł klasyczną drogę do „organów" – najpierw tajna współpraca, a dopiero potem wstąpienie na oficjalną służbę. Zauważył go i załatwił mu pracę w bezpiece Siemion Pawłowski, który jako pracownik Tajno-Politycznego Oddziału Zarządu NKWD w obwodzie moskiewskim kontrolował funkcjonowanie wydawnictw. W 1935 roku Pawłowski poznał Szwarcmana i nawiązał z nim „dobre stosunki osobiste"[405]. O tym, że to właśnie on wciągnął Szwarcmana do NKWD, Pawłowski zeznał podczas przesłuchania w 1952 roku, kiedy obaj siedzieli w areszcie pod zarzutem udziału w „spisku syjonistycznym w MGB". Wtedy – w sierpniu 1937 roku – w NKWD było ogromne zapotrzebowanie na śledczych i ostre pióro Szwarcmana okazało się bardzo potrzebne. Jego profil partyjny też był bez zarzutu – od 1936 roku był członkiem WKP(b). 20 września 1937 roku Szwarcman objął stanowisko oficera operacyjnego 9. wydziału w IV Oddziale (Tajno--Politycznym) GUGB NKWD. A 8 kwietnia 1938 roku otrzymał stopień lejtnanta bezpieczeństwa państwowego. W Oddziale Tajno-Politycznym szybko zaczął się wyróżniać. Sporządzał nie tylko protokoły przesłuchań, lecz także posiedzeń partyjnych. W 1938 roku został wybrany na członka biura partyjnego, a później na sekretarza kolektywu partyjnego oddziału. Od połowy 1938 roku piastował stanowisko asystenta naczelnika 5. wydziału IV Oddziału I Zarządu NKWD ZSRS. Wydział odpowiadał za pracę agenturalno-operacyjną w zakładach drukarskich, wśród pisarzy, artystów, aktorów, malarzy i architektów. Jego szefem był wtedy Leonid Rajchman, od którego Szwarcman mógł się dużo nauczyć. Po latach ich drogi znów się spotkają – obaj zostaną aresztowani w 1951 roku w związku ze „spiskiem syjonistycznym w MGB". Ale w 1938 roku ich drogi się rozeszły. Rajchman dalej robił karierę w strukturach operacyjnych, a Szwarcman zaczął się specjalizować w śledztwach. Błyskawicznie opanował sztukę łączenia mordobicia z pracą literacką, co zadecydowało o sukcesie tego wychowanka szkoły Jeżowa i Berii. Wsławił się jako specjalista

---

[405] CA FSB, f. 4-os., op. 10, d. 68, l. 89.

w zakresie sporządzania „własnoręcznych" zeznań i oświadczeń aresztowanych[406].

Pomocnik Berii

Szwarcman został wiceszefem pionu śledczego II (Tajno-Politycznego) Oddziału GUGB NKWD 26 listopada 1938 roku. Nie tylko z łatwością wszedł w skład gabinetu nowego narkoma spraw wewnętrznych, lecz także asystował Bogdanowi Kobułowowi – najbliższemu współpracownikowi Berii – przy przesłuchiwaniu najważniejszych oskarżonych. Stalin miał okazję w pełni docenić rzetelnego śledczego Szwarcmana w listopadzie 1938 roku. Wódz niezwykle długo wczytywał się w jeden z protokołów z przesłuchania podpisany przez Bogdana Kobułowa, szefa II Oddziału GUGB oraz zastępcę szefa wydziału tegoż oddziału – Szwarcmana. Był to protokół przesłuchania I. D. Finkiela z 14 listopada. Przesłuchiwany – były pomocnik sekretarza moskiewskiego miejskiego komitetu partii Chruszczowa – w momencie aresztowania był referentem zarządu mieszkaniowego Mossowietu[407]. 23 listopada 1938 roku Beria wysłał ten protokół do Stalina bez jakichkolwiek komentarzy. Finkiel przyznawał się w nim, że od 1923 roku był związany z trockistami i szpiegował dla Polski i USA. Ponadto wymienił szereg pracowników aparatu Chruszczowa w Moskwie, którzy mieli należeć do „podziemnej organizacji". Finkiel nie wysuwał oskarżeń bezpośrednio pod adresem Chruszczowa, choć twierdził, że został zwerbowany do pracy wywiadowczej przez Amerykanina, który przygotowywał dokumentację projektu budowy metra, niejakiego Morgana. Następnie Finkiel skontaktował Amerykanina z Chruszczowem. Zeznał też, że w maju 1937 roku Chruszczow nagle zabronił mu spotykać się z Morganem, a ten ostatni we wrześniu wyjechał do USA. Niby nic takiego, ale… Stalin długo zastanawiał się nad tym dokumen-

---

[406] *Rieabilitacyja…*, t. 1, s. 122.
[407] Mossowiet – Moskiewska rada miejska (przyp. red.).

tem, o czym świadczą liczne wzorki i linie nabazgrane ołówkiem wokół wynotowanego przez niego na marginesie nazwiska Chruszczowa. Jest tam również niewyraźna uwaga Stalina: „sprawa Chruszczowa" lub „dla Chruszczowa"[408]. Krótko mówiąc, 23 listopada 1938 roku życie Chruszczowa wisiało na włosku. Szwarcman kontynuował przesłuchania aresztowanych ludzi z otoczenia Chruszczowa. 25 listopada 1938 roku przesłuchał N. I. Dedikowa, byłego drugiego sekretarza moskiewskiego miejskiego komitetu partii (gorkomu). Ten protokół również trafił do Stalina. Ale wódz postanowił Chruszczowa nie ruszać.

Szwarcmanowi zaś powierzono przesłuchiwanie i maltretowanie najświetniejszych aresztantów. Prowadził dochodzenia w sprawach: Aleksandra Kosariewa, Izaaka Babla, Michaiła Kolcowa, Wsiewołoda Meyerholda. 1 stycznia 1939 roku Szwarcman objął stanowisko zastępcy szefa pionu śledczego NKWD, a 4 września 1939 roku awansował na zastępcę szefa pionu śledczego w Głównym Zarządzie Ekonomicznym NKWD.

Razem z Berią i Kobułowem Szwarcman przesłuchiwał A. I. Ugarowa, pierwszego sekretarza Moskiewskiego Komitetu Obwodowego. Stosując tortury, zmusił go do przyznania się do „wrogiej działalności"[409]. Kosariew – Generalny Sekretarz KC Komsomołu, kiedy został aresztowany i trafił w ręce Szwarcmana, doświadczył na własnej skórze wszystkich jego „śledczych sztuczek". Później podczas przesłuchania Szwarcman cynicznie przyznał: „Zrozumiawszy beznadziejność swojej sytuacji, aresztowany zgodził się złożyć zeznania o swojej «wrogiej działalności»[410]. Były funkcjonariusz „organów" A. S. Kozłow w 1950 roku opisał, jak to wyglądało: „Kosariew leżał na brzuchu na podłodze i jęczał. Makarow trzymał go za nogi, Rodos za głowę, a Szwarcman bił gumowym kablem"[411]. Dlaczego jednak Kosariew podczas procesu nie odwołał swoich zeznań wymuszonych torturami? Wielu podsądnych tak robiło, mimo że nikt prócz sędziów

---

[408] RGASPI, f. 17, op. 171, d. 368, l. 66–94.
[409] *Rieabilitacyja...*, t. 2, s. 356.
[410] Tamże, t. 1, s. 167.
[411] RGASPI, f. 17, op. 171, d. 478, l. 21.

na zamkniętym posiedzeniu Izby Wojskowej nie mógł ich usłyszeć. I nikomu by to raczej nie pomogło... Ale tutaj również nie obeszło się bez intrygi Szwarcmana. Kosariewowi obiecano, że od jego zachowania podczas procesu będzie zależało, czy zostanie przy życiu. Sam Szwarcman potwierdził to na przesłuchaniu: „Nie pamiętam, przed czy po posiedzeniu Izby Wojskowej Sądu Najwyższego ZSRS wbrew obowiązującemu porządkowi osobiście wręczyłem Kosariewowi kartkę i zaproponowałem, żeby napisał na imię Berii prośbę o ułaskawienie... Kosariew zrobił to, a ja osobiście, omijając bezpośrednich przełożonych, zameldowałem o sprawie Berii. Jednak ten, przeczytawszy wniosek, puścił wiązankę przekleństw, odrzucił prośbę Kosariewa i nie przekazał jej dalej (...)"[412]. 23 lutego 1939 roku Kosariew został rozstrzelany.

Kto powiedział, że śledczy to zawód dla dżentelmena? Szwarcman z takim samym zaangażowaniem bił mężczyzn, co kobiety. W 1955 roku podczas jego procesu świadek W. F. Pikina – sekretarz KC Komsomołu – opowiedziała, jak po aresztowaniu przyprowadzono ją do gabinetu narkoma: „Beria oświadczył jej, że NKWD przygotowuje proces młodzieży, podczas którego Pikina ma wystąpić i zdemaskować kontrrewolucyjną działalność Kosariewa. Pikina odmówiła udziału w przestępczym planie Berii. Następnie Kobułow (skazany) i Szwarcman bili ją gumowymi pałkami, aby zmusić do podpisania wymyślonych przez Szwarcmana zeznań o «wrogiej działalności» Kosariewa i swojej własnej"[413].

Szwarcman miał roboty po łokcie. Razem z Kobułowem przesłuchiwał byłego narkoma spraw wewnętrznych Jeżowa[414], byłego ważnego czekistę Minajewa-Cykanowskiego[415], byłego pierwszego sekretarza Nowosybirskiego Komitetu Obwodowego I. I. Aleksiejewa[416]. W czerwcu 1940 roku

---

[412] *Rieabilitacyja...*, t. 1, s. 168.
[413] GARF, f. 7523, op. 89, d. 8382, l. 21.
[414] Przesłuchanie z 26 kwietnia 1939 roku. Zob. Łubianka. Stalin i NKWD-NKGB-GUKR „SMIERSZ" 1939 – Mart 1946, red. W. N. Chaustow, W. P. Naumow, N. S. Płotnikowa, Moskwa 2006, s. 72.
[415] Przesłuchanie z 11 grudnia 1938 roku. Zob. RGASPI, f. 17, op. 171, d. 370, l. 32–51.
[416] Przesłuchanie z 14 grudnia 1938 roku. Zob. Tamże, d. 368, l. 52–82.

prowadził sprawę Nikołaja Klestowa-Angarskiego – starszego pracownika naukowego Instytutu Marksa – Engelsa – Lenina, oskarżonego o współpracę z carską Ochraną przed rewolucją[417]. W 1939 roku komitet partyjny ocenił Szwarcmana jako „komunistę wytrwałego i oddanego walce z wrogami ludu"[418]. Zadziwiająco szybko zdobywał kolejne stopnie: 25 lutego 1939 roku z lejtnanta od razu awansował na kapitana bezpieczeństwa państwowego, a niemal dokładnie rok później, 14 marca 1940 roku został majorem BP. 14 lutego 1943 roku otrzymał stopień pułkownika bezpieczeństwa BP.

Szwarcman uczestniczył w sowietyzacji części Finlandii przyłączonej do ZSRS na skutek jego agresji. Na mocy rozkazu NKWD ZSRS nr 00327 z 15 marca 1940 roku Szwarcman został zastępcą naczelnika operacyjnej grupy czekistów w Wyborgu. Do jego kompetencji należało przeprowadzanie aresztowań, kierowanie dochodzeniem i organizowanie struktur NKWD na nowym terenie.

Po utworzeniu 26 lutego 1941 roku Ludowego Komisariatu Bezpieczeństwa Państwowego Szwarcman został zastępcą szefa pionu śledczego w ramach tegoż narkomatu. Po połączeniu NKGB i NKWD zachował stanowisko, a od 14 maja 1943 roku aż do momentu aresztowania pełnił funkcje zastępcy szefa Oddziału Śledczego NKGB do Spraw Szczególnej Wagi (od 1946 roku – MGB).

Podczas zmiany ekipy rządzącej w MGB Szwarcman, w odróżnieniu od Rodosa, utrzymał się w Oddziale Śledczym. Świetnie sprawdzał się w tej pracy – przeprowadzone przez niego sprawy mówią same za siebie: „W czasie pracy w pionie śledczym skutecznie prowadził szereg ważnych spraw i osobiście brał udział w śledztwach z nimi związanych. W 1941 roku uczestniczył w dochodzeniu w sprawie organizacji wojskowo-spiskowej (Sztern, Łoktionow, Sakrijer i inni)"[419].

---

[417] *Łubianka. Stalin i NKWD-NKGB-GUKR „SMIERSZ" 1939 – Mart 1946*, red. W. N. Chaustow, W. P. Naumow, N. S. Płotnikowa, Moskwa 2006, s. 176.
[418] RGASPI, f. 17, op. 100, d. 229679, l. 7.
[419] CA FSB, f. 4-os., op. 4, d. 25, l. 51.

W 1942 roku prowadził śledztwo w sprawie Rosyjskiej Partii Narodowej, w latach 1943–1944 w sprawie organizacji „Odrodzenie Rosji", w 1945 roku w sprawie „polskiego rządu podziemnego i dowództwa AK" (sprawa Okulickiego i innych). W charakterystyce odnotowano: „Z natury sumienny i zdyscyplinowany, wykazuje inicjatywę. Jest członkiem komitetu partyjnego MGB ZSRS"[420]. Znalazło się dla Szwarcmana miejsce w Oddziale Śledczym nawet wtedy, kiedy jego nowy przełożony Leonow – protegowany Abakumowa – obsadzał kierownicze stanowiska swoimi ludźmi ze SMIERSZ-u.

Występy zagraniczne

Abakumow docenił służbową gorliwość Szwarcmana i zaczął mu powierzać delikatne zadania nie tylko w Moskwie, lecz także za granicą. Jako zastępca szefa Oddziału Śledczego MGB do Spraw Szczególnej Wagi Szwarcman był od grudnia 1946 do lutego 1947 roku w delegacji w Berlinie w celu wykonania „zadania specjalnego", od lipca do sierpnia 1947 roku przebywał w Sofii. W tym samym 1947 roku (wrzesień-listopad) na prośbę Kawtaradzego – ambasadora ZSRS w Rumunii – oddelegowano go do Bukaresztu w celu „wsparcia rumuńskich władz w przygotowaniu procesu Partii Narodowo-Chłopskiej na czele z Iuliu Maniu"[421].

Najbardziej owocna okazała się delegacja do Bułgarii. Na początku czerwca 1949 roku Stalin podjął decyzję o skierowaniu do tego kraju zastępców szefa Oddziału Śledczego MGB Michaiła Lichaczowa i Szwarcmana, żeby pomogli w prowadzeniu śledztwa w sprawie członka Politbiura i sekretarza KC Bułgarskiej Partii Komunistycznej Trajczo Kostowa[422]. Po przyjeździe do Sofii (8 czerwca 1949 roku) wysłali oni pierwszy raport do Moskwy. Wynikało z niego, że w związku ze sprawą „grupy trocki-

---

[420] Tamże.
[421] Tamże, d. 28, l. 93.
[422] *Wostocznaja Jewropa w dokumientach Rosijsskich archiwow, 1944–1953*, t. 2, Moskwa – Nowosybirsk 1998, s. 185.

stowskiej, która na zamówienie angielskiego wywiadu prowadziła sabotaż w gospodarce narodowej", aresztowano już 12 osób i uzyskano zeznania, że jeden z członków grupy był związany z Kostowem. Sam Kostow został aresztowany 20 czerwca. Szwarcman i Lichaczow porządnie się za niego wzięli. Po miesiącu (28 lipca) przysłali do Moskwy triumfalny raport o przełomie, jaki nastąpił w przesłuchaniach Kostowa: „Bardziej otwarcie mówi o swojej wrogiej działalności". W meldunku wspominano o pomocy udzielonej przez bułgarskich śledczych, o dwóch zebraniach śledczych, na których „analizowano błędy w dotychczasowej pracy". Lichaczow i Szwarcman uznali, że wypełnili powierzone im zadanie i na danym etapie ich obecność w Bułgarii „jest zbędna", a uzasadniali to obawą przed powstaniem „pogłosek o ingerencji ZSRS w sprawę aresztowań w Bułgarii". Takiego samego zdania był ambasador ZSRS w Bułgarii[423].

Przygotowanie pokazowego procesu Kostowa wymagało wsparcia z Moskwy, więc Stalin ponownie wysłał Szwarcmana do Bułgarii. Po przyjeździe do Sofii skierował on do Moskwy meldunek, że 19 września 1949 roku odbył spotkanie z Czerwenkowem w obecności Christozowa i przekazał im wskazówki Stalina co do sprawy Kostowa – jak prowadzić śledztwo i realizować jego główny cel – „zdemaskowanie przestępczych związków z kliką Tity". Szwarcman przekazał też gospodarzom zalecenie, bez wątpienia przygotowane w Moskwie, żeby zrewidowali materiały Bułgarów, „szczególnie z grona Macedończyków", podejrzewanych o tajne związki z Jugosłowiańską Misją w Sofii, a także znaleźli wszystkich potencjalnych współpracowników jugosłowiańskiego wywiadu w Bułgarii[424]. Szwarcman został w tym kraju do grudnia 1949 roku. W efekcie tej wizyty odbył się głośny proces na modłę „moskiewskich procesów" lat trzydziestych. Kostow i wielu innych bułgarskich przywódców zostali skazani na śmierć.

Szwarcman, podobnie zresztą jak jego koledzy z Wydziału Śledczego Rodos i Riumin, nie dostał zbyt wielu odznaczeń. Jego pierś zdobił

---

[423] CA FSB, f. 4-os., op. 7, d. 11, l. 1–11.
[424] Tamże, d. 16, l. 93–98.

Order Wojny Ojczyźnianej 1. klasy (24.09.1943 rok), Order Czerwonej Gwiazdy (26.04.1940 rok), order „Znak Honoru" (20.09.1943 rok), i sześć medali. No i – rzecz jasna – odznaka „Zasłużonego funkcjonariusza NKWD" (4.02.1942 rok).

Rewanż

Dzień po zatrzymaniu Abakumowa, 13 lipca 1951 roku aresztowano całe kierownictwo Oddziału Śledczego MGB ZSRS, nie wyłączając Szwarcmana. Wszyscy zostali oskarżeni o udział w „spisku syjonistycznym" i działalność wywrotową w MGB.

Teraz żadne dawne zasługi wobec Stalina nie mogły uratować Szwarcmana. On sam – jako były śledczy z ogromnym doświadczeniem wymuszania zeznań – wiedział: żeby uniknąć tortur, lepiej przyznawać się do wszystkiego, nawet z przesadą. Szwarcman stosował się do tej zasady, ale i tak był bity. W jego zeznaniach znalazło się wszystko, czego Ignatjew i Riumin potrzebowali, żeby aresztować wysokich rangą funkcjonariuszy MGB. A nawet więcej – Szwarcman opowiadał na przesłuchaniach takie niestworzone historie, że pojawiała się obawa, czy przypadkiem nie zwariował.

Przyznał się, że przygotowywał zamach na Malenkowa i wciągnął w to „niektórych szefów partii i rządu", przyznał się do szpiegostwa na rzecz wywiadu angielskiego, amerykańskiego, francuskiego, japońskiego i norweskiego. Komisja lekarsko-psychiatryczna zarzuciła mu kłamstwo[425].

Riumin, jeden z autorów sprawy „spisku syjonistycznego", podczas przesłuchania w czerwcu 1953 roku zeznał: „W tym dochodzeniu dopuszczono się jeszcze jednego przestępstwa, które polegało na tym, że podczas przesłuchań aresztowanych pracowników MGB pochodzenia żydowskiego wykorzystywano ewidentnie zmyślone pomówienia Szwarcmana,

---

[425] *Łubianka. Stalin i MGB SSSR. Mart 1946 – mart 1953*, red. W.N. Chaustow, W.P. Naumow, N.S. Płotnikowa, Moskwa 2007, s. 525.

chociaż zarówno ja, jak i Ignatjew doskonale zdawaliśmy sobie sprawę z jego prowokacyjnego zachowania w trakcie śledztwa"[426]. Mimo absurdalności zeznań Szwarcmana, udało się „wydestylować" z nich wiarygodnie brzmiące wątki. Wynikało z nich, że jego ojczym Naum Kozlenko wciągnął go do „organizacji syjonistycznej" w 1921 roku i od tej pory Szwarcman zajmował się sabotażem, ukrywając swoje prawdziwe poglądy. Swoją destrukcyjną działalność rozwinął zaś na największą skalę po pojawieniu się w kierownictwie MGB Abakumowa[427]. 17 lutego 1953 roku minister bezpieczeństwa państwowego Ignatjew wysłał Stalinowi projekt oskarżenia w sprawie Abakumowa – Szwarcmana i zasugerował rozpatrzenie sprawy w trybie uproszczonym przez Izbę Wojskową (bez udziału obrońców i oskarżycieli) oraz skazanie wszystkich oskarżonych w tej sprawie (10 czekistów na stanowiskach kierowniczych) na śmierć przez rozstrzelanie. Stalin uznawszy, że grono oskarżonych jest zbyt wąskie, naniósł na projekcie wyroku uwagę: „Nie za mało?"[428]. Przerobiony z uwzględnieniem uwag Stalina projekt aktu oskarżenia w sprawie Abakumowa – Szwarcmana wysłano Stalinowi i Malenkowowi 26 lutego 1953 roku. Tym razem widniało tam 11 potencjalnych ofiar. Stalin nie zdążył go rozpatrzyć.

Po śmierci wodza Beria rozpoczął energiczną rewizję spraw aresztowanych czekistów. Zostawił jednak w więzieniu Abakumowa i ludzi z jego najbliższego otoczenia. Szwarcman został do nich zaliczony. Być może Berię rozdrażniły prowokacyjne zeznania Szwarcmana, które Ignatjew i Riumin wykorzystali do pogrążenia jego ludzi. Tak czy inaczej – Szwarcman dalej siedział. Jednak jego sprawę wyłączono z procesu Abakumowa i był sądzony osobno.

Proces Szwarcmana (na posiedzeniu Izby Wojskowej) odbył się w Moskwie w dniach 1–3 marca 1955 roku za zamkniętymi drzwiami. Oskar-

---

[426] CA FSB, f. 4-os., op.11, d. 35, l. 129.
[427] *Łubianka. Stalin i MGB SSSR. Mart 1946 – mart 1953*, red. W. N Chaustow, W. P. Naumow, N. S. Płotnikowa, Moskwa 2007, s. 525–533.
[428] Tamże, s. 569.

żono go z artykułów 58-1 „b" (zdrada ojczyzny), 58-7 (szkodnictwo), 58-8 (terror), 58-11 (działanie w grupie) Kodeksu Karnego RFSRS. Preambuła wyroku, który zapadł 3 marca, do złudzenia przypominała retorykę czasów stalinowskich: „Podsądny Szwarcman, wychowany w duchu syjonizmu i wyznający burżuazyjno-nacjonalistyczne poglądy, pracując w organach bezpieczeństwa państwowego ZSRS zdradził ojczyznę i zaczął prowadzić wywrotową wrogą działalność przeciwko państwu socjalistycznemu"[429].

Tym niemniej podczas procesu można było również usłyszeć liczne zeznania świadków o tym, jak Szwarcman bił aresztantów gumową pałką. Po wojnie „sfabrykował zarzuty przeciwko wysoko postawionemu pracownikowi Ministerstwa Rolnictwa ZSRS G. N. Szłykowowi, robiąc z uczciwego sowieckiego pracownika amerykańskiego szpiega"[430]. W ten sam sposób sfabrykował zarzuty przeciwko wiceministrowi łączności ZSRS A. D. Fortuszence. W efekcie Szłykow i Fortuszenko zostali skazani na 25 lat pozbawienia wolności (w 1954 roku zrehabilitowani). Szwarcman przyłożył rękę do „sprawy leningradzkiej" i odegrał w niej szczególnie odpowiedzialną rolę: „Brał udział w sporządzeniu tekstu aktu oskarżenia, wyolbrzymiając przy tym wyssane z palca zarzuty i był jednym z autorów projektu wyroku przedłożonego sądowi"[431]. Ponadto: „W 1949 roku z polecenia Abakumowa wziął udział w zagranicznej prowokacji politycznej, w falsyfikacji protokołu przesłuchania Borodina w celu skompromitowania szefów Komunistycznej Partii Chin i podważenia zaufania do nich"[432]. W wyroku Szwarcmana odnotowano: „Wskutek jego wrogiej działalności byli likwidowani zupełnie niewinni uczciwi sowieccy obywatele"[433]. Wyrok był przewidywalny – rozstrzelanie.

Nie do końca wiadomo, co działo się w głowie Szwarcmana. Jego wniosek o ułaskawienie robi dziwne wrażenie. Z jednej strony – przyznaje,

---
[429] GARF, f. 7523, op. 89, d. 8382, l. 20.
[430] Tamże, l. 22.
[431] Tamże, l. 23.
[432] Tamże.
[433] Tamże.

że wykonywał „przestępcze zlecenia" Kobułowa i Abakumowa, stosował „nielegalne metody" prowadzenia śledztwa, z drugiej zaś – zaprzecza oskarżeniom o „zdradę ojczyzny" i „terroryzm", dlatego prosi o ułaskawienie. Niby logiczne. Jednak następny akapit zaskakuje i odsłania mroczne głębiny świadomości: „Jeśli wyrok nie zostanie odwołany, proszę o rozstrzelanie z broni palnej pięcioma pociskami rozpryskowymi, ponieważ od jednego naboju nie umrę, od dwóch lub trzech też, zwłaszcza zwykłych, będę żył i męczył się, a jestem bardzo chory i mąk oraz bólu więcej nie zniosę"[434].

Wyszło prawie jak u Zoszczenki: „Bo rzeczywiście najwyższego wymiaru nie bardzo znoszę" – rzekł nepman, bohater opowiadania *Spiesznoje dieło* (*Wskazany pośpiech*)[435], który bardzo bał się kary śmierci.

Szwarcman został rozstrzelany 13 maja 1955 roku po odrzuceniu przez Prezydium Rady Najwyższej ZSRS jego wniosku o ułaskawienie. Najwidoczniej nie trzeba było aż pięciu nabojów, tym bardziej rozpryskowych. Ciało wysłano do krematorium na Cmentarzu Dońskim. Tak się złożyło, że oprawca spoczął obok swoich ofiar.

Zaraz po rozstrzelaniu Szwarcmana szef KGB Sierow i prokurator generalny Rudenko skierowali do KC KPZS notatkę z poleceniem wysiedlenia z Moskwy wszystkich jego krewnych (chodziło o syna i córkę, bo żona umarła jeszcze w 1945 roku). W notatce zaznaczono, że „ich obecność w Moskwie jest niepożądana", dlatego organy milicji otrzymały polecenie „przeniesienia ich na tereny nieobjęte reżimem zamieszkania[436]". Prezydium KC KPZS zaakceptowało tę propozycję 25 maja 1955 roku[437].

---

[434] Tamże, l. 6–7.
[435] M. Zoszczenko, *Punkt widzenia. Opowiadania i opowieści*, Warszawa 1985, s. 164.
[436] W listopadzie 1932 roku Biuro Polityczne KC WKP(b) przyjęło uchwałę *O systemie paszportowym i wydaleniu z miast zbędnych elementów*. Wprowadziła ona ostatecznie ograniczenia w osiedlaniu się niektórych grup ludności w większych miastach, objętych tym reżimem, przede wszystkim w Moskwie i Leningradzie (przyp. red.).
[437] RGASPI, f. 17, op. 171, d. 476, l. 198–199.

Taki zwykły księgowy

O ostatnim faworycie Stalina – Riuminie, który prowadził „sprawę lekarzy" i sprawę marszałka Żukowa

W oczekiwaniu na wyrok Izby Wojskowej Riumin – były wiceminister bezpieczeństwa państwowego – tonem skazańca dzielił się ze strażnikami wrażeniami z procesu: „I tak mnie rozstrzelają. I lepsze to, niż jeśli mieliby mi dać 25 lat łagrów, tam mnie najpewniej zamęczą – nie uda mi się przecież ukryć, kim jestem, bo pisali o mnie w gazetach"[438]. Musiał długo czekać na wyrok, prawie pięć godzin. Na zmianę to tracił cierpliwość, to znów w przypływie nadziei dywagował: „Czemu sąd tak długo przygotowuje wyrok? Przecież zapadł jeszcze przed procesem. Jedyna nadzieja w tym, że sąd zmieni kwalifikację na artykuł 193-17 «a» – wtedy wypuszczą mnie na wolność. Ale jeśli oskarżą mnie z artykułu 58-7 – nie uniknę rozstrzelania". Myśl o wyjściu na wolność też była straszna. Fatalnie widział swój los: „Jeśli mnie zwolnią, to i tak Żydzi rozerwą mnie na strzępy"[439]. Szczególny zachwyt wzbudziły w Riuminie zeznania świadka Maklarskiego: „Jeśli sąd całkowicie uwierzy tym zeznaniom – na pewno zostanę rozstrzelany"[440]. Były czekista (a w momencie aresztowania w 1951 roku –

---
[438] CA FSB, f. 5-os., op. 1, d. 27, l. 122–124.
[439] Tamże.
[440] Tamże.

scenarzysta) Maklarski opowiedział, jak po oskarżeniu go o udział w „spisku syjonistycznym w MGB" podczas przesłuchania oświadczył, że jest uczciwym pracownikiem, nie popełnił żadnego przestępstwa przeciwko Ojczyźnie, przepracował w organach ponad 20 lat, a zaczynał jeszcze za Mienżyńskiego. Riumin odpowiedział wówczas, iż: „Dzierżyński i Mienżyński nic sobą nie reprezentowali", „wpuścili do organów szpiegów", dlatego teraz trzeba „robić z tym porządek i pozbywać się tych szpiegów", a „historia organów zaczyna się od nas"[441]. Wyrok śmierci przez rozstrzelanie zapadł 7 lipca 1954 roku. Riumin zareagował spokojnie. Natychmiast poprosił o arkusz papieru i napisał do Prezydium Rady Najwyższej ZSRS prośbę o ułaskawienie. Sformułował ją lakonicznie. Pisał, że „nie popełnił zbrodni przeciwko Państwu Sowieckiemu", mimo wszystko pozostaje „oddany Partii i Rządowi", a zakończył standardową krótką frazą: „Proszę o ułaskawienie, a nie zawiodę okazanego mi zaufania"[442]. Osoba Riumina ściśle związana jest z późnymi represjami stalinowskimi, na pierwszy rzut oka paranoidalnymi i irracjonalnymi. To z jego inicjatywy, przy aktywnym wsparciu Stalina, została rozpoczęta „sprawa lekarzy", sprawa „spisku syjonistycznego w MGB" oraz inne sprawy o jawnie antysemickim charakterze. Przez krótki okres Riumin był nie tylko protegowanym Stalina, lecz także jego ulubieńcem w strukturach MGB. Czym mógł zasłużyć sobie na tak liczne pochwały wodza, jakie okoliczności do tego doprowadziły? Trudno to wywnioskować z jego biografii.

Do Moskwy za fałszowanie

Michaił Dmitirijewicz Riumin przyszedł na świat we wrześniu 1913 roku we wsi Kubanije w powiecie szadrinskim guberni permskiej, w rodzinie średnio zamożnego chłopa. Skończył osiem klas. Od maja 1929 roku pracował jako rachmistrz w artelu rolnym[443] w swojej wsi, następnie jako

---

[441] GARF, f. 7523, op. 76, d. 189, l. 10.
[442] Tamże, l. 13.
[443] Artel – spółdzielnia drobnotowarowych producentów (przyp. red.).

księgowy rejonowego oddziału łączności. Kształcił się na kursach księgowości, potem na kursach łączności w Szadrinsku. Od 1931 roku był księgowym w urzędzie łączności w Swierdłowsku, studiując jednocześnie na wydziale komsomolskim. We wrześniu 1935 roku został powołany do armii, służył jako szeregowiec w sztabie Uralskiego Okręgu Wojskowego, następnie tamże jako księgowy i ekonomista. Po zakończeniu służby wojskowej został głównym księgowym zarządu łączności obwodu swierdłowskiego. Latem 1937 roku znalazł się w niebezpieczeństwie – oskarżono go o niewłaściwe wydawanie środków finansowych i korzystanie z protekcji szefa zarządu łączności, który został wówczas aresztowany jako „wróg ludu".

Riumin postąpił rozsądnie. Zrozumiał, jak należy się ratować. Natychmiast zrezygnował z posady i wyjechał do Moskwy. Tam – po miesiącu poszukiwania pracy – 13 września 1937 roku zatrudnił się jako księgowy-rewizor w zarządzie dróg rzecznych Narkomatu Transportu Wodnego, a od września 1938 roku aż do wybuchu wojny w 1941 roku zajmował posadę głównego księgowego i naczelnika oddziału planowania i finansów w zarządzie kanału Moskwa – Wołga w Tuszynie. Tu w 1939 roku otrzymał status kandydata do WKP(b).

Po wybuchu wojny Riumina skierowano nie do armii, lecz na naukę do Wyższej Szkoły NKWD. Już we wrześniu ukończył przyspieszony kurs i zaczął pracę śledczego w Oddziale Specjalnym NKWD Archangielskiego Okręgu Wojskowego. Stopniowo doszedł do posady szefa wydziału śledczego w Oddziale Kontrwywiadu tegoż okręgu. Zdobywał kolejne stopnie: od młodszego lejtnanta bezpieczeństwa państwowego (28.12.1941 rok) do majora (3.03.1944 rok). W 1943 roku został przyjęty do Partii. To właśnie tu – w kontrwywiadzie – Riumin poznawał tajniki fałszowania dowodów. W końcu zauważył go (na swoje nieszczęście) główny kontrwywiadowca w armii – Abakumow, który bardzo potrzebował specjalistów do „wydobywania" zeznań. Przecież nie mógł ciągle sam bić aresztowanych. Trzeba było wychować następców.

W Archangielsku Riumin prowadził śledztwo w sprawie I. P. Jermolina, aresztowanego w grudniu 1944 roku fotoreportera gazety „Patriot Rodiny" („Patriota Ojczyzny"), zatrzymanego wyłącznie na podstawie raportu obserwatora o jego wizycie w Misji Brytyjskiej Marynarki Wojennej. Sprawa ta zainteresowała Abakumowa. Riumin zeznał później: „Kiedy przyjechałem w związku ze sprawą Jermolina do Moskwy, do Głównego Zarządu Kontrwywiadu został przywieziony także oskarżony. Podczas pierwszego przesłuchania u Abakumowa Jermolin oświadczył, że pod wpływem tortur złożył zmyślone zeznania. Abakumow wezwał mnie wówczas, a ja opowiedziałem mu, jak została sfabrykowana sprawa Jermolina. Najwyraźniej spodobała mu się moja szczerość, bo na jego pytanie, czy mocno bito Jermolina, odpowiedziałem: «Bili ile wlezie». Wtedy Abakumow uśmiechnął się i polecił mi zgłosić się do Leonowa – naczelnika Oddziału Śledczego Głównego Zarządu Kontrwywiadu, który oświadczył mi, że zostaję odkomenderowany do aparatu centralnego"[444].

Tym sposobem Riumin został starszym śledczym SMIERSZ-u, już bezpośrednio pod skrzydłami Abakumowa. Gdy Abakumow został ministrem bezpieczeństwa państwowego, nie zapomniał i o Riuminie. W maju 1946 roku objął on stanowisko zastępcy szefa II wydziału VI Oddziału (Śledczego) III Głównego Zarządu MGB. W 1948 roku brał udział w rozpoczętej przez Abakumowa na rozkaz Stalina operacji „Marszałek" – gromadzenia materiałów w celu aresztowania Gieorgija Żukowa. Riumin prowadził sprawę aresztowanego Bohatera Związku Sowieckiego majora P. E. Brajki. Przemocą zmusił go do podpisania zeznań przeciwko „jednemu z Marszałków Związku Sowieckiego"[445]. Wyciągając zeznania w sprawie Żukowa i Sierowa, przypalił papierosem język byłemu magazynierowi Berlińskiego Sektora Operacyjnego NKWD A. W. Kuzniecowowi[446].

---

[444] CA FSB, f. 4-os., op. 11, d. 4, l. 274–276.
[445] GARF, f. 7523, op. 76, d. 189, l. 69.
[446] Tamże, l. 19, 68.

Ogólnie rzecz biorąc – pracował z zapałem, starał się. 19 marca 1948 roku otrzymał stopień podpułkownika. Polepszyły mu się warunki mieszkaniowe, zresztą – w sposób typowy dla tamtych czasów. Około 1949 roku Riumin przeprowadził się do większego mieszkania nr 4 w Zaułku Staropimienowskim 4, które wcześniej zajmował zdegradowany i wysłany na Krym Rodos, zastępca naczelnika Oddziału Śledczego[447].

We wrześniu 1949 roku Riumin został przeniesiony na stanowisko starszego śledczego do Oddziału Śledczego MGB, gdzie brał udział w przesłuchaniach aresztowanych w związku ze „sprawą leningradzką". Tam torturował aresztanta Sołowjowa (byłego szefa Leningradzkiego Miejskiego Komitetu Wykonawczego, a w momencie zatrzymania – sekretarza Krymskiego Komitetu Obwodowego). W swoich usprawiedliwieniach kierowanych do Izby Wojskowej w 1954 roku Riumin oświadczył wprost, że to Stalin, który kontrolował bieg śledztwa, wydał rozkaz, by „bić Sołowjowa" i innych[448].

Mimo swojego zaangażowania i usilnych starań, Riumin ciągle pozostawał na stanowisku starszego śledczego. Jego kariera utknęła w martwym punkcie, a w maju 1951 roku wręcz została zagrożona. Podczas śledztwa zeznał: „Zarząd Kadr MGB ZSRS zainteresował się nieprawdziwymi informacjami o moich krewnych. Zażądano ode mnie wyjaśnień, dlaczego ukrywam znane mi, kompromitujące ich dane"[449]. Okazało się, że Riumin ukrył prawdziwy stan majątkowy ojca (bardzo zamożnego zresztą) oraz fakt, że jego (Riumina) teść służył w armii Kołczaka. I wreszcie – Riumin zgubił w autobusie akta śledztwa. Otrzymał ponadto partyjną naganę za to, że nie zanotował zeznań J. G. Etingera – aresztowanego lekarza, profesora, który zmarł podczas prowadzonego przez niego śledztwa.

Sytuacja była prawie bez wyjścia. Riumin postanowił ratować się, przechodząc do ataku. Złożył do KC WKP(b) oświadczenie z oskarżeniami pod adresem ministra Abakumowa. Podczas śledztwa zdradził motywy tej

---

[447] W. B. Rodos, *Ja...*, s. 22.
[448] GARF, f. 7523, op. 76, d. 189, l. 20.
[449] CA FSB, f. 4-os., op. 11, d. 4, l. 294–295.

decyzji: „Analizując sytuację, w której się znalazłem, doszedłem do wniosku, iż sprawa Etingera może być wygodnym i przekonującym pretekstem, by z jednej strony wystąpić w roli demaskatora Abakumowa i w ten sposób uniknąć odpowiedzialności za własne przestępstwa, z drugiej – zabezpieczyć się na przyszłość przed poważniejszymi niż nagana nieprzyjemnościami za niezaprotokołowanie zeznań Etingera o jego przestępczych wypowiedziach i kontaktach"[450].

Vabank

Oświadczenie Riumina z 2 czerwca 1951 roku zbiegło się z zamiarami Stalina, planującego poważną czystkę w kadrach MGB. W oświadczeniu tym znajdował się szereg oskarżeń przeciwko Abakumowowi – że „ukręcił łeb" bardzo „perspektywicznej" sprawie aresztowanego Etingera, który mógł dostarczyć zeznań o „lekarzach-szkodnikach", ukrył przed KC istotną informację o niedociągnięciach w pracy kontrwywiadowczej w Niemczech – w zakładach „Wismut", gdzie wydobywano rudę uranu – i wreszcie – dopuszczał się poważnych naruszeń zasad prowadzenia śledztwa, ustanowionych przez partię i rząd. Riumin nazwał Abakumowa „niebezpiecznym człowiekiem" na ważnym stanowisku państwowym[451].

5 lipca 1951 roku Politbiuro, rozpatrzywszy oświadczenie Riumina, stworzyło specjalną komisję do zweryfikowania zawartych w nim zarzutów. W nocy z 5 na 6 lipca Stalin przyjął na Kremlu Riumina i szefów MGB: Abakumowa i jego pierwszego zastępcę Ogolcowa. Obecni byli też Mołotow, Bułganin, Beria i Malenkow. Stalin dokładnie przemyślał scenariusz spotkania. Najpierw punktualnie o 1.00 do gabinetu został zaproszony Abakumow w towarzystwie członków Politbiura. Dopiero o 1.40, kiedy Stalin wyjaśnił w rozmowie z nim wszystkie interesujące go kwestie, wezwano Riumina. Wszystko zaplanowano według schematu

---
[450] Tamże.
[451] AP RF, f. 3, op. 58, d. 10.

konfrontacji demaskatora z demaskowanym. Ogolcowa wpuszczono tylko na ostatnie pięć minut audiencji. Najpewniej po to, by poinformować go, że powierza mu się tymczasowe pełnienie obowiązków ministra bezpieczeństwa państwowego[452].

7 lipca Abakumow napisał wyjaśnienie na temat stawianych mu zarzutów, przybliżając w nim okoliczności sprawy Etingera. W listopadzie 1950 roku Abakumow wysłał do Stalina do Soczi pisemną prośbę o nakaz aresztowania Etingera; Poskriebyszew przekierował Abakumowa do Bułganina, który wydał nakaz. Etinger został aresztowany 18 listopada 1950 roku i – jeśli wierzyć zapewnieniom Abakumowa – w jego zeznaniach nie było nic istotnego. Miewał częste problemy z sercem i – w wyniku przesłuchań prowadzonych przez Riumina – zmarł. Abakumow zaprzeczał wszystkim zarzutom Riumina dotyczącym sprawy Etingera i zapewniał Stalina o swojej lojalności[453]. Mimo to 12 lipca 1951 roku Abakumowa aresztowano i eskortowano do „więzienia specjalnego"[454]. Śledztwo w jego sprawie powierzono Prokuraturze ZSRS.

Poprzedniego dnia (11 lipca) Biuro Polityczne wydało specjalną decyzję „O złej sytuacji w MGB", gdzie Abakumowi stawiano nowe zarzuty: „oszukiwanie partii" i spowalnianie śledztw. Tekst postanowienia w „tajnym okólniku" rozesłano do zapoznania się szefom organów partyjnych i organów MGB[455]. W ślad za Abakumowem do więzienia trafiło kierownictwo Oddziału Śledczego MGB – szef Aleksandr Leonow i jego zastępcy Michaił Lichaczow oraz Lew Szwarcman.

Riumin tryumfował. Mianowano go p.o. szefa Oddziału Śledczego MGB, a kilka miesięcy później – 4 października 1951 roku otrzymał stopień pułkownika. Nie zamierzał jednakże zadowolić się tymi sukcesami

---

[452] „Istoriczeskij Archiw" 1997, nr 1, s. 24.
[453] AP RF, f. 3, op. 58, d. 216, l. 40–59.
[454] R. Pichoja, *Sowietskij Sojuz: istorija własti. 1945–1991*, Moskwa 2000, s. 64 (wyd. pol.: *Historia władzy w Związku Sowieckim 1945–1991*, Warszawa 2011).
[455] AP RF, f. 3, op. 58, d. 10, l. 11–13ob. Opublikowano w: Łubianka: Organy WCzK-OGPU-NKWD-NKGB-MGB-MWD-KGB. 1917–1991, Sprawocznik, red. A.I. Kokurin, N.W. Pietrow, Moskwa 2003, s. 660–663.

i na początku października 1951 roku wysłał do Stalina kolejny list demaskatorski, inicjując nową falę aresztowań w aparacie MGB. Później podczas śledztwa Riumin twierdził, że pomysł napisania tego listu podsunął mu Ignatjew: „A ponieważ propozycja Ignatjewa pokryła się z moimi planami «udowodnienia» szkodnictwa w działaniach organów MGB ZSRS, napisałem w swoim imieniu list do Józefa Stalina, w którym w sposób tendencyjny wykorzystałem materiały kontroli II Zarządu Głównego oraz niewiarygodne dane śledztwa, oczerniłem grupę kierowników, głównie II Zarządu Głównego i dostarczyłem to pismo Ignatjewowi"[456]. Riumin zeznał, że Ignatjew poradził mu wysłać pismo Stalinowi w takim terminie, aby trafiło ono na biurko wodza akurat przed jego zaplanowaną wizytą u Stalina.

W połowie października 1951 roku[457] minister bezpieczeństwa Ignatjew udał się na południe kraju, by spotkać się ze Stalinem[458]. Tam przywódca dokładnie wypytywał go o pracę MGB, a szczególnie o to, czy dobrze sprawują się Jewgienij Pitowranow, Fiodor Szubniakow i inni ważni czekiści. Ignatjew odpowiedział, że obecnie „czekiści pracują lepiej", a ci, o których Stalin pyta, to „uczciwi ludzie". Wysłuchawszy go, generalissimus oświadczył: „Ślepi jesteście, nic nie widzicie, co się dzieje dookoła" – po czym wręczył rozmówcy list Riumina z zarzutami przeciwko Pitowranowowi i innym. I natychmiast rozkazał „wydalić z MGB wszystkich Żydów". Ignatjew z niedowierzaniem zapytał, dokąd. Na co wódz rzekł: „Nie mówię, żeby ich na ulicę wyganiać. Wsadźcie ich do więzienia – i niech siedzą" i zakończył frazą, która później stała się maksymą: „Przed czekistą są tylko dwie drogi: albo awans, albo więzienie"[459].

Podczas tego spotkania Stalin kategorycznie zażądał mianowania Riumina nie tylko na szefa Oddziału Śledczego, lecz także na wiceministra bezpieczeństwa państwowego. Ignatjew próbował protestować, argumen-

---
[456] CA FSB, f. 4-os., op. 11, d. 35, l. 129–131.
[457] Najprawdopodobniej wizyta miała miejsce któregoś dnia między 11 a 15 października 1951 roku.
[458] Zob. Załącznik, dok. nr 4, 5.
[459] CA FSB, f. 5-os., op. 2, d. 31, l. 455–458.

tując, że na stanowisko szefa Oddziału Śledczego MGB Biuro Polityczne zatwierdziło już Aleksandra Kidina (pierwszego sekretarza komitetu obwodowego we Włodzimierzu)[460]. Stalin zareagował dość ostro, oświadczając: „Nie znam takiego". Oczywiście, doskonale znał wszystkich pierwszych sekretarzy komitetów obwodowych, ale po otrzymaniu demaskatorskiego listu od Riumina zmienił poprzednią decyzję i postanowił odsunąć Kidina, a aktywnie promować Riumina. Decyzja Stalina o nowym naczelniku Oddziału Śledczego została bez zastrzeżeń wykonana. Na mocy uchwały Rady Ministrów ZSRS nr 4010-1837ss z 19 października 1951 roku Riumin został wiceministrem bezpieczeństwa państwowego, członkiem Kolegium MGB i szefem Oddziału Śledczego MGB.

Tak, struktury bezpieczeństwa państwowego dawno nie widziały podobnych awansów. Chyba tylko w latach 1937–1938, kiedy w wyniku aresztowań wysoko postawionych czekistów zwalniało się wiele stanowisk. Historia się zatem powtórzyła. Ale dlaczego Riumin?

Do czerwca 1951 roku Stalin nie miał pojęcia o jego istnieniu. Oczywiście, czytał wysyłane mu z MGB protokoły przesłuchań ważnych aresztantów, mógł widzieć podpis Riumina pod niektórymi z nich. Ale kim był ten śledczy, czym szczególnym się wyróżniał? Po prostu – śledczy jakich wielu. A teraz gwiazda Riumina zajaśniała pełnym blaskiem.

W okresie od lipca 1951 do listopada 1952 roku pięć razy gościł w gabinecie Stalina na Kremlu. Bezpośrednio z jego ust otrzymywał wskazówki, jak prowadzić sprawy, kogo i z jaką intensywnością przesłuchiwać, kogo dzień i noc trzymać w kajdankach, kogo bić i torturować. A przecież wódz udzielał jeszcze licznych „konsultacji" telefonicznych.

W tej zawrotnej karierze Riumina odzwierciedliła się przede wszystkim typowa dla Stalina wiara w „małego człowieka", mogącego zdemaskować „wrogie machinacje" kłamliwych urzędasów z okołokremlowskiej

---

[460] Zob. Decyzja Politbiura z 6 października 1951 roku (*Politbiuro CK RKP(b)–WKP(b). Powiestki dnia zasiedanij. 1919–1952: Katałog*, t. 3, Moskwa 2001, s. 828). Nie wiadomo, jak potoczyłby się los Kidina po 1953 roku, jeśli musiałby pracować na Łubiance na takim ryzykownym stanowisku. Ale miał szczęście i do 1955 roku pozostawał pierwszym sekretarzem Włodzimierskiego Komitetu Obwodowego.

grupy kierowników, tłumiących inicjatywę ludu. Najważniejsze to wesprzeć takiego małego demaskatora odgórnie, wyciągnąć do niego pomocną dłoń prosto z Kremla. A potem razem z nim torturować, prześladować, obalać wczorajsze autorytety. Dokładnie w ten sam sposób na lutowo-marcowym (1937 rok) plenum KC Stalin wychwalał komunistkę Nikołajenko, która donosiła o „fali trockistowskich szkodników" w komitecie miejskim w Kijowie. A rok później zachwycał się komsomołką Miszakową, która obaliła lidera Komsomołu Aleksandra Kosariewa, a wraz z nim całe komsomolskie kierownictwo.

Teraz trafił się Riumin. Zgoda – biografię miał przeciętną, staż i doświadczenie pracy w „organach" niezbyt bogate. Ale czy to było najważniejsze? Dla Stalina był on „małym człowiekiem", który nie bał się wystąpić przeciwko kierownictwu i zdemaskować „wrogich zamysłów". O szczególnym szacunku Stalina dla Riumina pisał w notatce w marcu 1953 roku były minister bezpieczeństwa państwowego Ignatjew: „Pewnej niedzieli (wieczorem) pod koniec sierpnia 1952 roku towarzysz Stalin wezwał mnie na Bliską Daczę i po bardzo ostrej rozmowie, w trakcie której stwierdził, że czekiści zapomnieli, jak się pracuje, obrośli tłuszczem, roztrwonili i zapomnieli o tradycjach CzK z czasów Dzierżyńskiego, oderwali się od partii, chcą stanąć ponad nią – wziął do ręki notatkę o wynikach ekspertyzy w sprawie wycinka serca towarzysza Żdanowa, spytał, kto był inicjatorem, i usłyszawszy moją odpowiedź, że zrobił to Riumin ze swoimi ludźmi, towarzysz Stalin powiedział: «Ciągle powtarzam, że Riumin to uczciwy człowiek i komunista, pomógł KC wykryć poważne przestępstwa w MGB, ale on biedaczysko, nie ma wsparcia z waszej strony i dzieje się tak dlatego, że mianowałem go mimo pańskiego sprzeciwu. Riumin to zuch, żądam, żebyście go słuchali i trzymali bliżej siebie. Miejcie to na uwadze, że niezbyt ufam starym pracownikom MGB»"[461].

---

[461] Zob. Załącznik, dok. nr 4.

Ostatnia defilada

Mimo ciągłych nacisków Stalina Ignatjew i Riumin nie mogli osiągnąć oczekiwanych wyników. Riumin zeznał: „We wrześniu 1952 roku pomimo sfałszowania śledztwa i innych zabiegów, stało się jasne, że sprawa funkcjonariuszy jest skazana na klęskę, ponieważ od nikogo z aresztowanych (z wyjątkiem Szwarcmana) nie udało się wyciągnąć niezbędnych zeznań o źródłach szkodnictwa, o którym była mowa w ich «zeznaniach». Wtedy razem z Ignatjewem sięgnęliśmy po radykalne metody i poprosiliśmy o zezwolenie na zastosowanie wobec aresztowanych fizycznych środków nacisku. 4 listopada razem z zastępcą szefa Oddziału Śledczego Griszajewem pojechałem do więzienia w Lefortowie i poleciłem pobić gumowymi pałkami i biczami grupę aresztowanych czekistów, jednak i to nie dało oczekiwanych rezultatów"[462].

Według identycznego scenariusza rozwijało się śledztwo w „sprawie lekarzy". W nocy z 12 na 13 listopada Riumin był szczególnie okrutny. Osobiście wziął udział w pobiciu profesora W. Ch. Wasilenki. O szczegółach profesor opowiedział podczas procesu Riumina:

> „Riumin przyszedł wtedy do mojej celi, rozkazał zakuć mnie w kajdanki i zaprowadzić do innego pomieszczenia. Wprowadzono mnie do jakiegoś specjalnego pokoju, gdzie Riumin zapytał, czy będę mówił prawdę. Odpowiedziałem, że wszystkie moje dotychczasowe zeznania są prawdziwe i innej prawdy nie znam. Wtedy Riumin uderzył mnie, a jego pomocnicy powalili mnie na podłogę i zaczęli bić. Straciłem przytomność. Rumin znów zaczął żądać, żebym przyznał się do popełnienia przestępstw. Ponieważ pozostawałem przy poprzednich zeznaniach, procedura bicia powtórzyła się jeszcze dwukrotnie. (...) Riumin bił mnie rękami po twarzy, a jego pomocnicy gumowymi pałkami po ciele, a Riumin ciągle krzyczał, żeby bili mocniej. (...) Następnego dnia po pobiciu Riumin przyszedł do gabinetu śledczego i wtedy oświadczyłem mu, że wszystko podpiszę i że bardzo boję się Riumina"[463].

---

[462] CA FSB, f. 4-os., op. 11, d. 35, l. 129–131.
[463] GARF, f. 7523, op. 76, d. 189, l. 8.

Riumin robił, co mógł, ale było już za późno. Stalin nagle się na nim zawiódł. Miłość dyktatora w mgnieniu oka zamieniła się w gniew. Na mocy decyzji Stalina 13 listopada 1952 roku Rumin został odwołany ze stanowiska wiceministra bezpieczeństwa państwowego i szefa pionu śledczego MGB za to, że „nie dotarł do źródeł sprawy" i „nie jest w stanie wykonać" zaleceń Rządu w zakresie śledztwa w związku ze sprawą Abakumowa – Szwarcmana oraz „sprawą lekarzy", które „wciąż pozostają nie do końca zbadane"[464].

W ten sposób Riumin nagle znalazł się za burtą. W dniu odwołania napisał do Stalina notatkę z przeprosinami, w której kajał się za to, że niewystarczająco uważnie przysłuchiwał się wskazówkom wodza o stosowaniu „skrajnych metod" podczas przesłuchań i zapewniał: „Wasza nauka, wasze osobiste wskazówki, każde słowo, a otrzymywałem ich niemało, natychmiast stawały się dla mnie gwiazdą przewodnią w pracy operacyjnej"[465]. Tego typu wskazówek Riumin rzeczywiście dostawał sporo. W momencie aresztowania znaleziono u niego notes, w którym je zapisywał. Wiosną 1952 roku Stalin instruował Riumina, jak prowadzić śledztwo Piotra Szariji aresztowanego w związku ze „sprawą megrelską":

„1. Baramija nie tylko dąży do przejęcia władzy, ale był również informatorem Gegeczkorego i skontaktował się z nim przez Szariję – to nie budzi wątpliwości.
2. Z polecenia Gegeczkorego Baramija rozmieścił swoich ludzi w Gruzji i poza jej granicami po to, by gromadzili informacje i przekazywali je Gegeczkoremu.
3. Szarija na pewno jest szpiegiem, zwerbowanym przez Gegeczkorego w lesie podczas libacji. Pamiętać, że jest tchórzem.
4. Od początku grać agresywnie, krótko wysłuchać, co ma do powiedzenia, a następnie aktywnie przesłuchiwać.
5. Dowiedzieć się, jakie zobowiązania ma Szarija wobec Gegeczkorego. Jeśli będzie się wahać...Oprócz tego zastraszyć go słowami: „Chcesz żyć – mów całą prawdę o swoich przestępstwach, inaczej – zawiśniesz"[466]. Błędy to nie błędy, lecz przestępstwa i trzeba pytać nie o błędy, a o przestępstwa. Kiedy został nacjonalistą.

---

[464] AP RF, f. 3, op. 58, d. 10, l. 159.
[465] *Łubianka. Stalin i MGB SSSR. Mart 1946 – mart 1953*, red. W. N Chaustow, W. P. Naumow, N. S. Płotnikowa, Moskwa 2007, s. 520.
[466] Słowo wpisane odręcznie.

Kto go wciągnął, kiedy.
Jaki jest program, jakie ma cele.
O co oskarża władzę sowiecką.
Czy posiadają jakieś centrum.
Kto stoi na czele.
Jakimi kanałami są związani z centrum.
Na jaką pomoc z zewnątrz liczą.
Na kogo z obcokrajowców się orientują i jak są z nimi związani.
Czy naprawdę mają nadzieję, że obalą władzę sowiecką?"[467].

Chociaż Riumin popadł w niełaskę, Stalin nie zamierzał go karać. Miesiąc później – 13 grudnia 1952 roku, Sekretariat KC KPZS rozpatrywał nominację Riumina na kierownika obwodowego oddziału finansowego w Nowosybirsku, ale decyzja nie zapadła. Do stycznia 1953 roku Riumin dostawał pensję z MGB, dopóki 2 lutego nie przyjęto go na stanowisko starszego inspektora w Ministerstwie Kontroli Państwowej. Tam pracował aż do aresztowania. Przez wszystkie lata służby doczekał się jedynie Orderu Wojny Ojczyźnianej 2. klasy (31.07.1944 rok), Orderu Czerwonej Gwiazdy (13.09.1945 rok) i medali.

Wyrównanie rachunków

Krótko przed śmiercią Stalina nad głową Riumina zaczęły gromadzić się czarne chmury. W lutym 1953 roku niejaka obywatelka P. przyszła na wizytę do pierwszego zastępcy ministra bezpieczeństwa państwowego Goglidzego ze skargą na „niegodne zachowanie Riumina". Jej historia była typowa. W październiku 1951 roku aresztowano jej męża i po miesiącu starań o przyjęcie przez Riumina dostała się do niego i prosiła o interwencję w sprawie małżonka. Riumin obiecał pomóc, ale jednocześnie natarczywie wpraszał się do niej w gości. Potem miało miejsce to, co dziś nazywamy molestowaniem seksualnym. Goglidze obiecał poruszyć sprawę, poszkodowana P. 24 lutego 1953 roku złożyła oficjalny wniosek[468]. Kiedy

---

[467] CA FSB, f. 4-os., op. 11, d. 2, l. 86–88.
[468] Tamże, d. 1, l. 2–7.

po śmierci Stalina na czele MWD stanął Beria, natychmiast zainteresował się tą historią. Jakże by mogło być inaczej! Doskonały materiał przeciwko faworytowi Stalina, odpowiedzialnemu za aferę megrelską i inne sprawy, w trakcie których represjonowano kompanów Berii. P. niezwłocznie (14 marca) wezwano do Berii, tego samego dnia na podstawie jej opowieści sporządzono protokół. Opowiedziała o wizycie, jaką złożył jej Riumin 1 marca 1952 roku: „Riumin mocno opił się czterema kieliszkami po sto gram, zaczął się do mnie dobierać, rzucił na tapczan i próbował mnie posiąść. Nie udało mu się tego zrobić jak trzeba i tylko pobrudził mi bieliznę. Po tym incydencie spał w moim domu do 11 rano"[469]. Po raz drugi przyszedł 22 marca 1952 roku: „(...) Riumin przyjechał do mnie w nowym garniturze i kiedy zwróciłam na to uwagę, zaczął kokietować, robić miny i pytał, czy pasuje do niego ten garnitur, czy jest dobrze uszyty itp."[470].

17 marca 1953 roku Riumina aresztowano, a w MWD pod kierownictwem Berii trwały przygotowania do rehabilitacji aresztowanych lekarzy. Została ona zorganizowana z wielkim rozmachem. W kwietniu 1953 roku we wstępniaku do „Prawdy", poświęconym temu wydarzeniu, imię Stalina jako głównego organizatora w ogóle nie padło, natomiast odpowiedzialny za sfabrykowanie sprawy Riumin został nazwany „godnym pogardy awanturnikiem", zaś Ignatjew – „gapą, który wykazał się polityczną ślepotą". Riumina ostro przesłuchiwano w MWD, szczególnie na temat byłego ministra Ignatjewa. Berii nie wystarczyło, że Ignatjewa wykluczono z KC KPZS. Bardzo chciał, żeby były minister trafił za kratki.

Aresztowanie Berii – jeszcze wczoraj potężnego działacza – wywołało zamieszanie w głowach sowieckich obywateli i nie tylko. Zagraniczni dyplomaci też nie mogli zrozumieć sensu kremlowskich szarad. Amerykanie przypuszczali, że między Berią i Malenkowem dochodziło do tarć, ale nikt nie oczekiwał, że „upadek jednego z nich nastąpi tak szybko"[471]. Wielu dyplomatów zaczęło snuć przypuszczenia o „początkach upadku

---

[469] Tamże, l. 4.
[470] Tamże, l. 5.
[471] Tamże, d. 7, l. 262–266.

ZSRS"[472]. W kręgach dyplomatycznych słusznie wiązano imię Berii z „okrutnym reżimem i drakońskimi ustawami", ale co do przyszłego kursu państwa nie było konsensusu. Wszyscy snuli życzeniowe scenariusze uzależnione od geopolitycznej sytuacji ich kraju. Jugosłowianie wyrazili nadzieję na odwołanie decyzji Kominformu z 1948 roku, a ambasador Iranu mówił o „możliwej obecnie rusyfikacji kraju"[473]. Skoro Beria został ogłoszony „wrogiem ludu", to wszystkie jego poprzednie działania i inicjatywy również były „wrogie". Właśnie w taki prostolinijny sposób dywagował wysłannik Etiopii: „Teraz zapewne uwolnią Riumina, a aresztują lekarzy"[474]. A inni, jak na przykład trzeci sekretarz ambasady Australii, twierdzili wręcz, że „Beria zostanie oskarżony o zamordowanie Józefa Wissarionowicza Stalina"[475].

Tym niemniej lekarze pozostali na wolności, a Riumina nikt nie zamierzał wypuszczać z więzienia. Chociaż sprawa Berii na jakiś czas odsunęła go na drugi plan, śledztwo trwało. 12 września 1953 roku MWD wysłało do Malenkowa i Chruszczowa raport o zakończeniu dochodzenia w sprawie Riumina z propozycją skazania go na 25 lat pozbawienia wolności[476]. Z jakiejś przyczyny Kreml postanowił grać na zwłokę, ale wiosną 1954 roku trzeba było przekazać sprawę do sądu i tym razem postanowiono Riumina rozstrzelać.

Podczas procesu przed Izbą Wojskową, który odbył się w dniach 2–7 lipca 1954 roku, Riumin odwołał swoje zeznania, złożone w trakcie wstępnego śledztwa, oświadczył, że poddawano go „nieznośnym torturom", około 40 dób przetrzymywano w karcerze, a wszystkie jego zeznania zostały przekłamane[477]. W ramach usprawiedliwienia przedstawił sądowi dwa obszerne wnioski, w których żądał ponownego przeprowadzenia

---

[472] Tamże, l. 342–345.
[473] Tamże.
[474] Tamże.
[475] Tamże, l. 262–266.
[476] Tamże, d. 12, l. 9–11.
[477] GARF, f. 7523, op. 76, d. 189, l. 16.

szeregu czynności śledczych[478]. Sąd odrzucił je, ale załączono je do wniosku Riumina o ułaskawienie, na co liczył, mówiąc o ewentualnej zmianie kwalifikacji jego czynu z artykułu 58-7 (szkodnictwo) na 193-17 „a" (przekroczenie uprawnień lub przestępcze niedopełnienie obowiązków). To proste – za przekroczenie uprawnień dostałby najwyżej dziesięć lat. W takim wypadku jego wyrok zostałby skrócony o połowę (w ramach amnestii ogłoszonej 27 marca 1953 roku), czyli do pięciu lat, a przy takim wyroku (na mocy tejże amnestii) zwalniali z więzienia. Amnestia nie obejmowała artykułu 58, więc Riumin miał rację – rozstrzelanie. Jego obawy spełniły się. 7 lipca zapadł wyrok skazujący – śmierć przez rozstrzelanie, 19 lipca odrzucono wniosek o ułaskawienie, a 22 lipca 1954 roku o godzinie 21.05 wyrok został wykonany. Jego ciało skremowano tego samego dnia o 22. Prochy pogrzebano w bezimiennej mogile na Cmentarzu Dońskim – w tym samym miejscu, gdzie spoczęły jego liczne ofiary.

---

[478] Tamże, l. 14–64.

Tortury w imieniu Stalina: „Bić bez litości"

Co robił wódz w ostatnich miesiącach życia?

Raport ministra bezpieczeństwa państwowego Siemiona Ignatjewa z 15 listopada 1952 roku dowodzi, że na 3,5 miesiąca przed śmiercią „wódz narodów" ciągle domagał się torturowania więźniów.

Dokument pozwala zrozumieć, czym zajmował się Stalin w ostatnich miesiącach życia. Wiadomo, że z upływem lat starzejący się dyktator ograniczył krąg osób przyjmowanych przez niego osobiście na Kremlu, mniej aktywnie zajmował się niektórymi sprawami państwowymi, przekazując wiele z nich swoim najbliższym współpracownikom – Malenkowowi, Bułganinowi, Berii i Chruszczowowi. Ale wszystko to, co dotyczyło „organów", Stalin ściśle kontrolował i do samej śmierci wnikliwie interesował się szczegółami pracy MGB. Jeszcze w zamierzchłym 1922 roku, kiedy daleki był od przejęcia pełnej władzy, Stalin wywalczył sobie prawo do nadzorowania pracy GPU, rozumiejąc, jak ważny w walce o władzę będzie resort karny. W późniejszym okresie Stalin przejął pełną i wyłączną kontrolę nad bezpieczeństwem państwowym. W latach Wielkiego Terroru nie tylko ustalał główny kierunek represji, lecz także szczegółowo określał liczbę osób – do rozstrzelania i do wysyłki do łagrów. Poza tym bezpośrednio dyktował narkomowi Jeżowowi, kogo aresztować, jak prowadzić konkretne śledztwa, często osobiście domagał się brutalnego bicia więźniów.

Zachowały się własnoręczne notatki Stalina na wysyłanych mu przez Jeżowa protokołach przesłuchań aresztowanych, w których kazał „bić". Dla przykładu, 13 września 1937 roku w pisemnym poleceniu dla Jeżowa Stalin żąda: „Pobić Unszlichta za to, że nie wydał agentów Polski w poszczególnych obwodach (Orenburg, Nowosybirsk itp.)" lub 2 września 1938 roku na informacji Jeżowa o „szkodnictwie w przemyśle gumowym" Stalin umieszcza adnotację: „N.B. [nota bene, przyp. red.] Walter (Niemiec)" i „N.B. (pobić Waltera)"[479]. Jak żądny był krwi, widać również w adnotacjach: „bić, bić" na opublikowanych niedawno „rasstrielnych spiskach"[480].

Na lata 1937–1938 przypadło apogeum śledztw z zastosowaniem tortur. Tylko w ten sposób można było zapewnić masowe fałszowanie spraw. Ale również po zakończeniu Wielkiego Terroru tortury nie zniknęły z arsenału metod bezpieki Stalina. W sporządzonym w lipcu 1947 roku dla Stalina raporcie dotyczącym praktyk śledczych minister bezpieczeństwa państwowego Abakumow donosił, że w stosunku do niechcących zeznawać „wrogów narodu sowieckiego" organy MGB „stosują fizyczne środki nacisku" zgodnie z instrukcją KC WKP(b) z 10 stycznia 1939 roku[481].

Okrucieństwo Stalina ze szczególną mocą dało o sobie znać w ostatnich miesiącach jego życia. Wśród stosów dokumentów, które trafiały na biurko wodza, najwięcej było protokołów przesłuchań. Znowu zainicjowano głośne śledztwa: „sprawę leningradzką", „sprawę Żydowskiego Komitetu Antyfaszystowskiego", „sprawę megrelską", „sprawę Abakumowa" i oczywiście „sprawę lekarzy", która szczególnie niepokoiła Stalina. Wydawało mu się, że „szkodnictwo w trakcie leczenia" kremlowskiego kierownictwa było częścią „powszechnego spisku", którego tropy prowadziły za ocean. Dyktator osobiście instruował ministra bezpieczeństwa państwowego Ignatjewa, w jakim kierunku powinno pójść śledztwo oraz w sprawie zastosowania tortur wobec aresztowanych.

---

[479] *Łubianka. Stalin i Gławnoje uprawlenije gosbiezopasnosti 1937–1938*, red. W. N Chaustow, W. P. Naumow, N. S. Płotnikowa, Moskwa 2004, s. 352, 547.
[480] Listach proskrypcyjnych, (przyp. red.).
[481] *Łubianka: Organy WCzK-OGPU-NKWD-NKGB-MGB-MWD-KGB. 1917–1991, Sprawocznik*, red. A. I. Kokurin, N. W. Pietrow, Moskwa 2003, s. 643–647.

Zachowały się liczne świadectwa dotyczące stosowania tortur w wielkich śledztwach początku lat 50. Mówili o tym wypuszczeni na wolność po śmierci Stalina lekarze. W 1953 roku pisali w raportach wyjaśniających byli szefowie MGB. Wiceministrowi Goglidzemu utkwiła w pamięci instrukcja Stalina, by lekarzy bić „bez litości"[482]. Były minister Ignatjew opisywał, jak Stalin obsztorcował go za jego opieszałość i niską skuteczność śledztwa: „pracujecie jak kelnerzy – w białych rękawiczkach". Stalin tłumaczył Ignatjewowi, że praca czekisty to nie „babska", a „brutalna męska robota". Żądał „zdjęcia białych rękawiczek" i podawał za przykład Dzierżyńskiego, który – jak to się mówi – nie brzydził się „brudną robotą" i który „miał specjalnych ludzi" do fizycznych rozpraw z aresztowanymi[483]. Chruszczow wspominał później jak rozwścieczony Stalin żądał od Ignatjewa, by zakuć lekarzy w kajdany, „bić i bić", „łoić bezlitośnie"[484].

Ale wszystkie te świadectwa, podobnie jak wspomnienia lekarzy, pojawiły się dopiero po śmierci Stalina. Natomiast publikowany poniżej dokument daje wyobrażenie o tym, co działo się bezpośrednio w trakcie „sprawy lekarzy" – w listopadzie 1952 roku. Miał on charakter ściśle tajny i poufny i właśnie dlatego został sporządzony odręcznie, bez kopii maszynopisowej. Dokument znalazłem na początku lat 90. w Archiwum Prezydenta Federacji Rosyjskiej (f. 3, op. 58, d. 10, l. 160–161).

Z publikowanego tekstu jasno wynika, że minister Ignatjew niezawodnie wykonał polecenia Stalina i znalazł wykonawców do „brudnej roboty"[485]. Po raz kolejny możemy się przekonać, że Stalin dawał bezpośrednie rozkazy dotyczące stosowania tortur i uważał to za w pełni dopuszczalną formę pozyskiwania potrzebnych zeznań.

---

[482] Zob. Załącznik, dok. nr 2.
[483] Zob. Załącznik, dok. nr 4.
[484] N. Chruszczow, *Wremja. Liudi. Własť. (Wospominanija w 4-ch kn.)*, kn. 3, Moskwa 1999, s. 93.
[485] W książce G. Kostyrczenki *Tajnaja politika Stalina* wymienione są ich nazwiska – porucznicy F. I. Biełow i P. W. Kunisznikow (Moskwa 2001, s. 644).

„ŚCIŚLE TAJNE

Do Towarzysza Stalina

Melduję Wam, Towarzyszu Stalin, że zgodnie z Waszymi poleceniami z 5 i 13 listopada uczyniono, co następuje:
1. Do więzienia MGB ZSRS we Włodzimierzu dostarczono żonę Kuzniecowa w celu przesłuchania dotyczącego szkodnictwa w pracy lekarskiej i związków natury przestępczej z pracownikami kremlowskiego Zarządu Zdrowia.
2. W stosunku do Jegorowa, Winogradowa i Wasilenki zastosowano środki nacisku fizycznego i nasilono ich przesłuchiwania, szczególnie w kwestiach dotyczących związków z wywiadami zagranicznymi. Protokoły przesłuchań Winogradowa i Wasilenki przedstawimy 17 i 18 listopada.
3. Abakumow został przewieziony z Więzienia Lefortowskiego do Butyrskiego i jest przetrzymywany w kajdankach. Lokalizacja celi, w której przebywa Abakumow, wyklucza możliwość jego kontaktów z kimkolwiek spoza kręgu osób zaangażowanych do jego ochrony i przesłuchań. Abakumow jest ochraniany przez ludzi, którzy go nie znają i oni też są jemu nieznani. Jest przetrzymywany nie pod swoim nazwiskiem, a pod nadanym mu numerem.
4. Wybrano już i wykorzystano w czasie śledztwa dwóch pracowników, którzy mogą wykonywać zadania specjalne (stosować kary fizyczne) wobec szczególnie ważnych i szczególnie niebezpiecznych przestępców.
5. Własik został wezwany do Moskwy przez kierownictwo MWD ZSRS. Po przybyciu zostanie zapytany o związki z Jegorowem i znane mu fakty przestępczych działań lekarzy w trakcie leczenia pracowników sprawujących funkcje kierownicze.
6. Plan korzystnej dla nas likwidacji gier radiowych prowadzonych z przeciwnikiem z terytorium sowieckich republik nadbałtyckich przedstawimy Wam do 20 listopada. Praca ta została przydzielona tow. Riasnemu.

S. Ignatjew

15 listopada 1952 roku

AP RF, f. 3, op. 58, d. 10, l. 160–161. Oryginał".

Człowiek w skórzanym fartuchu

Naczelny kat Łubianki Wasilij Błochin osobiście rozstrzelał ponad 10 tysięcy osób

Imię Wasilija Błochina, który w epoce Stalina niezmiennie pełnił funkcję kata, jest dzisiaj głośne. Jego podpis znajduje się pod licznymi protokołami o wykonaniu wyroków kary śmierci przez rozstrzelanie, przechowywanych w archiwum Łubianki. Ludzie nieznający subtelności katowskiego rzemiosła przeżywali szok i przerażenie, gdy przychodziło im zobaczyć go przy pracy. Jednym z niewielu takich świadectw są zeznania szefa Zarządu NKWD obwodu kalinińskiego[486] Dmitrija Tokariewa. Opowiedział on o przybyciu wiosną 1940 roku do Kalinina grupy wysokich funkcjonariuszy NKWD na czele z Błochinem. Mieli oni przeprowadzić egzekucje Polaków przetrzymywanych w obozie w Ostaszkowie. Kiedy wszystko było już gotowe do rozpoczęcia pierwszych egzekucji, Błochin, jak wspominał Tokariew, przyszedł po niego: „«No, chodźmy...». Poszliśmy i w tym momencie zobaczyłem cały ten koszmar. (...) Błochin włożył swoje specjalne ubranie: brązową czapkę skórzaną, długi skórzany brązowy fartuch, skórzane brązowe rękawice z mankietami długie do łokci. Zrobiło to na mnie ogromne wrażenie – zobaczyłem kata!"[487].

---

[486] Dzisiejszy obwód twerski (przyp. red.).
[487] „Izwiestija" 2 kwietnia 1992.

Już pierwszej nocy ekipa Błochina rozstrzelała 343 osoby. W kolejnych dniach zarządził on jednak, by dostarczać mu partie nie większe niż 250 osób dziennie. Wiosną 1940 roku pod kierownictwem i przy bezpośrednim udziale Błochina w Kalininie rozstrzelano 6311 polskich jeńców z obozu ostaszkowskiego[488]. Można podejrzewać, że dzięki tej akcji „uderzeniowej" Błochin podwoił swój dotychczasowy bilans rozstrzelanych.

W stosunku do Tokariewa, który nie brał udziału w rozstrzeliwaniu, Błochin wykazał się pobłażliwą „szlachetnością" profesjonalnego kata, rozumiejącego, że nie wszyscy są zdolni do tego, czego potrafi dokonać on. Sporządzając listę uczestników egzekucji przedstawionych do nagrody, włączył do niej również szefa Zarządu NKWD w Kalininie Tokariewa. Jak zeznał 20 marca 1991 roku Tokariew, wkrótce po zakończeniu egzekucji Błochin zapytał go: „Co Kobułow ma przeciwko wam? Wpisałem was na listę ochotników – przecież jesteście szefem zarządu – a on was osobiście wykreślił". Bogdan Kobułow zapamiętał, że Tokariew jeszcze na etapie wstępnego przygotowania tej akcji ostrożnie odmówił osobistego udziału w egzekucjach. Wówczas Kobułow rzucił z rozdrażnieniem: „A my wcale na was nie liczyliśmy".

Kim zatem był człowiek, którego rękami dokonywało się stalinowskie bezprawie?

Według skąpych zapisów jego autobiografii urodził się w 1895 roku we wsi Gawriłowskoje w rejonie suzdalskim w obwodzie iwanowskim w rodzinie biednego chłopa. Od 1905 roku jednocześnie chodził do szkoły i pracował jako pastuch, następnie – jako murarz, później pomagał w gospodarstwie ojca. Powołany 5 czerwca 1915 roku jako szeregowy do 82. pułku piechoty we Włodzimierzu dosłużył się do młodszego podoficera. Od 2 czerwca był starszym podoficerem 218. Gorbatowskiego Pułku Piechoty na froncie niemieckim, został ranny, trafił do szpitala w Połocku, w którym przebywał do 29 grudnia 1917 roku. Następnie, z dala od poli-

---

[488] *Katyn'. Plenniki nieobjawlennoj wojny. Dokumienty i matieriały*, red. R.G. Pichoja, A. Giejsztor, Moskwa 1997, s. 601.

tycznych burz, pracował w gospodarstwie ojca do października 1918 roku, a 25 października 1918 roku zgłosił się jako ochotnik do Janowskiego Komisariatu Wojskowego w rejonie suzdalskim. Wkrótce dokonał również wyboru politycznego, zapisując się w kwietniu 1921 roku do partii komunistycznej i praktycznie od razu 25 maja 1921 roku został skierowany do 62. batalionu wojsk WCzK w Stawropolu.

Tu zaczyna się jego czekistowska kariera. 24 listopada 1921 roku został adiutantem dowódcy plutonu w oddziale specnazu przy Kolegium WCzK, 5 maja był już jego dowódcą, a 16 lipca został adiutantem dowódcy 61. Dywizji Specjalnego Przeznaczenia przy Kolegium OGPU. 22 sierpnia 1924 roku Błochin awansował na stanowisko komisarza do zadań specjalnych Oddziału Specjalnego przy Kolegium. Teraz do jego obowiązków należy m.in. wykonywanie wyroków śmierci przez rozstrzelanie. I rzeczywiście, od wiosny 1925 roku podpis Błochina zaczyna się regularnie pojawiać pod protokołami z egzekucji. Być może na zawsze pozostałby wyłącznie jednym z szeregowych katów, ale nieoczekiwanie pojawił się wakat na wysokim stanowisku. 3 marca 1926 roku Błochin został p.o. Komendanta OGPU (zastąpił na tym miejscu nieobecnego Karla Wejsa). Już 1 czerwca 1926 roku Błochin oficjalnie objął tę funkcję.

Los jego poprzednika Karla Wejsa okazał się niegodny pozazdroszczenia. W podpisanym przez Jagodę rozkazie OGPU nr 131/47 z 5 lipca 1926 roku była mowa o przyczynach jego odwołania ze stanowiska i stawianych mu zarzutach: „31 maja 1926 roku decyzją Kolegium OGPU Komendant WCzK/OGPU Wejs Karl Iwanowicz został skazany na 10 lat pozbawienia wolności o zaostrzonej izolacji pod zarzutem kontaktów z pracownikami misji zagranicznych, ewidentnymi szpiegami. Na podstawie informacji zdobytych w trakcie śledztwa ustalono, że Wejs uległ kompletnemu moralnemu rozkładowi, całkowicie utracił poczucie odpowiedzialności, spoczywającej na nim jako czekiście i komuniście, i nie zatrzymał się nawet w obliczu kompletnej dyskredytacji OGPU, którego był pracownikiem"[489].

---

[489] CA FSB, f. 66, op. 1-a, d. 10.

W odróżnieniu od Wejsa Błochin zachowywał się odpowiednio i na stanowisku komendanta pracował niezmiennie przez długie lata, aż do przejścia na emeryturę. Od 10 czerwca 1938 roku pełniona przez niego funkcja nazywała się oficjalnie – naczelnik Oddziału Komendantury Oddziału Administracyjno-Gospodarczego NKWD ZSRS.

Podczas pracy w OGPU Błochin zaocznie zdał egzaminy do uczelni technicznej w 1932 roku i ukończył 3 lata wydziału budowlanego w Instytucie Podwyższania Kwalifikacji dla Pracowników Inżynieryjno-Technicznych. Na tym etapie jego edukacja się zakończyła.

Początkowo w strukturach WCzK nie było specjalnych stanowisk dla katów ani nawet przekonania, że etatowi egzekutorzy są potrzebni. Przyjęto (i taka była praktyka), że jeśli zaistnieje potrzeba, każdy czekista ma obowiązek wykonać wyrok śmierci przez rozstrzelanie. Z czasem jednak tak się złożyło, że wykonaniem tych wyroków zaczęli się zajmować w centralnym aparacie WCzK ci sami ludzie[490]. Na przestrzeni lat ich skład pozostał mniej więcej niezmienny i zaczęto ich nieoficjalnie nazywać „grupą specjalną". Składała się ona głównie z pracowników komendantury, ale formowana była przede wszystkim według kryterium wytrzymałości – w jej skład wchodzili ci czekiści, którzy byli w stanie praktycznie codziennie uczestniczyć w egzekucjach. Było to nieformalne, lecz ważne kryterium. Przecież nie każdy pracownik komendantury był do czegoś takiego zdolny.

O ile można zrozumieć, że w egzekucjach brali udział niektórzy funkcjonariusze komendantury (komendantura była, *de facto*, zbrojną ochroną budynków i obiektów WCzK-OGPU-NKWD-MGB i wydawało się zupełnie logiczne, że zlecano im podobne zadania), to zaskakuje coś innego – do „grupy specjalnej" włączono również ludzi z bezpośredniej ochrony Stalina. Ich jedynym obowiązkiem służbowym była

---

[490] W latach 1918–1919 egzekucje wykonywano przez rozstrzelanie na dziedzińcu wewnętrznym jednego z budynków CzK w Zaułku Warsanofjewskim. W innych miastach nie tylko praktykowano tajne egzekucje, lecz także rozstrzeliwano publicznie, np. w Archangielsku, albo przy dźwiękach orkiestry dętej, np. w Nikołajewie (zob. S. P. Mielgunow, *Krasnyj tierror w Rossii. 1918–1923*, Moskwa 1990, s. 144–147).

ochrona Stalina i innych członków najwyższych władz kremlowskich, ale rozstrzeliwanie w żadnym wypadku nie mieściło się w ich kompetencjach.

Protokoły z egzekucji przeprowadzanych na Łubiance w latach 1922–1929 najczęściej podpisywali: Grigorij Chrustalow, Grigorij Gołow, Piotr Maggo, Andriej Czernow, Aleksandr Rogow, Ferdinand Sotnikow, Wasilij Szygalow, Wasilij Błochin, Piotr Pakałn, Robert Gabalin, Iwan Jusis[491].

Większość z nich należała do specjalnego wydziału przy Kolegium OGPU, który ochraniał przywódców sowieckich i osobiście Stalina. Łączyli zatem ochronę przywódców z regularnym udziałem w rozstrzeliwaniu wrogów ludu. Na liście etatów aparatu centralnego OGPU byli „komisarze do specjalnych poruczeń": Aleksandr Rogow, Iwan Jusis, Ferdinand Sotnikow, Robert Gabalin, Andriej Czernow, Piotr Pakałn, Jakow Rodowański[492]. Druga część grupy katów to funkcjonariusze komendantury OGPU. Wśród nich – Błochin, a także Piotr Maggo i Wasilij Szygalow. W okresie późniejszym do „specgrupy" dołączyli Iwan Szygalow (brat Wasilija Szygalowa), Piotr Jakowlew (szef rządowego garażu, później szef Oddziału Samochodowego OGPU), Iwan Antonow, Aleksandr Dmitrijew, Aleksandr Jemeljanow, Ernst Macz, Iwan Feldman, Demjan Siemienichin oraz Aleksiej Okuniew (pracownik oddziału ochrony przywódców), który kierował zakopywaniem i spalaniem trupów.

Los katów nie był lekki. Rodziny widywały ich rzadko, a kiedy już wracali do domu po nocnej „robocie", zazwyczaj byli pijani. Bo jak tu nie pić przy tak parszywej robocie. Po egzekucjach najczęściej urządzali popijawę. Jeden z nich wspominał: „Oczywiście wódkę piliśmy do utraty przytomności. Co by nie mówić, ta praca nie należała do lekkich. Tak bardzo byliśmy czasem zmęczeni, że ledwo staliśmy na nogach. A myliśmy się wodą kolońską. Do pasa. Inaczej nie dało się pozbyć zapachu krwi

---

[491] CA FSB, f. 7, op. 1, d. 163.
[492] Według stanu na 1 grudnia 1929 roku („Swobodnaja mysl'" 1998, nr 8, s. 96).

i prochu. Nawet psy na nasz widok uciekały i jeśli szczekały, to z daleka"[493]. Nic więc dziwnego, że umierali wcześnie albo dostawali pomieszania zmysłów. Śmiercią naturalną umarli Grigorij Chrustalow – w październiku 1930 roku, Iwan Jusis – w 1931 roku, Piotr Maggo – w 1941 roku, Wasilij Szygalow – w 1942 roku, a jego brat Iwan w 1945 roku. Wielu przeszło na emeryturę po otrzymaniu grupy inwalidzkiej z powodu schizofrenii, jak np. Aleksandr Jemeljanow, czy choroby nerwowej, jak Ernst Macz[494]. W klinice psychiatrycznej leczył się również kilkukrotnie Aleksiej Okuniew, który w końcu się zapił[495].

Ale represje nie ominęły również samych egzekutorów. Część z nich wpadła w ręce Błochina – trafili do celi rozstrzelań już w charakterze ofiar. W 1937 roku rozstrzelano Grigorija Gołowa, Piotra Pakałna, Ferdinanda Sotnikowa. Ciekawe, jak się czuli Błochin i Maggo, kiedy rozstrzeliwali swoich byłych kompanów.

Szczególnie drażnili katów niektórzy skazani, którzy w chwili egzekucji wysławiali Stalina. Isaj Berg, stojący na czele grupy egzekutorów wykonujących rozkazy trójki Zarządu NKWD w obwodzie moskiewskim w latach 1937–1938, zeznał po aresztowaniu, że dostał od kierownictwa bezwzględną instrukcję, by „w przyszłości nie dopuszczać do takich sytuacji" i „poprawiać nastrój" pracownikom grupy specjalnej NKWD, „starać się przekonać ich, że ludzie, do których strzelają, to wrogowie". Chociaż Berg przyznał natychmiast: „Rozstrzeliwaliśmy wielu niewinnych"[496].

Berg zasłynął tym, że osobiście brał udział w stworzeniu w moskiewskim NKWD „samochodu śmierci", w którym skazani byli duszeni spalinami. To w pewnej mierze oszczędzało nerwów katom z Moskwy. Załadowali żywych w Więzieniu Tagańskim czy Butyrskim – a w Butowie wyładowali martwych i cała robota. I żadnych tam okrzyków ku chwale

---
[493] B. Sopielniak, *Smiert' w rassroczku*, Moskwa 1998, s. 275–276.
[494] Tamże, s. 278.
[495] RGASPI, f. 17, op. 171, d. 474, l. 62.
[496] Archiwum UFSB (Federalnej Służby Bezpieczeństwa Regionu) Moskwy i obwodu moskiewskiego, teczka akt śledczych I. Berga, l. 94.

Stalina. Berg wyjaśniał potem w czasie śledztwa, że bez tego udoskonalenia „nie dałoby się wykonać tak dużej liczby egzekucji"[497].

Główna grupa egzekutorów pod dowództwem Błochina otrzymała również instrukcję, by „przeprowadzać wśród skazanych na śmierć pracę wychowawczą, żeby nie kalali imienia wodza w tak niestosownym momencie"[498].

W latach 1937–1938 Błochin brał udział w najgłośniejszych egzekucjach. Dowodził rozstrzelaniem marszałka Tuchaczewskiego i skazanych wraz z nim wysoko postawionych wojskowych. Przy tej egzekucji był obecny prokurator ZSRS Wyszyński, przewodniczący Izby Wojskowej Sądu Najwyższego Ulrich[499]. Czasami swoją obecnością zaszczycał sam „żelazny narkom" Jeżow – wówczas proces rozstrzeliwania nabierał cech spektaklu teatralnego. Jesienią 1937 roku: „Przed rozstrzelaniem Jakowlewa – w przeszłości swojego przyjaciela, Jeżow kazał mu stanąć obok siebie – by obserwował egzekucję". Jakowlew, stanąwszy obok Jeżowa, zwrócił się do niego ze słowami: „Nikołaju Iwanowiczu! Widzę w twoich oczach, że ci mnie żal". Jeżow nic nie odpowiedział, ale wyraźnie się zmieszał i natychmiast nakazał rozstrzelać Jakowlewa[500].

Nie mniej pamiętna scena rozegrała się, kiedy w marcu 1938 roku wykonywano wyroki na Bucharinie, Rykowie, Jagodzie i innych skazanych podczas pokazowego „procesu bloku prawicowo-trockistowskiego". Jagoda miał być rozstrzelany jako ostatni, a wcześniej jego i Bucharina posadzono na krzesłach i zmuszono do patrzenia na egzekucję pozostałych skazanych[501]. Jeżow był obecny i prawdopodobnie to on był autorem tej wyszukanej rozrywki. Przed rozstrzelaniem byłego narkoma spraw wewnętrznych Jagody Jeżow nakazał komendantowi ochrony Kremla Daginowi pobić go: „No, daj mu za nas wszystkich". Za to egzekucja przy-

---

[497] Tamże, l. 196. Opublikowano w: „Komsomolskaja Prawda", 28 października 1990.
[498] B. Sopielniak, *Smiert'*..., s. 276.
[499] *Rieabilitacyja*..., t. 2, s. 692.
[500] RGASPI, f. 17, op. 171, d. 375, l. 43.
[501] Tamże, d. 456, l. 107.

jaciela od butelki Bułanowa zmartwiła Jeżowa do tego stopnia, że kazał mu przed rozstrzelaniem dać koniaku[502].

Zadziwia, jak wielu dawnych kolegów, a nawet swoich byłych przełożonych, którym kiedyś musiał usługiwać, rozstrzelał Błochin. Bliska współpraca ze zdemaskowanym kierownictwem NKWD mogła i jego samego kosztować życie. Ale Stalin cenił solidnych „wykonawców".

Stalin, o dziwo, nie bał się tego, że za jego plecami ciągle kręcą się ludzie, nawykli strzelać w tył głowy. O jego szczególnym, nieomal troskliwym stosunku do wykonawców wyroków dość wymownie świadczy poniższy epizod. Na początku 1939 roku, kiedy Beria w najlepsze „oczyszczał" NKWD z jeżowowskich złogów, pojawiła się informacja, że Błochin był zbyt blisko byłego sekretarza NKWD Bułanowa, ba, nawet samego rozstrzelanego narkoma Jagody. Wówczas coś takiego traktowano jak dowód udziału w ich „planach spiskowych". Beria przygotował decyzję o aresztowaniu Błochina i udał się do Stalina po formalną zgodę. Jednakże, ku swojemu zdziwieniu, otrzymał odpowiedź odmowną. W 1953 roku Beria podczas śledztwa zeznał: „J. W. Stalin nie zgodził się ze mną, oświadczając, że takich ludzi nie należy wsadzać, bo wykonują czarną robotę. Od razu wezwał szefa ochrony N. S. Własika i zapytał go, czy Błochin uczestniczy w wykonywaniu wyroków i czy trzeba go aresztować? Własik odpowiedział, że uczestniczy, a razem z Błochinem pracuje jego asystent A. M. Rakow i wyraził się o Błochinie pozytywnie"[503]. Po powrocie do swojego gabinetu Beria wezwał na rozmowę Błochina i pracowników „specgrupy". Wyniki tej rozmowy „wychowawczej" narkom opisał w odesłanej do archiwum notatce, której nigdy nie nadano biegu: „Ściśle tajne. Wezwałem Błochina i kierowników z komendantury, których poinformowałem o niektórych z zeznań przeciwko nim. Obiecali porządnie popracować i być oddanymi partii i władzy sowieckiej. 20 lutego 1939 roku. Ł. Beria"[504]. Stalin nie wracał więcej do sprawy Błochina.

---

[502] Tamże, d. 375, l. 42.
[503] Tamże, d. 469, l. 43–53.
[504] Tamże.

Zazwyczaj skazani byli przywożeni na miejsce egzekucji w Zaułku Warsanofjewskim, gdzie czekał na nich Błochin z ekipą. Ale czasami Błochin sam musiał jechać po swoją ofiarę. Tak było w 1940 roku, kiedy trzeba było doprowadzić z Więzienia Suchanowskiego skazanego na karę śmierci przez rozstrzelanie byłego zastępcę członka Biura Politycznego Roberta Ejche. Przed samym odesłaniem na egzekucję skazaniec został brutalnie pobity w gabinecie Berii, w Więzieniu Suchanowskim. „Podczas bicia wybili mu oko, które wypłynęło. Kiedy Beria przekonał się, że nie uzyska od Ejche żadnego przyznania się do szpiegostwa, kazał go wyprowadzić i rozstrzelać"[505]. A 6 lutego 1940 roku Błochina spotkał zaszczyt – osobiście rozstrzelał samego narkoma Jeżowa.

Kierownictwo ceniło go. Szybko awansował: w 1935 roku – kapitan bezpieczeństwa państwowego, w 1940 roku – major BP, w 1943 roku – pułkownik BP, w 1944 roku był już komisarzem bezpieczeństwa państwowego, a w lipcu 1945 toku nadano mu stopień generała majora. Równie szczodrze obsypano go odznaczeniami państwowymi. Otrzymał: Order Czerwonej Gwiazdy (1936), Order „Znak Honoru" (1937), Order Czerwonego Sztandaru Pracy (1943), trzy Ordery Czerwonego Sztandaru (1940, 1944, 1949), Order Lenina (1945), Order Wojny Ojczyźnianej 1. klasy (1945), a także dwie odznaki „Honorowego czekisty" i złoty zegarek.

Dostał również za zasługi broń honorową – pistolet mauser, chociaż wolał rozstrzeliwać z niemieckiego waltera. Z okazji 20-lecia pracy na stanowisku komendanta otrzymał w nagrodę samochód osobowy M-20 (Pobieda). Ciekawostką jest, że Błochin i jego pomocnicy ze „specgrupy" zazwyczaj byli hojnie nagradzani przed akcjami, a nie po nich. Według szacunków ogólna liczba osób rozstrzelanych przez Błochina w ciągu całego okresu jego służby to nie mniej niż 10–15 tysięcy.

Natychmiast po śmierci Stalina i powtórnym stanięciu Berii na czele „organów" Błochin został wysłany na emeryturę. Na mocy rozkazu MWD ZSRS nr 3 z 14 marca 1953 roku nowym szefem Oddziału Komendantury

---

[505] *Rieabilitacyja...*, t. 2, s. 648.

MWD ZSRS został pułkownik D. W. Browkin. A rozkaz nr 107 z 2 kwietnia 1953 roku mówił o zwolnieniu byłego komendanta Błochina w związku z chorobą. Błochin otrzymał również oficjalne wyrazy wdzięczności za 34 lata „wzorowej służby" w organach OGPU-NKWD-MGB-MWD ZSRS. Beria tłumaczył, że został zwolniony, bo się „zasiedział"[506] – istniał nawet taki biurokratyczny termin, oznaczający długą pracę w jednym miejscu powodującą spadek aktywności i efektywności pracownika. Chociaż, jak wiadomo, Błochin bynajmniej nie miał pracy siedzącej, a ta, którą wykonywał istotnie, nadwerężyła jego zdrowie.

Tak więc w 1953 roku pożegnano go uroczyście i odesłano na zasłużony wypoczynek. Po śmierci dyktatora usługi Błochina przestały być potrzebne. Nie, naturalnie, nowy komendant, który go zastąpił, nie ryzykował, że zostanie pozbawiony „nocnej roboty", ale skala nie była już taka jak kiedyś. Chociaż przyznać należy, że stare ofiary zostały zastąpione przez nowe – tych, którzy wcześniej sami sądzili i zabijali. Pod rządami nowych władz zaczęto likwidować byłych współpracowników Berii i Abakumowa. Aktywnie wzięto się za nowe śledztwa i okazało się, że na emeryturze Błochin również nie miał zaznać spokoju. Często był wzywany na przesłuchania do Prokuratury Generalnej. W trakcie śledztwa w sprawie Berii i jego kompanów wiedza Błochina okazała się wprost bezcenna. Przecież to on wykonywał w ich czasach najważniejsze wyroki. Mimo tego, że brał udział w zbrodniach, nie został włączony do grona oskarżonych. Najpewniej ktoś wyszedł z założenia, że był tylko katem, wykonywał rozkazy. Po prostu: taka praca, nic osobistego.

Po zwolnieniu Błochin otrzymał emeryturę za 36 lat wysługi – w armii i „organach" – która wynosiła 3150 rubli. Ale po tym, jak 23 listopada 1954 roku pozbawiono go stopnia generalskiego, przepadła również emerytura z KGB. Nie jest jasne, czy zdążył załatwić sobie zwykłe świadczenia ze względu na wiek. Według orzeczenia lekarskiego Błochin chorował na nadciśnienie i zmarł na zawał 3 lutego 1955 roku[507].

---

[506] RGASPI, f. 17, op. 171, d. 469, l. 43–53.
[507] Archiwum UFSB Moskwy i obwodu moskiewskiego, kartoteka emerytalna W. M. Błochina.

Ironią losu jest, że został pochowany w tym samym miejscu, gdzie leżą prochy większości jego ofiar – na Cmentarzu Dońskim, z tą tylko różnicą, że ciała rozstrzelanych spalano w cmentarnym krematorium, a prochy zsypywano do bezimiennych mogił. Na grobie Błochina niedawno pojawił się nowy nagrobek z portretem. Pamiętają!

ózef Stalin

Narkomowie
(ludowi komisarze)
spraw wewnętrznych:

Gienrich Jagoda

Nikołaj Jeżow

Ławrientij Beria

Wsiewołod Mierkułow

Sergo Goglidze

Bogdan Kobułow

Amajak Kobułow

Grigorij Szarok

Piotr Kubatkin

Szałwa Cereteli

Wieniamin Gulst

Awksentij Rapawa

Wiktor Boczkow

Aleksander Mironow

Śledczy NKWD, 1944 r.
od lewej siedzą: L. Gusiew, B. Rodos,
L. Włodzimirski, L. Szwarcman, W. Cepkow

Lew Włodzimirski, 1933, 1937, 1940, 1943

Lew Włodzimirski, 1953

Grigorij Majranowski

Michaił Filimonow

Siergiej Muromcew

Arkadij Osinkin

Paweł Sudopłatow

Naum Ejtingon

Wasilij Błochin

Budynek na rogu Bolszoj Łubianki i Zaułka Warsonofjewskiego, gdzie rozstrzeliwano skazanych na śmierć. Działało tu także laboratorium, w którym testowano trucizny na więźniach

Grupa
specjalna
Błochina:

Iwan Antonow

Ernst Macz

Aleksiej Okuniew

Wasilij Szygalow

Iwan Szygalow

Piotr Jakowlew

Piotr Maggo

Lew Szwarcman

Boris Rodos

Wasilij Ulrich

Paweł Zielenin

Iwan Gorgonow

Wiktor Abakumow

Semion Ignatjew

Michaił Riumin

Informacja o procesie Riumina opublikowana w prasie centralnej 23.07.1954 roku

В Верховном Суде СССР

2—7 июля 1954 года Военная Коллегия Верховного Суда СССР рассмотрела в судебном заседании дело по обвинению Рюмина М. Д. в преступлении, предусмотренном статьей 58-7 Уголовного Кодекса РСФСР.

Судебным следствием установлено, что Рюмин в период его работы в должности старшего следователя, а затем и начальника следственной части по особо важным делам бывш. Министерства государственной безопасности, действуя как скрытый враг Советского государства, в карьеристских и авантюристических целях стал на путь фальсификации следственных материалов, на основании которых были созданы провокационные дела и произведены необоснованные аресты ряда советских граждан, в том числе видных деятелей медицины.

НЕКРОЛОГ

ЛУГАНЕЦ-ОРЕЛЬСКИЙ И. Т.

8 июля при автомобильной катастрофе около Цхалтубо погиб Полпред СССР в Китае тов. Луганец-Орельский Иван Трофимович.

Тов. Луганец-Орельский родился в 1899 г. в гор. Ворошиловграде. Участвовал в гражданской войне в качестве партизана, красноармейца, политработника и командира. В партию он вступил в 1920 г. За боевые заслуги во время гражданской войны тов. Луганец-Орельский получил знаки отличия.

Окончив военную Академию в Москве в 1931 г., тов. Луганец-Орельский работал в Киеве, Москве, Свердловске, Харькове и в ряде других городов.

В ноябре 1937 г. Совнарком СССР назначил тов. Луганец-Орельского Полпредом в Китай, где он выполнял до мая месяца 1939 г. свою ответственную миссию.

Тов. Луганец-Орельский приехал в отпуск в СССР и отправился в Цхалтубо для лечения. Здесь нелепый случай вырвал из наших рядов активного члена большевистской партии и крупного советского дипломата.

Со скорбью провожаем мы безвременно погибшего товарища, отдавшего большую часть своей жизни рабочему классу, нашей партии и советскому государству.

Потемкин В. П., Лозовский С. А., Деканозов В. Г., Богомолов А. Е., Федюшин В. А., Лифанов Н. М., Царапкин С. К., Жуков Д. А., Пустовалов А. А., Аксельрод М. А.

Nekrolog opublikowany w „Prawdzie" 11 lipca 1939 r.

Ofiary represji:
Iwan Bowkun-Ługaniec

Informacja o pogrzebie w Tbilisi, opublikowana w "Izwiestiach" 16 lipca 1939 r.

Похороны И. Т. Луганец-Орельского

ТБИЛИСИ, 15 июля. (ТАСС). Вчера трудящиеся Тбилиси хоронили активного большевика полпреда СССР в Китае тов. И. Т. Луганец-Орельского и его жену тов. Н. В. Луганец-Орельскую, безвременно погибших в ночь на 9 июля при автомобильной катастрофе около Цхалтубо.

★

Обтянутый крепом большой зал Дома Красной армии застыл в строгом безмолвии. Пьедестал, на котором покоятся тела погибших, покрыт живыми цветами. Возложены венки от коллектива Народного Комиссариата Иностранных Дел СССР, Центрального и Тбилисского Комитетов КП(б) Грузии, Тбилисского Горсовета, от родных и знакомых. Траурные знамена приспущены.

Безмолвно сменяется почетный караул.

В 2 часа дня началось прощание трудящихся Тбилиси с активным членом большевистской партии, отдавшим свою жизнь рабочему классу. Беспрерывным потоком проходят рабочие, служащие, учащаяся молодежь, бойцы, командиры и политработники Красной армии.

В 5 час. 55 минут под звуки траурного марша тела покойных выносятся из зала. Траурная процессия медленно направляется на Ново-Верийское кладбище. По обе стороны процессии выстроился почетный воинский эскорт. Тысячи людей провожают трагически погибших товарищей.

В 7 часов вечера на кладбище со‐

ССР тов. В. Ба..., КП(б) Грузии т.т. К. ...пуридзе, И. Товадзе, председатель Президиума Верховного Совета Грузинской ССР тов. Ф. Махарадзе, секретари Тбилисского комитета КП(б) Грузии т.т. С. Ишханов, Е. Черкезия, А. Квачадзе, Народный комиссар внутренних дел Грузинской ССР тов. А. Рапава, член Военного совета Закавказского Военного округа тов. Я. Доронин и другие.

Митинг открыл исполняющий обязанности председателя Тбилисского Совета тов. Кочламазашвили.

— Трагический случай, — говорит тов. Кочламазашвили, — вырвал из наших рядов активного члена большевистской партии, крупного советского дипломата, полномочного представителя СССР в Китае Ивана Трофимовича Луганец-Орельского. Тов. Луганец-Орельский вел самоотверженную борьбу за советскую власть, за счастливую жизнь советского народа. Осуществляя указания нашей партии и советского правительства, тов. Луганец-Орельский способствовал укреплению дружбы советского народа с великим китайским народом, героически борющимся против кровавого японского фашизма. С глубокой скорбью мы прощаемся с прекрасным большевиком.

На траурном митинге выступили также депутат Верховного Совета Грузинской ССР тов. А. Джорбенадзе, полковой комиссар тов. П. Кириллов, пред‐

Zabici z rozkazu
Stalina,
w więzieniu,
w maju 1939 r.

Karol Radek

Gieorgij Sokolnikow

Oprawcy z Sandarmochu

Sklep „CzK"

Obraz zbrodni wyłania się ze skąpych wersów zeznań człowieka, który dowodził egzekucjami w Sandarmochu. Podczas przesłuchania opowiadał o tym zwyczajnie, bez zbędnych emocji: „W 1937 roku, w październiku lub w listopadzie, otrzymałem polecenie od Garina[508] – byłego zastępcy naczelnika zarządu NKWD obwodu leningradzkiego, żeby pojechać na stację Miedwieżja Gora na terenie Kombinatu Białomorsko-Bałtyckiego na czele brygady do spraw wykonywania wyroków śmierci, które wypełniłem w ciągu mniej więcej 20–22 dni".

Procedura straceń była dopracowana w najdrobniejszych szczegółach: „Skazanych na najwyższy wymiar kary przywożono samochodem w wyznaczone do tego miejsce, czyli do lasu, wykopywano wielkie rowy i tam, to znaczy w rowie, kazano aresztowanemu położyć się twarzą w dół, po czym z bliska strzelano do niego". Na pytanie, kto rozstrzeliwał, szczerze odpowiedział: „Bezpośrednio wykonywałem wyroki ja, Michaił Rodionowicz Matwiejew i Ałafier – zastępca komendanta"[509].

---

[508] Władimir Nikołajewicz Garin (Żebieniew; 1896–1940), od grudnia 1936 roku do czerwca 1938 roku zastępca naczelnika UNKWD obwodu leningradzkiego, następnie naczelnik Sorokskiego Poprawczego Obozu Pracy (Sorokołag – przyp. tłum.), starszy major bezpieczeństwa państwowego. Zmarł w lutym 1940 roku. Urna z prochami znajduje się w kolumbarium na Cmentarzu Nowodziewiczym w Moskwie.
[509] Akta sprawy śledczej M. R. Matwiejewa (Archiwum UFSB Sankt Petersburga i obwodu leningradzkiego, akta sprawy śledczej nr 11602).

Zawsze ciekawiło mnie, skąd w ogóle biorą się takie typy, gdzie się rodzą, jak rosną w siłę i pną się w górę po swojej kaciej ścieżce kariery. Kim jest np. tych dwóch? Skąd pochodzą? Dlaczego wybrali sobie jako zawód mordowanie ludzi?

Michaił Rodionowicz Matwiejew urodził się w 1892 roku we wsi Wołosowo w powiecie borowiczowskim, w guberni nowogrodzkiej, w rodzinie średniozamożnego chłopa. W 1905 roku ukończył szkołę, krótko popracował na ojcowiźnie, po czym udał się w poszukiwaniu samodzielnego zarobku. Od piętnastego roku życia pracował jako burłak [pracownik transportu rzecznego – przyp. tłum.] w Borowiczach, od października 1908 roku – jako chłopiec na posyłki w biurze technicznym w Petersburgu, a od lutego 1909 roku był palaczem w słynnym Gimnazjum Łarińskim. W maju 1912 roku przyszły czekista zatrudnił się jako portier w kamienicy na Newskim Prospekcie. Budynek ten w 1910 roku kupiła żona radcy kolegialnego Fiodora Ugriumowa. Trzy lata później powstało tam kino „Akwarium", a w okresie późnosowieckim – słynny sklep „Kawa – Herbata" [ros. „Czaj – Kofie" – przyp. tłum.], z nutą czarnego humoru nazywany powszechnie „CzK". Zupełnie jakby ludzie wiedzieli, kto tu kiedyś był lokajem.

Od kwietnia 1913 roku do marca 1918 roku Matwiejew pracował jako tokarz w fabryce „Wulkan". W czasie wojny z jakiegoś powodu nie został powołany do armii. Może był niezdolny do służby z powodów zdrowotnych, a może miał jakieś inne uprawnienia, ale sam sobie zrekompensował ten brak wojennych przygód. W 1917 roku dołączył do ochotniczych oddziałów czerwonych i to był początek jego właściwej kariery. W dniu szturmu Pałacu Zimowego obrońcy pobili go prawie na śmierć – od tamtej pory cierpiał na silne bóle głowy, zaniki pamięci[510]. Chrzest bojowy odebrany w szeregach czerwonych pod Pałacem Zimowym wydatnie ukształtował jego charakter, wyzwolił brutalność i mściwość. W marcu 1918 roku Matwiejew został naczelnikiem lotne-

---

[510] J. Łukin, *Na pałaczach krowi niet*, Petersburg 1996, s. 2.

go oddziału CzK w dzielnicy piotrogrodzkiej. W ramach obowiązków w CzK był w ciągłych rozjazdach i w najgorętszych punktach, własnoręcznie dokonywał rozstrzeliwań, za co nagrodzono go imiennym browningiem[511]. Objął stanowisko komendanta, a do jego obowiązków należało wykonywanie wyroków śmierci przez rozstrzelanie. W 1933 roku Matwiejewa awansowano na zastępcę naczelnika Zarządu Administracyjno-Gospodarczego (AChU) OGPU w Leningradzkim Okręgu Wojskowym (LOW), a w 1934 roku – na wicenaczelnika AChU UNKWD obwodu leningradzkiego. Posadę komendanta przejął jego protegowany Aleksandr Polikarpow. O nim jeszcze będzie mowa.

Masowa akcja w 1936 roku

Matwiejew dalej dowodził egzekucjami. Był szczególnie potrzebny, kiedy przeprowadzano masowe akcje. Porachunki Stalina z byłymi rywalami politycznymi jesienią 1936 roku weszły w nowy etap – teraz nawet tych, którzy byli na zesłaniu lub odbywali wyrok w więzieniu politycznym NKWD, bez żadnego śledztwa skazywano na rozstrzelanie. Żeby uzasadnić stracenia, 29 września 1936 roku Politbiuro przyjęło uchwałę (P43/305) *O traktowaniu elementów kontrrewolucyjnych oraz trockistowsko-zinowjewowskich*, w której zamieszczono m.in. takie stwierdzenie: „Konieczne jest rozprawienie się z trockistowsko-zinowjewowskimi łajdakami, które objąć ma nie tylko aresztowanych, wobec których czynności śledcze już się zakończyły oraz osoby znajdujące się pod śledztwem, takie jak Murałow, Piatakow, Biełoborodow i inne, których sprawy jeszcze się toczą, lecz również tych, którzy zostali wcześniej zesłani"[512]. W NKWD zaczęło się sporządzanie list osób przeznaczonych do rozstrzelania i już kilka dni później Jeżow z Wyszynskim wystosowali do Biura Politycznego prośbę o zgodę na

---

[511] Tamże.
[512] RGASPI, f. 17, op. 171, d. 241, l. 213.

skazanie 585 osób z listy. Decyzję podjęto w sposób obiegowy 4 października 1936 roku:

„Pytanie tow. Jeżowa.

Zgodzić się na propozycję towarzyszy Jeżowa oraz Wyszynskiego dotyczącą wykonania wyroku sądowego nad aktywnymi uczestnikami trockistowsko-zinowjewowskiej kontrrewolucyjnej organizacji terrorystycznej z pierwszej listy w liczbie 585 osób"[513].

W oryginale tej decyzji słowo „sądowy" zostało dopisane na górze. Na początku chcieli mordować według list bez zastosowania żadnych formalności. A jednak się opamiętali! W końcu formalna podkładka od przewodniczącego Izby Wojskowej Sądu Najwyższego ZSRS Wasilija Urlicha nie zaszkodzi, a przy tym nie za bardzo opóźni sprawę... Właśnie wtedy Urlich nauczył się rozpatrywać sprawy w ciągu 10–15 minut i taśmowo wydawać wyroki.

Egzekucje odbywały się w różnych miastach. Po zakończonej akcji Matwiejewowi przyznano Order Czerwonej Gwiazdy – jego pierwszy order. Oprócz tego 28 listopada 1936 roku na mocy rezolucji Centralnego Komitetu Wykonawczego ZSRS[514] Order Czerwonej Gwiazdy otrzymali jego podwładni – komendant Aleksandr Polikarpow, zastępcy komendanta Gieorgij Ałafier oraz Pawieł Szałygin, a także naczelnik aresztu tymczasowego UNKWD obwodu leningradzkiego Nikołaj Bogdanow. Pozostali nagrodzeni z tego wykazu to moskwianie – ludzie z „grupy specjalnej" Błochina, a także egzekutorzy z Mińska i Kijowa.

Jesienne rozstrzelania byłych opozycjonistów były szeroko zakrojoną akcją. Uczestnicy, którym nie dano orderów, zostali docenieni i szczodrze nagrodzeni na mocy resortowego rozkazu. Byli wśród nich funkcjonariusze UNKWD obwodu leningradzkiego. Rozporządzenie NKWD ZSRS nr 511 podpisano 19 grudnia 1936 roku, akurat w przeddzień dziewiętnastej rocznicy założenia WCzK. Była w nim

---

[513] Tamże, d. 242, l. 173–174.
[514] „Izwiestija" 29 listopada 1936 r.

mowa o kilku rodzajach wyróżnień[515], takich jak: przyznanie odznaki „Zasłużony funkcjonariusz WCzK-GPU (XV)", nadanie specjalnego stopnia w systemie bezpieczeństwa państwowego, nagroda pieniężna wysokości 2000 rubli oraz wartościowy upominek. Specjalne stopnie nadano tym, którzy wcześniej nie posiadali żadnego. Michaił Matwiejew otrzymał stopień kapitana BP, Nikołaj Bogdanow i Aleksandr Polikarpow – lejtnanta BP, Gieorgij Ałafier – młodszego lejtnanta BP.

Z kolei inspektorowi zespołu kierowniczego UNKWD Borisowi Ławrientjewowi[516], który brał udział w operacji, przyznano odznaczenie „Zasłużony funkcjonariusz WCzK-GPU (XV)" oraz awansowano go o jeden stopień – z młodszego lejtnanta na lejtnanta BP.

Szczególnie zasłużył się chyba zastępca komendanta AChU UNKWD Irodion Stiepanowicz Bielikow, bo na mocy wspomnianego rozporządzenia nie tylko otrzymał od razu stopień młodszego lejtnanta BP, lecz także nagrodę w postaci sumy 2000 rubli i zegarka[517]. Niezwykle szczodrze. Odznaczenie „Zasłużonego funkcjonariusza WCzK-GPU (XV)" już miał (przyznane 20.12.1932 roku), był też dość doświadczony w przeprowadzaniu rozstrzelań. Jego podpisy w aktach dotyczących wykonywania wyroków widnieją na dokumentach Pełnomocnego Przedstawicielstwa OGPU w LOW z końca lat 20., kiedy siedziba tego organu znajdowała się jeszcze przy ulicy Dzierżyńskiego (wcześniej ulica Gorochowa, potem Komissarska), a Bielikow zajmował stanowiska dyżurnego odpowiedzialnego oraz zastępcy komendanta pełnomocnego przedstawicielstwa. Pozostał na służbie w leningradzkim UNKWD również po Wielkim Terrorze i – ze względu na zasługi – 19 czerwca 1939 roku, przeskakując jeden stopień, został od razu starszym lejtnantem BP.

---

[515] CA FSB, f. 66, op. 1, d. 371, l. 117–123.
[516] Boris Konstantinowicz Ławrientjew (1904–1938), w partii komunistycznej od 1924 roku. W OGPU od 1931 roku. Od 3 października 1937 roku starszy lejtnant BP. Aresztowany 29 kwietnia 1938 roku. Skazany przez Izbę Wojskową Sądu Najwyższego ZSRS i rozstrzelany 28 sierpnia 1938 roku. Na mocy orzeczenia Izby Wojskowej Sądu Najwyższego ZSRS wyrok został zmieniony, usunięto oskarżenia z artykułów 58-6, 58-8, 58-11, pozostawiono oskarżenie z artykułu 58-9 Kodeksu Karnego RSFRS.
[517] CA FSB, f. 66, op. 1, d. 371, l. 117–123.

Bielikow urodził się w 1889 roku jako syn biednego chłopa. W 1903 roku ukończył trzyletnią ziemską szkołę podstawową we wsi Orlija w guberni orłowskiej, powiecie siewskim. Od maja 1905 roku był uczniem zduna w Kijowie, a w październiku tegoż roku został uczniem kominiarza, a następnie – czeladnikiem kominiarstwa w Petersburgu. W październiku 1910 roku dostał wezwanie do wojska. Zaczynał jako szeregowiec, następnie dosłużył się stopnia podoficera Lejb-gwardyjskiego Pułku Grenadierów Konnych w Peterhofie. W czasie wojny jego pułk walczył na Froncie Południowo-Zachodnim. We wrześniu 1917 roku Bielikow wrócił do Piotrogrodu i został najpierw pomocnikiem naczelnika, a niedługo potem naczelnikiem rezerwy gwardzistów przy Komitecie Rewolucyjnej Ochrony Piotrogrodu. Wtedy też – we wrześniu – wstąpił do partii bolszewickiej. Od lutego 1919 roku Bielikow pełnił obowiązki dyżurnego odpowiedzialnego komendantury ochrony dzielnicy moskiewsko-narewskiej, a trzy miesiące później został pomocnikiem naczelnika, a następnie naczelnikiem milicji Kolei Nikołajewskiej. W listopadzie 1921 roku przeniósł się do gubernialnego oddziału CzK w Piotrogrodzie. Tam w maju 1925 roku awansował na stanowisko dyżurnego odpowiedzialnego Pełnomocnego Przedstawicielstwa oraz dyżurnego komendanta Pełnomocnego Przedstawicielstwa OGPU w LOW. Od tego momentu jednym z jego głównych zadań stało się wykonywanie egzekucji. W lipcu 1939 roku podpisał wyrok śmierci jako tymczasowo pełniący obowiązki szefa AChU UNKWD obwodu leningradzkiego. Był to szczyt jego kariery. Życie kata okazało się krótkie. Nie wiadomo nic pewnego na temat przyczyn przedwczesnego zgonu Irodiona Bielikowa. 1 kwietnia 1940 roku jego dokumenty partyjne wygaszano w związku ze śmiercią.

Wykonawcy

Wykonawcom wyroków śmierci w leningradzkim UNKWD warto przyjrzeć się bliżej. W ich zbiorowym portrecie zwraca uwagę jedna wspólna cecha – wszyscy, poza rzadkimi wyjątkami, pochodzą z najniższych klas. Ich ojcowie byli służącymi, matki – praczkami. Doświadczane od najmłodszych lat poniżenie, a czasem ubóstwo – oto przyczyny późniejszej społecznej nienawiści i mściwości…

Aleksandr Romanowicz Polikarpow, którego podpis często spotykamy raportach o rozstrzelaniu, to charakterystyczna postać. Urodził się w 1897 roku jako syn portiera kliniki wojskowej oraz prostej praczki. Ojciec zmarł w 1916 roku. Tak przynajmniej zaznaczył sam Polikarpow w dokumentach partyjnych. Nie mógł napisać prawdy o ojcu, który w rzeczywistości był nadzorcą w carskim areszcie tymczasowym na Szpalernej akurat w okresie, kiedy przetrzymywano tam Władimira Uljanowa – przyszłego „wodza światowej rewolucji"[518].

Aleksandr niedługo pobierał nauki. Po ukończeniu trzech klas miejskiej szkoły podstawowej w Petersburgu zaczął pracować. Od czerwca 1910 roku posługiwał w księgarni Kryłowa. Pewnie by tak dalej pracował, zdobywając przy okazji książkową wiedzę, lecz wojna całkowicie zmieniła jego życie. Od października 1915 służył jako szeregowiec 174. zapasowego pułku piechoty w miejscowości Krasnoje Sieło, dosłużył się stopnia młodszego podoficera i w listopadzie 1916 roku trafił na Front Północny w składzie 743. Pułku Tirulskiego 12. Armii. Został ranny i od sierpnia do listopada 1917 roku leczył się w szpitalu wojskowym w Wołogdzie. Po powrocie do Piotrogrodu od razu rozpoczął pracę w sowieckich strukturach – jako pracownik biurowy Ludowego Komisariatu Sprawiedliwości. Kariery administracyjnej jednak nie zrobił – w kwietniu 1918 roku Polikarpow rozpoczął służbę w resorcie więziennictwa jako młodszy nadzorca w areszcie tymczasowym Piotrogrodzkiej CzK. Od lipca do października 1918 roku oddalił się na krótko od spraw więziennych, by pełnić funkcję dowódcy plutonu 3. „Oddziału Bezwzględnych" komendy wojskowej 1. dzielnicy miejskiej, po czym wrócił do pracy w areszcie

---

[518] J. Łukin, *Na pałaczach…*, s. 67–68.

tymczasowym gubernialnej CzK. W październiku tegoż roku od razu został członkiem RKP(b). Szybko piął się w hierarchii – od młodszego nadzorcy do dyżurnego odpowiedzialnego, a w 1924 roku był już zastępcą naczelnika Aresztu Tymczasowego przy Pełnomocnym Przedstawicielstwie OGPU w Leningradzkim Okręgu Wojskowym. Z tego stanowiska w czerwcu 1933 roku awansował na komendanta Pełnomocnego Przedstawicielstwa OGPU. Póki co jego zasługi nagradzano skromnie – w kwietniu 1934 roku otrzymał odznaczenie „Zasłużonego funkcjonariusza WCzK-GPU (XV)".

W 1920 roku Polikarpow ożenił się z córką współpracownika ojca. Tak się złożyło, że po rewolucji ona również została nadzorczynią w areszcie tymczasowym na Szpalernej[519]. Zadziwiające dynastie. Dzieci, idąc w ślady ojców, wybierają karierę nadzorców więziennych. Po 1917 roku jednak pokrewieństwo z „carskimi nadzorcami" dla pracownika CzK oznaczało wilczy bilet, więc Polikarpow je ukrywał. Wpływały na niego donosy, w których anonimowi „życzliwi ludzie" informowali o ojcu-żandarmie. Widocznie w 1937 roku Polikarpow był niezastąpiony, bo zwierzchnicy nie robili użytku z tych dokumentów. A w 1939 roku sobie o nich przypomnieli. Nastał czas rewidowania kadr zarządu NKWD. Wszystko zmierzało do skandalu i zwolnienia z organów „syna żandarma"[520]. A zazwyczaj po takim zwolnieniu pojawiało się ryzyko aresztowania.

Polikarpow znalazł wyjście z tej sytuacji. 14 marca 1939 roku napisał list do nowego naczelnika UNKWD obwodu leningradzkiego Siergieja Goglidzego i tego samego dnia się zastrzelił. W liście Polikarpow tłumaczył się: „I teraz kiedy trwają rozmowy o karaniu niewinnych, kiedy zacząłem zauważać, że krzywo na mnie patrzą jakby wytykają palcami, wystrzegają się że niby nieufają, będąc i tak w nerwowo bardzo złym stanie, chory mam wrzody żołądka całkiem się

---

[519] Tamże, s. 69.
[520] Tamże, s. 73.

moralnie poddałem i doszedłem do wniosku, że dalej nigdzie nie mogę pracować i tu jeszcze z ukrywaniem pracy mojego ojca jestem całkiem moralnie rozbity niezdolny do pracy postanowiłem odejść uznają to za tchórzostwo ale cóż nie mogłem wytrzymać..." [zachowana interpunkcja, składnia i styl oryginału – przyp. tłum.][521]. Wiedząc nie tylko ze słyszenia, jak system rozprawia się z krewnymi czekistów uznanych za „wrogów narodu", Polikarpow prosił w sprawie żony: „Moja ostatnia prośba nie róbcie krzywdy żonie, jest chora po stracie obojga dzieci, ma raka, w sprawy służbowe jej nie wtajemniczałem i przyczyn śmierci nie zna. Żegnajcie" [zachowana oryginalna interpunkcja – przyp. tłum.][522].

Goglidze spełnił prośbę Polikarpowa. Po śmierci nie ogłoszono go wrogiem, jak to było w zwyczaju w czasie czystek. Oficjalnie na mocy rozkazu NKWD ZSRS nr 731 z 7 kwietnia 1939 roku został skreślony z listy kadr „z powodu zgonu"[523]. Wdowa miała prawo do renty w związku z utratą karmiciela rodziny. Smutny finał: utrata dzieci, śmiertelna choroba żony i jako wyrok – dobrowolna rezygnacja z życia. Zabił się sam.

Inny wykonawca egzekucji – Nikołaj Wasiljewicz Bogdanow – był trochę starszy od Polikarpowa i pochodził z innych stron, ale historię służby miał identyczną i też zmarł przed czterdziestką.

Urodził się w 1886 roku w rodzinie służących. W 1898 roku ukończył trzyletnią szkołę podstawową w mieście Chołm, w guberni pskowskiej, a już rok później był uczniem i ekspedientem w sklepie Zacharowa w Chołmie. Pięć lat później przeprowadził się do miejscowości Bieżanice, gdzie pracował jako sprzedawca w prywatnym sklepie Stolarowa, następnie od stycznia 1905 roku był sprzedawcą w sklepie Rudniewa w Tropicy. A w grudniu tegoż roku zamieszkał w Petersburgu. Jednak zawodowo mu się tam nie układało – miejscowych ekspedientów było wystarczająco dużo. Przez rok wykonywał

---

[521] Tamże, s. 73–74.
[522] Tamże, s. 74.
[523] GARF, f. 9401, op. 1, d. 1631.

fizyczne prace dla prywatnych podwykonawców, po czym zatrudnił się jako sanitariusz w miejskim inspektoracie sanitarnym. Do pracy sanitariusza przywykł, nawet skorzystał z możliwości, jakie oferowała. Od października 1912 roku do maja 1913 roku był w delegacji zagranicznej w Bułgarii, gdzie pracował jako sanitariusz w szpitalu Czerwonego Krzyża w Płowdiwie. Następnie wrócił do Petersburga, na poprzednie stanowisko. Od maja 1916 roku był sanitariuszem oddziału dezynfekcyjnego Armii Kaukaskiej na froncie. W marcu 1918 roku wrócił do Piotrogrodu i, przepracowawszy ponad rok jako sanitariusz miejskiej komisji sanitarnej, w grudniu 1919 roku znalazł sobie posadę nadzorcy w areszcie tymczasowym gubernialnej CzK. Tam poznał swojego późniejszego wieloletniego współpracownika Polikarpowa, który z czasem stał się jego podwładnym, bowiem Bogdanow objął stanowisko naczelnika aresztu. W lutym 1920 roku Bogdanowa przyjęto do RKP(b). Został nagrodzony także za służbę – odznaką „Zasłużonego funkcjonariusza WCzK-GPU (V)" pod numerem 567[524].

Wielki Terror Bogdanow przeżył, lecz – jak się zdaje – z pewnymi problemami. Mieszkał przy ulicy Wojnowa 34, mieszkania 76, niedaleko od znajdującego się przy tej samej ulicy więzienia (dziś Szpalerna)[525]. W czerwcu 1939 roku otrzymał kolejny stopień – kapitana BP. W 1940 roku pełnił funkcję wiceszefa wydziału więziennego UNKWD obwodu leningradzkiego. Trudno powiedzieć, co się stało. Cierpiał na ciężką, nieuleczalną chorobę? Padł ofiarą morderstwa? A może popełnił samobójstwo? Wiadomo tylko, że na mocy rozkazu NKWD ZSRS z 7 stycznia 1941 roku Bogdanow został skreślony z listy kadr „z powodu śmierci"[526]. Miał 54 lata. Widać, praca przy egzekucjach wpływa na człowieka. Obciążenie psychiczne prowadzi do alkoholizmu. Możliwe, że po prostu dopadło go „wypalenie zawodowe".

---

[524] A. M. Bujakow, *Wiedomstwiennyje nagrady WCzK-NKWD*, cz. 1, Władywostok 2002, s. 62. Najprawdopodobniej odznaczenie nastąpiło w 1930 roku.
[525] Dane z grudnia 1936 roku.
[526] GARF, f. 9401, op. 1, d. 1674.

Paweł Dmitrijewicz Szałygin też nie pochodził z Petersburga. Przyszedł na świat w 1897 roku w Borisoglebsku, w guberni tambowskiej. Ojciec obsługiwał maszyny w fabryce, matka była praczką. W 1909 roku Szałygin ukończył trzyletnią szkołę miejską w Borisoglebsku. Wykształcenie zdobył takie, jak wszyscy, ale w odróżnieniu od pozostałych był prawdziwym proletariuszem. Zawodowo też wybrał drogę robotniczą. Od lutego 1910 roku uczył się na kowala u chałupnika Ried'kina, następnie był smarowaczem w zajezdni Kolei Południowo-Wschodniej w Borisoglebsku. Od października 1913 roku pracował jako młotnik w kuźni miejskiej brygady pożarnej. A potem wybuchła wojna. Od maja 1916 roku był szeregowcem w 5. pułku, 23. batalionie kolejowym 1. Syberyjskiego Korpusu Armijnego na froncie niemieckim. W lutym 1917 roku wrócił do rodzinnego miasta, do pracy w strażackiej kuźni. W czerwcu 1918 roku wstąpił do Armii Czerwonej. Służbę odbywał w Borisoglebsku w batalionie wartowniczym. Dopiero w czerwcu 1920 roku czerwonoarmista Szałygin wyruszył w składzie 14. dywizji 9. Armii do stanicy Uriupinskaja w obwodzie donieckim. Pobyt tam nie trwał jednak długo. W październiku rozpoczął naukę na 7. Kursach Kawaleryjskich w Borisoglebsku, a dokładnie rok później przeniesiono go do 2. Szkoły Kawalerii w Piotrogrodzie. Tu osiadł na stałe i wstąpił na służbę do CzK. Od września 1923 roku służył w 1. szwadronie kawalerii wojsk OGPU, a w czerwcu 1924 roku zaczął pracować jako kurier w Wydziale Specjalnym OGPU 11. Korpusu Kawalerii. W listopadzie 1924 roku został przeniesiony na stanowisko starszego nadzorcy Aresztu Tymczasowego Pełnomocnego Przedstawicielstwa OGPU LOW i odtąd kariera Szałygina potoczyła się już w typowy sposób. Od grudnia 1929 roku był dyżurnym komendantem Pełnomocnego Przedstawicielstwa OGPU-UNKWD LOW, od sierpnia 1936 roku – pomocnikiem komendanta, a w marcu 1941 roku został szefem wydziału komendanckiego UNKWD-UMGB obwodu leningradzkiego. Z tej posady w kwietniu 1947 roku odszedł na emeryturę.

Szałygin zmarł w Leningradzie w 1961 roku. Wydaje się, że układało mu się całkiem dobrze. Stopień starszego lejtnanta otrzymał 19 czerwca 1939 roku, w 1942 roku był już kapitanem BP, a 11 lutego 1943 roku dosłużył się do rangi podpułkownika BP. Po linii partyjnej natomiast nie wszystko szło gładko. Jeszcze w maju 1921 roku w Borisoglebsku został kandydatem na członka WKP(b), jednak status członka otrzymał dopiero w listopadzie 1927 roku. Zazwyczaj w przypadku robotników staż kandydata wynosił rok, czasem nawet mniej. W przypadku osób pochodzących z warstw klasowo obcych – 3 lata. A tu – prawie 6 lat „kandydowania"! I to pomimo faktu, że Szałygin miał zasługi bojowe. W 1923 roku na mocy rozkazu Rewolucyjnej Rady Wojskowej ZSRS odznaczono go Orderem Czerwonego Sztandaru. W tamtych czasach była to najwyższa nagroda, przyznawana tylko najwybitniejszym. W ogóle w okresie służby szczodrze go nagradzano, otrzymał bowiem Order Lenina (21.01.1945 rok), trzykrotnie Order Czerwonego Sztandaru (1923 rok, 18.05.1942 rok i 19.01.1945 rok) oraz Order Czerwonej Gwiazdy (28.11.1936 rok). Za udział w wykonywaniu wyroków przez rozstrzelanie dostał tylko dwa ordery – w 1936 roku i w 1942 roku. Ordery z 1945 roku przyznano mu za wysługę lat. No i – jak wszyscy – w sierpniu 1933 roku otrzymał odznaczenie „Zasłużony funkcjonariusz WCzK-GPU (XV)".

Wasilij Iwanowicz Spiridonow – kolejny wykonawca egzekucji, dyżurny pomocnik komendanta UNKWD obwodu leningradzkiego – to również nader ciekawa postać. Pochodził z tradycyjnej rodziny chłopskiej. Urodził się w 1896 roku we wsi Izrajkowo, w powiecie Wielkie Łuki, jako syn średniozamożnego chłopa. Kształcił się krótko. W 1910 roku ukończył trzyletnią szkołę wiejską we wsi Okni (gmina zagarska, powiat wielkołucki). W marcu 1911 roku zatrudnił się jako pracownik remontowy służby drogowej na stacji Nowosokolniki Kolei Moskiewsko-Windawo-Rybińskiej. Była to stacja węzłowa w pobliżu Wielkich Łuków. Dwa lata później, w czerwcu 1913 roku, Spiridonow przeprowadził się do Petersburga, gdzie zatrudnił się jako robotnik w Zakładach Putiłowskich. Najpierw był palaczem, a następnie – ślusarzem-remontowcem w fabrycznym warsztacie hutniczym, po czym dostał wezwanie do wojska. Od sierpnia 1915 roku służył jako szeregowiec w 175. batalionie karnym we wsi Miedwied' (gubernia nowogrodzka). Potem trafił na front. Od marca 1916 roku do maja 1918 roku był szeregowym żołnierzem 235. Bielebiejewskiego Pułku Zapasowego na Froncie Południowo-Zachodnim. W maju 1918 roku wrócił do źródeł, czyli do pracy w gospodarstwie ojca w Izrajkowie.

Nie miał jednak szansy przywyknąć do niespiesznego chłopskiego życia w średniackim gospodarstwie, ponieważ został zmobilizowany do Armii Czerwonej. Od lipca 1918 roku służył w 1. Pułku Moskiewskim w Piotrogrodzie, następnie od listopada tegoż roku trafił na front jako czerwonoarmista i zbrojmistrz w szeregach 45. pułku strzelców 6. dywizji na Froncie Północno-Zachodnim. Walczył z Niemcami oraz z oddziałami Bułak-Bałachowicza.

Do wojsk WCzK w Piotrogrodzie Spiridonow wstąpił na służbę już w październiku 1919 roku. Czerwonoarmista, zbrojmistrz roty gubernialnej CzK oraz 11. batalionu wojsk WCzK – oto jego funkcje. Bardzo mu się tam przydały umiejętności ślusarskie. Szybko nauczył się naprawiać broń i orientować się, z czego i jak najlepiej strzelać. W marcu 1920 roku przyjęto go do RKP(b) bez konieczności odbycia stażu kandydata. W styczniu 1922 roku rozpoczął pracę operacyjną w Piotrogrodzkiej CzK. O tym okresie jego służby nic nie wiadomo. Zachowały się tylko fragmentaryczne informacje o tym, że w 1927 roku pracował w powiecie łodiejnopolskim, gdzie jako przedstawiciel GPU został wybrany na kandydata na członka powiatowego komitetu WKP(b). W Pełnomocnym Przedstawicielstwie OGPU LOW pracował do marca 1929 roku, a potem w jego życiu zdarzyło się coś, co zmusiło go do pracy „w cywilu" – na stanowisku przewodniczącego spółdzielni „AWE" (sprzęt samochodowy, rowerowy, elektryczny). Dwa lata później został prezesem zarządu Lendrewpromsojuza[527], lecz sprawował tę funkcję krótko, bo już we wrześniu 1932 roku objął posadę przewodniczącego rady kontrolno-rewizyjnej Leningradzkiego Obwodowego Związku Przemysłu Leśnego (ros. Lenobłlespromsojuz).

Na wieś Spiridonow nie zamierzał już wracać. W dodatku w roku 1930 system tradycyjnego chłopskiego gospodarowania został zniszczony. Ojciec Spiridonowa porzucił gospodarstwo, wyjechał do miasta i stał się robotnikiem. Jakoś nie miał ochoty iść do kołchozu.

Syn natomiast wziął się za naukę. Dostał się do Akademii Przemysłowej im. Kirowa w Leningradzie i do 1933 roku zaliczył drugi rok. Nie udało mu się doprowadzić edukacji do końca. W sierpniu 1933 roku znów powołano go do Pełnomocnego Przedstawicielstwa OGPU w Leningradzkim Okręgu Wojskowym i uczyniono inspektorem wydziału kadr. Nie była to praca operacyjna. Spiridonow lubił broń, znał się na niej, ale póki co nie powierzano mu zadań z nią związanych. W końcu jednak nastąpił moment przełomowy. Dołączył do szeregów leningradzkich wykonawców egzekucji. W lipcu 1935 roku został pomocnikiem dyżurnym szefa UNKWD obwodu leningradzkiego. Teraz mógł już często używać broni zgodnie z jej przeznaczeniem.

Spiridonow nie doczekał się odznaczenia w grudniu 1936 roku. Możliwe, że nie brał czynnego udziału w masowych egzekucjach tamtego okresu. Chociaż specjalizował się właśnie w rozstrzelaniach. Jego podpis widnieje w aktach wykonania wyroków m.in. 3 czerwca 1937 roku[528]. Jednak w późniejszych aktach podpisu Spiridonowa nie znajdziemy – wymieniony jest tylko jego przełożony Polikarpow. To jednak wcale nie znaczy, że Spirodonow nie uczestniczył w tych działaniach. Po prostu przyjęto system, zgodnie z którym akta sygnowała podpisem tylko jedna osoba, a pozostałych wykonawców nie wskazywano. Podobną tendencję można było zaobserwować również w Moskwie, co

---

[527] Leningradzki Związek Spółdzielczy Przemysłu Drzewnego (przyp. tłum.).
[528] *Leningradskij martirołog, 1937–1938*, Petersburg 1999, t. 4, s. 576–577, ilustracje.

widać w protokołach wykonania kary śmierci dotyczących centralnego aparatu NKWD.

Pierwszy specjalny stopień młodszego lejtnanta BP Spiridonow otrzymał dopiero 19 czerwca 1939 roku. Wcześniej nie posiadał żadnego. Na zdjęciu ma na patkach trzy prostokąty. Jest to jednak mylące. Przed wprowadzeniem personalnych stopni w systemie bezpieczeństwa państwowego oznaczenia na patkach wskazywały na zajmowane stanowisko. Na zdjęciach z lata 1936 roku Polikarpow i Bogdanow mają „romby" na kołnierzykach, co oznacza, że należeli do 10. kategorii służbowej – komendant i naczelnik aresztu tymczasowego, natomiast Spiridonow i Szałygin mieli po trzy prostokąty, co wskazuje na 9. kategorię służbową: pomocnicy komendanta Pełnomocnego Przedstawicielstwa OGPU[529].

Do marca 1942 roku włącznie Spiridonow pracował jako pomocnik komendanta w UNKWD obwodu leningradzkiego, a następnie objął stanowisko szefa Oddziału Transportu NKWD Frontu Leningradzkiego. Od marca 1943 roku był szefem Oddziału Specjalnego NKWD – Oddziału Kontrwywiadu SMIERSZ 23. Dywizji Artylerii Przełamania Frontu Leningradzkiego, od marca 1944 roku – naczelnikiem Oddziału Kontrwywiadu SMIERSZ 15. Dywizji Artylerii Przełamania Frontu Białoruskiego, a następnie – komendantem Oddziału Kontrwywiadu SMIERSZ 194. Dywizji Strzelców odznaczonej Orderem Czerwonego Sztandaru. Do jego obowiązków wciąż należało rozstrzeliwanie skazanych.

W wykazie nagrodzonych z 22 stycznia 1945 roku z kancelaryjną precyzją doprawioną szczyptą patosu odnotowano jego „pełną poświęcenia, owocną" pracę oraz wymieniono wszystkie zasługi frontowe: „Osobiście, aktywnie uczestnicząc w nadzorowaniu, konwojowaniu i transportowaniu, nie dopuścił do ani jednego przypadku ucieczki aresztowanych,

---

[529] O dystynkcjach pracowników OGPU-NKWD przed wprowadzeniem stopni zob. N. W. Pietrow, K. W. Skorkin, *Kto rukowodił NKWD, 1934–1941. Sprawocznik*, Moskwa 1999, s. 477–478.

zatrzymanych i skazanych. Kapitan Spiridonow jako naczelnik dywizyjnego oddziału SMIERSZ osobiście wykonywał wyroki trybunału wojskowego na renegatach, kolaborantach i zdrajcach Ojczyzny"[530]. Ciekawe, że w wykazie nagrodzonych zaznaczono też jego udział w „kampanii fińskiej" w okresie od lutego do maja 1940 roku[531]. Informacja ta każe przypuszczać, że po zakończeniu działań zbrojnych w wojnie sowiecko-fińskiej Spiridonow uczestniczył w represjach – aresztowaniach i egzekucjach na terytorium zajętym przez Armię Czerwoną[532].

Nie mógł narzekać na brak odznaczeń – otrzymał Order Czerwonego Sztandaru (6.05.1946 rok) oraz dwukrotnie Order Czerwonej Gwiazdy (3.11.1944 rok i 7.05.1945 rok). Wojna dobiegła końca, więc w czerwcu 1946 roku Spiridonow objął skromną posadę wicenaczelnika 261. szpitala do spraw ochrony i porządku. Nadal mieszkał w Leningradzie, lecz jego kariera szła w dół. Dalej czekała go już tylko haniebna praca w GUŁagu. W maju 1947 roku został naczelnikiem wydziału łagrowego nr 17 Zarządu Poprawczych Obozów Pracy oraz kolonii UMWD obwodu leningradzkiego na stacji Lewaszowo, rok później – naczelnikiem wydziału łagrowego nr 2/15 w Rautu (dziś Sosnowo), a od grudnia 1948 roku był naczelnikiem podwydziału wydziału łagrowego 5/18 w Słancach.

W 1949 roku odszedł na emeryturę w stopniu majora. Spiridonow zmarł pod sam koniec 1963 roku w Leningradzie[533].

---

[530] CAMO, f. 33, op. 686196, d. 2807, l. 271.
[531] Tamże.
[532] Na mocy rozkazu NKWD ZSRS nr 00327 z 15 marca 1940 roku powołano operacyjno-czekistowskie grupy „na byłym terytorium Finlandii przyłączonym do ZSRS", a do ich zadań należało „prowadzenie walki z kontrrewolucyjnymi formacjami szpiegowsko-dywersyjnymi i powstańczo-terrorystycznymi". Utworzono 10 grup operacyjnych w większych miastach i miasteczkach, a przy każdej grupie operacyjnej zorganizowano wewnętrzne więzienie oraz komendanturę (CA FSB, f. 66, op. 1, d. 528, l. 7–15).
[533] Data roczna może być nieprecyzyjna, ponieważ dokumenty ewidencji partyjnej zostały wygaszone przez Leningradzki Miejski Komitet KPZS 22 lutego 1964 roku. Zazwyczaj w dużych miastach od momentu śmierci komunisty do skasowania legitymacji partyjnej mijały co najmniej 2 miesiące. Jednak w konkretnych przypadkach formalności mogły zostać załatwione szybciej – w takim wariancie można dopuścić, że Spiridonow zmarł w styczniu 1964 roku.

Zabójstwa według „limitu"

W 1937 roku zaczęto masowe rozstrzelania. Realizacja rozkazu operacyjnego NKWD nr 00447 z 30 lipca 1937 roku o masowych aresztowaniach i egzekucjach tzw. kułaków oraz antysowieckich elementów zakładała rozstrzeliwanie więźniów w łagrach i więzieniach. Dyrektywa Jeżowa nr 19 została rozesłana w teren 19 sierpnia 1937 roku:

„Zgodnie z moim rozkazem 00447 (rozesłany do naczelników UNKWD) NAKAZUJĘ:

1. Od 25 sierpnia rozpocząć i w ciągu 2 miesięcy przeprowadzić operację represjonowania najaktywniejszych kontrrewolucyjnych elementów wśród przetrzymywanych w więzieniach GUGB, skazanych za działalność szpiegowską, dywersyjną, terrorystyczną, powstańczą oraz bandycką, a także skazanych członków antysowieckich partii (trockistów, eserowców, gruzmeków, dasznaków, ittychatystów, mussawatystów itd.) oraz innych kontrrewolucjonistów, którzy prowadzą w więzieniach aktywną pracę antysowiecką.

W Więzieniu Sołowieckim GUGB represjom poddać również bandytów i element kryminalny, zajmujący się w więzieniu działalnością przestępczą.

2. Wszystkie wyżej wymienione grupy po rozpatrzeniu ich spraw przez Trójki przy UNKWD podlegają rozstrzelaniu"[534].

W dyrektywie ustalono tryb formalnego sporządzania akt i rozpatrywania ich na posiedzeniach trójek UNKWD tych regionów, w których znajdowały się więzienia i w których wyznaczono „limity" na egzekucje dla każdego więzienia. Dla Sołowieckiego taki limit wynosił 1200 osób[535]. Później go zwiększyli. Wiadomo, że w sprawach osób osadzonych w więzieniach i łagrach trójki wydawały tylko wyroki skazujące na śmierć przez rozstrzelanie. Nie przewidziano żadnego innego wymiaru kary – wszak ludzie ci już wcześniej byli skazani na pozba-

---

[534] CA FSB, f. 3, op. 4, d. 9, l. 254–256.
[535] Tamże. Zob. również: *Leningradskij martirołog, 1937–1938*, Petersburg 1996, t. 2, s. 78–79.

wienie wolności. A przecież chodziło o przeciwników politycznych i przedstawicieli ruchów narodowo-demokratycznych. Czyli fizycznie niszczono głosicieli odmiennych poglądów. W ten sposób w państwie przemocą wprowadzano jednomyślność. Był to jeden z celów (choć wcale nie jedyny) rozpętanego przez Stalina Wielkiego Terroru. We wstępie do rozkazu nr 00447 napisano wprost:

„z całą bezwzględnością rozgromić tę bandę antysowieckich elementów, obronić pracujący sowiecki lud przed kontrrewolucyjnymi knowaniami i, w końcu, raz na zawsze położyć kres ich podłej wywrotowej działalności skierowanej przeciwko podwalinom państwa sowieckiego"[536]. Właśnie tak – raz na zawsze! To takie specyficzne sowieckie „ostateczne rozwiązanie kwestii" ludzi o odmiennych poglądach.

„Pobijaki"

Nakaz wydania więźniów sołowieckich skazanych przez trójkę UNKWD obwodu leningradzkiego został wysłany do naczelnika więzienia Iwana Apietiera 16 października 1937 roku. Ta sama data znajduje się na wręczonym Matwiejewowi nakazie wyjazdu do miasta Kiem, żeby odebrać 1116 więźniów i ich rozstrzelać.

Egzekucje przeprowadzano od 27 października do 4 listopada. Raport o wykonaniu Matwiejew wysłał do Garina 10 listopada 1937 roku. Zawiadamiał w nim o rozstrzelaniu 1111 osób – o pięć mniej niż planowano. Do tego czasu jeden z więźniów zmarł, a czterech pod specjalnym konwojem przetransportowano do Leningradu, Kijowa i Odessy w celu przeprowadzenia czynności śledczych. Wspomniani w dokumencie więźniowie, spośród których do Odessy etapem

---

[536] Rozkaz NKWD ZSRS nr 00447 z 30 lipca 1937 roku po raz pierwszy ukazał się w postaci faksymile: *Kniga pamiati żertw politiczeskich riepriesij*, Uljanowsk 1996, s. 766–780; w skróconym warrancie: „Trud" 4 czerwca 1992 r. oraz N. Gieworkian, *Wstriecznyje plany po unicztożeniju sobstwiennogo naroda*, „Moskowskije nowosti" 21 czerwca 1992 r., nr 25.

wysłano Jefima Likwornika, a do Kijowa – Iosifa Zozulaka i Borisa Pierockiego, nie uniknęli kaźni: zostali rozstrzelani odpowiednio 22, 23 i 26 listopada 1937 roku w Odessie i Kijowie. Data egzekucji wysłanego do Leningradu Samuiła Wiszniaka nie jest znana.

Później na pytanie, czy zdarzały się przypadki bicia aresztowanych przed wykonaniem wyroku, Matwiejew odparł: „Tak, takie przypadki rzeczywiście miały miejsce". W pierwszym dniu egzekucji kilkoro skazańców podjęło próbę ucieczki. Złapano ich i tym razem przed rozstrzelaniem bito pałkami – „pobijakami". Egzekutorzy wpadli we wściekłość i wyżywali się na skazanych.

W charakterystykach Matwiejewa już wcześniej odnotowano wybuchowość i gwałtowność, jednak w swoim kacim rzemiośle doszedł do poziomu sadyzmu. Bicie skazanych przed rozstrzelaniem to wizytówka NKWD pod wodzą Jeżowa, sygnatura wyjątkowego odczłowieczenia i degradacji. W sadystycznych praktykach cofali się do średniowiecza. Na przykład pracownicy NKWD w Wołogdzie bili skazańców młotkami po głowach, a następnie zabijali poprzez ścięcie głowy na szafocie[537].

Komendant Aleksandr Polikarpow, który zmienił Matwiejewa w Sandarmochu, oraz funkcjonariusze asystujący mu przy egzekucjach poszerzyli arsenał – oprócz pałek do bicia aresztantów używali żelaznych prętów oraz korby od ciężarówki. Jednego przed rozstrzelaniem przebili na wylot żelaznym prętem, innego udusili ręcznikiem. 7 grudnia 1937 roku Polikarpow otrzymał polecenie rozstrzelania 509 osób osadzonych w Więzieniu Sołowieckim, natomiast kolejną egzekucję, tym razem 198 osób, osobiście wykonał w lutym 1938 roku przybyły z Moskwy zastępca naczelnika Oddziału Więziennego GUGB NKWD major Nikołaj Antonow-Griciuk. W NKWD uważano, że rozstrzeliwanie więźniów z więzienia specjalnego to zbyt poważne zadanie, by zlecać je wyłącznie miejscowym wykonawcom.

---

[537] CA FSB, f. 3-os., op. 6, d. 1, l. 170.

11 marca 1939 roku Matwiejewa aresztowali. Jego podwładny – komendant leningradzkiego UNKWD Aleksandr Polikarpow (o czym była mowa wcześniej) – nie czekał, aż po niego przyjdą, i 14 marca się zastrzelił. Poza wykroczeniami gospodarczymi przypomniano Matwiejewowi masową egzekucję w Sandarmochu. Oskarżenia nie dotyczyły jednak samych rozstrzelań – tu przełożeni wiedzieli, po co i skąd spłynął rozkaz – lecz przesadnego i całkiem zbędnego sadystycznego bicia skazanych. Trybunał Wojskowy Wojsk NKWD okręgu leningradzkiego w maju 1939 roku skazał Matwiejewa na 10 lat łagrów. Kierownictwo w Moskwie zdecydowało jednak inaczej – wykazało się wyrozumiałością i Izba Wojskowa zmniejszyła wyrok do 3 lat. Wyruszył więc Matwiejew do Wołgołagu, wydeptywać łagrowe ścieżki. I pewnie by tam zginął, gdyby nie wybuch wojny. W lipcu 1941 roku został przedterminowo zwolniony, a wyrok uznano za niebyły.

Nie skierowano go na front, do organów wojskowego kontrwywiadu, jak wielu ułaskawionych i wypuszczonych z łagrów czekistów – niedawnych gwałcicieli „socjalistycznej praworządności". Powierzono mu kierowanie wewnętrznym więzieniem leningradzkiego UNKWD-UNKGB-UMGB. Mieszkał przy ulicy Wosstanija 42, lokal 4[538]. Z tego stanowiska w grudniu 1949 roku odszedł na emeryturę. Do tego czasu do pierwszego orderu dołączyły jeszcze dwa – Czerwonej Gwiazdy (19.01.1945 rok) oraz Lenina (12.05.1945 rok), choć otrzymał je nie za jakieś ważne zadania, a – zgodnie z przyjętą procedurą – za wysługę lat. Matwiejew zmarł jako skromny emeryt w 1971 roku w Leningradzie.

Fryzjer

Kariera Gieorgija Leonardowicza Ałafiera rozwijała się zgodnie z tą porewolucyjną prawidłowością, a nawet koniecznością, według której aktywnego i energicznego nastolatka wszystkie drogi muszą

---

[538] Dane z 1945 roku.

zaprowadzić do CzK. Urodził się w 1900 roku w Petersburgu, w rodzinie ślusarza. Wcześnie stracił ojca i po ukończeniu szkoły miejskiej został uczniem i czeladnikiem w zakładzie fryzjerskim Delcroix. W zakładzie tym pracował aż do 1918 roku, kiedy nagle wpadł na pomysł, żeby zatrudnić się jako ochroniarz w sztabie Rewolucyjnej Ochrony dzielnicy piotrogrodzkiej. Od września 1918 roku pracował w CzK powiatu porchowskiego, a od stycznia 1919 roku służył jako czerwonoarmista w pskowskim batalionie komunistycznym na Froncie Północno-Zachodnim. Odbył leczenie w lazarecie w Moskwie. Od kwietnia 1920 roku był żołnierzem w batalionie pracowniczym Armii Czerwonej w Czelabińsku, a w lipcu tegoż roku trafił na Front Południowy w składzie Dywizji Łotewskiej. Stamtąd w styczniu 1921 roku został skierowany do Nikołajewa na kursy młodszych dowódców. Po ich ukończeniu został dowódcą plutonu do zwalczania bandytyzmu w guberni odeskiej.

W sierpniu 1921 roku wrócił do Piotrogrodu i od razu wstąpił w szeregi CzK. Tu w lipcu 1927 roku został przyjęty do WKP(b). Już wcześniej zresztą, w trakcie pracy w Porchowskiej CzK, dołączył do partii komunistycznej, lecz w lutym 1920 roku automatycznie utracił członkostwo z powodu braku kontaktu z organizacją partyjną. Na ważne stanowisko pomocnika komendanta Pełnomocnego Przedstawicielstwa OGPU w Leningradzkim Okręgu Wojskowym Ałafier awansował w październiku 1931 roku. Pełnił tę funkcję, już w ramach UNKWD-UNKGB obwodu leningradzkiego, aż do emerytury. Jego zadanie polegało na rozstrzeliwaniu skazanych, w piwnicach rodzimej instytucji.

Nie udało mu się zasmakować wojaczki, ponieważ w 1941 roku, będąc naczelnikiem Oddziału Specjalnego NKWD Łużskiej Grupy Armijnej, 27 września przy wycofywaniu się z okrążenia został ciężko ranny w nogę. Później we wniosku odznaczeniowym jego frontowe działania ujęte zostały dość dwuznacznie: „Wykonując specjalne zadania operacyjne, towarzysz Ałafier bezwzględnie niszczył faszystowskich zwiadowców, szpiegów i dywersantów"[539]. Ciekawe, czy za określeniami „zwiadowcy", „szpiedzy" i „dywersanci" kryli się oskarżeni o to sowieccy wojskowi czy też jeńcy armii wroga? Niedobrze! Wszak zabijanie jeńców to ciężkie przestępstwo! Za krótki frontowy epizod Ałafiera przedstawiono do odznaczenia Orderem Czerwonego Sztandaru, lecz w końcu Rada Wojenna Frontu Leningradzkiego przyznała mu w 1943 roku Order Wojny Ojczyźnianej 1. klasy.

Ałafier został równie szczodrze obsypany nagrodami, co Matwiejew. W kwietniu 1934 roku otrzymał odznakę „Zasłużony funkcjonariusz WCzK-GPU (XV)", a za mistrzowskie wykonywanie egzekucji przez rozstrzelanie – Order Czerwonej Gwiazdy (28.11.1936 rok) i Order Wojny Ojczyźnianej 1. klasy (21.10.1943 rok). Poza tym, zgodnie ze zwyczajem, za wysługę lat przyznano mu Order Czerwonego Sztandaru oraz Order Lenina (odpowiednio 19.01.1945 rok i 25.02.1945 rok). Zdobywał kolejne stopnie: 19 czerwca 1936 roku lejtnanta BP, a 11 lutego 1943 roku, w związku z wprowadzeniem nowego systemu rang, automatycznie awansował na kapitana BP. Na emeryturę wysłano go w sierpniu 1946 roku w stopniu majora. Ałafier zmarł spokojnie w Leningradzie 1973 roku. Jego śmierć przeszła bez rozgłosu.

Jeśli się bliżej przyjrzeć – były to zwykłe biografie, od których wieje nudą. Ale tym silniejsze wrażenie zwyczajności i banalności zła. O ile lepiej by było, gdyby ci ludzie pozostali portierami, fryzjerami czy sprzedawcami. Ale nie. Porwał ich wiatr rewolucji. Trafnie skomentował to Aleksandr Sołżenicyn: „Rewolucja otwiera czarne otchłanie również w takich ludziach, którzy bez niej mogliby sobie szczęśliwie żyć"[540].

---

[539] CAMO, f. 33, op. 686044, d. 2045, l. 23.
[540] A. Sołżenicyn, *Czerty dwuch riewolucyj*, „Nowyj Mir" 1993, nr 12.

Honorowy obywatel GUŁagu

Pośmiertna sława komendantów łagrów

Dożyliśmy tej chwili! Generałowie i komendanci z GUŁagu zostają honorowymi obywatelami miast.

Cóż, niektóre niezbyt wiekowe miasta nie miały szczęścia: czynnikiem miastotwórczym stały się dla nich zakłady zbudowane rękami więźniów łagrów stalinowskich. A reszta kraju? Czyż to nie GUŁag był dla niej systemem państwotwórczym? Podstawą wszystkiego? Przecież praca przymusowa stanowiła fundament sowieckiej gospodarki. I w skali kraju GUŁag był tylko wewnętrzną zoną, swoistą „strefą o zaostrzonym rygorze", gdzie przymus i prześladowania były ostrzejsze niż gdzie indziej. A „na wolności" – czy była wolność? Ograniczenia paszportowe, niewolnicze przykucie do kołchozów i zakładów pracy za Stalina, prześladowania za unikanie „pracy społecznie użytecznej" za Chruszczowa, Breżniewa i tak dalej. Tak się właśnie żyło: jedni w zonie większej, drudzy w mniejszej…

Ale dzisiaj o wszystkim zapomnieliśmy. W 2008 roku generała-majora Michaiła Malcewa, komendanta Workuckiego Kombinatu Węglowego NKWD-MWD obwołano honorowym obywatelem miasta Workuty. To apogeum amnezji. Okolice Workuty usiane są bezimiennymi mogiłami więźniów łagrów, kiedyś bardzo tu licznych. A szef całego tego przedsiębiorstwa „eksterminacji i pracy" odbiera dziś honory.

Co charakterystyczne – nie jest to przypadek odosobniony. Kilka lat temu w Bracku na poważnie dyskutowano o kwestii nazwania jednej z ulic na cześć Siergieja Kuzmicza Jewstigniejewa, który za Stalina był komendantem obozu specjalnego „Oziernyj". W 2001 roku w Norylsku z wielką pompą obchodzono stulecie urodzin Awramija Pawłowicza Zawieniagina, byłego szefa Noryłłagu. Jego imię nosi dziś zakład metalurgiczny, ulica i plac w mieście (co prawda jest to pozostałość z czasów sowieckich).

Malcew był naczelnikiem Zarządu Workucko-Pieczorskiego Obozu Pracy Poprawczej zaledwie trzy i pół roku (od marca 1943 do września 1946 roku), kierował kombinatem Workutugol' (Workucki Węgiel), a zapadł w pamięć na lata.

Notabene, w regulaminie tytułu „Honorowego obywatela miasta Workuta" można przeczytać, że przyznaje się go robotnikom, urzędnikom, inżynierom i pracownikom technicznym, emerytom zamieszkującym w Workucie przynajmniej 15 lat. Ale czy stalinistów kiedykolwiek obchodziło przestrzeganie prawa?

Oto cytat z miejscowej gazety, mający uzasadnić pośmiertne przyznanie Malcewowi zaszczytnego tytułu (artykuł anonimowy, pod tytułem *Gienierał Zapolarja*):

> „Pewnego razu w letni wieczór Malcew szedł ze swoją świtą ulicami budującego się miasta, gdzie po raz pierwszy za Kręgiem Polarnym posadzono młode drzewka, przywiezione skądś z daleka. Wyszło nawet coś na kształt bulwaru, choć dość lichego. Na jednej z ławek zasiadł złodziej i z bezczelnym wyrazem twarzy zapluł łupinkami słonecznika czysty żółciutki piasek ścieżki. Generał warknął na niego komendanckim basem i usłyszał w odpowiedzi to, czego się spodziewał: «Generale, ssij mi pałę. I nie kasłaj!».
> Malcew postanowił nie udawać, że nie słyszy, wyciągnął pistolet i położył bandytę jednym strzałem. Rzucił świcie niedbale: «Spisać!» – i jakby nigdy nic poszedł dalej. W akcie zgonu napisano potem, że śmierć nastąpiła w wyniku wylewu krwi do mózgu. I nie było to kłamstwem".

Widać autor anonimowego artykułu nie znalazł bardziej przekonującego argumentu na rzecz „honorowego obywatelstwa" Malcewa. Pewnie tak wyobrażają sobie metody wprowadzenia porządku i czystości na ulicach ci, którzy tęsknią za Stalinem. Krótko i węzłowato, bez żadnych uciążliwych śledztw i sądów.

A droga Malcewa do kierowniczego stanowiska w GUŁagu była całkiem typowa. Przyszedł na świat w 1904 roku w rodzinie maszynisty stacji Nikitowka Kolei Południowej. Jego ojciec po 1917 roku pracował w „organach" – dając tym samym przykład synowi. Malcew już w dzieciństwie określił swoje poglądy polityczne. Przebumelowawszy 4 lata w dwuletniej szkole kolejowej, w 1918 roku zaciągnął się do partyzantki w bachmuckim oddziale M. A. Kabanowa, a od marca 1919 roku służył w Armii Czerwonej jako adiutant dowódcy zwiadu konnego 81. pułku strzeleckiego 9. Dywizji na Froncie Południowym; w 1921 roku brał udział w wyprawie na Gruzję i w jej sowietyzacji. Zdemobilizowany w lipcu 1922 roku, pracował jako ślusarz-elektryk w zajezdni parowozów w Czerkasach, potem jako sekretarz szeregu komitetów rejonowych i okręgowego komitetu Komsomołu w Czerkasach. Od lipca 1925 roku był członkiem partii komunistycznej. Jego kariera w Komsomole płynnie przeszła w karierę partyjną. W czerwcu 1929 roku Malcew stanął na czele kolektywu partyjnego cukrowni w Czerkasach. W 1930 roku zaczął studia w Instytucie Energetyki w Dnieprostroju, następnie przeniósł się do Nowoczerkaskiego Instytutu Przemysłowego, który ukończył w 1935 roku. W maju tegoż roku znalazł pracę jako inżynier prac elektryczno-montażowych w Wołgostroju (miasto Jarosław) i tam zaczęła się jego kariera w GUŁagu.

Od 1940 roku Malcew pracował jako główny mechanik i pomocnik głównego inżyniera Wołgostroju NKWD, a w kwietniu 1941 roku dostał własną działkę – stanął na czele łagru i budowy Wierchnieokskiego węzła wodnego górnej Oki NKWD w Kałudze. Wojna odcisnęła piętno na karierze Malcewa. Skierowano go do budownictwa obronnego. Od lipca 1941 roku był komendantem 9. Zarządu Budowlanego Głównego Zarządu

Budownictwa Obronnego (GUOBR) NKWD, następnie komendantem 51. budowy polowej i dowódcą 10. Armii Saperskiej, komendantem 24. Zarządu Budownictwa Obronnego na frontach Południowo-Zachodnim, Dońskim i Stalingradzkim.

W marcu 1943 roku Malcewa przerzucono do pracy przy budowie Peczorskiego Zagłębia Węglowego. W notatce Zarządu Kadr KC WKP(b) sporządzonej w sierpniu 1946 roku czytamy: „Workucki kombinat do 1946 roku działał niezadowalająco, nie realizował planu wydobycia węgla. Dopiero po przybyciu towarzysza Malcewa kombinat znacznie ulepszył swoją pracę i niejednokrotnie był wyróżniany pośród czołowych zakładów ministerstwa. Jeśli w pierwszym kwartale 1943 roku plan wydobycia węgla wypełniono zaledwie w 57,6%, to w 1944 roku plan pierwszego kwartału został zrealizowany na 100,4%"[541]. Na początku 1946 roku Malcewowi zwrócono uwagę, że koszty produkcji wydobytego węgla nijak nie chcą się zmniejszyć – wynoszą 67 rubli za tonę, mimo planowanych 60. Ten „przedsięwziął odpowiednie kroki i w maju doprowadził do obniżenia kosztów wydobycia tony węgla do 58 rubli, a w czerwcu do 56 rubli"[542]. W KC nie szczędzono mu pochwał: „zdecydowany kierownik, przejawia inicjatywę i wielkie zdolności organizacyjne", „bezpośredni w kontakcie, dużo uwagi poświęca budowie tymczasowych mieszkań dla robotników", wykonał ogromną pracę na rzecz rozwoju miasta Workuty[543]. Rzeczywiście, Workuta otrzymała status miasta i w wyniku starań Malcewa powstał tu nawet niewolniczy teatr, w którym artyści-więźniowie grali *Księżniczkę Czardasza*.

W 1946 roku młody literat i scenarzysta Leonid Agranowicz pojechał do Workuty. Miał zadanie – przygotować scenariusz filmu dokumentalnego o kombinacie węglowym. Malcew przyjął go serdecznie, woził po okolicy, pokazywał łagrowe gospodarstwo. Oczywiście w powstałym materiale o trudnych, lecz skutecznych północnych budowach nawet słowem

---

[541] RGASPI, f. 17, op. 100, d. 306401, l. 26–28.
[542] Tamże.
[543] RGASPI, f. 17, op. 100, d. 306401, l. 27.

nie wspomniano o zekach. Zamiast nich – byli po prostu pracujący górnicy. Mimo to kierownictwo KC nie zostawiło suchej nitki na scenariuszu Agranowicza pt. *68 równoleżnik*. Zachwyt autora nad zdecydowanym i przedsiębiorczym kierownikiem budowy, występującym pod pseudonimem Łarcew, uznano za „apoteozę biurokratyzmu"[544]. Agranowicz w swoim scenariuszu przemilczał nie tylko istnienie zeków. Nie znalazły się w nim też pewne wyznania Malcewa. Generał już przy pierwszym spotkaniu z pisarzem zaszokował gościa cynicznym, choć niepozbawionym nutki smutku stwierdzeniem: „Tu jest łagier. I naszym zadaniem jest powolne zabijanie ludzi"[545].

Na tym właśnie polegała specyfika ludożerczej polityki stalinowskiej industrializacji. Nikt nie liczył się ze stratami w ludziach. W tym sensie Malcew nie był ani odrobinę lepszy czy gorszy od jakiegokolwiek innego komendanta budowy i łagru NKWD. Wielu zeków uśmiercił lekką ręką – przecież zaraz przywiozą nowych – świeższych, jeszcze niepozbawionych sił. Najważniejszy był plan produkcji!

Workuckie sukcesy Malcewa zostały zauważone i docenione w Moskwie. Został deputowanym do Rady Najwyższej ZSRS drugiej kadencji, a w sierpniu 1946 miał szansę na stanowisko komendanta Dalstroju[546], jednak ostatecznie dostał awans na stanowisko nie tak prestiżowe, za to wtedy bardzo ważne. We wrześniu 1946 roku został przeniesiony na nową posadę – stanął na czele Saksońskiego Zarządu Górniczego w Niemczech, gdzie miał zorganizować wydobycie rudy uranu na potrzeby sowieckiego projektu atomowego. 10 maja 1947 roku oficjalnie został dyrektorem generalnym sowieckiej spółki akcyjnej „Wismut". W Saksonii Malcew został do czerwca 1951 roku, a następnie stanął na czele zarządu obozów pracy poprawczej i budowy MWD nr 565, którego sztab mieścił się w Moskwie na ulicy Ordynka 22, a oddziały łagrowe obejmowały Moskwę i obwód

---

[544] L. Agranowicz, *Workuta*, „Iskusstwo kino" 2003, nr 5.
[545] Tamże, nr 4.
[546] RGASPI, f. 17, op. 100, d. 306401, l. 26.

moskiewski. Od lipca 1953 roku Malcew kierował Gławspecstrojem[547] w Ministerstwie Średniego Przemysłu Maszynowego. W maju 1954 roku zarówno ten zarząd, jak i oddziały wojskowo-budowlane zostały podporządkowane MWD ZSRS. Malcew otrzymał stopień majora bezpieczeństwa państwowego w systemie NKWD 15 października 1941 roku, 23 marca 1943 został inżynierem-pułkownikiem, a 14 kwietnia 1945 przyznano mu specjalny tytuł komisarza bezpieczeństwa państwowego. W końcu po przejściu na zwykłe stopnie wojskowe 9 lipca 1945 roku został generałem-majorem.

Został także uhonorowany prestiżowymi odznaczeniami. Otrzymał cztery Ordery Lenina: 21.02.1942 roku za wznoszenie budowli obronnych, 16.05.1945 roku za pracę w Workucie, 29.10.1949 roku za udział w tworzeniu bomby atomowej, 4.01.1954 roku za udział w tworzeniu bomby wodorowej; Order Czerwonego Sztandaru Pracy (14.07.1944 roku za Wołgostroj); dwa Ordery Czerwonej Gwiazdy, z których jeden 10 maja 1945 roku za wysługę lat; 14 medali i odznakę „Zasłużony pracownik MWD" (22.12.1947 roku); medal „Sierp i Młot" Bohatera Pracy Socjalistycznej (29.10.1949 roku za udział w tworzeniu bomby atomowej); Order Czerwonego Sztandaru (30.01.1951 roku za wysługę lat). W 1951 roku za pracę nad projektem atomowym został uhonorowany Nagrodą Stalinowską I stopnia.

Swoją najważniejszą nagrodę – Gwiazdę Bohatera – Malcew dostał za rozwijanie kombinatu wydobywczego w Saksonii. Sekret sukcesu generała Malcewa w wydobyciu rudy uranu był prosty – wprowadził w kombinacie „Wismut" reżim GUŁagowy.

Niemieccy robotnicy mieszkali w koszarach po 50–100 osób. Wyrobienie dziennej normy było obowiązkowe – w przeciwnym wypadku groziło im odebranie dodatkowych racji żywnościowych i premii, przepustek na wyjazdy do rodziny, a nawet pozbawienie gorącego posiłku[548].

---

[547] Tamże.
[548] T. J. Timofiejewa, *Michaił Malcew – gienierał sowietskogo atomnogo projekta*, w: *Ludi mieżdu narodami. Diejstwujuszczije lica rossijsko-giermanskoj istorii XX w.*, Moskwa 2010, s. 158.

Historyk Tatiana Timofiejewa pisze, że w ciągu pierwszych trzech lat istnienia „przedsiębiorstwa" prawie 50 tysięcy robotników zdezerterowało lub rozwiązało umowy o pracę[549]. Wielu z nich w obawie przed prześladowaniami za porzucenie miejsca pracy uciekało na zachód Niemiec. Nawet sowieccy specjaliści, w tym wysocy rangą, uciekali z mini-GUŁagu Malcewa. Na Zachód czmychnął np. zastępca Malcewa – Salimanow. Rzecz jasna, został odnaleziony, ściągnięty z powrotem, skazany i w 1952 roku rozstrzelany. Dopiero po 1950 roku po długich negocjacjach z niemieckimi związkami zawodowymi i naciskach z Moskwy, zaniepokojonej złą sławą, jaką zdobyły metody Malcewa na Zachodzie, „Wismut" całkowicie przeszedł na system dobrowolnego najmu robotników, a warunki ich życia i pracy znacznie poprawiono[550]. W „Wismucie", tak samo jak w GUŁagu, każdy sprzeciw robotników był tłumiony za pomocą struktur bezpieczeństwa państwowego. Aparat MGB w okolicach rudonośnych gór w Saksonii był bardzo rozrośnięty i miał wielu pracowników.

Wątpię, czy Niemcy wspomną dobrym słowem bezlitosnego stalinowskiego dyrektora. Jakoś nie słychać, żeby w przypływie wdzięczności chcieli przyznać Malcewowi tytuł honorowego obywatela, np. miasta Aue, gdzie mieścił się zarząd przedsiębiorstwa wydobywczego, albo Chemnitz, gdzie znajdowało się więzienie sowieckiego aparatu MGB przy zarządzie „Wismutu", w którym to więzieniu trybunał wojskowy Grupy Wojsk Sowieckich sądził niemieckich górników.

Doszło do absurdalnej sytuacji. Uczniowie workuckich szkół analizują *Archipelag GUŁag*, bo na szczęście został włączony do programu szkolnych lektur, a na lekcjach historii swojego regionu poznają życiowe perypetie zasłużonych obywateli miasta. Jak pogodzić dramatyczną historię łagrów z lukrowanym wizerunkiem honorowego obywatela komendanta Malcewa? W swojej książce[551] Sołżenicyn sceptycznie komentuje opowieści o Malcewie, według których rzekomo nie przyjął on „bezpieczniackiego

---
[549] Tamże.
[550] Tamże, s. 160.
[551] *Archipelag Gułag* (przyp. red.).

stopnia" i postanowił pozostać inżynierem wojskowym: „Jakoś nie chce mi się wierzyć w to wszystko: dlaczego nikt tego Malcewa nie utrącił?" – i dodaje: „Gdy opowiadają mi o tych «dobrych», zawsze mam ochotę zapytać: dobrzy, ale dla kogo? Czy dla wszystkich?"[552] I słusznie! Od października 1941 roku Malcew paradował przed podwładnymi w mundurze majora bezpieczeństwa państwowego i wcale nie krępował go romb bezpieki na kołnierzu płaszcza. A w kwietniu 1945 roku otrzymał specjalny tytuł komisarza bezpieczeństwa państwowego! W tym samym miejscu Sołżenicyn pisze o „legendarnym budowniczym Norylska" Zawieniaginie: „Legendarny klawisz, to już lepiej. Sam go może murował? Skądinąd – Beria darzył go miłościwym spojrzeniem, zaś emwudzista Zinowiew, jego podwładny, bardzo dobrze się o nim wyrażał, w sumie więc sądzimy, że niezgorsza była z niego bestia. Inaczej zresztą – kto by mu ten Norylsk wybudował?"[553]

Jakim bezlitosnym i okrutnym musiał być funkcjonariuszem, jeśli nawet w KC KPZS złapali się za głowę, wyrażając oburzenie „prymitywnym zarządzaniem i samowolą" Malcewa![554]

Zaczął się ewidentny schyłek jego kariery. W listopadzie 1954 roku w piśmie Wydziału Administracyjnego KC KPZS wymieniono przyczyny odwołania Malcewa ze stanowiska w Gławspecstroju MWD, z których główna brzmiała: „nie zapewnia prawidłowego kierownictwa instytucji", a konkretnie:

> „W 1953 roku za niezadowalające wyniki pracy Rada Ministrów ZSRS udzieliła towarzyszowi Malcewowi nagany. On jednak nie wyciągnął z tego ostrzeżenia należytych wniosków i w działalności Gławspecstroju dalej występują poważne problemy – niedotrzymywanie ustalonych przez rząd terminów zakończenia budowy i oddania do eksploatacji obiektów specjalnych, poważne przekroczenie limitów państwowych środków i materiałów. Ponadto towarzysz Malcew nie potrafił zbudować odpowiednich relacji ze swoimi podwładnymi, rzadko konsultuje się z nimi w sprawach zawodo-

---

[552] A. Sołżenicyn, *Archipelag Gułag*, Warszawa 1998, t. 3–4, s. 476.
[553] Tamże, s. 461.
[554] RGASPI, f. 17, op. 100, d. 306401, l. 34–35.

wych oraz traktuje ich w sposób grubiański. W poprzedniej pracy towarzysza Malcewa również odnotowano poważne błędy. Zgodnie z danymi Komitetu Bezpieczeństwa Państwowego przy Radzie Ministrów ZSRS, towarzysz Malcew, będąc od 1947 do 1951 roku dyrektorem generalnym spółki akcyjnej „Wismut" w Niemczech, nie zachował należytej czujności politycznej. Otrzymawszy w 1950 roku polecenie odesłania z Niemiec do Związku Sowieckiego swojego zastępcy Salimanowa, towarzysz Malcew opowiedział mu o treści materiałów kompromitujących na jego temat, po czym Salimanow uciekł do amerykańskiej strefy okupacyjnej w Niemczech. W 1952 roku Salimanow został skazany na najwyższy wymiar kary. Oprócz tego towarzysz Malcew przyjął do swojej rodziny jako pomoc domową niejaką Orlińską, która okazała się agentką brytyjskiego wywiadu. W jego metodach kierowania podległym mu aparatem zauważono samowolę i sobiepański sposób zarządzania"[555].

Po utracie kierowniczego stanowiska w MWD Malcew w marcu 1955 roku odkomenderowano go do dyspozycji Ministerstwa Obrony, gdzie został zastępcą dowódcy 9. Zarządu, a od 1960 roku był szefem Zarządu Zasobów Materialnych. Od 1964 roku pracował na posadzie kierownika inspekcji w Komitecie Państwowym, potem w Ministerstwie Energetyki i Elektryfikacji. Od 1977 roku już do śmierci pracował w instytucie „Gidroprojekt" jako szef sekretariatu, a potem na skromnej posadzie kierownika grupy naukowo-badawczej. Zmarł w 1982 roku.

... „Działacze" z GUŁagu są dzisiaj tu i ówdzie wynoszeni na piedestał. W naszym kraju najwyraźniej przestano odróżniać dobro od zła i to właśnie jest dziedzictwo sowieckiego totalitaryzmu. Wspaniale jest żyć w miastach, których honorowymi obywatelami są tacy jak Malcew, albo mieszkać na ulicy Zawieniagina! Można odnieść wrażenie, że czas się cofnął. Albo że w ogóle nigdy nie wyszedł poza bramę łagru.

---

[555] Tamże.

Zdolne uczennice Berii

Sztuki torturowania uczył ją sam Beria: „bić po głowie"! Ona zaś garnęła się do nauki. Porady „mistrza" były bezcenne. Jelena Horoszkiewicz okazała się zdolną uczennicą. Talent do prowadzenia śledztwa jak należy i we właściwym kierunku zaczęła przejawiać w latach Wielkiego Terroru. W niesławnym 1937 roku awansowała z pełnomocnika operacyjnego na pomocnika szefa wydziału w Oddziale Tajno-Politycznym Głównego Zarządu Bezpieczeństwa Państwowego NKWD. Stopień też miała wysoki – starszy lejtnant BP, co w hierarchii wojskowej odpowiadało majorowi.

„Biestużewka"

Zawsze pojawia się to samo pytanie: co przywiodło delikatną i romantyczną dziewczynę do podziemi GPU. Nie, nie w roli ofiary – to akurat nie byłoby dziwne. W roli oprawcy. Przecież to raczej nie kobiecy zawód. I co posłużyło jako motywacja wyboru drogi życiowej: pragnienie posiadania władzy nad ludźmi, decydowania o ich losie czy też początkowo romantyczna chęć całkowitego poświęcenia się sprawie Rewolucji?

Jelena Wiktorowna Horoszkiewicz urodziła się w 1893 roku w Sankt Petersburgu w dobrej rodzinie. Ojciec – szanowany obywatel z dziada pradziada – był pracownikiem biurowym na kolei, a matka

– gospodyni domowa – pochodziła z mieszczaństwa. Córka odebrała klasyczne wykształcenie – ukończyła gimnazjum dla dziewcząt w Borisoglebsku. Na zdjęciu z 1914 roku widzimy ją otoczoną szczęśliwą rodziną: rodzice, siostra, dwóch braci. Wyglądają statecznie, dostojnie. Jelena, młoda i zgrabna, stoi z lewej strony w pięknej białej sukience. Uczyła się wówczas na wydziale matematycznym „biestużewowskich" Wyższych Kursów dla Kobiet. O kursach tych warto powiedzieć więcej. Były realizacją postępowej idei, by umożliwić kobietom w Rosji zdobycie wyższego wykształcenia. Fundatorem oraz pierwszym dyrektorem kursów był Konstantin Biestużew-Riumin. W różnych okresach wykładali tu wybitni uczeni: Aleksandr Borodin, Dmitrij Mendelejew, Aleksandr Butlerow czy Iwan Sieczenow. Instytucja zyskała sobie opinię rozsadnika wolnomyślicielstwa. Panowała nawet opinia, że „biestużewka" [uczestniczka biestużewowskich kursów – przyp. tłum.] i idealistka to synonimy.

Horoszkiewicz studiowała na kursach Biestużewa od września 1913 roku do lutego 1916 roku. Potem rodzina przeprowadziła się do Mińska, gdzie Jelena zaczęła pracować w wydziale finansowo-statystycznym Wszechrosyjskiego Związku Ziemstw, a w 1918 roku przeniosła się do Moskwy. Jej pierwsze małżeństwo nie trwało długo. Michaił Griniewicz – student Piotrogrodzkiej Akademii Górniczej – zmarł w 1919 roku na tyfus. Z drugim mężem – Michaiłem Bucewiczem – też się nie układało. Rozwiodła się w 1925 roku. Lecz to właśnie drugie małżeństwo otworzyło jej drogę do pracy w „organach" i kariery. Bucewicz, były anarchosyndykalista, a od 1919 roku członek partii bolszewików, zajmował ważne stanowiska w WCzK.

W autobiografii Horoszkiewicz pisała, że w lutym 1920 roku została „powołana przez tow. Dzierżyńskiego do pracy w Gławkomtrudzie" [Główny Komitet ds. Powszechnego Obowiązku Pracy – przyp. tłum.] na stanowisku kierowniczki oddziału informacyjnego. Oto suma okoliczności, które pozwalają zrozumieć dalsze koleje jej losu. Po pierwsze – małżeństwo z wysoko postawionym czekistą, który zapoznał ją z Dzierżyńskim, i – po drugie – praca w oddziale informacji, która wymagała ścisłych kontaktów z WCzK. W czerwcu 1921 roku Horoszkiewicz wstąpiła do partii bolszewickiej.

Czekistka

W czerwcu 1922 roku Moskiewski Komitet Partii skierował Horoszkiewicz do pracy w GPU. Została pracowniczką Oddziału Tajnego, a do jej zadań należała walka z politycznymi przeciwnikami dyktatury bolszewickiej. W tym samym oddziale przez krótki czas na stanowisku kierownika wydziału zatrudniony był również jej mąż Bucewicz. Z mężem się nie ułożyło, za to powiodło się z pracą. Wyzbywszy się resztek idealizmu, Horoszkiewicz prawdopodobnie zrozumiała, że nie warto wychodzić za mąż za mężczyzn z GPU.

Zawodowo radziła sobie dobrze. Po krótkim okresie pracy biurowej w 3. wydziale Oddziału Tajnego w marcu 1924 roku Horoszkiewicz awansowała na operacyjne stanowisko pełnomocnika. W 1927 roku natomiast przeszła do wywiadu zagranicznego, zostając starszym pełnomocnikiem w Oddziale Zagranicznym OGPU. Miała obiecującą perspektywę pracy za granicą. Coś jednak poszło nie tak i w czerwcu 1930 roku ze stanowiska starszego pełnomocnika 6. wydziału Oddziału Zagranicznego Horoszkiewicz została przeniesiona do Oddziału Informacyjnego OGPU.

Może to, że z kariery w wywiadzie i wyjazdów zagranicznych nic nie wyszło, należy traktować jako łut szczęścia? Wielu w 1937 roku miało z tego powodu poważne problemy. Horoszkiewicz odebrała klasyczne wykształcenie gimnazjalne, rozumiała francuski i niemiecki, chociaż później w ankietach skromnie pisała, że włada tymi językami „słabo". Pewnie obawiała się, że dobra znajomość języków obcych (czy, jak teraz żartują, „faszystowskich") będzie stanowić powód do podejrzeń.

W marcu 1931 roku, po połączeniu Oddziałów Informacyjnego i Tajnego, Horoszkiewicz objęła posadę pełnomocnika 4. wydziału w Oddziale Tajno-Politycznym OGPU. Jej wydział zajmował się śledzeniem inteligencji i młodzieży, inwigilowaniem instytucji edukacyjnych i naukowych, kontrolowaniem literatury, sztuki, prasy i widowisk. Od 1935 roku zajmowała stanowisko pełnomocnika operacyjnego 7. wydziału Oddziału Tajno-Politycznego GUGB NKWD i odpowiadała za młodzież oraz instytucje edukacyjne. W kwietniu 1937 roku została pomocnikiem szefa 11. wydziału we wspomnianym Oddziale i dalej „opiekowała się" uczelniami, studentami, kadrami profesorów i wykładowców.

W 1935 roku Horoszkiewicz otrzymała stopień starszego lejtnanta bezpieczeństwa państwowego. W okresie Wielkiego Terroru ominęły ją czystki, które wykosiły funkcjonariuszy Oddziału Tajno-Politycznego. Jej współpracowników oskarżano o to, że wykonywali politycznie szkodliwe polecenia zdemaskowanego narkoma Gienricha Jagody, litowali się nad trockistami, tuszowali sprawy, ugrzęźli w liberalizmie. Ona zaś aktywnie udowadniała, że jest potrzebna i niezastępowalna, dlatego ocalała.

Śledczy

Niepewność nadeszła z początkiem września 1938 roku, kiedy na Łubiankę, do gabinetu pierwszego zastępcy komisarza ludowego wprowadził się Beria. Drapieżnie łypiąc na kobiety, obchodził swoje przyszłe włości. Horoszkiewicz natychmiast zrozumiała, że choć Jeżow wciąż sprawował funkcję komisarza ludowego, w rzeczywistości był już przegrany. Błyskawicznie zmieniła orientację, pojąwszy, czyje rozkazy trzeba odtąd wypełniać i kto w ministerstwie jest teraz prawdziwym „szefem".

Wystarczyło, żeby Beria wydał krótkie polecenie, powiedział słowo – i Horoszkiewicz bez wahania podejmowała zadanie, mimo że zdawała sobie sprawę, iż jej działania są bezprawne. W ten sposób na bezpośrednie polecenie Berii (czytaj – Stalina), bez nakazu aresztowano żonę przewodniczącego Prezydium Rady Najwyższej ZSRS Michaiła Kalinina – Jekatierinę. Zatrzymano ją 25 października 1938 roku, a prowadzenie sprawy powierzono Horoszkiewicz. I zaczęło się... Miesiąc trwały wykańczające przesłuchania Kalininej. Wywierając nacisk na podejrzaną, Horoszkiewicz raz za razem powtarzała pytania: „Przestańcie kłamać i mówcie wprost, że działaliście w kontrrewolucyjnej prawicowo-trockistowskiej organizacji (...). Kalinina, przestańcie kręcić, zacznijcie w końcu szczerze mówić o swojej kontrrewolucyjnej działalności"[556]. Kalinina się jednak nie poddawała, więc przeniesiono ją do więzienia Lefortowo, gdzie zaczęło się bicie. Zmusili ją, żeby zeznała przeciwko sobie.

Beria polecił też Horoszkiewicz przesłuchiwanie aresztowanej Marii Nanejszwili – żony sekretarza KC WLKSM Aleksandra Kosariewa. Ona również dostała wyrok za przynależność do nieistniejącej „organizacji prawicowo-trockistowskiej".

Starania Horoszkiewicz nie uszły uwagi przełożonych. W październiku 1940 roku awansowała do rangi kapitana bezpieczeństwa państwowego. W związku z przejściem na obowiązujące w armii stopnie oficerskie automatycznie została podpułkownikiem bezpieczeństwa państwowego, a w maju 1945 roku została podniesiona do rangi pułkownika. Z tym stopniem w sierpniu 1946 roku odeszła z MGB na emeryturę.

W ciągu wieloletniej służby w CzK otrzymała niemało nagród. W 1927 roku były to *Dzieła zebrane* Lenina, w 1932 roku – broń palna, w 1937 roku – odznaka „Zasłużony funkcjonariusz WCzK-GPU (XV)", a 26 kwietnia 1940 roku – medal „Za odwagę". Bo to przecież wielka odwaga – bić upartych aresztantów. W czasie wojny kolekcja powiększyła się o Order Czerwonego Sztandaru, choć przyznano go z automatu – za wysługę lat. Szczególne znaczenie miało nagrodzenie

---

[556] RGASPI, f. 589, op. 3, d. 7298, l. 53.

Horoszkiewicz medalem „Partyzanta Wojny Ojczyźnianej" 1. klasy – za służbę z zarządzie Sudopłatowa. Nie ma żadnych informacji o tym, czy rzucano ją do pracy na niemieckich tyłach. Ale taki medal jej się należał ze względu na sam fakt, że pracowała w IV Zarządzie NKGB!

Uderzenie w kark

Nic dziwnego, że o Horoszkiewicz przypomniano sobie na samym początku epoki rehabilitacji ofiar terroru. Jeszcze nie skończyły się na dobre wszystkie procesy nad ludźmi Berii, kiedy w marcu 1955 roku naszą bohaterkę wykluczono z partii „za łamanie sowieckiej praworządności w pracy śledczej". Można uznać, że miała szczęście! Fakt, że ukarano ją tak szybko, związany jest z rangą jej byłych podsądnych, na których z wprawą fabrykowała zarzuty. Jekatierina Kalinina – żona przewodniczącego Prezydium Rady Najwyższej ZSRS, która przeżyła łagry, wzdragała się, wspominając śledztwo w NKWD. Przesłuchanie w Lefortowie w nocy z 9 na 10 grudnia 1938 roku zapamiętała na całe życie:

„Przesłuchanie rozpoczął Beria oraz kobieta-śledczy, która przedstawiła mi go jako «szefa». Swoją przemowę Beria zaczął od tego, że nazwał mnie szpiegiem, starą prowokatorką i zażądał zeznań na temat tego, z kim pracowałam i na rzecz jakiego państwa dokonałam zdrady. Ja dalej powtarzałam, że jestem niewinna oraz że nie wyrządziłam żadnej szkody własnemu państwu. Następnie Beria zwrócił się do kobiety, proponując, żeby mnie pobiła. Ta zaczęła uderzać mnie pięścią, a Beria podpowiadał: «bijcie po głowie». Mimo tego wszystkiego nie mogłam udzielić zeznań, jakich ode mnie oczekiwali, więc Beria wezwał dwóch funkcjonariuszy i powiedział: «zaprowadźcie ją tam». Te osoby zaciągnęły mnie do jakiejś głębokiej piwnicy, gdzie kobieta-śledczy rozebrała mnie, zdjęła mi buty, rajstopy i zostawiła w samej koszuli"[557].

---

[557] Tamże, l. 52.

W wyjaśnieniach udzielonych w tej sprawie Horoszkiewicz przyznała, że „uczestniczyła w skandalicznym znęcaniu się nad niewinnym człowiekiem", przy czym o swoim osobistym udziale w pobiciach żony Kosariewa powiedziała skromnie, jakby to nie było nic nadzwyczajnego: „walnęłam Kalininę w kark". Rzeczywiście, czysta niewinność!

Trzeba zastrzec, że Chruszczow i jego ekipa nie mieli zamiaru postawić przed sądem wszystkich śledczych-sadystów. Jeśli spojrzeć na wyroki znanych nam procesów nad współpracownikami Berii w okresie od 1953 roku do 1959 roku (później ich już w ogóle nie stawiano przed sądem), to nie naliczymy nawet setki skazanych. A co z resztą? Wszak okrutnych śledczych-falsyfikatorów w NKWD-MGB, którzy dożyli do połowy lat 50. XX wieku było co najmniej kilka tysięcy. W dodatku nietrudno było udowodnić ich winę. Sprawy były świeże, żyło jeszcze wiele osób, które z ich rąk ucierpiały i mogły zeznawać. Tak się jednak nie stało... Wybrano dyskretną, łagodną metodę wymierzania sprawiedliwości: zwalnianie ze służby w organach na podstawie artykułu o „dyskredytacji" – z obniżoną emeryturą, pozbawianie stopni generalskich. Wreszcie – niektórych wyrzucano z partii, lecz tylko tych, którzy przejawili największą gorliwość i „wyróżnili się" w stosowaniu tortur podczas przesłuchań.

KGB po pewnym czasie zrewidowało powód zwolnienia Horoszkiewicz z MGB i na podstawie rozkazu nr 560 w sprawie składu osobowego (z 2.08.1954 roku) przyczynę przerwania współpracy zmieniono na: „uznać za zwolnioną ze względu na dyskredytację zaszczytnej rangi oficera".

W sierpniu 1936 roku organizacja partyjna Oddziału Tajno-Politycznego NKWD udzieliła Horoszkiewicz oficjalnej nagany za to, że na kółku historii partii zaleciła czytanie jako podręcznika książki Johna Reeda *Dziesięć dni, które wstrząsnęły światem*. A przecież to typowo „trockistowski wypad". Jak można polecać uczestnikom kółka książkę, w której aktorami rewolucji są zdemaskowani „najzawziętsi wrogowie ludu", Trocki i inni. Rok później za taki czyn będzie grozić nie nagana, lecz rozstrzelanie. Ale na razie wciąż mamy rok 1936, a Horoszkiewicz dobrze sobie zapamiętała ten sygnał ostrzegawczy. Karę za ten „wypad" zdjęto z niej dopiero w lutym 1940 roku.

Wiele lat później, już na emeryturze, Horoszkiewicz zatrudniła się w Muzeum Rewolucji, gdzie zaczynała jako pracownik naukowy, a doszła do stanowiska kierowniczki sekcji. Pełniła straż w świątyni historii partii – w miejscu wiary, a nie nauki. Któż nie pamięta tego muzeum z lat panowania Breżniewa? Sterylny rząd fotografii – ani jednego działacza Października z grona tych, których potem ogłoszono wrogami. Zostali wyretuszowani, usunięci z historii. Przewodnicy powtarzają wyuczone formułki i wpadają w gniew, kiedy jakiś dociekliwy słuchacz zapyta o tych, których nie ma na zdjęciach. Właśnie tak spędzała czas emerytka, zdymisjonowana pracownica „organów" – służąc nieprawdzie w wydziale ideologii. Horoszkiewicz zmarła w 1969 lub 1970 roku, a jej prochy pochowane zostały na Cmentarzu Nowodziewiczym w Moskwie.

Dynamówka

Córka szewca z Kazania Sofia Michajłowna Orszacka (z domu Parfionowa) – to kolejny przykład czekistowskiej dehumanizacji. Urodziła się w 1900 roku, kształciła się krótko. W 1911 roku, kiedy ukończyła szkołę podstawową, rodzice oddali ją na naukę do krawcowej. W 1915 poszła na kurs pisania na maszynie, a następnie pracowała jako maszynistka i kurier. We wrześniu 1918 roku, po tym, jak biali opuścili Kazań, zatrudniła się jako maszynistka w Urzędzie Komendanta Miasta. Tam spotkała swoje przeznaczenie – wyszła za mąż za Orszackiego – zastępcę komendanta miasta. Razem z nim pojechała na Front Południowy, potem pracowała w Oddziale Specjalnym WCzK przy Armii Zapasowej (Запасной армии). Jednak w 1921 roku rozwiodła się z mężem, wróciła do Kazania i tam rozpoczęła się jej kariera w „organach".

Do 1926 roku pracowała jako maszynistka w tatarskim GPU, a następnie przeszła do pracy operacyjnej. Nazwisko Orszackiej widniało na liście republikańskiej rady „Dynamo". A jakże! Była aktywistką jak się patrzy: kierowniczka rady kobiet, członkini biura komórki partyjnej GPU Tatarstanu. W pracy też pięła się w górę. W maju 1933 roku ze stanowiska pełnomocniczki została przeniesiona z Kazania do Moskwy do Oddziału Tajno-Politycznego OGPU. Tam jej zaangażowanie zostało docenione i kariera nabrała tempa. Na podstawie rozkazu NKWD ZSRS nr 520 z 29 grudnia 1936 roku otrzymała zegarek w nagrodę za „aktywny udział w pracach dotyczących likwidacji kontrrewolucyjnej organizacji". Stopniowo awansowała na wyższe stanowiska: pomocnik pełnomocnika operacyjnego, potem pełnomocnik operacyjny.

W grudniu 1938 roku młodszy lejtnant bezpieczeństwa państwowego Orszacka pracowała jako śledczy w wydziale śledczym NKWD pod kierownictwem Bogdana Kobułowa – słynnego Kobulicza, prawej ręki Berii, specjalisty od stosowania tortur podczas przesłuchań. Prowadziła sprawę córki Mariny Cwietajewej – Ariadny Efron. Arkadij Waksberg, który badał tę i wiele innych sfabrykowanych spraw, tak opisał Orszacką: „kobieta-potwór, wszechwładna ignorantka". Dodawał przy tym, że „świadectwa jej wyjątkowego sadyzmu zachowały się we wspomnieniach wielu ofiar"[558.]

Jej nazwisko stoi w szeregu dobrze znanych śledczych-sadystów. Właśnie w takim kontekście wspomina o niej prokurator wojskowy Boris Wiktorow, który w połowie lat 50. XX wieku badał sprawy czekistów, którzy fabrykowali zarzuty i stosowali tortury[559]. W latach 1938–1939 Orszacka prowadziła sprawę Walentyny Pikinej, która pełniła funkcję sekretarza KC WLKSM. Podczas dochodzenia Pikina była nieugięta, gdyż nie chciała fałszywie zeznawać przeciwko sobie. Wówczas – zgodnie z dobrze znanym schematem – wysłano ją do

---

[558] A. Waksberg, *Prawda o płatnom agientie*, „Litieraturnaja gazieta" 21 listopada 1990 r.
[559] B. A. Wiktorow, *Biez grifa „siekrietno": Zapiski wojennogo prokurora*, Moskwa 1990, s. 10.

Lefortowa. Tam zaś pełną swobodę działania miał Kobulicz. Bił podsądną gumową pałką. Dla szeregowego śledczego Orszackiej było to swoiste szkolenie.

Orszacka odnosiła też sukcesy na polu działalności społecznej i partyjnej. W 1939 roku wybrano ją na członka biura organizacji partyjnej nr 6 NKWD ZSRS oraz na delegata Moskiewskiej Obwodowej i Miejskiej Konferencji Partyjnej, później zaś została członkiem komitetu partyjnego NKWD ZSRS oraz sekretarzem Głównego Zarządu Ekonomicznego NKWD.

Nie ominęły ją też stopnie i nagrody. W marcu 1945 roku otrzymała stopień podpułkownika bezpieczeństwa państwowego, a odświętny mundur ozdobiły Order Lenina i Order Czerwonego Sztandaru za wysługę lat, a także order „Znak Honoru" za osiągnięcia w pracy czekistowskiej w 1943 roku.

Wyjątkowo przyjemnym gestem było jednak to, że odznaczenie „Zasłużony funkcjonariusz WCzK-GPU (XV)" przyznano jej 7 marca 1939 roku. W przeddzień święta kobiet Beria nagle jakby przypomniał sobie, że kobiety też trzeba docenić, i zrobił się szczodry. W wykazie nagrodzonych tym odznaczeniem widnieje 19 funkcjonariuszek NKWD. Był to pierwszy przypadek genderowo motywowanego awansu na „zasłużonych czekistów", który zresztą wyraźnie zdradzał upodobania nowego narkoma.

W dalszej karierze Orszacka na zmianę pracowała na stanowiskach kancelaryjnych i operacyjnych. Widać zmęczyła ją praca z bronią w ręku. W 1941 roku była szefową biura skarg i wniosków w sekretariacie NKGB, a następnie w II Zarządzie NKGB-MGB (kontrwywiad). Na emeryturę odeszła w grudniu 1947 roku. Jej ostatnim miejscem pracy był II Zarząd Główny MGB, w którym zajmowała się już tylko papierkową robotą – ewidencją agentury.

Śmierć w 1957 roku wybawiła Orszacką od dalszych upokorzeń: wyjaśnień, przesłuchań, dochodzenia po linii kontroli partyjnej, wykluczenia z partii. A na pewno by ją wyrzucono. Za dużo miała na sumieniu „metod prowadzenia śledztwa surowo zabronionych przez sowieckie prawo".

Oddział Tajno-Polityczny NKWD, w którym pracowały Horoszkiewicz i Orszacka, był absolutnym liderem pod względem liczby kobiet zatrudnionych na stanowiskach operacyjnych. Zgodnie ze stanem zatrudnienia na 10 lipca 1934 roku było ich tam piętnaście, podczas gdy w Wydziale Specjalnym – tylko trzy, a w Ekonomicznym – jedna. Można znaleźć objaśnienie takiego stanu rzeczy. W Oddziale Tajno-Politycznym skupiały się wszystkie działania dotyczące walki z politycznymi przeciwnikami reżimu. Tymczasem Oddział Specjalny odpowiadał za wywiad, w tym wojskowy, Ekonomiczny zaś zajmował się pracą operacyjno-wywiadowczą w sektorze przemysłu, więc były to dziedziny raczej nie dla kobiet.

Moskwianka

Moskiewski zarząd NKWD nie pozostawał w tyle za aparatem centralnym pod względem torturowania podsądnych. Tu też mieli specjalistów doświadczonych w wydobywaniu zeznań, w tym również kobiety. Jedna z owych specjalistek była zjawiskiem wyjątkowym. Zdumiewała nawet mężczyzn-śledczych, którzy przecież niejedno widzieli.

A jeśli sądzić po dokumentach – całkiem zwyczajna biografia i typowy wykaz przebiegu służby. Fieodosija Aleksiejewna Jerszowa przyszła na świat w 1906 roku w Troickosawsku (obecnie miasteczko Kiachta w Buriacji). Skończyła cztery klasy szkoły podstawowej i na tym jej edukacja się zakończyła.

Na początku pracowała jako kurier w wydziale edukacji ludowej, następnie od maja 1921 roku była sekretarzem w oddziale politycznym brygady kawalerii Armii Czerwonej. We wrześniu tegoż roku zatrudniła się jako maszynistka w Wierchnieudińskim CzK (Ułan-

-Ude) i od tej pory, zmieniając miasta, zdobywała coraz wyższe posady w czekistowskich strukturach. Przepracowawszy zaledwie kilka lat w GPU w Błagowieszczeńsku, w połowie lat 30. została skierowana do pracy operacyjnej w Moskiewskim UNKWD, gdzie zajmowała stanowisko pełnomocnika operacyjnego w 2. wydziale III Oddziału UGB UNKWD (kontrwywiad) ze stopniem młodszego lejtnanta bezpieczeństwa państwowego. Od 1937 roku zaczęła się specjalizować w pracy śledczej. Nosiła wtedy nazwisko męża – Szlicht (a od 1939 roku wróciła do nazwiska panieńskiego).

Wiele lat później jej współpracownik z Oddziału Iwan Mocznow na przesłuchaniu w prokuraturze zeznał: „Pamiętam, że Szlicht biła aresztowanych gumową pałką wyciętą z opony dorożki. Pałka miała długość około 50 centymetrów. Poza tym miała w zwyczaju bić przesłuchiwanych sprzączką własnego pasa. Pozostali funkcjonariusze, których wymieniłem wcześniej, w tym również ja, używali pięści. Ja osobiście nie stosowałem żadnych dodatkowych przedmiotów"[560].

W kwietniu 1939 roku Jerszową-Szlicht delikatnie „odsunięto" – ze stanowiska pomocnika naczelnika wydziału III Oddziału przeniesiono ją na posadę starszego inspektora oddziału sanitarnego AChU (Zarządu Administracyjno-Gospodarczego) UNKWD, oddalając tym samym od pracy śledczej. A równo dwa lata później została wysłana na emeryturę. Wtedy jednak wybuchła wojna i takie jak ona znów stały się potrzebne. Jerszowa służyła w Oddziale Specjalnym Moskiewskiego Okręgu Wojskowego, a od kwietnia 1943 roku – w organach kontrwywiadu SMIERSZ przy frontowym punkcie ewakuacyjnym 148 rejonu bazowania lotniczego Frontu Zachodniego i 3. Frontu Ukraińskiego. Po wojnie była zatrudniona w UMGB obwodu moskiewskiego aż do 30 grudnia 1947 roku, kiedy w stopniu majora ostatecznie odeszła na emeryturę. Otrzymała wiele nagród za wysługę lat – Order Lenina i Order Czerwonego Sztandaru.

---

[560] GARF, f. 10035, op. 1, d. P-35500, l. 48.

Zdawało się, że będzie już mogła spokojnie dożyć swoich dni. Ale nie – w połowie lat 50. znów zrobiło się niespokojnie. Nagle zaczęło się dochodzenie, co się działo naprawdę w okresie masowych represji. Trwało ponowne rozpatrywanie spraw. Jerszową i jej kolegów z NKWD w 1955 i 1956 roku zaczęto wzywać na przesłuchania. Teraz jednak to nie ona zadawała pytania, więc musiała sobie jakoś radzić. Usprawiedliwiała się: „(...) w latach 1937–1938 w organach NKWD była trudna sytuacja. Od każdego śledczego wymagano, żeby w ciągu siedmiu dni sfinalizować siedem dochodzeń (...)"[561], a na naradach operacyjnych żądano: „możesz to wyssać z palca, ale sprawę musisz zamknąć"[562]. Kiedy zadawano jej konkretne pytania o bicie podsądnych, Jerszowa kręciła: „(...) nie mogę sobie przypomnieć, bo upłynęło dużo czasu. Poza tym w związku z chorobą układu nerwowego mam słabą pamięć"[563.] Oto jak okłamywali innych i samych siebie: nie pamiętam, to nie były żadne tortury – zwykłe „walnięcie w kark". Jerszowej się upiekło. Nawet nie wyrzucili jej z partii.

W połowie lat 60. wszystkie niepokoje ucichły. Więcej jej nie wzywano, nie zadawano nieprzyjemnych pytań. A na rocznicę wybuchu rewolucji w 1967 roku otrzymała miłą niespodziankę, a zarazem sygnał całkowitego przebaczenia – medal „Za wzorową pracę". Jej sojusznikiem była społeczna amnezja. Od czasu do czasu władza sobie o Jerszowej przypominała. 22 stycznia 1982 roku w komitecie rejonowym partii wręczono jej odznakę „50 lat członkostwa w KPZS". W maju 1982 roku Jerszowa zmarła. Jednocześnie jakoś tak cicho i niepostrzeżenie odchodziła do przeszłości krwawa epoka. Kraj znalazł się w stanie całkowitego zastoju i ani w świadomości zbiorowej, ani w przestrzeni publicznej nie było słychać krytycznych wzmianek czy refleksji na temat represji stalinowskich.

---

[561] Tamże, d. p-30276, l. 163.
[562] Tamże, d. p-37962, l. 144.
[563] Tamże, d. p-30276, l. 163.

Chwalił się egzekucjami

Szkice do portretu stalinowskiego sędziego Wasilija Ulricha[564]

Nazwisko wieloletniego przewodniczącego Izby Wojskowej Sądu Najwyższego ZSRS niewiele dziś mówi młodemu pokoleniu. A kryją się za nim nie tylko losy kolejnego stalinowskiego karierowicza, który nagle stracił przychylność wodza. Ulrich to cała epoka sowieckiego terroru politycznego, a w jej centrum niczym złowieszczy symbol znajduje się rok 1937.

Drogę na szczyty władzy sądowniczej Wasilij Wasiliewicz Ulrich pokonał w dość krótkim czasie, głównie dzięki pochodzeniu rewolucyjnemu. Przyszedł na świat 1 czerwca 1889 roku w Rydze, w rodzinie (jak sam pisał w ankietach osobowych) „profesjonalnego rewolucjonisty". Za działalność rewolucyjną ojciec Ulricha nie raz trafiał do aresztu, do więzień, zsyłano go do oddalonych guberni, a po 1917 roku został członkiem „Towarzystwa Starych Bolszewików", na co zresztą całkowicie zasłużył. Sam Ulrich też wcześnie wstąpił na ścieżkę bojownika. Po ukończeniu w 1909 roku szkoły realnej dostał się na wydział komercyjny (ekonomiczny) do Instytutu Politechnicznego w Rydze. W czasach studenckich wstąpił do młodzieżówki socjaldemokratycznej, pracował w kółkach propagandowych. Staż partyj-

---

[564] Artykuł przygotowany wspólnie z Markiem Jansenem (Uniwersytet Amsterdamski) jako część powstającej monografii o Wasiliju Ulrichu i jego działalności w Izbie Wojskowej.

ny w partii bolszewickiej liczono mu od 1908 roku, z przerwą w latach 1915–1918. Po studiach w 1914 roku przeprowadził się do Petersburga, gdzie pracował w zarządzie Kolei Nikołajewskiej. Jesienią 1915 roku został powołany do armii jako szeregowiec w batalionie zapasowym, a następnie trafił do szkoły chorążych, którą ukończył w lipcu 1916 roku. Od lipca 1916 roku pracował jako pomocnik wykonawcy robót w 12. Armii i tutaj dosłużył się do stopnia podporucznika.

Od listopada 1917 roku Ulrich działał już aktywnie w polityce – był członkiem komitetu wykonawczego delegatów żołnierskich 12. Armii, a po demobilizacji w kwietniu 1918 roku objął posadę kierownika oddziału w narkomacie spraw wewnętrznych w Moskwie. Stamtąd na propozycję Dzierżyńskiego w 1919 roku przeniósł się do WCzK, gdzie od razu dostał posadę szefa Oddziału Finansowego, a po niedługim czasie – komisarza sztabu Wojsk Wewnętrznej Ochrony Republiki. Tam Ulrich, niemający żadnego wykształcenia prawniczego, po raz pierwszy próbuje roli sędziego najwyższego. W lutym 1920 roku obejmuje stanowisko przewodniczącego Głównego Trybunału Wojskowego Wojsk Ochrony Wewnętrznej. W tamtym okresie, rzecz jasna, słuszne pochodzenie i lojalność polityczna liczyły się o wiele bardziej niż kompetencje. Być może nie bez znaczenia był też fakt, że żona Ulricha – Anna Dawidowna Kassel – pracowała w sekretariacie Lenina.

Ulrich przez bardzo krótki okres pracował dla CzK. Od 22 lipca do 26 grudnia 1921 roku był szefem 16. wydziału specjalnego Oddziału Specjalnego WCzK. Do jego zadań należała walka z „kontrrewolucją w Armii Czerwonej" oraz ze „szpiegostwem wewnętrznym", czyli z byłymi białymi oficerami i specjalistami wojskowymi. Gdyby Ulrich kontynuował służbę w systemie WCzK-GPU, najprawdopodobniej czekałby go tragiczny los. Zarówno jego poprzednik, jak i następca zrobili ogromną karierę w organach i obaj zostali rozstrzelani w latach 1937–1938.

W czerwcu 1921 roku Ulricha mianowano na przewodniczącego Izby Wojskowej Najwyższego Trybunału Wszechrosyjskiego Centralnego Komitetu Wykonawczego. Wtedy właśnie przesądziły się jego losy. Od 1923 roku był przewodniczącym Izby Wojskowej Sądu Najwyższego[565] RFSRS, a od 1926 roku przez ponad 20 lat sprawował funkcję przewodniczącego Izby Wojskowej Sądu Najwyższego ZSRS. Począwszy od 1933 roku, Ulrich przewodniczył wszystkim głośnym procesom politycznym, o których trąbiły sowieckie gazety. Zgodnie z uchwałą Centralnego Komitetu Wykonawczego ZSRS z 10 lipca 1934 roku, „zdrada ojczyzny", szpiegostwo, dywersja, szkodnictwo i inne przestępstwa polityczne po zbadaniu ich przez organy bezpieczeństwa państwowego były przekazywane do rozpatrzenia przez trybunały wojskowe oraz WKWS. Ulrich szybko opanowywał stalinowskie metody błyskawicznego i okrutnego rozprawiania się z podsądnymi. Prędko pojął najważniejszą zasadę: wyroki wydaje nie on i nie kierowana przez niego Izba Wojskowa. Wyroki wydaje Stalin, a Ulrichowi przypada jedynie zaszczyt ogłaszania ich. W grudniu 1934 roku w trakcie procesu zabójcy Kirowa – Leonida Nikołajewa – Ulrich, zaniepokojony jakimiś niejasnościami w sprawie, zadzwonił do Stalina i usłyszał od niego: „Jakie dodatkowe dochodzenie? Żadnych dodatkowych dochodzeń! Zakończyć".

Uważna lektura listy osób przyjętych przez Stalina w gabinecie na Kremlu pozwala dostrzec zadziwiającą prawidłowość: Ulrich odwiedzał przywódcę zawsze w przeddzień ogłoszenia wyroku w pokazowych „procesach moskiewskich". Jest oczywiste, dlaczego tak się działo. To właśnie Stalin osobiście określał rodzaj kary i własnoręcznie redagował teksty wyroków.

W okresie masowych represji lat 1937–1938 Stalin zaangażował Izbę Wojskową do rozpatrywania tzw. list proskrypcyjnych. Listy osób podzielonych na kategorie (1. – rozstrzelanie, 2. – 10 lat łagru) sporządzano wcześniej w NKWD, a zatwierdzał je Stalin i jego najbliżsi współpracownicy z Politbiura KC WKP(b) – Mołotow, Woroszyłow, Kaganowicz, Żdanow, Mikojan. Zadaniem Ulricha było jedynie przekuwać stalinowskie

---

[565] Ros. skrót WKWS.

listy w wyroki Izby Wojskowej. Po zatwierdzeniu list przez Biuro Polityczne była to już czysta formalność. Niemniej jednak Izba Wojskowa odbywała sesje wyjazdowe w terenie, przeprowadzając posiedzenia według uproszczonej procedury: bez udziału obrońcy, oskarżyciela i świadków. Na każdego podsądnego tracili zaledwie kilka minut. Dla przykładu – rozpatrzenie sprawy narkoma sowchozów N. N. Demczenki 29 października 1937 roku trwało tylko pięć minut. Kiedy podczas krótkich przesłuchań Ulrich słyszał od podsądnych, że w NKWD ich torturowano i wszystkie zeznania zostały po prostu wymuszone, pozostawał na to całkowicie obojętny.

W okresie od 1 października 1936 do 1 listopada 1938 roku WKWS jako sąd pierwszej instancji rozpatrzyło rekordową liczbę spraw dotyczącą 36 906 osób, z których 25 355 zostało skazanych na rozstrzelanie. Takich zawrotnych wyników Izba Wojskowa nie osiągnęła nigdy wcześniej ani nigdy potem. Fala aresztowań z lat 1937–1938 nie ominęła również wojskowego systemu sprawiedliwości. Zgodnie z obowiązującym wtedy trybem, należało uzgadniać aresztowania nawet najmniej wybitnych spośród wysokich rangą urzędników partyjnych i państwowych z kierownikami odpowiednich resortów. Ulrich lekką ręką wydawał zezwolenia na aresztowanie swoich podwładnych – przewodniczących i członków trybunałów wojskowych. Ale jemu również się przyglądano.

Wymownym świadectwem wyrafinowania systemu stalinowskiego jest notatka Berii poświęcona Ulrichowi. Po zakończeniu Wielkiego Terroru nowy narkom spraw wewnętrznych zwrócił uwagę Stalina na fakt, że główny sędzia też nie ma całkowicie czystej kartoteki. Okazało się, że był nie dość powściągliwy, i – co gorsza – gadatliwy. A przecież Ulrich miałby sporo do powiedzenia, gdyby zechciał mówić.

Oto on – unikalny dokument, uchylający rąbka tajemnicy o rozprawach stalinowskich. Okazuje się, że Ulrich nie tylko był obecny przy wykonywaniu wyroków śmierci, ale sam brał udział w zabójstwach. Osobiście dokonywał egzekucji, m.in. Jana Karłowicza Bierzina, szefa Zarządu Wywiadowczego Armii Czerwonej.

„Do Sekretarza KC WKP(B) Tow. Stalina

Nr 265/b
19/I

Przewodniczący Izby Wojskowej Sądu Najwyższego ZSRS ULRICH WASILIJ WASILIEWICZ już od kilku lat żyje z LITKENS Galiną Aleksandrowną, będącą informatorem Oddziału Przemysłowego NKWD.
Ta ostatnia twierdzi, iż ULRICH systematycznie opowiada jej różne rzeczy na temat prac Izby Wojskowej Sądu Najwyższego oraz Ludowego Komisariatu Spraw Wewnętrznych.
LITKENS posiada wiedzę o zamkniętych posiedzeniach sądowych Izby Wojskowej, o zachowaniu podsądnych podczas tych rozpraw, o wydanych wyrokach, o tym, jak skazani zachowują się podczas egzekucji.
ULRICH opowiadał jej m.in. o zachowaniu TUCHACZEWSKIEGO, REINHOLDA, BIERZINA, MRACZKOWSKIEGO, BUCHARINA i innych oskarżonych podczas wykonywania na nich kary śmierci.
„TUCHACZEWSKI przy rozstrzelaniu powiedział: «No strzelajcie już, tylko nie w potylicę, a w czoło», i faktycznie strzeliliśmy w czoło".
„REINHOLDA rozstrzelano jako ostatniego z jego grupy. Kiedy go wprowadzono do pomieszczenia, była tam już sterta trupów. Ten krzyknął i szarpnął się. Natychmiast został rozstrzelany".
O egzekucji BIERZINA LITKENS opowiedziała w NKWD następujący fakt: „Pewnego dnia ULRICH przyszedł do mnie w płaszczu poplamionym krwią. Zapytałam, czyja to krew. Ten odpowiedział – «Starika». «Starik» – tak nazywali BIERZINA – szefa IV Zarządu Ludowego Komisariatu Obrony".
„ULRICH powiedział, że ostatnie słowa BIERZINA brzmiały: „Tyle narobiłem zła, że nie zasługuję na litość. Niech zabije mnie uczciwa ręka". I ULRICH zastrzelił go własnoręcznie. Twierdził, że zabił go jednym strzałem".
W 1937 roku ULRICH poinformował swoją konkubinę o zdobytych zeznaniach przeciwko kierownikowi spółki akcyjnej „Mieżdunarodnaja Kniga", w której strukturach pracowała LITKENS.
Niedawno ULRICH mówił LITKENS o słabo udokumentowanych sprawach, które przyszły z NKWD i już zostały rozpatrzone przez Izbę Wojskową. Nazwał te sprawy „lipnymi".
ULRICH opowiadał też o wrogach zdemaskowanych wśród kierowniczej eli-

ty NKWD. Najwyraźniej ciężko przeżywał zmiany w kierownictwie NKWD. Z tego powodu wyrażał ogólny brak zaufania do aparatu NKWD.
W związku z niedawną decyzją partii i Rządu o metodach prowadzenia śledztwa ULRICH mówił LITKENS, że nie rozumie, jak można „rozmawiać z aresztowanymi, nie tupiąc nogami i nie wymachując pięściami".
Szczerość wobec LITKENS ULRICH demonstruje, mimo że ich stosunki bywają bardzo napięte i wtedy sędzia nazywa ją szpiegiem, „międzynarodową prostytutką" itp. Ich związek trwa jednak dalej.

LUDOWY KOMISARZ SPRAW WEWNĘTRZNYCH ZSRS *(BERIA)*
19 stycznia 1939"[566]

Najprawdopodobniej Beria gromadząc materiały kompromitujące, uważał, że „normalizacja" po rzeźni lat 1937–1938 wymaga zadośćuczynienia nie tylko w osobie byłego narkoma spraw wewnętrznych Jeżowa, lecz również tych, którzy razem z nim przeprowadzali procesy i egzekucje – prokuratora ZSRS Wyszyńskiego oraz przewodniczącego Izby Wojskowej – Ulricha. Jednak tu Beria się mylił. Zarówno w okresie wielkiego terroru, jak i później Stalin bardzo potrzebował posłusznych i wiernych sług – prokuratora Wyszyńskiego i sędziego Ulricha, którzy w wirtuozerski sposób potrafili oblekać samowolę i bezprawie w szatę „socjalistycznej praworządności".

Stalin nie nadał biegu notatce Berii. W roku 1939 i w kolejnych latach kontynuowano rozprawy na podstawie „list proskrypcyjnych" Stalina – po prostu ich liczba nie była tak zawrotna jak za czasów Wielkiego Terroru. Spryt i doświadczenie Ulricha okazały się niezbędne, by nadać im postać decyzji WKWS. Wystarczy wspomnieć chociażby, z jaką łatwością w maju 1940 roku zaocznie i bez procesu Ulrich wydał wyrok WKWS na liczną grupę naukowców i konstruktorów, pracujących w ramach projektów obronnych w tzw. szaraszkach – zamkniętych więziennych biurach konstrukcyjnych. Wśród nich znajdował się konstruktor samolotów – bardzo później sławny – Tupolew. Oczywiście, Stalin uprzednio zaakceptował całą tę procedurę.

---

[566] CA FSB, f. 3, op. 6, d. 686, l. 17–19.

Chociaż po 1938 roku Stalin nigdy nie przyjmował Ulricha w gabinecie na Kremlu, zachowując dystans imperatora, nie zapomniał o wiernym sędzi. Ulrich dosłużył się stopnia generała-pułkownika i został szczodrze obsypany odznaczeniami. Jego pierś zdobiły dwa Ordery Lenina, dwa Ordery Czerwonego Sztandaru, Order Wojny Ojczyźnianej 1. klasy i Order Czerwonej Gwiazdy, liczne medale, w tym „Za obronę Moskwy". Być może chodziło o przyspieszone rozprawy i egzekucje jesienią 1941 roku w Moskwie?

Co ciekawe, Ulrich „poległ" akurat z powodu problemu, który Beria sygnalizował Stalinowi jeszcze w 1939 roku. W kwietniu 1945 roku na adres sekretarza KC Malenkowa wpłynęło kolejne pismo z aparatu KC. Zawierało ono informację o pijackim wybryku Ulricha podczas bankietu, który ten wydał z okazji otrzymania odznaczeń i na który zaprosił członków Izby Wojskowej: „Ulrich zwrócił się do wszystkich obecnych z przemówieniem o tym, jak stojąc na czele izby w latach 1937–1938, walczył z wrogami ludu. W tym wystąpieniu Ulrich dopuścił się antypartyjnego gadulstwa, opowiadając obecnym kolegom po fachu i ich żonom o szeregu spraw będących tajemnicą państwową szczególnej wagi (sprawa Jeżowa i inne). Mówiąc o tych sprawach, towarzysz Ulrich w obecności kobiet używał prymitywnych wulgaryzmów, w tym wyrażenia – żydowska morda". Poza tym w dokumencie mówiło się o tym, że wszystkim pracownikom Izby Wojskowej „znane są przypadki pijaństwa Ulricha, długoletnie współżycie z dwiema żonami (A. Ulrich i G. Litkens)".

Sprawę powierzono zastępcy przewodniczącego Komisji Kontroli Partyjnej Matwiejowi Szkiriatowowi. Ten jednak niezbyt się spieszył. Tymczasem w aparacie KC WKP(b) stopniowo gromadził się materiał o „obrzydliwych i niepartyjnych" stosunkach między członkami WKWS, o „strachu przed załatwianiem spraw", o braku „twardej i konsekwentnej polityki" w sprawach dotyczących „zdrady ojczyzny". W końcu wiosną 1948 roku kwestia przesunięć kadrowych ostatecznie dojrzała. W KC doszli do wniosku, że chociaż Ulrich jest „zasłużonym pracownikiem trybunału, bez wątpienia solidnym i uczciwym", to odcina kupony od minionych zasług, „jest oderwany od sytuacji bieżącej", „stracił poczucie partyjnej pryncypialności". Okazało się, że jego żona – Anna Kassel (Ulrich) wtrąca się w rozpatrywanie poszczególnych spraw na prośbę zainteresowanych osób, a konkubina Galina Litkens ma stałą przepustkę do budynku Izby Wojskowej i w jej obecności Ulrich wysłuchuje meldunków podwładnych. W sierpniu 1948 roku Ulrich został usunięty ze stanowiska przewodniczącego WKWS.

Po utracie prestiżowej posady Ulrich objął niepozorne stanowisko szefa Kursów Doskonalenia Prawników Armii Sowieckiej. Nie przeżył Stalina, a śmierć uchroniła go od hańby demaskacji w epoce Chruszczowa. Zmarł 10 maja 1951 roku i został upamiętniony skromnym nekrologiem w gazecie „Krasnaja Zwiezda". Pogrzeb też nie był uroczysty, choć naoczni świadkowie wspominają, że słuchacze Wojskowej Akademii Prawniczej na rękach nieśli trumnę Ulricha na Cmentarz Nowodziewiczy.

Styl Stalina: zabić i oszkalować

Zbyt często ostatnio słyszymy naiwne frazesy o okresie stalinowskim. Że owszem, było za dużo okrucieństwa, ale takie czasy – prawo też do łagodnych nie należało. Czyli nie trzeba tego traktować jako bezprawia, tylko jako przestrzeganie surowych norm. Czy na pewno? Czy mało znamy dziś potwierdzonych faktów bezceremonialnego łamania przez Stalina artykułów Konstytucji ZSRS czy sowieckiego prawa, żeby raz na zawsze dowieść jego osobistej winy i przestępczego charakteru jego samowładczych rządów? Żeby wyraźnie pokazać rolę najbliższych współpracowników Stalina w posłusznym wypełnianiu jego poleceń i dokonywaniu konkretnych zbrodni stanowiących pogwałcenie praworządności?

Opublikowano wystarczająco dużo dokumentów, które świadczą o osobiście wydawanych przez Stalina poleceniach tajnego, bez wyroku sądu, mordowania przeciwników politycznych lub osób, które po prostu uznał za podejrzane. Oto jeszcze jeden dokument, który nie wymaga specjalnego komentarza.

Tragiczne losy dwóch znanych polskich działaczy II Międzynarodówki Wiktora Altera i Hersza Wolfa Erlicha to doskonały przykład tego, że do lochów NKWD trafić było łatwo, a wyjść bez poważnych konsekwencji – ogromnie trudno. Resort Berii bardzo niechętnie wypuszczał swoje ofiary. Nie pomagało nic – ani zmieniające się okoliczności polityczne, które kompromitowały zmyślone zarzuty, ani wpływowi protektorzy na poziomie międzynarodowym.

Aresztowani jesienią 1939 roku Alter i Erlich z początku zostali oskarżeni o „prowadzenie walki z Komunistyczną Partią Polski oraz rewolucyjnym ruchem robotniczym". Nic bardziej niefortunnego i niedorzecznego nie można było wymyślić. Przecież to Stalin najbardziej dotkliwie uderzył w ruch komunistyczny w Polsce, rozwiązując w 1938 roku Komunistyczną Partię Polski i oskarżając całe jej kierownictwo o przynależność do „wrogiej agentury". Altera i Erlicha skazano na rozstrzelanie, a następnie zmieniono wyrok na 10 lat pozbawienia wolności.

Wybuch wojny z Niemcami wymusił zmianę strategii. Teraz Stalinowi bardzo brakowało sojuszników w śmiertelnym starciu z Hitlerem. Ogłoszono amnestię dla polskich obywateli, dzięki czemu Alter i Erlich, którzy cudem uniknęli śmierci, wyszli na wolność. Zachowywali się jednak zbyt swobodnie i niezależnie. Wydawało im się, że najgorsze już za nimi. W dodatku Beria był niezwykle miły – obiecał nawet poprzeć ich propozycję utworzenia międzynarodowego Żydowskiego Komitetu Antyfaszystowskiego. Komitet w takiej postaci nie był jednak Stalinowi potrzebny. A ściślej mówiąc – był potrzebny, ale bez internacjonalizacji – taki, w którym zasiadaliby sami swoi, bez różnych podejrzanych obcokrajowców.

Altera i Erlicha ponownie aresztowano akurat wtedy, kiedy w Moskwie gościł Prezes Rady Ministrów i Naczelny Wódz Polskich Sił Zbrojnych Władysław Sikorski. Być może powodem aresztowania było dążenie, by za wszelką cenę zapobiec ewentualnemu spotkaniu z Sikorskim, a już tym bardziej nie pozwolić im wyjechać za granicę. Mogli za dużo wiedzieć o kulisach działania NKWD, o egzekucjach polskich obywateli. Dalsze rozprawienie się z Alterem i Erlichem – bez sądu, ze sfałszowanym wyrokiem – naznaczone jest autorskim stylem

Stalina. Oto jego sekret: nie tylko zabić, lecz także po śmierci jeszcze oszkalować.

Decyzja o ukryciu aresztowanych w Kujbyszewie podyktowana była faktem, że właśnie tam w 1941 roku ewakuowały się centralne urzędy i pododdziały bezpieczeństwa państwowego, więc miasto to stało się jakby zapasową stolicą. Pod sam koniec 1942 roku naczelnikiem obwodowego UNKWD obwodu kujbyszewskiego mianowano Siergieja Ogolcowa, o którym można bez przesady stwierdzić, że cieszył się szczególnym zaufaniem Stalina. Właśnie jemu w styczniu 1948 roku powierzono kierowanie brygadą pracowników MGB wysłaną do Mińska, żeby dokonać tajnego zabójstwa Michoelsa. Przy tym Stalin, wydając rozkaz Abakumowowi, sam wskazał, którym pracownikom MGB należy zlecić jego wykonanie, i w pierwszej kolejności wymienił nazwisko wiceministra bezpieczeństwa państwowego Siergieja Ogolcowa[567].

W 1943 roku Ogolcow stanął na wysokości zadania. Bez zbędnych pytań wypełnił polecenie bezprawnego zamordowania Altera i Erlicha. Inny wspólnik Stalina – Mołotow – wystąpił w typowej dla niego roli zasłony dymnej. A co, przecież w grupie bandytów powinien być szacowny, wymuskany adwokat do kontaktów z cywilizowaną opinią publiczną. W pełni świadomy przestępczego charakteru egzekucji, Mołotow przekazywał na Zachód sfabrykowaną gdzieś w zakamarkach NKWD fałszywkę. Nie postarał się nawet, żeby oskarżenia pod adresem Altera i Erlicha brzmiały wiarygodnie.

---

[567] Siergiej Iwanowicz Ogolcow (1900–1977), w latach 1942–1944 naczelnik UNKWD-UNKGB obwodu kujbyszewskiego, od grudnia 1945 roku pierwszy zastępca ludowego komisarza bezpieczeństwa państwowego, w latach 1946–1953 zastępca i pierwszy zastępca BP, generał-lejtnant. Aresztowany na mocy decyzji Prezydium KC KPZS z 3 kwietnia 1953 roku za zorganizowanie morderstwa Michoelsa, jednak w sierpniu 1953 roku na bezpośredni rozkaz Malenkowa został uwolniony. Pozbawiony stopnia generalskiego w 1959 roku.

Pismo Prokuratora Generalnego ZSRS Romana Rudienki i Przewodniczącego KGB przy R-[adzie] M[inistrów] ZSRS Iwana Sierowa do Pierwszego Sekretarza KC KPZS Nikity Chruszczowa o sprawie byłych liderów Polskiego Bundu oraz członków Komitetu Wykonawczego II Międzynarodówki Wiktora Altera oraz Hersz-Wolfa Erlicha.

4 grudnia 1956 r.   Ściśle tajne

nr 2735-s

Komitet Bezpieczeństwa Państwowego przy Radzie Ministrów ZSRS oraz Prokuratura Związku SRS rozpatrzyła pismo Isabelle Blume[568], w którym prosiła o zrewidowanie sprawy byłych liderów Polskiego Bundu i członków Komitetu Wykonawczego II Międzynarodówki Altera Wiktora, syna Izraela, oraz Erlicha Hersza-Wolfa, syna Mojżesza.

W wyniku czynności sprawdzających ustalono, że Alter W. I. oraz Erlich G.-W. M. zostali aresztowani przez organy NKWD jesienią 1939 roku na terytorium zachodnich obwodów Ukrainy i Białorusi i oskarżeni o zwalczanie Komunistycznej Partii Polski oraz rewolucyjnego ruchu robotniczego, a także o współpracę z polskim wywiadem w celu prowadzenia dywersyjnej pracy przeciwko ZSRS.

Oskarżenie bazowało na zeznaniach szeregu osób rozstrzelanych w latach 1937–38 oraz na materiałach prasy bundowskiej.

Z dołączonych do sprawy przekładów artykułów z Gazety Bundowskiej, która wychodziła w Polsce, oraz z zeznań Altera i Erlicha widać, że faktycznie jako działacze Polskiego Bundu zajmujący kierownicze stanowiska, brali udział w zwalczaniu Komunistycznej Partii Polski i występowali w prasie zagranicznej jako autorzy antykomunistycznych artykułów, jednak zarzuty o ich przynależność do polskiego wywiadu i prowadzenie dywersyjnej działalności na terenie

---

[568] Isabelle Blume (1892–1975), działaczka społeczna, członkini Belgijskiej Partii Socjalistycznej.

ZSRS odrzucali, a oskarżenie to nie znalazło potwierdzenia w żadnych materiałach.

W lipcu – sierpniu 1941 roku Alter W. I. przez Izbę Wojskową Sądu Najwyższego ZSRS, a Erlich G.-W. M. przez Trybunał Wojskowy Wojsk NKWD ZSRS Okręgu Nadwołżańskiego zostali skazani na rozstrzelanie, lecz następnie wyrok zamieniono na 10 lat pobytu w obozie pracy poprawczej dla każdego. We wrześniu 1941 roku zgodnie z Dekretem Prezydium Rady Najwyższej ZSRS z 12 sierpnia 1941 roku „O udzieleniu amnestii polskim obywatelom przetrzymywanym w więzieniach na terytorium ZSRS" zostali zwolnieni z aresztu.

W wyniku czynności sprawdzających ustalono, że Alter i Erlich zaoferowali organom NKWD swoje usługi w zakresie wykorzystania organizacji bundowskich w Europie i Ameryce do celów walki z niemieckimi faszystami. Wyszli między innymi z pomysłem powołania pod ich kierownictwem Międzynarodowego Żydowskiego Komitetu Antyfaszystowskiego (ŻKA).

Temat ten z Alterem i Erlichem omawiał Beria, który zaakceptował ich ideę.

Z późniejszych dokumentów widać, że Alter i Erlich nalegali na jak najszybsze podjęcie decyzji w sprawie utworzenia „ŻKA", oświadczając, że w przeciwnym razie uznają, że nie muszą być związani z władzą sowiecką, i urządzą się po swojemu, nie wykluczając wyjazdu za granicę.

W rozmowach z otoczeniem życzliwie wypowiadali się o Związku Sowieckim, lecz negatywnie oceniali organy NKWD. Alter na przykład twierdził, że „bardzo dużo uczciwych komunistów siedzi w więzieniach NKWD i że robi się to celowo. Według niego NKWD do tej pory jest miejscem, w którym rządzi kontrrewolucja".

3 grudnia 1941 roku NKWD ZSRS ponownie aresztowało Altera i Erlicha. Materiałów, które posłużyły jako podstawa dla zatrzymania, w KGB przy Radzie Ministrów ZSRS nie ma. Aresztowanie przeprowadzono w trybie pozaproceduralnym, śledztwa nie wszczynano

i żadnych czynności śledczych nie prowadzono. Aresztowanych przetrzymywano w Wewnętrznym Więzieniu UNKWD obwodu kujbyszewskiego, w ścisłej tajemnicy, oznaczonych numerami 41 i 42.

14 maja 1942 roku Erlich w więzieniu popełnił samobójstwo (powiesił się), a Alter 17 lutego 1943 roku został rozstrzelany bez wyroku sądu.

Co dotyczy okoliczności rozstrzelania Altera, zachowała się tylko notatka służbowa byłego naczelnika UNKWD obwodu kujbyszewskiego Ogolcowa, który 17 lutego 1943 r. zaraportował byłemu zastępcy narkoma spraw wewnętrznych Mierkułowowi, że jego rozkaz rozstrzelania aresztowanego Altera został wykonany. Do akt dołączono także protokół rozstrzelania więźnia nr 41.

Jak widać z materiałów sprawy, na początku 1943 roku Beria przedstawił Stalinowi tekst wyroku Izby Wojskowej Sądu Najwyższego ZSRS opatrzony datą 23 grudnia 1941 roku, w którym było napisane:

„W wyniku postępowania przygotowawczego i sądowego ustalono, że Erlich i Alter w październiku i listopadzie 1941 roku systematycznie prowadzili zdradziecką działalność, polegającą na apelowaniu do wojsk, by zaprzestały przelewu krwi i niezwłocznie zawarły pokój z faszystowskimi Niemcami, tj. popełnili przestępstwo (zdrada państwa) z art. 58-1 «a» KK RSFRS".

W dalszej części projektu wyroku pisano, że na podstawie przytoczonych materiałów Erlich i Alter zostali skazani na rozstrzelanie. Wyrok ten nie został przez nikogo podpisany.

Na projekcie tym widnieje następująca rezolucja:

„*tow. Beria!*[569] Tow. *Stalin* zaakceptował ten tekst, a ja odpowiedni tekst wysłałem do Greena[570], Willkiego[571] in. za pośrednictwem tow. Litwinowa. <u>W. Mołotow</u> 14/II".

---

[569] Tu i dalej słowa kursywą były napisane odręcznie.
[570] William Green (1873–1952), prezes Amerykańskiej Federacji Pracy.
[571] Wendell Willkie (1882–1944), prawnik, kandydat na prezydenta USA z ramienia Partii Republikańskiej w wyborach 1940 roku.

Do materiałów sprawy Altera i Erlicha dołączono kopię szyfrowanego telegramu MSZ ZSRS z 15 lutego 1943 roku, zaadresowaną do Waszyngtonu, do byłego ambasadora ZSRS w USA. W telegramie w reakcji na pytania Williama Greena, Philipa Murraya[572], Willkiego i innych amerykańskich działaczy społeczno-politycznych o losy Altera i Erlicha padła propozycja, żeby podać informację, że Alter i Erlich po uwolnieniu zaczęli prowadzić antysowiecką działalność, wzywając nawet sowieckie wojska do zaprzestania przelewu krwi i natychmiastowego podpisania pokoju z Niemcami, za co znów zostali aresztowani i na mocy wyroku Izby Wojskowej Sądu Najwyższego ZSRS rozstrzelani.

W rzeczywistości zaś powtórne aresztowanie Altera i Erlicha nie było podparte materiałami postępowania i w wyniku czynności sprawdzających nie zgromadzono żadnych kompromitujących danych o ich przestępczej działalności.

PROKURATOR GENERALNY ZWIĄZKU SRS	PRZEWODNICZĄCY KOMITETU BEZPIECZEŃSTWA PAŃSTWOWEGO przy RADZIE MINISTRÓW ZWIĄZKU SRS
R. RUDIENKO	I. SIEROW

GARF, f. 8131, op. 32, d. 4575, l. 166–168. Kopia poświadczona za zgodność z oryginałem.

---

[572] Philip Murray (1886–1952), amerykański działacz związkowy.

Mały Katyń

O tym, dlaczego Główna Prokuratura Wojskowa
Rosji nie była w stanie przeprowadzić
śledztwa w sprawie masowych zabójstw
Polaków w 1945 roku w Puszczy Augustowskiej

W połowie lipca 1945 roku z Moskwy do Berlina wyruszył specjalny pociąg. Pociągiem tym na konferencję poczdamską jechał pasażer nr 1 – Stalin. W jego świcie był także narkom spraw wewnętrznych – Beria. Na trasie przejazdu podjęto bezprecedensowe środki ostrożności. Na mocy wspólnej decyzji NKWD i NKGB z 3/5 lipca 1945 roku ustalono, że na terytorium Polski na każdy kilometr torów zostanie przydzielone 8–10 żołnierzy wojsk wewnętrznych, a mosty będą chronione przez oddziały straży po 5–12 osób, w zależności od długości mostu. Obawy były uzasadnione. W Polsce aktywnie działali członkowie narodowego ruchu oporu, popierający rząd w Londynie i walczący przeciwko narzuconemu przez Moskwę systemowi politycznemu.

Planowana wyprawa wodza do Berlina była tylko jedną z przyczyn zaostrzenia represji wobec polskiej partyzantki niepodległościowej. W regionie suwalskim i augustowskim podziemna partyzantka w ciągu zaledwie kilku tygodni po opuszczeniu tych terenów przez frontowe wojska Armii Czerwonej zimą 1945 roku praktycznie przejęła władzę, stosując terror wobec polskiej władzy "ludowej" i sowieckich namiestników. Powtórzyła się sytuacja z lat 1939–1941, kiedy powiat augustowski i pobliska Białostocczyzna były jedynym obszarem w zajętej przez Sowietów części Polski, gdzie działał poważny ruch partyzancki, z którym wojska NKWD nie mogły sobie poradzić aż do 22 czerwca 1941 roku.

Na początku czerwca 1945 roku na rozkaz Stalina Sztab Generalny opracował specjalny plan, wykonany następnie przez wojska 3. Frontu Białoruskiego, które przeczesały lasy augustowskie (w powiecie suwalskim województwa białostockiego). W efekcie tej akcji od 12 do 19 lipca zatrzymano ponad 7 tysięcy osób, głównie Polaków i Litwinów. Większość z nich po rewizji zwolniono. Litwinów przekazano do dyspozycji NKGB Litewskiej SRS, a obywateli polskich – 592 osoby, uznane przez kontrwywiad wojskowy SMIERSZ za członków Armii Krajowej – aresztowano. W tej grupie zaledwie 69 osób zatrzymano z bronią w ręku. Ponadto, według danych, którymi dysponuje polska strona, w gronie tych 592 osób było 27 kobiet i 15 osób niepełnoletnich (poniżej 18 lat). Wszczęto postępowanie i śledztwo wobec 575 osób. Co się stało potem? Chociaż większość mieszkała w tamtych okolicach, nikt z nich nie wrócił już do domu. Nikt ich później nie widział, nie dotarły od nich żadne wiadomości. W Polsce do tej pory trwa śledztwo i podejmuje się próby wyjaśnienia losów zaginionych. W 1994 roku, po wpłynięciu oficjalnego wniosku Rzeczypospolitej Polskiej, badaniem okoliczności zatrzymania, aresztowania i dalszych losów tych polskich obywateli zajęła się Główna Prokuratura Wojskowa Federacji Rosyjskiej.

Po roku Główna Prokuratura Wojskowa przygotowała odpowiedź [zob. publikowany poniżej dokument – N. P.], w której twierdzono, że wszyscy Polacy aresztowani w trakcie operacji wojskowej w lasach augustowskich w różnych okresach od 1939 do 1945 roku byli członkami Armii Krajowej, przy czym wśród 592 osób było tylko dwóch dowódców oddziałów, trzech dowódców plutonu, a reszta to szeregowcy. Ogólne wnioski Głównej Prokuratury Wojskowej dotyczące ich dalszych losów brzmiały dość mgliście, chociaż można było w nich odczytać pewną aluzję: „Wymienionym obywatelom polskim nie przedstawiono zarzutów, sprawy karne nie zostały przekazane do sądów, a dalsze losy aresztowanych nie są znane".

Tymczasem w archiwum FSB zachował się dokument (f. 4-os., op. 3, d. 24, l. 179-181, według stanu na 1992 rok), który rzuca światło na owe wydarzenia. To szyfrotelegram szefa Głównego Zarządu Kontrwywiadu (GUKR) SMIERSZ Wiktora Abakumowa do narkoma spraw wewnętrznych Ławrientija Berii (nr 25212 z 21 lipca 1945 roku), w którym Abakumow meldował: „Zgodnie z Waszą instrukcją rankiem 20 lipca wysłałem samolotem do Treuburga [dziś Olecko w Polsce – N. P.] generała majora Gorgonowa, zastępcę szefa GUKR SMIERSZ wraz z grupą kontrwywiadowców w celu przeprowadzenia likwidacji bandytów aresztowanych w Puszczy Augustowskiej". Po przybyciu na miejsce – pisał Abakumow – Gorgonow oraz szef Zarządu Kontrwywiadu SMIERSZ 3. Frontu Białoruskiego, generał lejtnant Zielenin zameldowali, co następuje: „wojska 3. Frontu Białoruskiego od 12 do 19 lipca przeczesywały okoliczne lasy, zatrzymano 7049 osób. Po rewizji zwolniono 5115, pośród pozostałych 1934 zatrzymanych rozpoznano 844 bandytów, w tym 252 Litwinów, którzy utrzymywali związki z bandyckimi ugrupowaniami na Litwie i dlatego zostali przekazani miejscowym organom NKWD-NKGB Litwy. Trwa sprawdzanie 1090 osób, z których 262 Litwinów z tych samych przyczyn przekazano organom NKWD-NKGB. W efekcie liczba aresztowanych na dzień 21 lipca b.r. to zaledwie 592 osoby, ponadto trwa sprawdzanie 828 osób. Bandytom aresztowanym w lasach i kryjówkach odebrano 11 moździerzy, 31 karabinów maszynowych, 123 pistolety maszynowe, inne karabiny i pistolety, granaty oraz dwie radiostacje."

Dalej Abakumow pisał:

„Jeśli po takim meldunku, Towarzyszu, uznacie operację za konieczną, proponujemy następujący schemat likwidacji bandytów:
1. Zlikwidować wszystkich zidentyfikowanych bandytów w liczbie 592 osób. W tym celu zostanie wydzielona grupa operacyjna i batalion wojsk Zarządu SMIERSZ 3. Frontu Białoruskiego, sprawdzone w praktyce podczas szeregu akcji kontrwywiadowczych. Pracownicy operacyjni i żołnierze batalionu dostaną precyzyjne instrukcje co do trybu likwidacji bandytów.
2. W trakcie operacji zostaną podjęte niezbędne kroki, aby nie dopuścić do ucieczki któregokolwiek z bandytów. W tym celu oprócz udzielenia dokładnego instruktażu pracownikom operacyjnym i żołnierzom batalionu, rejony lasu, gdzie będzie prowadzona operacja, po wcześniejszym przeczesaniu zostaną okrążone.
3. Odpowiedzialność za przeprowadzenie likwidacji bandytów zostanie złożona na barki zastępcy szefa Głównego Zarządu Kontrwywiadu SMIERSZ, generała majora Gorgonowa oraz na szefa Zarządu Kontrwywiadu 3. Frontu Białoruskiego, generała lejtnanta Zielenina.
Towarzysze Gorgonow i Zielenin to dobrzy i doświadczeni czekiści, więc wykonają to zadanie.
Pozostałe 828 osób sprawdzimy w ciągu pięciu dni – wszystkich wykrytych pośród nich bandytów zlikwidujemy w ten sam sposób. Meldunek o liczbie wykrytych w tej grupie bandytów zostanie Wam wysłany.

Proszę o dalsze instrukcje. *Abakumow*"[573].

Tu warto wyjaśnić, dlaczego Abakumow pisze właśnie do Berii. Po pierwsze dlatego, że Beria przebywał wówczas w Berlinie razem z inicjatorem obławy – Stalinem. Gdyby był w Moskwie, Abakumow mógłby ograniczyć się do ustnego raportu. Po drugie, jako pełnomocnik NKWD przy 3. Froncie Białoruskim (od stycznia 1945 roku do jego kompetencji należało „oczyszczanie tyłów") Abakumow podlegał Berii i przed nim odpowiadał za tę działalność. Ciekawsze jest coś innego. Najprawdopodobniej wysyłając w teren Gorgonowa z grupą funkcjonariuszy SMIERSZ-u, Abakumow przypuszczał, że skala akcji likwidacyjnej będzie o wiele większa, wszak zatrzymano ponad 7 tysięcy osób. Oto powód rozczarowania, przebijającego w następujących słowach pisma do Berii: „Jeśli po takim

---

[573] CA FSB, f. 4-os., op. 3, d. 24, l. 179–181.

meldunku, Towarzyszu, uznacie operację za konieczną...". Rzeczywiście, zaledwie 592 aresztantów!

Co wydarzyło się potem? Nie wiemy wprawdzie, jak brzmiała odpowiedź Berii, ale łatwo można się tego domyślić. Biorąc pod uwagę, że w materiałach śledztw 592 aresztowanych nie ma żadnej wzmianki o przedstawieniu zarzutów i jakichkolwiek wyrokach (sądowych lub pozasądowych), a już tym bardziej brak informacji o tym, że sprawy zostały umorzone, co skutkowało wycofaniem oskarżenia i uwolnieniem, można z całą pewnością stwierdzić: wszystkich zabito bez procesu i wyroku, zgodnie z planem opracowanym przez Abakumowa i zatwierdzonym przez Berię (niewykluczone, że ostatnie słowo należało do Stalina). Pozostają jednakże niewyjaśnione kwestie, np. czy w archiwum zachował się raport Gorgonowa i szefa Zarządu Kontrwywiadu SMIERSZ 3. Frontu Białoruskiego Zielenina o przeprowadzonej egzekucji, czy zachował się akt rozstrzelania, w którym widniałyby nazwiska 592 zamordowanych bez decyzji sądu oraz informacja o miejscu ich pochówku?

A przecież chodzi o zbrodnię wojenną. I powoływanie się przez laików na „prawo wojny" jest nieuzasadnione. Bo żadne prawa czasu wojny nie przewidują mordowania aresztowanych bez procesu i śledztwa. Tylko dlaczego Główna Prokuratura Wojskowa nie zdecydowała się na powiedzenie tego głośno i wyraźnie? Może prokuratorzy wojskowi nie dotarli do sedna sprawy, nie znaleźli koniecznych dokumentów i naocznych świadków? To mało prawdopodobne. Wszak w oficjalnej odpowiedzi oświadczono, że „urzędnicy państwowi odpowiedzialni za przeprowadzenie operacji wojskowej dziś już nie żyją".

Rzeczywiście, jeden z tych, którzy osobiście odpowiadali za egzekucje – Iwan Gorgonow, zmarł akurat w 1994 roku. I dopiero po tym zgonie wystosowano odpowiedź do strony polskiej. Wychodzi na to, że Główna Prokuratura Wojskowa znała nazwiska wszystkich, którzy mogli być zamieszani w tę sprawę, oraz interesowała się ich losami. Niewykluczone, że prokuratorzy zdążyli jeszcze przesłuchać Gorgonowa.

Czy będzie w tej sprawie nowe śledztwo, połączone z poszukiwaniem dodatkowych dokumentów i rehabilitacją 592 bezprawnie zamordowanych osób? Jeśli deklarowana chęć ujawnienia wszystkich zbrodni stalinowskich to nie tylko puste słowa, takie śledztwo powinno się odbyć. Chociaż konsekwencja, z jaką Główna Prokuratura Wojskowa odrzuca wnioski o rehabilitację polskich obywateli rozstrzelanych w 1940 roku (na mocy decyzji Politbiura KC WKP(b) z 5 marca 1940 roku), nie napawa optymizmem.

Po zakończeniu w 2004 roku śledztwa w sprawie nr 159 („sprawa katyńska") i utajnieniu jego wyników Główna Prokuratura Wojskowa stała się w istocie instytucją kamuflującą zbrodnie stalinowskie. Jednak zwiastuny takiej degeneracji i nasilającej się tendencji do ukrywania masowych mordów dokonywanych w okresie rządów Stalina można było dostrzec w Głównej Prokuraturze Wojskowej już w połowie lat 90. A przypadek wyżej opisanej sprawy to konkretny przykład takiej strategii zatajania.

Dziś wyraźnie coś jest nie tak. Przecież były czasy, kiedy w prasie bez ograniczeń publikowało się efekty przeprowadzonych przez Główną Prokuraturę Wojskową śledztw dotyczących zbrodni epoki sowieckiej. Dla przykładu – w listopadzie 1990 roku w czasopiśmie „Izwiestija CK KPSS" opublikowano – chociaż w postaci ocenzurowanej i z pewnymi niedomówieniami – postanowienie Głównej Prokuratury Wojskowej z 12 kwietnia 1990 roku dotyczące umorzenia sprawy karnej o rozstrzelanie więźniów politycznych Więzienia Orłowskiego we wrześniu 1941 roku. Najwidoczniej obecnie *głasnost'* już się skończyła. Dlaczego nie opublikowano postanowienia o umorzeniu „sprawy katyńskiej", nie upubliczniono śledztwa prokuratury w sprawie egzekucji aresztowanych podczas obławy augustowskiej?

Z czym mamy do czynienia – z niezdolnością, czy też niechęcią Głównej Prokuratury Wojskowej do przeprowadzenia dokładnego śledztwa i ogłoszenia jego wyników?

W nadziei, że otrzymamy odpowiedź od kierownictwa Głównej Prokuratury Wojskowej, prosimy o potraktowanie tej publikacji jako oficjalnego wniosku „Nowej Gazety".

IWAN IWANOWICZ GORGONOW (1903–1994) – Rosjanin, przyszedł na świat w rodzinie średnio zamożnego chłopa. W partii komunistycznej od 1927 roku (wykluczony przez Moskiewski Komitet Miejski w 1955 roku „za złamanie sowieckiej praworządności"). W 1915 roku skończył szkołę wiejską, a w 1918 roku – pierwszą klasę szkoły drugiego stopnia. W 1952 roku w trybie eksternistycznym ukończył Instytut Pedagogiczny w Moskwie. W latach 1925–1927 służył w Armii Czerwonej, potem pracował w Komsomole. Od 1928 roku w organach OGPU. W latach 1943–1946 był szefem 1. oddziału Głównego Zarządu Kontrwywiadu SMIERSZ Ludowego Komisariatu Obrony (NKO), generał major (26.05.1943 rok). W latach 1946–1951 szef Zarządu MGB obwodu moskiewskiego. Pozbawiony stopnia generała majora na mocy postanowienia Rady Ministrów ZSRS nr 2349-1118ss z 23 listopada 1954 roku „jako niegodny wysokiego stopnia generała za zdyskredytowanie się w czasie pracy z organach bezpieczeństwa państwowego". W 1956 roku pracował na stanowisku zastępcy zarządcy trustu nr 12 „Mosstroju".

PAWIEŁ WASILIEWICZ ZIELENIN (1902–1965) – Rosjanin, syn kowala. W 1915 roku skończył dwuklasową szkołę kolejową. Pracował jako uczeń i pomocnik palacza w fabryce na Zaporożu. Od 1918 roku w Armii Czerwonej. Od 1920 roku w organach CzK na kolei na Ukrainie, od grudnia 1939 roku – szef Oddziału Dróg i Transportu NKWD na Kolei Białostockiej. Od 1941 roku na stanowiskach kierowniczych w organach kontrwywiadu wojskowego, w latach 1944–1945 szef Zarządu Kontrwywiadu SMIERSZ NKO 3. Frontu Białoruskiego. Od sierpnia 1945 roku – szef Zarządu Kontrwywiadu SMIERSZ NKO – Zarządu Bezpieczeństwa Państwowego MGB ZSRS Grupy Wojsk Sowieckich w Niemczech. Od kwietnia 1947 roku w dyspozycji Zarządu Kadr MGB ZSRS. W grudniu 1948 roku zwolniony z MGB do rezerwy ze względu na stan zdrowia.

W październiku 1951 roku został aresztowany pod zarzutem „działalności wywrotowej w organach MGB". Skazany 23 sierpnia 1952 roku przez Komisję Specjalną MGB ZSRS z art. 58-1 „b" Kodeksu Karnego RFSRS na przymusowe leczenie „w izolacji". W maju 1954 roku kwalifikację przestępstwa zmieniono na art. 193-17 „a" Kodeksu Karnego RFSRS i zgodnie z Rozporządzeniem o Amnestii z 27 marca 1953 roku sprawę umorzono. Zwolniony 15 maja 1954 roku. Generał lejtnant (26.05.1943). Pozbawiony stopnia generała majora na mocy postanowienia Rady Ministrów CCCP nr 2349-1118ss z 23 listopada 1954 roku „jako niegodny wysokiego stopnia generała za zdyskredytowanie się w czasie pracy z organach bezpieczeństwa państwowego".

Pismo Głównej Prokuratury Wojskowej FR do Ambasady RP w sprawie braku dokumentów dotyczących losów 592 polskich obywateli aresztowanych w trakcie operacji wojskowej w lipcu 1945 roku na terytorium województwa białostockiego.

4 stycznia 1995 r.
Nr 5UW-196-94

Ambasada Rzeczypospolitej Polskiej
123557, Moskwa
ul. Klimaszkina 4

Państwa wniosek z 20 stycznia 1994 r. o wyjaśnienie losów polskich obywateli zatrzymanych podczas operacji wojskowej na terytorium powiatu suwalskiego w lipcu 1945 roku został rozpatrzony.

Ustalono, iż w związku z licznymi faktami ataków na żołnierzy Armii Sowieckiej stacjonujących na terytorium Polski, Sztab Generalny Sił Zbrojnych ZSRS – zgodnie z Instrukcją Naczelnego Dowódcy Sił Zbrojnych – opracował plan operacji wojskowej na terenie lasów augustowskich powiatu suwalskiego w województwie białostockim w celu wykrycia i rozbrojenia wszystkich formacji antysowiecko nastawionej Armii Krajowej.

Podczas operacji prowadzonej w dniach 12-19 lipca 1945 roku przez wojska 3. Frontu Białoruskiego zatrzymano ponad 7 tysięcy obywateli polskich i Litwinów, a także zarekwirowano znaczną ilość broni. Większość spośród zatrzymanych okolicznych mieszkańców po rewizji wypuszczono, a 592 Polaków zostało aresztowanych przez organy „SMIERSZ" 3. Frontu Białoruskiego. W stosunku do 575 osób wszczęto sprawy karne i prowadzono śledztwo. Analiza spraw karnych dowiodła, iż aresztowani byli przedstawicielami ludności lokalnej i zostali zatrzymani przez wojska sowieckie podczas przeczesywania terenów leśnych i pobliskich miejscowości.

Z bronią w ręku zatrzymano 69 osób. Wszyscy zatrzymani (592 osoby) w różnych okresach (od 1939 do 1945 roku) byli członkami rozmaitych formacji Armii Krajowej, wśród nich było dwóch dowódców oddziałów, trzech dowódców plutonów, pozostali byli szeregowcami.

Wymienionym obywatelom polskim nie przedstawiono zarzutów, sprawy karne nie zostały przekazane do sądów, a dalsze losy aresztowanych nie są znane. W celu wyjaśnienia wszystkich okoliczności sprawy nasi pracownicy sprawdzili zasoby państwowych archiwów Federacji Rosyjskiej, jednakże żadnych danych o sankcjach zastosowanych wobec zatrzymanych nie udało się znaleźć. Urzędnicy państwowi odpowiedzialni za przeprowadzenie operacji wojskowej dziś już nie żyją.

Dlatego z uwagi na brak niezbędnych dokumentów obiektywne ustalenie dalszych losów 592 polskich obywateli, aresztowanych podczas operacji wojskowej formacji, i jednostek 3. Frontu Białoruskiego w okresie od 12 do 19 lipca 1945 r. na terytorium województwa białostockiego oraz rodzaju zastosowanych wobec nich sankcji, okazało się niemożliwe.

Zastępca Głównego Prokuratora Wojskowego
Generał lejtnant
W. A. Smirnow

Opublikowano w: *W. Monkiewicz, Obława na Suwalszczyźnie w lipcu 1945 roku, „Sybirak. Pismo Związku Sybiraków", nr 13, 1995 rok, s. 23-24.*
Faksymile, na papierze Głównej Prokuratury Wojskowej FR.

Abakumow:
„Wszyscy mają się mnie bać..."

O tym, jak Abakumow, szeregowy czekista, jakich tysiące było w NKWD, wybił się na sam szczyt i stanął na czele resortu represji, chodzą legendy. Niewykształcony i ograniczony, wyróżniał się siłą fizyczną i trzymał się hardo. Jego wielka kariera zaczęła się, kiedy – jak pisze Sołżenicyn – okazało się, że „Abakumow dobrze radzi sobie w tym zawodzie, zręcznie i dziarsko kując badanych w mordę tymi długimi rękoma"[574.] Zapewne to właśnie te cechy były najbardziej w cenie w epoce terroru stalinowskiego.

Jego droga do awansu była jasna i prosta. Ten, który miał się stać wszechmocnym stalinowskim ministrem bezpieczeństwa państwowego – Wiktor Siemionowicz Abakumow urodził się w kwietniu 1908 roku w Moskwie w rodzinie niewykwalifikowanego robotnika. Później ojciec jego pracował jako salowy w szpitalu i palacz, zmarł w 1922 roku. Matka przed rewolucją była szwaczką, a następnie pracowała jako pielęgniarka i praczka w tym samym szpitalu co ojciec. Abakumow wiele się nie uczył. Według danych ankietowych ukończył trzy klasy szkoły podstawowej w Moskwie w 1920 roku. Inna sprawa, że w oficjalnej biografii opublikowanej przed wyborami do Rady Najwyższej w 1946 roku stało, jakoby miał cztery klasy i skończył szkołę w 1921 roku. Nie wiadomo, czym zajmował się młody, lecz wyrośnięty znacznie ponad wiek młodzieniec, do chwili, gdy w listopadzie 1921 roku wstąpił na ochotnika do oddziałów Jednostek Specjal-

---

[574] A. Sołżenicyn, *Krąg pierwszy*, Poznań 2011, s. 89.

nego Przeznaczenia (ros. CZON)[575]. Służył tam do grudnia 1923 roku, a cały kolejny rok imał się przypadkowych zajęć, większość czasu spędzając bez pracy. Los odwrócił się w 1925 roku, kiedy Abakumow został przyjęty do stałej pracy jako pakowacz w „Moskopromsojuzie"[576]. W sierpniu 1927 roku Abakumow zatrudnił się jako strażnik WOCHR w zakładach przemysłowych. Również tutaj w 1927 roku wstąpił do Komsomołu.

Najprawdopodobniej krzepki i obiecująco wyglądający ochroniarz z WOCHR został zauważony przez bezpiekę i stąd jego awanse na coraz to ważniejsze stanowiska. W 1928 roku znowu pracował jako pakowacz w magazynie Centrosojuza, w styczniu 1930 roku był już sekretarzem zarządu państwowego towarzystwa akcyjnego „Goniec" i jednocześnie sekretarzem komórki Komsomołu w biurze handlowo-wysyłkowym. W styczniu 1930 roku został kandydatem na członka, a w październiku tego roku – członkiem WKP(b). Teraz droga do kariery była otwarta. W październiku 1930 roku został wybrany na sekretarza komórki Komsomołu w zakładzie „Press" i jednocześnie stanął na czele tajnej sekcji w tym samym zakładzie. Bez wątpienia będąc na tej ostatniej posadzie, musiał nieoficjalnie pomagać OGPU. To stanowisko właśnie tego wymagało. A wiadomo – od pracy nieoficjalnej do oficjalnej tylko jeden krok.

Tancerz

Od stycznia do grudnia 1931 roku Abakumow był członkiem biura rejonowego komitetu WLKSM Zamoskworiecza (dzielnica Moskwy) i szefem jego oddziału wojskowego. A w styczniu 1932 roku dostał się na praktykę do Oddziału Ekonomicznego pełnomocnego przedstawicielstwa OGPU w obwodzie moskiewskim. Wkrótce był już pełnomocnikiem tego oddziału, a w styczniu 1933 roku został pełnomocnikiem Zarządu Ekono-

---

[575] Czasti Osobogo Naznaczenija, ros., ochotnicze oddziały tworzone przy zakładowych komórkach partyjnych, przy rejonowych, miejskich i gubernianych komitetach partyjnych do wspierania władzy sowieckiej w „walce z kontrrewolucją", ochrony ważnych obiektów itp. (przyp. red.).
[576] Moskiewski Związek Spółdzielni Producentów (przyp. red.).

micznego. W tym momencie niespodziewanie jego kariera zaczęła hamować. W sierpniu 1934 roku Abakumow został przesunięty na stanowisko oficera operacyjnego w III wydziale Oddziału Ochrony GUŁagu. Plotkowano, że zgubiła go słabość do kobiet i fascynacja modnym wówczas fokstrotem. Chodziły słuchy, że w służbowych mieszkaniach konspiracyjnych urządzał spotkania intymne[577]. Abakumow rzeczywiście był za młodu chłopcem lekkomyślnym. Większość czasu spędzał w sali gimnastycznej, trenując walkę wręcz. Nie zaniedbywał również innych rozrywek. Czy ktoś taki nadaje się do gorliwej służby? Zesłanie do służby w GUŁagu trwało długo. Wszystko zmieniło się radykalnie w 1937 roku. Wtedy właśnie wzrosło zapotrzebowanie na krzepkich i cwanych chłopaków. Pojawiały się nie byle jakie wakaty – przecież codziennością były aresztowania wśród samych czekistów. W kwietniu 1937 roku Abakumow objął poważną funkcję – oficera operacyjnego IV (Tajno-Politycznego) Oddziału GUGB NKWD. Zaczął szybko awansować i zdobywać kolejne stopnie. Jeszcze w 1936 roku w GUŁagu dostał młodszego lejtnanta BP, a niecały rok później, w listopadzie 1937 roku – lejtnanta i już w 1938 roku został zastępcą szefa wydziału w Oddziale Tajno-Politycznym.

Jak można było podejrzewać, w czasie Wielkiego Terroru Abakumow wyspecjalizował się w pracy śledczej. Przydała mu się tutaj sprawność fizyczna i krzepa, nad którymi tak usilnie pracował. Przesłuchania prowadził „aktywnie" i nie oszczędzał aresztowanych czekistów. W sierpniu 1938 roku prowadził sprawę Grigorija Osinina-Winnickiego[578], aresztowanego szefa Oddziału Specjalnego Specjalnej Armii Dalekowschodniej. W tym samym 1938 roku Abakumow wspólnie z szefem wydziału II Oddziału GUGB przesłuchiwał Nikołaja Runicza[579], zastępcę szefa Zarządu NKWD w obwodzie wschodniosyberyjskim. Runicza rozstrzelano w 1939 roku (rehabilitowany w 1965 roku), Osinina – w 1940 roku.

---

[577] E. Żyrnow, *Na dokłady w Krieml on jezdił na maszynie Gimmlera*, „Komiersant-Włast'" 2002, 21 maja, s. 67.
[578] CA FSB. Teczka akt śledczych Frinowskiego, t. 12, l. 213–216.
[579] Tamże, t. 7. Zeznania Z.N. Glebowa-Jufa z 4 grudnia 1938 roku.

Władze dostrzegły gorliwość Abakumowa. Chwalił go Bogdan Kobułow, nowy naczelnik Oddziału Tajno-Politycznego, który pojawił się w centralnym aparacie wraz z Berią. Był to słynny mistrz tortur „Kobulicz", więc jego pochwała wiele mówi. To Kobułow rekomendował Abakumowa do objęcia samodzielnej funkcji[580]. 5 grudnia 1938 roku został on szefem Zarządu NKWD w obwodzie rostowskim. Od razu – pomijając jeden stopień – przyznano mu kapitana bezpieczeństwa państwowego, a już w marcu 1940 roku – także przeskakując jeden stopień – starszego majora BP.

Beria cenił dobrych i oddanych pracowników. W lutym 1941 roku mianował Abakumowa na swojego zastępcę, a miesiąc po rozpoczęciu wojny postawił go na czele Zarządu Oddziałów Specjalnych – całego kontrwywiadu wojskowego. Od razu w lipcu 1941 roku przyznano mu stopień komisarza bezpieczeństwa państwowego 3. rangi, odpowiednik generała lejtnanta w tytulaturze wojskowej. W ten sposób w ciągu czterech lat Abakumow pokonał drogę od zwykłego młodszego lejtnanta i pracownika operacyjnego do generalskich gwiazd. Półtora roku później został komisarzem bezpieczeństwa państwowego 2. rangi (4.02.1943 roku).

Na czele SMIERSZ-u

Podczas kolejnej reorganizacji w kwietniu 1943 roku struktury kontrwywiadu wojennego wyodrębniono z NKWD (przestały podlegać Berii) i na ich bazie powstał w narkomacie obrony Główny Zarząd Kontrwywiadu (GUKR) SMIERSZ. Teraz bezpośrednim przełożonym Abakumowa był Stalin. Abakumow był nawet krótko zastępcą ludowego komisarza obrony, ale już 20 maja 1943 roku, gdy zmniejszono liczbę zastępców, utracił to stanowisko. Stał się za to częstym gościem w gabinecie Stalina na Kremlu. O ile przed 1943 roku w dzienniku odwiedzin

---

[580] E. Żyrnow, *Na dokłady...*, s. 67.

nie odnotowano żadnej jego wizyty, to już w samym tylko 1943 roku (od marca) był przyjęty przez wodza osiem razy[581].

Abakumow wybił się i zyskał przychylność Stalina dzięki sprawom wojskowym. Dowództwo od zawsze niepokoiło wodza, drżał, czy nie dojrzewają wśród generałów jakieś spiski, czy na pewno są wierni jemu – Stalinowi. To Abakumow rozpętał gorączkową akcję śledzenia i zbierania dowodów przeciwko wysokim rangą wojskowym. W archiwach bezpieki zgromadzono liczne tomy zapisów z podsłuchów generalicji. SMIERSZ podsłuchiwał marszałka Żukowa, generałów Kulika i Gordowa, a także wielu innych. Na podstawie zdobytych w ten sposób materiałów Kulik i Gordow zostali rozstrzelani, przy czym główną ich przewiną była krytyka pod adresem Stalina.

Pierwszy Order Czerwonego Sztandaru Abakumow dostał 26 kwietnia 1940 roku. Podczas wojny przybyło mu nowych orderów – nadawanych wojskowym. Na liście jego odznaczeń były: dwa Ordery Czerwonego Sztandaru (26.04.1940 rok, 20.07.1949 rok), Order Suworowa II klasy (8.03.1944 rok), Order Suroworwa I klasy (31.07.1944 rok), Order Kutuzowa I klasy (21.04.1945 rok), Order Czerwonej Gwiazdy, 6 medali. Oprócz tego posiadał odznakę „Honorowego funkcjonariusza WCzK-GPU (XV)" (9.05.1938 rok). Osobom zorientowanym te daty wiele powiedzą. Order Suworowa II klasy był nagrodą za udział w przesiedleniu Czeczenów i Inguszy, a order Kutuzowa I klasy dostał za „oczyszczanie zaplecza", gdy pełnił funkcję pełnomocnika NKWD na 3. Froncie Białoruskim. Oznaczało to zakrojone na szeroką skalę represje i deportacje w Prusach i w Polsce. W 1945 roku po przejściu na tytulaturę wojskową Abakumow otrzymał stopień generała pułkownika (9.07.1945 roku).

Jesienią 1945 roku Stalin, niezadowolony z pracy NKGB, zarządził opracowanie nowej struktury narkomatu i zamierzał porządnie przetrzepać całą jego wierchuszkę. W 1946 roku wodzowi zaprezentowano kilka

---

[581] *Na prijomie u Stalina. Tietradi (żurnały) zapisiej lic, priniatych I.W. Stalinym (1924–1953 gg.). Sprawocznik*, red. A. A. Czernobajew, Moskwa 2008, s. 555.

wariantów reorganizacji NKGB-MGB. GUKR SMIERSZ planowano włączyć do MGB, a Abakumowa uczynić zastępcą ministra do spraw ogólnych. Stalinowi to nie wystarczyło. Decyzją Biura Politycznego KC WKP(b) z 4 maja 1946 roku zatwierdzono nową strukturę MGB, zgodnie z którą Abakumow miał zastąpić Mierkułowa na stanowisku ministra. W trakcie przejmowania spraw ministerialnych Abakumow robił wszystko, by oczernić pracę swojego poprzednika. Nagły awans zawrócił mu w głowie, swoim najbliższym współpracownikom mówił: „Może Mierkułow i był ministrem, ale KC się bał i nie miał tam przetartych ścieżek", podczas gdy on sam „jeszcze pracując jako szef kontrwywiadu SMIERSZ, już znał swoją wartość i jeszcze wtedy, w odróżnieniu od Mierkułowa, umiał zbudować sobie autorytet"[582].

Oprycznik Stalina

Stalin mianował Abakumowa na stanowisko ministra bezpieczeństwa państwowego, bo chciał mieć na tym stanowisku służbistę, wdzięcznego za wysokie stanowisko i w pełni jemu oddanego. Stalin potrzebował takiego ministra, którego bałoby się całe jego otoczenie, łącznie z członkami Biura Politycznego. Właśnie z takimi słowami Abakumow zwrócił się do swoich pracowników: „Wszyscy mają się mnie bać, tak mi wprost powiedzieli w KC. W przeciwnym razie co ze mnie za szef CzK"[583]. Jest jasne, kto był autorem tych słów. „CzK" – właśnie tego określenia struktur bezpieczeństwa państwowego używał zazwyczaj Stalin, niezależnie od tego, jaki skrót był w danym momencie aktualny – NKWD, MGB czy jakikolwiek inny. A Abakumow potraktował tę instrukcję jako zachętę do działania. Podobała mu się jego nowa funkcja i wyjątkowe znaczenie. Lubił ze złośliwą satysfakcją opowiadać, jak na podstawie kompromitujących informacji zdobytych przez MGB „zatonął ten czy inny

---

[582] CA FSB, f. 4-os., op. 10, d. 66, l. 239–240.
[583] Tamże, l. 244.

kierownik"[584]. Czy miał świadomość, że jest ślepym narzędziem w rękach Stalina i wcześniej czy później dyktator również wobec niego może zobojętnieć? Jako minister Abakumow kontynuował sprawy rozpoczęte w SMIERSZ – marszałka Żukowa, zastępcy ministra spraw wewnętrznych Sierowa i ludzi z ich najbliższego otoczenia. Wspólnie z Sierowem przeprowadzał od maja do czerwca 1941 roku deportacje z republik bałtyckich i już wówczas z jakichś powodów poczuł do niego silną antypatię.

W czasach Abakumowa metody stosowane przez MGB przybrały gangsterski charakter. Kierowany przez Sudopłatowa i Ejtingtona Wydział „DR" MGB (dywersja i terror indywidualny) w najlepsze dokonywał tajnych zabójstw, porwań i napaści. Doszło nawet do tego, że 15 kwietnia 1948 roku w biały dzień pracownicy MGB, podając się za Amerykanów, napadli na ministra marynarki wojennej A. A. Afanasjewa i „nakłaniali" go do pracy dla wywiadu USA. Następnego dnia oburzony minister napisał skargę adresowaną do Berii i Abakumowa. W rezultacie 10 dni później został aresztowany, a rok później, decyzją OSO MGB, skazany na 20 lat pozbawienia wolności[585].

Abakumow nie zatrzymał się przed niczym, wypełniał nawet najbardziej zbrodnicze rozkazy Stalina. Jedną z takich akcji było zabójstwo narodowego artysty ZSRS Michoelsa. Jak zeznał Abakumow podczas śledztwa: „O ile pamiętam, w 1948 roku szef rządu sowieckiego J. W. Stalin dał mi pilne zlecenie – szybko zorganizować likwidację Michoelsa, powierzając to zadanie specjalnym funkcjonariuszom MGB ZSRS"[586]. Stalin wskazał przy tym osobiście, którzy z funkcjonariuszy mają dokonać tego zabójstwa, i zażyczył sobie, by wszystko wyglądało na nieszczęśliwy wypadek. Abakumow i jego ludzie wykonali „pilne zlecenie" wodza i nauczyciela bez chwili zawahania.

Za rządów Abakumowa w MGB w dalszym ciągu stosowano tortury. W skierowanym do Stalina w lipcu 1947 roku obszernym uzasadnieniu

---

[584] Tamże, l. 240–243.
[585] Tamże, op. 4, d. 8, l. 260–265; op. 7, d. 6, l. 25–26, 140.
[586] *Ławrientij Bierija. 1953*, red. W. P. Naumow, J. W. Sigaczow, Moskwa 1999, s. 26.

dotyczącym stosowanych przez MGB metod śledczych Abakumow pisał: „W stosunku do zdemaskowanych podczas śledztwa szpiegów, dywersantów, terrorystów i innych aktywnych wrogów ludu sowieckiego, którzy w bezczelny sposób odmawiają wydania swoich współpracowników i nie chcą zeznawać w sprawie swojej działalności przestępczej, organy MGB, zgodnie z instrukcją KC WKP(b) z 10 stycznia 1939 roku, stosują środki fizycznego nacisku"[587]. Bili i torturowali podwładni Abakumowa, bił, świecąc przykładem, on sam. Jak z ironią zauważył Sołżenicyn: „A tak, tak, sam minister bezpieczeństwa państwowego nie gardzi tą czarną robotą (Suworow na linii frontu!), nie wzdraga się przed wzięciem gumowej pałki we własne ręce"[588].

Chmury zaczęły się zbierać nad głową Abakumowa już w 1950 roku. Stalin kategorycznie zażądał utworzenia Kolegium MGB i włączenia w jego skład doświadczonych pracowników partyjnych. Już samo to oznaczało brak zaufania do czekistowskiej wierchuszki. Również w tym roku Abakumow praktycznie zignorował polecenie Stalina dotyczące aresztowania Sudopłatowa i Ejtingtona. Zamiast działać, poszedł na konsultacje do Berii[589]. Po powrocie z urlopu w grudniu 1950 roku Stalin całkiem go odsunął. Tylko jeden jedyny raz przyjął go na Kremlu 6 kwietnia 1951 roku. Dla porównania, w 1949 roku takich spotkań było 12, a w 1950 roku – 6[590]. Ostatni raz Abakumow przestąpił próg gabinetu Stalina 5 lipca 1951 roku, ale było to już wyłącznie zaproszenie na śmierć[591]. Dzień wcześniej Abakumow stracił posadę ministra, jego aresztowanie było tylko kwestią czasu.

Jako podstawę do oskarżenia Abakumowa wykorzystano oświadczenie starszego śledczego M. D. Riumina z datą 2 czerwca 1951 roku, które doskonale współgrało z oczekiwaniami Stalina dotyczącymi grun-

---

[587] *Łubianka: Organy WCzK-OGPU-NKWD-NKGB-MGB-MWD-KGB. 1917–1991, Sprawocznik*, red. A. I. Kokurin, N. W. Pietrow, Moskwa 2003, s. 646.
[588] A. Sołżenicyn, *Archipelag…*, t. 1–2, s. 124.
[589] RGASPI, f. 17, op. 171, d. 466, l. 156.
[590] *Na prijomie u Stalina…*, s. 555.
[591] Tamże.

townej czystki kadrowej w MGB. Riumin donosił, że Abakumow „ukręcił łeb" bardzo „perspektywicznej" sprawie aresztowanego Etingera, który mógł dostarczyć istotnych zeznań w sprawie „lekarzy-szkodników" [spisku lekarzy, przyp. red.], ukrył przed KC ważne informacje o błędach w pracy kontrwywiadowczej na terenie Niemiec w przedsiębiorstwach spółki „Wismut", które wydobywały rudę uranu i, w końcu, łamał ustalone przez partię i rząd zasady pracy śledczej. Riumin wprost nazwał Abakumowa „niebezpiecznym człowiekiem" na wysokim państwowym stanowisku[592].

11 lipca Biuro Polityczne przyjęło specjalną uchwałę *O złej sytuacji w MGB*, w której Abakumowa oskarżano o „okłamywanie partii" i celowe przeciąganie śledztw. Tekst tej uchwały rozesłano „w tajnym okólniku" do wiadomości kierowników struktur partyjnych i struktur MGB[593]. Następnego dnia Abakumowa aresztowano.

Początkowo śledztwo prowadziła prokuratura, ale w lutym 1952 roku na polecenie Stalina zostało ono przekazane MGB. Tutejsi śledczy wzięli się za nie na poważnie. Byli podwładni znęcali się nad Abakumowem ze szczególną gorliwością. Przyszło mu przetestować wszystkie innowacje w dziedzinie tortur, które sam wprowadził. To dziwne, ale w swoich skargach kierowanych do KC Abakumow twierdził, że o niektórych rodzajach tortur w ogóle wcześniej nie wiedział, np. o celi-zamrażarce[594]. Po miesiącu rezultat był dokładnie taki, jak można się było spodziewać. Według opinii lekarskiej wystawionej 24 marca 1952 roku przez szpital więzienny w Lefortowie, Abakumow na skutek ciężkich obrażeń ledwo stał na nogach i nie był w stanie chodzić bez pomocy[595].

Chociaż Abakumow nie przyznawał się do winy, zbierano przeciwko niemu materiały na podstawie zeznań innych aresztowanych. Były to raczej pewne ogólne informacje dotyczące stylu pracy i charakteru samego Aba-

---

[592] AP RF, f. 3, op. 58, d. 10.
[593] Tamże, l. 11–13 ob. Opublikowano w: *Łubianka: Organy WCzK-OGPU-NKWD-NKGB--MGB-MWD-KGB. 1917–1991, Sprawocznik*, red. A. I. Kokurin, N. W. Pietrow, Moskwa 2003, s. 660–663.
[594] K. A. Stolarow, *Pałaczi...*, s. 57.
[595] Tamże, s. 58.

kumowa. Były wiceminister bezpieczeństwa państwowego Jewgienij Pitowranow podczas przesłuchania 12 kwietnia 1952 roku opowiadał: „Z pomocą Kuzniecowa Abakumow de facto podporządkował sobie byłego szefa Wydziału Administracyjnego KC WKP(b) Bakakina, który bez zająknięcia realizował wszystkie propozycje Abakumowa dotyczące kadr MGB, a kiedy coś się opóźniało, ten nie przejmując się, krzyczał na Bakakina jak na swojego podwładnego. Tamten natychmiast wykonywał wszystkie polecenia"[596]. W tym opisie ważna była oczywiście aluzja dotycząca szczególnych relacji Abakumowa z byłym sekretarzem KC WKP(b) A. A. Kuzniecowem, który został rozstrzelany w związku ze „sprawą leningradzką".

Aresztowani czekiści dostarczyli również w swoich zeznaniach innych informacji, z których wynikało, że Abakumow za nic miał władze partyjne, z wyższością wyrażał się o Susłowie, Wyszyńskim i Gromyce, wobec Mołotowa był arogancki. Pewnego razu, kiedy Pitowranow pokazał mu projekt raportu i poinformował, że dzwonił już w tej sprawie do MSZ, Abakumow wybuchł: „Nie dość, że nie umiesz pracować i pisać, to jeszcze rozpowiadasz różnym Wyszyńskim i Gromykom to, co nie trzeba. O tym powinienem wiedzieć tylko ja. Moje nazwisko Abakumow"[597]. A przy innej okazji powiedział: „Też mi coś, MSZ! A co mnie obchodzi Wyszyński? Poczeka"[598]. Według Pitowranowa Abakumow chwalił się, że do KC „zwraca się bez ceregieli", zawsze dostaje to, o co prosi, i wszystkich tam „trzyma jak na smyczy". W 1951 roku wśród lizusów Abakumowa rozeszła się plotka, jakoby wkrótce miał on zostać wiceprzewodniczącym Rady Ministrów ZSRS[599]. Był to oczywiście ewidentny znak, że Abakumow zagalopował się i stracił poczucie realności.

A jednak śledztwo szło opornie. W notatce MGB dla KC z 15 października 1952 roku skierowanej do Malenkowa i Berii była mowa o tym,

---

[596] CA FSB, f. 4-os., op. 10, d. 66, l. 259.
[597] Tamże, l. 235.
[598] Tamże, l. 243.
[599] Tamże, l. 238.

że Abakumow „zwodzi śledczych"[600]. Poza tym Abakumow również w trakcie śledztwa nie przestawał usprawiedliwiać swoich działań w MGB i twierdził np., że marszałek Żukow jest „bardzo niebezpiecznym" człowiekiem[601]. Nadal go męczono, został przeniesiony do Butyrek, przez całą dobę miał na rękach kajdanki. Stalin osobiście wydał taki rozkaz. Był niezadowolony, że śledztwo się przeciąga. Jak pisał później w notatce były wiceminister bezpieczeństwa państwowego Goglidze: „Towarzysz Stalin prawie codziennie pytał o przebieg śledztwa w sprawie lekarzy i w sprawie Abakumowa – Szwarcmana. Robił to w trakcie rozmów telefonicznych ze mną, a czasami specjalnie wzywał mnie do siebie do gabinetu. Towarzysz Stalin zazwyczaj był bardzo rozdrażniony, niezadowolony z przebiegu śledztwa, łżył, groził i, zazwyczaj, kazał bić aresztowanych: „Bić, bić, bić bez litości"[602]. Stalin żądał zdemaskowania „szpiegowskiej działalności" grupy Abakumowa[603].

W końcu, pod presją Stalina, w sprawie Abakumowa – Szwarcmana sporządzono akt oskarżenia dla 10 wysokich rangą pracowników MGB. 17 lutego 1953 roku minister bezpieczeństwa państwowego Ignatjew skierował go do Stalina z propozycją, by został rozpatrzony przez Izbę Wojskową w trybie uproszczonym (bez udziału obrony i oskarżenia) i wszystkich skazać na karę śmierci przez rozstrzelanie. Stalin nie zgodził się. Uznał, że oskarżonych było zbyt mało, i umieścił na dokumencie adnotację: „Nie za mało?"[604]. Wódz oświadczył kierownikom pionu śledczego MGB, że ich dokument „nieprzekonująco pokazywał przyczyny i proces upadku Abakumowa"[605]. 26 lutego 1953 roku zmieniony projekt aktu oskarżenia w sprawie Abakumowa – Szwarcmana (już 11 oskarżonych) skierowano do Stalina i Malenkowa. Wódz nie zdążył już się do niego ustosunkować.

---

[600] Tamże, d. 68, l. 1–6.
[601] K. A. Stolarow, *Pałaczi...*, s. 25.
[602] CA FSB, f. 4-os., op. 11, d. 1, l. 315–322.
[603] Tamże.
[604] *Łubianka. Stalin i MGB SSSR. Mart 1946 – mart 1953*, red. W. N. Chaustow, W. P. Naumow, N. S. Płotnikowa, Moskwa 2007, s. 569.
[605] Oświadczenie N. Zajczykowa złożone KC KPZS 16 lipca 1953 roku, zob. AP RF, f. 3, op. 24, d. 481, l. 42–43.

O ile za Stalina Abakumow był oskarżany o okłamywanie KC, udział w „spisku syjonistycznym" i „rozłożenie" pracy MGB, to po śmierci dyktatora wiatr powiał z innej strony. Na pierwszy plan wysunęły się intrygi Abakumowa (chociaż, oczywiście, stał za nimi Stalin) przeciwko Malenkowowi i Mołotowowi. Podgryzanie, próby pogrążenia się nawzajem – to była codzienność w resorcie represji i aparacie partyjnym. Beria celowo poświęcił Abakumowa, by ratować własną skórę i odwrócić uwagę władz postalinowskiego Prezydium KC od swoich zbrodni z przeszłości, a skupić ją na tych niedawnych, dokonanych przez Abakumowa. Beria oczywiście nie mógł samodzielnie decydować o losach Abakumowa, akceptacja Prezydium KC była do tego niezbędna. Z drugiej strony Beria nie miał najmniejszych powodów, żeby stanąć w jego obronie. Dobrze pamiętał, że to właśnie Abakumow w latach 1946–1947 przepędził z MGB jego wiernych ludzi: Mierkułowa, Kobułowa, Milsztejna i Włodzimirskiego.

Po aresztowaniu Berii znowu wszystko się zmieniło. Abakumow wciąż siedział, ale wcześniejsze oskarżenia „zdezaktualizowały się moralnie". Dopóki trwało śledztwo w sprawie Berii, o nim jakby zapomniano. I dopiero wiosną 1954 roku, po rehabilitacji skazanych w „sprawie leningradzkiej", wzięto się za jego śledztwo na poważnie. Teraz jego wina polegała na przeprowadzeniu bezprawnych represji i wstecznie włączono go do „bandy Berii"[606].

Proces odbył się w dniach 14–19 grudnia 1954 roku w Leningradzie w okręgowym Domu Oficera i formalnie był „otwarty". W roli oskarżyciela występował sam prokurator generalny Rudenko. Ma się rozumieć, że do sali posiedzeń, w której obradowała wyjazdowo Izba Wojskowa, nie dopuszczono ciekawskiej publiczności, tylko godny zaufania i sprawdzony kontyngent. Obok Abakumowa na ławie oskarżonych zasiadło jeszcze 5 osób – szef pionu śledczego MGB Aleksandr Leonow, dwóch jego zastępców – Władimir Komarow i Michaił Lichaczow i jeszcze szef sekretariatu MGB – Iwan Czernow ioraz jego zastępca Jakow Browerman. Abakumow

---

[606] O sądach nad czekistami po śmierci Stalina, zob. „Zwienija: Istoriczeskij al'manach", wyp. 1, Moskwa 1991, s. 430–436.

i ludzie z pionu śledczego dostali zarzuty nieuzasadnionych aresztowań, stosowania przestępczych metod w trakcie śledztwa, fałszowania dokumentów śledczych, a pracownicy sekretariatu – ukrywania na polecenie Abakumowa i nieprzekazywania do KC skarg aresztowanych na bezprawne działania. Abakumow i śledczy zostali skazani na karę śmierci przez rozstrzelanie, a pracownicy sekretariatu MGB dostali duże wyroki z art. 58-1 „b" (zdrada ojczyzny), 58-7 (szkodnictwo), 58-8 (terror), 58-11 (działanie w grupie). Wyrok wykonano na miejscu, w Leningradzie. O procesie Abakumowa prasa centralna poinformowała zdawkowo 24 grudnia[607].

Abakumow nie przyznał się do winy ani w trakcie śledztwa, ani podczas procesu. Jak wielu innych czekistów pociągniętych do odpowiedzialności karnej, twierdził uparcie, że wykonywał rozkazy „organów kierowniczych", ale nie doprecyzował, kogo ma na myśli. Nie starczyło mu odwagi, by podczas procesu wskazać Stalina jako inicjatora zbrodni.

Wyrok: 25 lat już po rozstrzelaniu

Półki księgarń uginają się dzisiaj pod ciężarem pseudohistorycznej literatury wychwalającej stalinowskich czekistów. Głównym celem autorów jest wybielanie swoich bohaterów i obdarzenie ich wyjątkowymi cechami: mądrością, zapobiegliwością, surowością w podejściu do służby państwowej. Fałszywki pod postacią „dzienników Berii" i inne beletrystyczne podróbki osiągają wielkie nakłady. W tych publikacjach Abakumow jest przedstawiany jako prosty i uczciwy służbista, który padł ofiarą przebiegłych intryg aparatczyków partyjnych. Ale cóż, jeśli współcześni wielbiciele i apologeci uznali Berię za „wybitnego analityka", to oczywiście i Abakumowa można uznać za wzorzec czekistowskiego bohaterstwa. Za „narkoma SMIERSZ-u", rycerza bez skazy. To nie zaczęło się wczoraj. Jeszcze w połowie lat 60. rozpoczęto kampanię mającą na celu „rehabilitację" bezpieki. Pod rządami nowego przewodniczącego KGB Andropowa wezbrała fala romantyzacji SMIERSZ-u. Pojawiły się filmy i lite-

---

[607] „Prawda", 24 grudnia 1954 r.

ratura w duchu komsomolskich komiksów, które milczały o masowych represjach, a całą historię SMIERSZ-u sprowadzały do bohaterskiej pracy wywiadu na froncie i walki ze szpiegami. Kto dzisiaj w Rosji nie pamięta tych niekończących się produkcji: „Tarczy i miecza", „Drogi na Saturn", „Końca Saturna" i wielu innych filmów kręconych jakby według szablonu? A co? – powiedzą – niezłe filmy. To, że w tych obrazach za kiepsko skleconą fabułą ginął prawdziwy dramatyzm epoki, zamiast prawdy historycznej mało dociekliwemu widzowi serwowano widowisko rozrywkowe, jakoś nikogo nie martwiło. Nie martwi i dzisiaj. Najważniejsze – to przecież przekaz patriotyczny i wychowawczy! Inna sprawa, że do pewnego momentu zarówno w filmach, jak i w literaturze unikano używania wprost nazwy SMIERSZ, która mogła wywołać wyłącznie złe skojarzenia. Nie, nie na darmo Stalin postanowił nazwać kontrwywiad wojskowy słowami: „Śmierć szpiegom!". Doskonale zdawał sobie sprawę, jaką grozą od nich wiało.

Przecież SMIERSZ był pozytywnym bohaterem wyłącznie w fantazjach i książkach pisarzy-popularyzatorów w rodzaju W. Bogomołowa i J. Siemionowa, no może jeszcze we wspomnieniach samych agentów SMIERSZ-u. To właśnie Bogomołow w książce *W awgustie sorok czetwiortogo* (*W sierpniu czterdziestego czwartego*) po raz pierwszy podjął próbę rehabilitacji nazwy SMIERSZ. Oczywiście, nie odważył się dać najważniejszemu naczelnikowi nazwiska Abakumowa. Ale nawet bezimienny „szef kontrwywiadu wojskowego" jest bohaterem – ulubieńcem Stalina z jasną rosyjską twarzą. Jeśli chodzi o powieść, wszystko jest jasne. Chwyt Bogomołowa sprowadza się do tego, by przenieść uwagę ze SMIERSZ-u prawdziwego, którego celem było zastraszenie i kontrolowanie armii za pomocą represji, na poszczególne sukcesy tej instytucji. Ale to, co dzieje się dzisiaj na rynku beletrystyki historycznej, już dawno przyćmiło nieśmiałe próby upiększania zalet kontrwywiadu podejmowane w czasach Breżniewa. Dzisiejsi autorzy zachwycają się najbardziej bestialskimi przedsięwzięciami Stalina, począwszy od terroru indywidualnego po totalne masowe przesiedlenia narodów. Nic bardziej nie hańbi Rosji – jak to płynące z głębi serca usprawiedliwienie dla stalinizmu i masowych represji.

A jednak fakty to rzecz uciążliwa. Co zrobić z ludźmi, których gnębili i których życia złamali Abakumow i jego system? Ci, którzy przeszli przez wojnę i w jej czasie na własnej skórze poczuli istnienie organizacji o strasznej nazwie SMIERSZ oraz bezpośrednio zetknęli się z okrucieństwem i maniakalną podejrzliwością jej przedstawicieli, na zawsze zapamiętali swoje nieszczęścia i krzywdy. Od żołnierza do marszałka – wszyscy bali się SMIERSZ-u i nienawidzili tego dziecięcia Stalina. Nic więc dziwnego, że we wspomnieniach kombatantów, którzy walczyli na frontach II wojny światowej, nie da się znaleźć dobrych słów o SMIERSZ-u. Zresztą jak mieliby odnosić się do instytucji, która oplotła armię siecią informatorów i donosicieli? Tylko w okresie od 1 lipca 1941 roku do 1 stycznia 1943 roku Oddziały Specjalne zwerbowały w armii 1 milion 85 tysięcy informatorów i agentów[608]. A w czasie całej wojny? Przecież musiało ich być wiele razy więcej. Ilu ich było wśród żołnierzy, może co piąty? Jednych zmuszano, gdy przyłapano ich na drobnych grzeszkach, innych – groźbami i szantażem. Który z żołnierzy frontowych zapomni tę rozrywającą duszę dwuznaczność i strach zabijający godność? Los tych, którzy stawiali opór, sprzeciwiali się, był nie do pozazdroszczenia.

Sfabrykowane śledztwa i rozstrzeliwanie bez procesów odbywały się taśmowo. Czy byli wśród aresztowanych prawdziwi szpiedzy, zdrajcy i niemieccy agenci? Na pewno! Ale wśród ofiar przeważali zwykli żołnierze i oficerowie, którzy wyrwali się z okrążenia i nie potrafili się z tego wytłumaczyć, palnęli coś o słabości czy porażkach Armii Czerwonej, podnieśli niemiecką ulotkę, by skręcić papierosa, albo po prostu zostali złapani za słowo wyrwane z kontekstu. Bo za słowo karano wówczas jak za czyn! Liczby mówią same za siebie. W okresie od 1941 roku do 10 maja 1946 roku kontrwywiad wojskowy aresztował 699 741 osób (w tym pod zarzutem

---

[608] CA FSB, f. 14, op. 5, d. 793, l. 157.

szpiegostwa tylko 43 505 osób)[609]. A rozstrzelano 70 tysięcy[610]. Co dziesiątego!

Protektorzy SMIERSZ-u solidnie się napracowali, opłakując rozstrzelanego Abakumowa. Pisarz i dziennikarz Kiriłł Stolarow swój dokumentalny esej o Abakumowie zatytułował *Golgofa* (*Golgota*). Jego logika jest prosta i niezbyt wyszukana – ponieważ Abakumow tylko wypełniał rozkazy Stalina, sądzić go nie ma za co! Sprawy szły dalej, niczym kręgi po wrzuceniu kamienia do wody. W 1994 roku Izba Wojskowa Sądu Najwyższego RF zrewidowała wyrok w sprawie Abakumowa i wycofała oskarżenia z art. 58, zmieniając ich kwalifikację na art. 193-17 „b" Kodeksu Karnego RFSRS z 1926 roku, pozostawiając mu niezmieniony wymiar kary. Czyli zamiast „zdrady ojczyzny" Abakumow został oskarżony o przekroczenie pełnomocnictw służbowych i nadużycie władzy. Inna sprawa, że wkrótce okazało się, iż zgodnie z przepisami z 1954 roku nie można było skazać na karę śmierci z art. 193. W związku z tym w grudniu 1997 roku Prezydium Sądu Najwyższego zmieniło decyzję w sprawie Abakumowa, dając mu i jego rozstrzelanym współpracownikom wyroki po 25 lat pozbawienia wolności[611]. Takie życie po śmierci.

Coraz częściej można się dzisiaj spotkać z osobliwym określeniem „częściowo rehabilitowany". Brzmi to równie głupio, co śmiesznie. Wychodzi na to, że ojczyzny nie zdradzał, ale jednak łamał prawo, stosował tortury i fabrykował dowody. W istocie Abakumow był winny i nigdy zrehabilitowany nie został.

---

[609] CA FSB, f. 4-os., op. 4, d. 26, l. 51–52.
[610] Według stanu na dzień 1 maja 1945 roku, od początku wojny w sprawach prowadzonych przez UOO (Uprawlienie osobych otdiełow, ros., Zarząd Oddziałów Specjalnych, utworzony został 17.07.1941 roku) NKWD-GUKR SMIERSZ zostało skazanych na karę śmierci 66 538 osób (CA FSB, f. 14, op. 5, d. 1329, l. 51).
[611] „Izwiestija" 28 kwietnia 1998 r.

Kto rozstrzeliwał Polaków w 1940 roku

Ciąg dalszy „sprawy katyńskiej"

Kto rozstrzeliwał Polaków? Jednoznacznej odpowiedzi na to pytanie powinno było udzielić śledztwo prowadzone przez Główną Prokuraturę Wojskową (GPW) i zakończone w 2004 roku. Jednakże nie doczekaliśmy się upublicznienia nazwisk egzekutorów. Najwyraźniej, w porównaniu z początkiem lat 90., sytuacja we współczesnej Rosji bardzo się zmieniła. Nowy trend – zatajanie przez dzisiejszą władzę przestępstw sowieckiej epoki – staje się coraz bardziej zauważalny. Nieprzypadkowo na postanowieniu o umorzeniu śledztwa w „sprawie katyńskiej" (spr. nr 159) oraz na większości jej materiałów postawiono klauzulę „tajne". Najwidoczniej na Kremlu martwią się tylko o to, żeby nie dać pretekstu do oskarżania byłego kierownictwa ZSRS o zbrodnie wojenne. Ukrycie przez prokuraturę wyników śledztwa katyńskiego to fakt bezprecedensowy, ale w kontekście obecnej sytuacji na rosyjskiej scenie politycznej nie powinien nikogo dziwić.

Dziwi natomiast co innego. Absurdalna niechęć GPW Rosji do ujawnienia listy wykonawców egzekucji na polskich jeńcach wojennych. Wszak ich nazwiska są od dawna znane historykom i zostały opublikowane w zbiorze dokumentów o Katyniu. Chodzi o rozkaz nr 001365 z 26 października 1940 roku, na mocy którego funkcjonariusze zaangażowani w przygotowanie i wykonanie egzekucji otrzymali nagrody pieniężne. Byli to pracownicy aparatu centralnego NKWD oraz zarządów NKWD w obwodach smoleńskim, kalinińskim i charkowskim (gdzie odbywały się rozstrzelania).

Niestety, we wspomnianym rozkazie nie wymieniono ani imion, ani patronimików, ani stanowisk nagrodzonych. Postanowiłem uzupełnić te braki o informacje wydobyte z Państwowego Archiwum Federacji Rosyjskiej (GARF) i innych archiwów. Zgromadzone dane są – oczywiście – niekompletne, o szeregu osób nie udało się znaleźć uzupełniających informacji. W sumie na mocy tego rozkazu nagrody otrzymało 125 osób.

Poniżej publikuję listę nagrodzonych z krótkimi notkami biograficznymi i informacją o zajmowanych przez nich w 1940 roku stanowiskach (zob. Załącznik nr 1).

Pozbyć się wszystkich niewinnych świadków

W rozkazie obok siebie figurują nazwiska pracowników NKWD najróżniejszej rangi. Poczynając od głównego oprawcy – komendanta NKWD Błochina i jego najbliższych pomocników Jakowlewa, Antonowa, Feldmana, Jemieljanowa, braci Szygalowów, a kończąc na drobnych urzędnikach Oddziału Ewidencyjno-Statystycznego NKWD (wówczas zwanego I Oddziałem Specjalnym), nadzorcach więzień i kierowcach NKWD w Smoleńsku, Charkowie i Kalininie. To oni zajmowali się konwojowaniem ofiar do piwnic i miejsc egzekucji oraz odwożeniem ciał do miejsc pochówku. Na liście są też nazwiska kobiece – to najniższe rangą pracownice Oddziału Ewidencyjno-Statystycznego NKWD, które sporządzały dokumentację spraw Polaków, przygotowywały akta i wypisywały na maszynie ich spisy.

W tym rozkazie nie zapomniano chyba o nikim, doceniono nawet najmarniejszych wykonawców. W taki sposób zasugerowano szczególną wagę i tajność sprawy. Przecież do końca życia mieli dochować tajemnicy o potwornym losie Polaków.

Różnie ułożyły się losy osób zamieszanych w tę zbrodnię. Z danych

GPW wynika, że Piotr Karcew, Wasilij Pawłow, Andriej Rubanow i Nikołaj Suchariew popełnili samobójstwo[612]. Na liście samobójców widnieje również nazwisko Wasilija Błochina (naczelnik Oddziału Komendanckiego NKWD, który od 1926 roku kierował rozstrzeleniami na Łubiance), jednak nie posiadamy potwierdzenia tej informacji. W jego kartotece emerytalnej zapisano, że – zgodnie z ekspertyzą lekarską – zgon nastąpił 3 lutego 1955 roku z powodu zawału serca wywołanego nadciśnieniem 3. stopnia.

Trudno określić, ilu uczestników rozstrzelań dożyło do momentu, kiedy zarówno w Polsce, jak i w nowej Rosji o „sprawie katyńskiej" zaczęto mówić otwarcie. Wiadomo, że dwaj z grupy nagrodzonych – Iwan Barinow i Mitrofan Syromiatnikow byli przesłuchiwani i złożyli zeznania podczas wszczętego w 1990 roku dochodzenia. W 1991 roku przesłuchano również nieobecnego na liście nagrodzonych Dmitrija Tokariewa – byłego szefa Zarządu NKWD obwodu kalinińskiego, który dosłużył się do stopnia generała. Tokariew wyjaśnił, że nie został wówczas nagrodzony, ponieważ nie uczestniczył bezpośrednio w rozstrzeliwaniu – jego „staż w CzK był niewystarczający". Przekazał też bardzo istotną informację o tym, że Bogdan Kobułow – członek trójki NKWD wydającej wyroki na Polaków – „rozkazał, by ani jeden niewinny świadek nie pozostał przy życiu"[613]. Oznacza to, że jeśli ktokolwiek z funkcjonariuszy NKWD odmówiłby udziału w przeprowadzaniu egzekucji – sam z pewnością podzieliłby los ofiar. A milczenie tych, którzy rozstrzeliwali, miała zapewnić zbiorowa odpowiedzialność za krwawą zbrodnię.

Zeznania Tokariewa pozwalają przypuszczać, że większość osób z listy nagrodzonych to właśnie ci, którzy bezpośrednio brali udział w procedurze egzekucji – sporządzali dokumenty, transportowali zwłoki na miejsce pochówku, zasypywali mogiły... Czyli osoby, które nawet jeśli same nie naciskały na spust, to na własne oczy widziały rozstrzelania. Szef Charkowskiego Zarządu NKWD Piotr Safonow oraz szef Smoleńskiego Zarzą-

---

[612] I. S. Jażborowskaja, A. J. Jabłokow, W. S. Parsadanowa, *Katynskij sindrom w sowietsko-polskich otnoszenijach*, Moskwa 2001, s. 362.
[613] Tamże, s. 357.

du NKWD Jemieljan Kuprijanow prawdopodobnie nie otrzymali nagrody z tego samego powodu, co Tokariew – jako niewystarczająco doświadczeni partyjni protegowani zostali dopuszczeni jedynie do ogólnego koordynowania akcją rozstrzeliwania, a bezpośredni udział powierzyli swoim zastępcom. Żadnemu z nich nie udało się zrobić kariery w NKWD. Kuprijanow od 1941 roku pracował na skromnych stanowiskach w strukturach GUŁagu, w 1945 roku został zwolniony do rezerwy i w latach 50. zajmował skromną posadę dyrektora piekarni w Smoleńsku. Podobnie potoczyły się losy Safonowa, z tym że w 1943 roku został skazany na 8 lat pozbawienia wolności (z odroczeniem do końca wojny) za nadużywanie stanowiska służbowego oraz kradzież, w związku z czym wydalono go z organów bezpieczeństwa państwowego. W latach 50. i 60. pracował w Charkowie jako wicedyrektor kilku fabryk. Żaden z nich nie dożył do momentu wszczęcia śledztwa w „sprawie katyńskiej". Kuprijanow zmarł w 1966 roku w Smoleńsku, a Safonow w 1974 roku w Charkowie[614].

A ci dwaj zastępcy szefów zarządów NKWD, którzy bezpośrednio kierowali egzekucjami, wspięli się na szczyty czekistowskiej hierarchii i otrzymali stopnie generałów. Wasilij Pawłow – zastępca szefa Zarządu NKWD obwodu kalinińskiego – w 1943 roku awansował na szefa tego zarządu, a następnie został szefem Zarządu MWD obwodu czelabińskiego. W lipcu 1945 roku nadano mu stopień generała majora. W 1948 roku przeszedł do struktur GUŁagu – był zastępcą komendanta Dalstroju w Magadanie, potem sprawował kolejno funkcje komendanta kilku zarządów łagrów i budów MWD. Zmarł w 1962 roku w Leningradzie (według danych GPW popełnił samobójstwo). Jeszcze bardziej zawrotna kariera stała się udziałem Pawła Tichonowa – zastępcy szefa Zarządu NKWD obwodu charkowskiego. Od 1954 roku piastował funkcję wiceprzewodniczącego KGB przy Radzie Ministrów Ukraińskiej SRS, a w latach 1959–1970 był szefem Zarządu KGB obwodu kijowskiego. W lutym 1958 roku otrzymał

---

[614] Notki biograficzne P. Safonowa, E. Kuprijanowa, D. Tokariewa i dwóch innych wykonawców rozprawy nad Polakami B. Błochina i P. Soprunienki patrz: N. W. Pietrow, K. W. Skorkin, *Kto rukowodił NKWD. 1934–1941*, Moskwa 1999, s. 259, 375–376, 389, 408.

stopień generała majora. Zmarł akurat w tym samym roku, kiedy wszczęto śledztwo w „sprawie katyńskiej". Ciekawe, czy Główna Prokuratura Wojskowa zwróciła na niego uwagę, czy zdążyła go przesłuchać?

Kolejna kategoria czekistów widniejąca w rozkazie z października 1940 roku to wysocy rangą funkcjonariusze NKWD wysłani w teren do pomocy przy rozstrzeliwaniach. Był wśród nich kapitan BP Iwan Biezrukow – zastępca szefa 6. Oddziału Głównego Zarządu Ekonomicznego NKWD ZSRS, wysłany do obozu w Starobielsku i odpowiedzialny za egzekucje w Charkowie[615]; kombrig Michaił Kriwienko – szef sztabu Wojsk Konwojowych NKWD ZSRS, wysłany na okres wykonywania egzekucji do Kalinina; major BP Konstantin Zilberman – zastępca szefa Głównego Zarządu Więziennictwa NKWD ZSRS; starszy major BP Nikołaj Siniegubow – naczelnik pionu śledczego i zastępca szefa Głównego Zarządu Transportu NKWD ZSRS i inni. W odróżnieniu od komendantów, nadzorców, kierowców i pracowników oddziałów ewidencyjno-statystycznych, którzy uczestniczyli w rozstrzeliwaniu i transporcie ciał ofiar – ci ludzie nigdy wcześniej nie brali udziału w takich akcjach, ponieważ zakres ich zwykłych obowiązków był zupełnie inny. Mimo to poradzili sobie z krwawym zadaniem i zostali za to nagrodzeni. Niestety, o czternastu spośród wykonawców egzekucji na Polakach nie udało się zdobyć żadnych informacji, zaś biograficzne dane niektórych pozostałych są niekompletne i fragmentaryczne. Tym niemniej o większości osób z grupy 125 nagrodzonych wiadomo, że nie zrobiły kariery, pozostały na bardzo niskich stanowiskach w strukturach NKWD-MWD. Owa okoliczność znacznie utrudnia zdobywanie informacji, ponieważ niełatwo jest znaleźć dane o „płotkach", ludziach, którzy po przejściu na emeryturę popadli w całkowite zapomnienie. Mimo tej komplikacji dalsze rekonstruowanie faktów ich biografii i losów wydaje się nadzwyczaj ważne i pouczające.

---

[615] I. S. Jażborowskaja, A. J. Jabłokow, W. S. Parsadanowa, *Katynskij sindrom w sowietsko-polskich otnoszenijach*, Moskwa 2001, s. 123.

Technologia rozstrzeliwania

Polskich jeńców rozstrzeliwano w trzech miejscach: w Smoleńsku (a część w Katyniu), Kalininie (obecnie Twer) i Charkowie. Wszystkie egzekucje odbyły się w wewnętrznych więzieniach zarządów NKWD tych obwodów. Wyjątek stanowi Smoleńsk, co do którego istnieją poszlaki, iż część ofiar została rozstrzelana na terenie specjalnego obiektu NKWD w Lesie Katyńskim[616]. W Kalininie egzekucjami kierował przybyły z Moskwy komendant NKWD Błochin, a była ona przeprowadzana w piwnicy więzienia wewnętrznego (dziś budynek ten należy do uczelni medycznej). Co noc rozstrzeliwano od 200 do 250 osób, a następnie ciężarówkami wywożono zwłoki w okolice wsi Miednoje i zakopywano w dole wyrytym wcześniej koparką. Procedura rozstrzeliwań była opracowana do najdrobniejszych szczegółów. Jeńców wojennych przywiezionych z obozu w Ostaszkowie najpierw umieszczano w celach więziennych. Następnie pojedynczo wyprowadzano, pytano – by móc zidentyfikować – o nazwisko, imię, rok urodzenia, po czym zakuwano w kajdanki i eskortowano do piwnicy, gdzie w specjalnym dźwiękoszczelnym pomieszczeniu zabijano strzałem w tył głowy[617]. Przed egzekucją Błochin wkładał specjalne ubranie: brązową skórzaną czapkę, długi fartuch ze skóry i długie aż za łokcie rękawice (jak u rzeźnika). Błochin spędził w Kalininie miesiąc, w ciągu którego rozstrzelano 6311 polskich jeńców z obozu w Ostaszkowie[618]. W Charkowie egzekucje również odbywały się w budynku Zarządu NKWD, a ciała zamordowanych wywożono do rejonu Piatichatki i grzebano w mogiłach, które miały pozostać tajne. Należy zauważyć, iż po wszystkich egzekucjach (w Smoleńsku, Kalininie i Charkowie) ciała rozstrzelanych grzebano na terytorium podmiejskich obiektów specjalnych NKWD – w tych samych miejscach, gdzie spoczęły już ciała wielu tysięcy obywateli sowieckich zamordowanych w latach Wielkiego Terroru (1937–1938).

---

[616] „Izwiestija" 26 września 1991 r.
[617] „Nowoje wriemia" 1991, nr 42, s.35; „Komsomolskaja prawda" 10 października 1991 r.
[618] Były naczelnik UNKWD D. S. Tokariew w 1991 roku podał inną liczbę – 6295.
Zob. I. S. Jażborowskaja, A. J. Jabłokow, W. S. Parsadanowa,
Katynskij sindrom w sowietsko-polskich otnoszenijach, Moskwa 2001, s. 357.

Wykaz załączników

Dokument nr 1

Wykaz pracowników NKWD ZSRS i zarządów NKWD obwodów kalinińskiego, smoleńskiego i charkowskiego odznaczonych na mocy rozkazu NKWD ZSRS nr 001365 z 26 października 1940 roku „za pomyślne wykonanie zadań specjalnych":

1. ALEKSANDROW ALEKSANDR SIERGIEJEWICZ (ur. 1907 rok, Twer – zm. ?). Wykształcenie podstawowe, bezpartyjny, w organach NKWD od 1935 roku; w 1951 roku kierowca Zarządu MGB ZSRS obwodu kalinińskiego, starszy sierżant (wzmianka z maja 1951 roku). Odznaczenia: Order Czerwonej Gwiazdy (24.11.1950 rok), medal „Za zasługi bojowe" 4.12.1945 rok.

2. ANTONOW IWAN ILJICZ (ur. 1897 rok, wieś Konienkino, powiat małojarosławiecki, obwód moskiewski – zm. 8.1975 rok, Moskwa). Wykształcenie podstawowe, w Armii Czerwonej (ACz) od 1919 roku; w organach GPU od 1922 roku. Od lipca 1926 roku członek WKP(b); w 1936 roku kierowca 1. bazy samochodowej Oddziału Łączności Zarządu Administracyjno-Gospodarczego (AChU) NKWD ZSRS (wzmianka z 19.12.1936 roku); pomocnik naczelnika 1. garażu, starszy inspektor Oddziału Samochodowego AChU NKWD ZSRS. Zwolniony z KGB w sierpniu 1959 roku. Potem na emeryturze. Figurował w ewidencji partyjnej w moskiewskim technikum mechanizacji, ewidencji Centralnego Urzędu Statystycznego (CSU) RFSRS. Stopnie: lejtnant bezpieczeństwa państwowego (BP) (19.02.1937 rok), starszy lejtnant BP (17.03.1940 rok), major BP (11.02.1943 rok), podpułkownik BP (10.12.1943 rok). Odznaczenia: Order Lenina (21.02.1945 rok), trzy Ordery Czer-

wonego Sztandaru (20.09.1943 rok, 3.11.1944 rok, 25.07.1949 rok), Order Czerwonej Gwiazdy (22.07.1937 rok), order „Znak honoru" (19.12.1937 rok).

3. BABAJAN TAMARA CHRISTOFOROWNA (ur. 1904 rok – zm. ?). W organach NKWD od 1937 roku, bezpartyjna; w 1940 roku maszynistka I Oddziału Specjalnego NKWD ZSRS, w 1941 roku w Oddziale Specjalnym NKWD Nadbałtyckiego Okręgu Wojskowego (wzmianka z 31.01.1941 roku).

4. BARANOW MICHAIŁ ANDRIEJEWICZ (ur. 14.02.1916 rok, wieś Sieliwierstowo, rejon zawidowski, obwód kaliniński – zm. ?). W 1940 roku strażnik więzienia wewnętrznego Zarządu NKWD obwodu kalinińskiego.

5. BARANOW PIOTR MICHAJŁOWICZ (ur. 1913 rok – zm.?). W organach NKWD od 1938 roku, członek WLKSM (Komsomołu); od 1 maja 1938 roku nadzorca w więzieniu Zarządu NKWD obwodu kalinińskiego.

6. BARINOW IWAN SPIRIDONOWICZ (ur. 1911 rok, wieś Troickoje-Baczurino, powiat czerński, obwód tulski – zm. 19.07.1996 rok, Moskwa). Wykształcenie – 9 klas, w ACz w latach 1932–1935, w organach NKWD od 1938 roku, od 1932 roku członek WKP(b), od 8.12.1938 roku oficer operacyjny 3. wydziału I Oddziału Specjalnego NKWD ZSRS: od 1.09.1938 roku starszy oficer operacyjny I Oddziału Specjalnego NKWD ZSRS; od 1.09.1940 roku starszy oficer operacyjny 17. wydziału I Oddziału Specjalnego NKWD ZSRS; od 21.03.1941 roku zastępca szefa 10. wydziału II Oddziału NKGB ZSRS; od 7.12.1941 roku zastępca szefa 5. wydziału I Oddziału Specjalnego NKWD ZSRS; od 12.08.1943 roku pracownik Oddziału „A"

(Analitycznego) NKGB-MGB ZSRS (wzmianka z 1946 roku); od 4.06.1953 roku szef I Oddziału Specjalnego Zarządu MWD obwodu kijowskiego; od 22.09.1953 roku zastępca szefa wydziału w Oddziale „P"[619] MWD ZSRS (wzmianka z 1954 roku); od 29.03.1955 roku szef 2. wydziału IV Oddziału Specjalnego MWD RFSRS; pracownik MWD RFSRS (wzmianka z 31.05.1958 roku). Stopnie: młodszy lejtnant BP (17.01.1939 rok, wzmianka z 26.10.1940 roku), pułkownik (wzmianka z 1954 i 1958 roku). Odznaczenia: Order Czerwonej Gwiazdy (25.06.1954 rok), medale.

7. BIEŁOGORŁOW WASILIJ ALEKSANDROWICZ (ur. 1912 rok, Wysznij Wołoczok – zm. 1971 rok, Kalinin), wykształcenie – skończył 5 klas; w ACz od 1934 roku; członek WKP(b) od 1940 roku; w 1951 roku dyżurny pomocnik komendanta Zarządu MGB obwodu kalinińskiego. Odznaczenia: Order Czerwonej Gwiazdy (24.11.1950 rok), medale.

8. BIEŁOW IWAN ILJICZ (ur. 1911 rok, wieś Zawirje, powiat ostaszkowski, gubernia twerska – zm. 1941 rok?). Rosjanin; bezpartyjny. W organach NKWD: strażnik więzienia wewnętrznego Zarządu NKWD obwodu kalinińskiego w 1940 roku[1]. Według danych Ministerstwa Obrony Federacji Rosyjskiej w Kalininie, w 1941 roku zaginął bez wieści (CAMO, f. 58, op. 977520, d. 544).

Uwagi: [1]Wymieniony jako funkcjonariusz Zarządu NKWD obwodu kalinińskiego w materiałach Sprawy Katyńskiej (nr 159), t. 9, l. 46, 76. Zgodnie z informacjami zawartymi w piśmie Zarządu FSB FR obwodu twerskiego nr P-520 z 15.01.2016 roku w odpowiedzi na zapytanie Centrum Naukowo-Informacyjnego „Memo-

---

[619] Oddział Posielenij – osiedleń specjalnych, wkrótce przemianowany na 4. Oddział Specjalny (przyp. red.).

riał" Biełow Iwan Iljicz urodził się w 1911 roku we wsi Chutor, rejon kirowski, obwód kaliniński, w 1940 roku służył na stanowisku strażnika wewnętrznego więzienia Zarządu NKWD obwodu kalinińskiego, przy czym w piśmie odnotowano: „nagród i odznaczeń nie posiadał".

9. BIEZRUKOW IWAN DMITRIJEWICZ (ur. 1900 rok, wieś Griemiaczka w powiecie prońskim, obwód riazański – zm. 1965 rok, Moskwa). W organach OGPU od 1931 roku, od 1920 roku członek RKP(b), zastępca szefa VI Oddziału GEU (Głównego Zarządu Ekonomicznego) NKWD ZSRS; 13 listopada 1940 roku zwolniony do rezerwy ze stanowiska zastępcy szefa III Oddziału GEU; pracował jako wiceprzewodniczący Zarządu Banku Państwowego ZSRS, następnie szef zarządu terenowych oddziałów Banku Państwowego. Stopnie: młodszy lejtnant BP (14.12.1935 rok), lejtnant BP (15.03.1937 rok), starszy lejtnant BP (7.06.1939 rok), kapitan BP (14.03.1940 rok, wzmianka z 26.10.1940 roku); podpułkownik służby kwatermistrzowskiej. Odznaczenia: odznaka „Zasłużony funkcjonariusz WCzK-GPU (XV)" (9.05.1938 rok).

10. BŁANK KŁAWDIJA JEFIMOWNA (ur. 1900 rok – zm. ?), w organach GPU od 1922 roku, bezpartyjna; kierownik biura sekretariatu I Oddziału Specjalnego NKWD ZSRS; pomocnik oficera operacyjnego 2. grupy I Oddziału Specjalnego NKWD ZSRS; w 1950 roku pomocnik oficera operacyjnego sekretariatu I Oddziału Specjalnego MWD ZSRS (wzmianka z 21.01.1950 roku). Stopnie: sierżant BP (wzmianka z 26.10.1940 roku). Odznaczenia: odznaka „Zasłużony funkcjonariusz WCzK-GPU (XV)" (7.03.1939 roku).

11. BŁOCHIN WASILIJ MICHAJŁOWICZ (ur. 1895 rok, wieś Gawriłowskoje w powiecie suzdalskim, obwód Iwanowski – zm. 3.02.1955 rok,

Moskwa), wykształcenie niepełne wyższe; w ACz od 25.10.1918 roku, w organach WCzK od 1921 roku, od tego samego roku w RKP(b), major BP (14.03.1940 rok), w latach 1926–1953 komendant OGPU-NKWD-MGB, generał major (9.07.1945 rok). Na emeryturze od 2.04.1953 roku z powodu choroby. Pochowany na Cmentarzu Dońskim w Moskwie. Odznaczenia: Order Lenina 21.02.1945; trzykrotnie Order Czerwonego Sztandaru 26.04.1940, 03.11.1944, 25.07.1949; Order Wojny Ojczyźnianej 1. klasy 13.09.1945; Order Czerwonego Sztandaru Pracy 20.09.1943; Order Czerwonej Gwiazdy 28.11.1936; order „Znak Honoru" 19.12.1937.

12. BOGDANOW NIKOŁAJ FILIPOWICZ (ur. 1908 rok, Smoleńsk – zm. 1954 rok, tamże), wykształcenie średnie niepełne; w ACz od 1930 roku, członek WKP(b) od 1938 roku; w 1949 roku kierowca garażu Zarządu MGB obwodu smoleńskiego, młodszy lejtnant. Odznaczenia: Order Czerwonej Gwiazdy (25.07.1949 roku), 4 medale.

13. BOGDANOW PIOTR ALEKSIEJEWICZ (ur. 1910 rok, wieś Mitieniwo, gmina bykowska, powiat twerski, gubernia twerska – zm. kwiecień 1983 rok, Kalinin). Syn chłopa; Rosjanin. W WLKSM w latach 1929–1932. W partii komunistycznej od kwietnia 1932 roku (kandydat od października 1930 roku). Wykształcenie: czteroletnia wiejska szkoła we wsi Mitieniwo; 2 lata na wieczorowym fakultecie robotniczym przy Bobrikowskim Kombinacie Chemicznym, obwód moskiewski, 1931–1932. Od kwietnia 1928 roku do lutego 1929 roku robotnik w sowchozie „Briedniewo", wieś Kozłowo, powiat twerski; od lutego 1929 roku do grudnia 1930 roku pracownik silosu zbożowego „Sojuzchleb", miasto Kańsk, Kraj Wschodniosyberyjski; od grudnia 1930 roku do lutego 1931 roku młotnik w Sowchozie Tajnińskim, chutor Sotnikowo, rejon kański; od lutego do lipca 1931 roku uczestnik kursów dla kierowców Wschod-

niosyberyjskiego Związku Spożywców w Krasnojarsku; od lipca 1931 roku do grudnia 1932 roku ślusarz 17. maszynowo-drogowego oddziału przedsiębiorstwa Mosobłdortrans, stacja Bobrik-Donskoj na Moskiewsko-Kurskiej Linii Kolejowej; od grudnia 1932 roku do listopada 1933 roku ślusarz w warsztacie mechaników Mosobłdortransu w Moskwie. W RKKA: od listopada 1933 roku do stycznia 1935 roku czerwonoarmista w 202. Brygadzie Lotniczej, Orsza, Białoruska SRS. W organach NKWD-MWD: kierowca Zarządu NKWD obwodu kalinińskiego od stycznia 1935 roku do stycznia 1942 roku; kierowca Zarządu NKWD-UWD obwodu kalinińskiego od stycznia 1942 roku do października 1971 roku. Na emeryturze od października 1971 roku, Kalinin. Odznaczenia: cztery medale; odznaka „50 lat członkostwa w KPZS".

14. BURDA TIMOFIEJ DMITRIJEWICZ (ur. 1908 rok, wieś Drobinowka, powiat nowosanżarski, obwód połtawski – zm. styczeń 1974 rok, Charków), Ukrainiec, wykształcenie podstawowe; w ACz od 1930 roku, w WKP(b) od 1947 roku, w NKWD od 1936 roku; od 18.01.1936 roku wartownik w komendanturze Zarządu NKWD obwodu charkowskiego; od 2.08.1937 roku nadzorca w więzieniu wewnętrznym tamże; od 26.10.1939 roku naczelnik korpusu więzienia wewnętrznego tamże; od 13.04.1941 do 12.09.1941 roku komendant bloku więzienia wewnętrznego tamże; w 1951 r. dyżurny pomocnik komendanta więzienia Zarządu MGB obwodu charkowskiego, lejtnant. Zwolniony na emeryturę 7.01.1959 roku ze względu na wiek. Odznaczenia: Order Czerwonego Sztandaru 01.06.1951; Order Czerwonej Gwiazdy 30.04.1946; medal „Za zasługi bojowe" 19.01.1945.

15. CUKANOW ALEKSIEJ ILJICZ (ur. 1907 rok, Kołomna, gubernia moskiewska – zm. czerwiec 1975 rok, Kalinin). Wykształcenie niepełne

średnie, w ACz od 1929 roku, w organach OGPU od 2.04.1932 roku, kandydat na członka WKP(b) od 1931 roku, członek od 1937 roku; kurier 2. kategorii Kołomieńskiego Oddziału Rejonowego GPU; p.o. naczelnika ekspedycji łączności Kołomieńskiego Rejonowego Oddziału Miejskiego GPU; od 1.12.1933 roku naczelnik oddziału łączności Wyszniewołockiego Oddziału Rejonowego GPU-NKWD; od 4.10.1937 roku zastępca szefa Oddziału Łączności Zarządu NKWD obwodu kalinińskiego; od 29.05.1938 roku szef Oddziału Łączności Zarządu NKWD obwodu kalinińskiego; w 1940 roku komendant więzienia wewnętrznego UGB Zarządu NKWD obwodu kalinińskiego (wzmianka z 25.01.1940 roku); od 28.09.1944 roku pracownik Zarządu NKGB obwodu wielkołuckiego; w 1952 roku zastępca szefa oddziału Zarządu MGB obwodu wielkołuckiego, podpułkownik (wzmianka z czerwca 1952 roku). Odznaczenia: Order Czerwonego Sztandaru (23.05.1952 rok), Order Czerwonej Gwiazdy (4.12.1945 rok), medal „Za zasługi bojowe" (19.01.1945 rok).

16. CYKULIN MICHAIŁ WASILIEWICZ (ur. 1903 rok, wieś Ozierieckoje, powiat twerski, gubernia twerska – zm. sierpień 1988 rok, Kalinin). Wykształcenie podstawowe, w organach OGPU od 14.03.1932 roku, w WKP(b) od 1941 roku; strażnik komendantury AChO Zarządu NKWD obwodu kalinińskiego od września 1938 roku do lutego 1939 roku; nadzorca, starszy nadzorca więzienia wewnętrznego Zarządu NKWD obwodu kalinińskiego od lutego 1939 roku do października 1941 roku; w 1954 roku starszy nadzorca więzienia Zarządu KGB obwodu kalinińskiego, starszy sierżant. Odznaczenia: Order Czerwonego Sztandaru (5.11.1954 roku), Order Czerwonej Gwiazdy (21.05.1947 roku).

17. CZEKUŁAJEW WASILIJ KONSTANTYNOWICZ (ur. 28.02.1913 rok, wieś Pożawka[1], powiat solikamski, gubernia permska – zm. ?).

Rosjanin; bezpartyjny. W organach NKWD: w 1940 roku strażnik więzienia wewnętrznego Zarządu NKWD obwodu kalinińskiego; od 1940 roku starszy nadzorca Więzienia Ostaszkowskiego Zarządu NKWD obwodu kalinińskiego.

Uwaga: [1] W personalnej teczce podano następujące miejsce urodzenia: wieś Pożawka, rejon czermasski, obwód swierdłowski (Pismo Centrum Informacyjnego Zarządu MWD FR obwodu twerskiego nr 3/200 z 20.01.2016 roku w odpowiedzi na zapytanie Naukowo-Informacyjnego Centrum „Memoriał"); możliwe, że chodzi o miejscowość Pożwa.

18. Czużajkin Iwan Matwiejewicz (ur. 1895 rok, wieś Chołmanka, powiat nikołajewski, gubernia samarska – zm. 1967 rok, Smoleńsk). Wykształcenie podstawowe; w ACz od 1918 roku, w WKP(b) od 1930 roku; starszy nadzorca więzienia Zarządu NKWD-NKGB obwodu smoleńskiego od maja 1939 roku do lipca 1941 roku; w 1949 roku pracownik Zarządu MGB obwodu smoleńskiego, młodszy lejtnant. Odznaczenia: Order Czerwonej Gwiazdy (25.07.1949 rok), medal „Za zasługi bojowe" (19.01.1945 rok), medal.

19. Dawydow Mitrofan Jelisiejewicz (ur. 1911 rok, wieś Bowka w powiecie bychowskim, gubernia mohylewska – zm. wrzesień 1990 rok, Smoleńsk), Białorusin, wykształcenie – 6 klas; w organach NKWD od 10.10.1936 roku, członek WKP(b) od 1942 roku. W 1940 roku nadzorca więzienia nr 1 Zarządu NKWD obwodu smoleńskiego; od 1945 roku dyżurny pomocnik komendanta więzienia Zarządu NKWD obwodu smoleńskiego; od 1946 roku – komendant więzienia nr 4 Zarządu MWD obwodu smoleńskiego (wzmianka ze stycznia 1947 roku); pracownik Zarządu MWD ob-

wodu smoleńskiego (wzmianki z 1.11.1950 roku, 1.08.1953 roku); od 1.04.1955 roku inspektor wydziału służby drogowej oddziału milicji Kolei Kalinińskiej. Stopnie: młodszy lejtnant (12.01.1946 rok), starszy lejtnant (wzmianka z 1955 roku). Odznaczenia: medal „Za zasługi bojowe" (12.05.1945 rok), 6 medali.

20. Diewiatiłow Aleksiej Grigorjewicz (ur. 1909 rok, wieś Ozierki w powiecie biełowskim, obwód kurski – zm. 24.10.1996 rok, Kamieniec Podolski), wykształcenie średnie niepełne; w ACz w latach 1931–1934; w organach NKWD od marca 1935 roku, członek WLKSM od 1932 roku, w WKP(b) od 1946 roku; od 26.02.1936 roku strażnik komendantury Zarządu NKWD obwodu charkowskiego; od 1.03.1938 roku starszy nadzorca więzienia śledczego Zarządu NKWD obwodu charkowskiego; w 1943 roku pracownik Zarządu NKWD obwodu omskiego (wzmianka z 15.07.1943 roku); od 1944 roku w NKWD USRS; w 1954 roku dyżurny pomocnik komendanta więzienia nr 2 Zarządu MWD obwodu chmielnickiego w mieście Izjasław. Zwolniony 13 listopada 1958 roku z funkcji naczelnika służby nadzorczej Izjasławskiej Dziecięcej Kolonii Pracy Zarządu MWD obwodu chmielnickiego w stopniu starszego lejtnanta służby wewnętrznej. Stopnie: lejtnant (wzmianka z 1954 roku), starszy lejtnant służby wewnętrznej (27.05.1958 rok). Odznaczenia: Order Czerwonego Sztandaru (25.06.1954 rok), Order Czerwonej Gwiazdy (6.08.1949 rok).

21. Dmitrijew Aleksandr Dmitrijewicz (ur. 1896 rok, wieś Kachnowo w powiecie ostrowskim, gubernia pskowska – zm. 1953 rok, Moskwa), wykształcenie podstawowe; w ACz w latach 1918–1923; w organach OGPU od 1932 roku, w WKP(b) od 1928 roku; w 1932 roku kierowca 1. garażu AChU OGPU; dyżurny bazy samochodowej AChU NKWD ZSRS (wzmianka z 1.04.1932 roku); zwolniony

do rezerwy 9 czerwca 1950 roku z funkcji naczelnika grupy oddziału komendanckiego Kancelarii MGB ZSRS w stopniu podpułkownika. Stopnie: sierżant BP (21.01.1938 rok), lejtnant BP (17.03.1940 rok, awansowany z sierżanta), starszy lejtnant BP (6.11.1942 rok). Odznaczenia: Order Czerwonego Sztandaru (21.05.1947 rok), Order Czerwonego Sztandaru Pracy (20.09.1943 rok), dwukrotnie Order Czerwonej Gwiazdy (19.12.1937 rok i 3.11.1944 rok).

22. DOROGININ FIODOR MICHAJŁOWICZ (ur. 17.09.1904 rok – zm. 6.11.1964 rok, Smoleńsk). Rosjanin; bezpartyjny. W organach NKWD: kierowca ChOZO Zarządu NKWD obwodu smoleńskiego w 1940 roku[1].

Uwaga: [1] Zgodnie z pismem Zarządu FSB FR obwodu smoleńskiego nr 121/10/9-839 n/s z 22.01.2016 roku wystosowanym w odpowiedzi na zapytanie Naukowo-Informacyjnego Centrum „Memoriał" personalna teczka Doroginina Fiodora Michajłowicza znajduje się w ich archiwum.

23. DORONIN FILIPP IWANOWICZ (ur. 1902 rok, wieś Prochodnoje w powiecie koraczańskim, gubernia kurska – zm. październik 1979 rok, Charków), wykształcenie średnie niepełne; w ACz i organach bezpieczeństwa państwowego od 5.05.1924 roku; członek WKP(b) od 1929 roku, w latach 1939–1941 komendant więzienia wewnętrznego UGB Zarządu NKWD obwodu charkowskiego; od 1943 roku w NKGB; w 1954 roku komendant więzienia wewnętrznego Zarządu KGB obwodu charkowskiego, major. Odznaczenia: Order Lenina (24.11.1950 rok), dwukrotnie Order Czerwonego Sztandaru (19.01.1945 rok, 5.11.1954 rok).

24. FADIEJEW ALEKSANDR MICHAJŁOWICZ (ur. 1910 rok, wieś Żołtikowo, powiat twerski, gubernia twerska – zm. 1956 rok, Kalinin). Wykształcenie podstawowe; w WKP(b) od 1941 roku; nadzorca 1. kategorii więzienia nr 1 NKWD w Kalininie od lipca 1937 roku do stycznia 1938 roku; starszy nadzorca więzienia nr 1 NKWD w Kalininie od stycznia 1938 roku do marca 1941 roku; w 1945 roku pracownik Zarządu NKGB obwodu kalinińskiego, młodszy lejtnant BP. Zwolniony 15 września 1950 roku z powodu choroby ze stanowiska dyżurnego komendanta AChO Zarządu MGB obwodu kalinińskiego w stopniu młodszego lejtnanta. Odznaczenia: medal „Za zasługi bojowe" (19.01.1945 rok).

25. FELDMAN IWAN IWANOWICZ (ur. 1893 rok, Ryga – zm. 8.03.1954 rok, Moskwa), Łotysz. Wykształcenie podstawowe, w organach OGPU od 1927 roku, członek WKP(b) od 1928 roku; w 1936 roku kierowca garażu nr 1 Oddziału Łączności AChU NKWD ZSRS (wzmianka z 19.12.1936 roku); kierowca bazy samochodowej nr 1 Oddziału Samochodowego AChU NKWD ZSRS od 1.07.1938 roku do 13.08.1941 roku. Z powodu stanu zdrowia zwolniony do rezerwy 20 maja 1949 roku z funkcji naczelnika grupy Oddziału Komendanckiego Zarządu Administracyjnego MGB ZSRS w stopniu podpułkownika. Stopnie: młodszy lejtnant BP (19.12.1936 rok), lejtnant BP (7.07.1937 rok), starszy lejtnant BP (17.03.1940 rok), major BP (11.02.1943 rok), podpułkownik BP (10.12.1943 rok, wzmianka z 20.05.1949 roku). Odznaczenia: Order Lenina (25.07.1949 rok), Order Czerwonego Sztandaru (3.11.1944 rok), Order Czerwonego Sztandaru Pracy (20.09.1943 rok), Order Czerwonej Gwiazdy (28.11.1936 rok), order „Znak Honoru" (19.12.1937 rok), medale, odznaka „Zasłużony funkcjonariusz WczK-GPU (XV)" (20.12. 1932 rok).

26. FIEDORYSZKO SIEMION MICHAJŁOWICZ (ur. 1914 rok, wieś Siedycz, rejon gowichowski, Białoruska SRS[1] – zm. ?). Bezpartyjny. W organach NKWD: w 1940 roku strażnik więzienia wewnętrznego Zarządu NKWD obwodu kalinińskiego; od 1940 roku strażnik Więzienia Ostaszkowskiego w obwodzie kalinińskim.

Uwaga: [1]W karcie służby tak podano miejsce urodzenia (pismo Centrum Informacyjnego Zarządu MWD FR obwodu twerskiego nr 3/200 z 20.01.2016 roku w odpowiedzi na zapytanie Naukowo--Informacyjnego Centrum „Memoriał".

27. FROLENKOW IWAN LEONOWICZ (ur. 1906 rok, wieś Marczewo, rejon monastyrszczyński, obwód smoleński – zm. ?). Wykształcenie podstawowe, w latach 1928–1930 w ACz, w organach OGPU od 28.11.1930 roku, członek WKP(b) od 1940 roku; pracownik komendantury Zarządu NKWD obwodu smoleńskiego, dyżurny pomocnik komendanta Zarządu NKWD obwodu smoleńskiego (wzmianka z 1.02.1943 roku); od 23.03.1944 roku w Zarządzie NKGB obwodu smoleńskiego; w 1950 roku pracownik Zarządu MGB obwodu smoleńskiego, w maju 1951 roku pracownik Zarządu MGB obwodu archangielskiego, lejtnant. Ze względu na wiek zwolniony do rezerwy 19 grudnia 1955 roku ze stanowiska dowódcy plutonu 7. oddziału zmilitaryzowanej ochrony strzeleckiej Ust'-Wymskiego Obozu Pracy Poprawczej w stopniu lejtnanta. Stopnie: młodszy lejtnant BP (31.08.1943 rok), lejtnant (wzmianka z 1950 i 1955 roku). Odznaczenia: Order Czerwonego Sztandaru (24.11.1950 rok), Order Czerwonej Gwiazdy (19.01.1945 rok).

28. GALICYN NIKOŁAJ ALEKSANDROWICZ (ur. 1908 rok, Charków – zm. styczeń 1980 rok, tamże), Ukrainiec, wykształcenie podstawowe; w ACz w latach 1930–1932 i 1933–1937; w organach NKWD

od 1937 roku; kandydat na członka WKP(b) od 1947 roku; kierowca Zarządu NKWD obwodu charkowskiego; w 1947 roku pracownik Zarządu MGB obwodu charkowskiego, starszy sierżant. Odznaczenia: Order Czerwonej Gwiazdy (21.05.1947 rok), medal „Za zasługi bojowe" (19.01.1945 rok).

29. GAWRILENKOW TICHON KUŹMICZ (ur. 1907 rok, wieś Maszczynowo, powiat kraśniński, gubernia smoleńska – zm. styczeń 1978 rok, Smoleńsk), syn robotnika; do WLKSM nie należał, w WKP(b) od lutego 1940 roku (kandydat od maja 1938 roku), wykształcenie podstawowe – w 1920 roku ukończył 5 klas szkoły wiejskiej we wsi Maksimowskoje w powiecie smoleńskim. Czerwonoarmista wojsk OGPU w okresie od września 1929 roku do lutego 1931 roku; od lutego 1931 roku do marca 1941 roku wartownik, ekspedytor, kierowca Pełnomocnego Przedstawicielstwa OGPU – Zarządu NKWD obwodu zachodniego (smoleńskiego); na emeryturze od 1956 roku.

30. GIECELEWICZ RIEWIEKKA SOŁOMONOWNA (ur. 1906 rok, Moskwa – zm. 1943 rok, tamże), w organach OGPU od 1932 roku, bezpartyjna, szefowa biura maszynistek sekretariatu I Oddziału Specjalnego NKWD ZSRS; od 1941 szefowa biura maszynistek sekretariatu II Oddziału NKGB ZSRS; od 1943 w organach NKGB. Stopień: sierżant BP (wzmianka 26.10.1940 roku).

31. GOŁOWINKIN NIKOŁAJ IWANOWICZ (ur. 1913 rok, wieś Wołchonsk, rejon bobyński, obwód moskiewski – zm. sierpień 1978 rok, Kalinin), wykształcenie – 5 klas; członek WLKSM od 1937 roku, w WKP(b) od 1942 roku, w organach NKWD od 1938 roku; od 1 maja 1938 roku nadzorca więzienia UGB (Zarządu Bezpieczeństwa Państwowego) NKWD obwodu kalinińskiego; w 1946

roku pracownik Zarządu MGB obwodu kalinińskiego, starszy sierżant (wzmianka z 31.12.1946 roku); od 1949 roku tokarz, fugownik, a od 1971 roku operator maszyn Kalinińskiej Fabryki Wagonów. Odznaczenia: Order Czerwonego Sztandaru Pracy (5.04.1971 rok), medal „Za zasługi bojowe" (6.11.1946 rok).

32. GORIACZEW MICHAIŁ DANIŁOWICZ (ur. 1906 rok, wieś Poczynki, powiat i obwód kaliniński – zm. listopad 1984 rok, Kalinin), wykształcenie – 7 klas; w organach OGPU od 1930 roku, członek WKP(b) od 1928 roku; od 1.04.1938 roku p.o., od 1.08.1938 roku szef wydziału samochodowo-technicznego AChO Zarządu NKWD obwodu kalinińskiego; od 31.10.1939 roku szef Oddziału Samochodowo-Technicznego Zarządu Administracyjno-Gospodarczego Zarządu NKWD obwodu kalinińskiego; od 1947 roku zastępca szefa Zarządu Gospodarczego Zarządu MWD obwodu kalinińskiego; w 1950 roku zastępca szefa Zarządu MGB obwodu kalinińskiego. 13 maja 1955 roku zwolniony z powodu choroby ze stanowiska naczelnika wydziału komendanckiego w stopniu podpułkownika służby administracyjnej. Stopnie: młodszy lejtnant BP (wzmianka z 26.10.1940 roku), kapitan (wzmianka z 1947 roku), podpułkownik służby administracyjnej (wzmianka z 1950 roku). Odznaczenia: Order Czerwonego Sztandaru (24.11.1950 rok), Order Czerwonej Gwiazdy (12.05.1945 rok), medal „Za zasługi bojowe" (19.01.1945 rok).

33. GRIBOW JOSIF IWANOWICZ (ur. 1905 rok, wieś Kuty w powiecie oszmiańskim, gubernia wileńska – zm. styczeń 1976 rok, Smoleńsk), Białorusin, wykształcenie średnie niepełne; w organach OGPU od 15.04.1925 roku do 1.10.1927 roku i od 25.03.1928 roku; członek WKP(b) od 1947 roku; pełnomocnik Oddziału Rewizyjno-Statystycznego Pełnomocnego Przedstawicielstwa (PP)

OGPU obwodu zachodniego; od 25.03.1932 roku asystent pełnomocnika do obsługi 127. pułku strzeleckiego Oddziału Specjalnego PP OGPU obwodu zachodniego; od 17.08.1932 roku pełnomocnik Oddziału Ewidencyjno-Statystycznego PP OGPU obwodu zachodniego; od 14.03.1933 roku pomocnik komendanta PP OGPU obwodu zachodniego; od 15.07.1938 roku zastępca komendanta więzienia UGB Zarządu NKWD obwodu smoleńskiego; od 2.11.1938 roku p.o. komendanta, a od 22.07.1940 roku komendant wydziału komendanckiego AChO Zarządu NKWD obwodu smoleńskiego; w 1950 roku szef ChOZO UMWD obwodu smoleńskiego (wzmianka z 1.11.1950 roku, 1.08.1953 roku); przeniesiony do rezerwy z powodu choroby 6 sierpnia 1956 roku w stopniu podpułkownika. Stopnie: młodszy lejtnant BP (31.05.1938 rok), starszy lejtnant BP (17.03.1940 rok, awansowany z lejtnanta), podpułkownik (wzmianki z 1950 roku, 1953 roku). Odznaczenia: Order Lenina (30.01.1951 rok), Order Czerwonego Sztandaru (12.05.1945 rok), dwukrotnie Order Czerwonej Gwiazdy (15.01.1945 rok i 11.04.1955 rok) (postanowienie 214/2 z 1955 roku), 4 medale.

34. Grigorjew Michaił Porfirjewicz (ur. 1903 rok, Smoleńsk – zm. 1961 rok, tamże). Wykształcenie podstawowe, w ACz od marca 1919 roku; członek WKP(b) od 1931 roku, od 1952 roku zastępca szefa wydziału samochodowo-technicznego AChO Zarządu MGB obwodu smoleńskiego, młodszy lejtnant. Odznaczenia: Order Czerwonego Sztandaru (23.05.1953 rok), 4 medale.

35. Gumotudinow I. A. – nie odnaleziono informacji.

36. Gwozdowskij Nikołaj Afanasjewicz (ur. 1902 rok, wieś Korobino w powiecie smoleńskim, gubernia smoleńska – zm. czerwiec

1987 rok, Smoleńsk), wykształcenie średnie niepełne; w ACz od 23.12.1924 roku, w WKP(b) od 1938 roku, pracownik komendantury Zarządu NKWD obwodu smoleńskiego, dyżurny pomocnik szefa wydzia   łu administracyjnego Oddziału Administracyjno-Gospodarczego (AChO) Zarządu MGB obwodu smoleńskiego (wzmianka z maja 1952 roku); od 1952 roku zastępca szefa wydziału administracyjnego AChO Zarządu MGB obwodu smoleńskiego, starszy lejtnant. Odznaczenia: Order Lenina (23.05.1952 rok), Order Czerwonego Sztandaru (4.12.1945 rok), Order Czerwonej Gwiazdy (19.01.1945 rok), 4 medale.

37. IGNATJEW MICHAIŁ FIODOROWICZ (ur. 1909 rok, wieś Lebiediewo, rejon i obwód kaliniński – zm. ?), wykształcenie – 4 klasy; w organach NKWD od 1935 roku, członek WKP(b) od 1940 roku (wykluczony w 1948 roku); pracownik Zarządu NKWD obwodu kalinińskiego (wzmianka z 25.03.1943 roku); w 1946 roku komendant więzienia nr 5 w Kaszynie Zarządu MWD obwodu kalinińskiego. Stopnie: młodszy lejtnant BP (17.01.1944 rok, wzmianka z 1946 roku). Odznaczenia: medal „Za zasługi bojowe" (10.12.1943 rok).

38. ILJIN (Czyżow) FIODOR KLIMENTJEWICZ (ur. 1902 rok, wieś Ignaszy, rejon podporoski, obwód leningradzki – zm. 1947 rok, Kirowograd), wykształcenie wyższe niepełne; w organach NKWD od 1938 roku, w WKP(b) od 1927 roku; od 28.01.1939 roku zastępca szefa Zarządu NKWD obwodu smoleńskiego; od 1944 roku zastępca szefa Zarządu NKWD obwodu tarnopolskiego. Stopnie: kapitan BP (21.02.1939 rok, wzmianka z 26.10.1940 roku), pułkownik BP (wzmianka z 1944 roku). Odznaczenia: Order Czerwonej Gwiazdy (20.10.1944 rok), medal „Za odwagę" (8.03.1944 rok, wzmianka z 4.04.1962 roku).

39. IWANOW IWAN MICHAJŁOWICZ (ur. 1911 rok, os. Krapiwinskaja w powiecie rosławlskim, gubernia smoleńska – zm. ?), wykształcenie średnie niepełne; w ACz i organach represji od 17.09.1931 roku (z przerwami); w WKP(b) od 1944 roku, w 1950 roku pracownik Zarządu NKWD obwodu smoleńskiego, od 1954 roku szef wydziału łączności poczty kurierskiej Zarządu MWD obwodu smoleńskiego (wzmianka z 16.04.1958 roku). Zwolniony do rezerwy 4.02.1959 roku z powodu choroby. Stopnie: sierżant BP (20.06.1942 rok), kapitan (wzmianka z 1950 roku i 1954 roku), major służby wewnętrznej (18.06.1958 rok). Odznaczenia: Order Czerwonego Sztandaru (25.06.1954 rok), Order Czerwonej Gwiazdy (21.05.1947 rok), 3 medale.

40. IWANOW WASILIJ GRIGORJEWICZ (ur. 1909 rok, wieś Naprudnowo, powiat twerski, gubernia twerska – zm. 20.12.1975 roku, Kalinin), syn zwrotniczego linii kolejowej; Rosjanin; nie był członkiem WLKSM; w WKP(b) od marca 1939 roku (kandydat od sierpnia 1932 roku); wykształcenie podstawowe – w 1922 roku ukończył 4 klasy szkoły wiejskiej w Naprudnowie; pracownik Zarządu NKWD obwodu kalinińskiego od sierpnia 1935 roku; nadzorca więzienia wewnętrznego tamże od 13.08.1938 roku; pracownik Zarządu NKWD obwodu kalinińskiego do stycznia 1942 roku; zastępca szefa Oddziału Kadr Zarządu NKWD obwodu iwanowskiego do spraw administracyjno-gospodarczych w 1942 roku.

41. JAKOWLEW ARSIENIJ MICHAJŁOWICZ (ur. 1915 rok, wieś Pietruszyno, powiat twerski, gubernia twerska – zm. 28.05.1993 rok, Twer) Wykształcenie niepełne średnie; w ACz od 1936 roku, w WKP(b) od 1943 roku.; w 1940 roku nadzorca Zarządu NKWD obwodu kalinińskiego; w 1943 roku pracownik Zarządu Kolonii Pracy Poprawczej Zarządu (OITK) NKWD obwodu iwanowskie-

go; w 1947 roku w szkole GUŁAG MWD w Kujbyszewie; w 1952 roku instruktor wydziału operacyjnego OITK Zarządu MWD obwodu kalinińskiego. Z powodu choroby zwolniony do rezerwy 4 maja 1953 roku ze stanowiska instruktora sztabu zmilitaryzowanej ochrony strzeleckiej Zarządu Sprawiedliwości obwodu kalinińskiego. Ponownie włączony do kadr MWD 7 grudnia 1957 roku na stanowisko inspektora do spraw uzbrojenia w wydziale materiałowo-technicznym ChOZO Zarządu Spraw Wewnętrznych Kalinińskiego Obwodowego Komitetu Wykonawczego. Stopnie: młodszy lejtnant (2.09.1943 rok), lejtnant (17.02.1947 rok), starszy lejtnant (wzmianka z 26.02.1951 roku i 4.05.1953 roku). Odznaczenia: Order Czerwonej Gwiazdy (20.03.1952 rok), medal „Za zasługi bojowe" (6.08.1949 rok).

42. JAKOWLEW PIOTR ALEKSANDROWICZ (ur. 1892 rok, Niżnij Nowogród – zm. 15.04.1959 rok, Moskwa). W organach WCzK od 1918 roku, członek RKP(b) od 1919 roku; w 1936 roku zastępca szefa Oddziału Łączności AChU NKWD ZSRS (wzmianka z 19.12.1936 roku); zastępca szefa Oddziału Samochodowo-Technicznego AChU NKWD ZSRS. W 1954 roku zastępca szefa oddziału KGB przy Radzie Ministrów ZSRS. Przeszedł na emeryturę w maju 1954 roku. Pochowany na Cmentarzu Dońskim. Stopnie: starszy lejtnant BP (19.07.1936 rok), kapitan BP (19.12.1936 rok), podpułkownik BP (11.02.1943 rok), pułkownik BP (10.12.1943 rok). Odznaczenia: Order Lenina (21.02.1945 rok), trzykrotnie Order Czerwonego Sztandaru (20.09.1943 rok, 3.11.1944 rok i 25.07.1949 rok), Order Czerwonej Gwiazdy (22.07.1937 rok), order „Znak Honoru" (19.12.1937 rok), odznaka „Zasłużony funkcjonariusz WCzK-GPU (V)" nr 68, „Zasłużony funkcjonariusz WCzK-GPU (XV)" (20.12.1936 rok).

43. Jakuszew Trofim Pawłowicz (ur. 1908 rok, wieś Szyłowo, rejon korabliński, obwód riazański – zm. marzec 1990 rok, Kalinin) Wykształcenie – 6 klas; w ACz od 1930 roku, w WKP(b) od 1932 roku; w 1940 roku pracownik Zarządu NKWD obwodu kalinińskiego; w 1952 roku pracownik Zarządu MGB obwodu kalinińskiego; w 1955 roku pracownik Zarządu MWD obwodu kalinińskiego. Zwolniony do rezerwy 11 maja 1959 roku w związku z wysługą lat ze stanowiska dyżurnego pomocnika komendanta więzienia nr 1 Zarządu Spraw Wewnętrznych Kalinińskiego Obwodowego Komitetu Wykonawczego, w stopniu starszego lejtnanta służby wewnętrznej. Stopnie: straszy lejtnant (wzmianka z 1952 roku), starszy lejtnant służby wewnętrznej (wzmianka z 28.04.1955 roku). Odznaczenia: Order Czerwonego Sztandaru (23.05.1952 rok), Order Czerwonej Gwiazdy (6.11.1946 rok), medal „Za zasługi bojowe" (19.01.1945 rok).

44. Jegorow Aleksiej Wasiliewicz (ur. 1913 rok, wieś Siemionowskaja, gmina miedniowska, powiat twerski – zm. ?), wykształcenie podstawowe; w ACz od 1935 roku; w organach NKWD od 1938 roku, członek WLKSM od 1936 roku, w WKP(b) od 1942 roku, od 1.05.1938 roku strażnik więzienia Zarządu NKWD obwodu kalinińskiego; w 1941 roku strażnik kalinińskiego międzyrejonowego wydziału NKGB (wzmianka z 13.05.1941 roku); w 1951 roku pracownik Zarządu MGB obwodu kalinińskiego; starszy sierżant. Odznaczenia: Order Czerwonej Gwiazdy (24.11.1950 rok), medal „Za zasługi bojowe" (30.04.1946 rok).

45. Jemieljanow Aleksandr Michajłowicz (ur. 1893 rok, wieś Fiedorowskoje, powiat malinski, gubernia moskiewska – zm. 14.01.1953 rok, Moskwa), wykształcenie podstawowe; bezpartyjny (według stanu na wrzesień 1949 roku); w ACz od 1920 roku;

w 1936 roku strażnik komendantury AChU NKWD ZSRS (wzmianka z 19.12.1936 roku); w 1940 roku pracownik do zadań specjalnych wydziału komendanckiego AChU NKWD ZSRS. Zwolniony na mocy rozkazu MGB ZSRS nr 1237 z 12.04.1949 roku z powodu choroby z funkcji naczelnika grupy wydziału komendanckiego Zarządu Administracyjnego MGB ZSRS w randze podpułkownika; wykluczony z oficerów rezerwy na mocy rozkazu MGB ZSRS nr 3624 z 27.06.1952 roku. Stopnie: sierżant BP (7.07.1937 rok), lejtnant BP (17.03.1940 rok, awansowany z sierżanta), starszy lejtnant BP (6.11.1942 rok, rozkaz 3368), podpułkownik (wzmianka z kwietnia 1949 roku). Odznaczenia: Order Lenina (25.07.1949 rok), Order Czerwonego Sztandaru (3.11.1944 rok), Order Czerwonego Sztandaru Pracy (20.09.1943 rok), Order Czerwonej Gwiazdy (22.07.1937 rok), order „Znak Honoru" (19.12.1937 rok), odznaka „Zasłużony funkcjonariusz WCzK--GPU (XV)" (19.12.1936 rok).

46. **Kaczyn Timofiej Fiedotowicz** (ur. 1900 rok, wieś Bolszaja Rieczka w powiecie kabańskim, gubernia irkucka – zm. luty 1983 rok, Kursk), wykształcenie średnie; w organach OGPU od 1928 roku, członek WKP(b) od 1928 roku, od listopada 1939 roku do czerwca 1942 roku asystent naczelnika, zastępca szefa Zarządu NKWD obwodu kalinińskiego; od grudnia 1943 roku zastępca szefa Zarządu NKWD-MWD obwodu winnickiego; od czerwca 1946 roku zastępca szefa oddziału Zarządu MWD obwodu kurskiego; od 8.01.1949 roku szef Oddziału do Walki z Bandytyzmem Zarządu MWD obwodu kurskiego. Zwolniony ze względu na stan zdrowia 7.04.1951 roku ze stanowiska zastępcy szefa oddziału Zarządu MGB obwodu kurskiego w stopniu podpułkownika. Na emeryturze pracował w Kursku jako wartownik Sztabu Obrony Cywilnej, zarządca gospodarczy sądu obwodowego, zastępca dy-

rektora do spraw gospodarczych w szkole muzycznej. Stopnie: młodszy lejtnant BP (22.03.1936 rok), lejtnant BP (29.01.1937 rok, wzmianka z 26.10.1940 roku), podpułkownik (1943 rok, wzmianka z 8.01.1949 roku). Odznaczenia: Order Czerwonego Sztandaru (15.01.1945 rok).

47. KALININ ANATOLIJ MICHAJŁOWICZ (ur. 1910 rok, Petersburg – zm. czerwiec 1941 rok, Moskwa), wykształcenie – 9 klas; w organach OGPU od 1927 roku, w WLKSM od 1926 roku; w WKP(b) od 1939 roku; oficer operacyjny 5. wydziału I Oddziału Specjalnego NKWD ZSRS; od 22.10.1938 roku zastępca szefa 5. wydziału I Oddziału Specjalnego NKWD ZSRS; od 22.12.1938 roku szef 5. wydziału I Oddziału Specjalnego NKWD ZSRS; od 1.03.1939 roku szef 5. wydziału i zastępca szefa I Oddziału Specjalnego NKWD ZSRS; od 1.09.1939 roku szef 3. wydziału i zastępca szefa I Oddziału Specjalnego NKWD ZSRS; od 21.03.1941 roku szef 2. wydziału i zastępca szefa II Oddziału NKGB ZSRS. Stopnie: młodszy lejtnant BP 5.01.1936 roku, lejtnant BP (25.07.1938 rok), starszy lejtnant BP (25.03.1939 rok), kapitan BP (17.03.1940 rok). Odznaczenia: Order Czerwonej Gwiazdy (26.04.1940 rok). Informacja o śmierci zamieszczona w gazecie „Prawda" z 13.06.1941 roku. Pochowany na Cmentarzu Nowodziewiczym.

48. KARAWAJEW WŁADIMIR MICHAJŁOWICZ (ur. 1903 rok, Łyśwa – zm. lipiec 1982 rok, os. Ukrainka, rejon obuchowski, obwód kijowski), w organach OGPU od 1932 roku, członek WKP(b) od 1924 roku, od 1940 roku pracownik Zarządu NKWD obwodu smoleńskiego; p.o. zastępcy szefa II Oddziału Zarządu NKWD obwodu kirowskiego; od 1944 roku w organach SMIERSZ. Stopnie: sierżant BP (7.04.1936 rok, w Kirowie), młodszy lejtnant BP

(22.08.1938 rok, w Kirowie), lejtnant BP (wzmianka z 26.10.1940 roku). Odznaczenia: dwukrotnie Order Czerwonej Gwiazdy (3.11.1944 rok), 7 medali, odznaka „50 lat członkostwa w KPZS".

49. KARCEW PIOTR MICHAJŁOWICZ (ur. 1907 rok, Smoleńsk – zm. 18.01.1948 rok, tamże), wykształcenie podstawowe, członek WKP(b) od 1930 roku, w organach NKWD od 18.01.1942 roku na stanowisku dyżurnego pomocnika komendanta Zarządu NKWD obwodu smoleńskiego; od 23.03.1944 roku przeniesiony do NKGB; od 1945 roku pracownik Zarządu NKGB obwodu smoleńskiego; lejtnant. Według danych GPW, 18 stycznia 1948 roku popełnił samobójstwo. Stopnie: sierżant BP (30.04.1942 rok), młodszy lejtnant BP (11.02.1943 rok). Odznaczenia: Order Czerwonej Gwiazdy (12.05.1945 rok), medal „Za zasługi bojowe" (19.01.1945 rok).

50. KARMANOW ALEKSANDR ANDRIEJEWICZ (ur. 1908 rok, wieś Użga, rejon sysolski, Autonomiczna Socjalistyczna Republika Sowiecka Komi – zm. maj 1987 rok, Siemipałatyńsk), w organach NKWD od 1936 roku, członek WKP(b) od 1938 roku; zastępca komendanta Zarządu NKWD obwodu charkowskiego w latach 1939–1942; od 20.10.1942 roku komendant Zarządu NKWD obwodu wschodniokazachskiego; młodszy lejtnant (wzmianka z 20.10.1942 roku).

51. KARPOW GRIGORIJ FOMICZ (ur. 1909 rok, wieś Suchodoł, rejon smoleński, obwód smoleński – zm. ?). Starszy inspektor AChO Zarządu NKWD obwodu smoleńskiego w latach 1939–1941.

52. KISIELOW NIKOŁAJ ALEKSIEJEWICZ (ur. 1908 rok, Moskwa – zm. 1962 rok, tamże), wykształcenie wyższe niepełne; w organach OGPU od 1933 roku, członek WKP(b) od 1929 roku; pracownik

I Oddziału Specjalnego NKWD ZSRS; w 1941 roku szef 4. wydziału II Oddziału NKGB ZSRS; w 1952 roku pracownik 1. Głównego Zarządu MGB ZSRS (wzmianka z 20.11.1952 roku); w 1954 roku zastępca szefa oddziału 2. Głównego Zarządu KGB przy Radzie Ministrów ZSRS. Stopnie: sierżant BP (21.01.1937 rok), młodszy lejtnant BP (wzmianka z 26.10.1940 roku), podpułkownik (wzmianka z września 1949 roku), pułkownik (wzmianka z lipca 1954 roku). Odznaczenia: Order Czerwonego Sztandaru (25.06.1954 rok), Order Wojny Ojczyźnianej 1. klasy (21.04.1945 rok), trzykrotnie Order Czerwonej Gwiazdy (20.09.1943 rok, 5.11.1944 rok i 25.07.1949 rok), medal „Partyzanta Wojny Ojczyźnianej" 1. klasy.

53. KOMAROWSKI IGNATIJ ISSAKOWICZ (ur. 1893 rok, wieś Nogawki, rejon orszański, obwód witebski – zm. lipiec 1975 rok, Smoleńsk), urodził się w ubogiej rodzinie chłopskiej, Białorusin; nie był członkiem WLKSM; w WKP(b) od kwietnia 1929 roku (kandydat od listopada 1927 roku); wykształcenie podstawowe – w 1906 roku skończył 3 klasy szkoły wiejskiej we wsi Riepuchowo, rejon orszański, przeszedł roczny kurs ogólnokształcący w Smoleńsku; w 1926 roku kierowca Pełnomocnego Przedstawicielstwa OGPU w obwodzie zachodnim – Zarządzie NKWD obwodu smoleńskiego sierpień 1929 – marzec 1941 roku. Na emeryturze od 1955 roku.

54. KOSTIUCZENKO (KOSTIUCZENKOW) NIKOŁAJ KUŹMICZ (ur. 1901 rok, Smoleńsk – zm. 1967 rok, tamże). Wykształcenie podstawowe, w WKP(b) od 1930 roku; kierowca PP OGPU – Zarządu NKWD obwodu zachodniego-smoleńskiego luty 1931 – marzec 1941 roku; w 1946 roku pracownik Zarządu MGB obwodu smoleńskiego; starszy sierżant. Odznaczenia: Order Czerwonej Gwiazdy (30.04.1946 rok), medal „Za zasługi bojowe" (4.12.1945 rok), 3 medale.

55. KOSTIUCZENKO WŁADIMIR KUŹMICZ (ur. 1896 rok, Smoleńsk – zm. kwiecień 1988 rok, tamże), w organach OGPU od 21.03.1933 roku, członek WKP(b) od 1925 roku, od 21.03.1933 roku magazynier garażu Oddziału Łączności PP OGPU obwodu zachodniego; od 21.02.1934 roku szef magazynu garażu tamże; od 1940 roku pracownik garażu Zarządu NKWD obwodu smoleńskiego; od 1944 roku inspektor Grupy Remontowo-Mieszkaniowej ChOZO Zarządu NKWD obwodu smoleńskiego (wzmianka z 1.01.1944 roku). Odznaczenia: 3 medale.

56. KOWALOW ALEKSANDR SIERGIEJEWICZ (ur. 1911 rok – zm. 1942 rok?), w organach NKWD od 1937 roku, członek WLKSM od 1934 roku; od 1.04.1937 roku nadzorca – wyprowadzający komendantury Zarządu NKWD obwodu zachodniego; od 20.07.1937 roku nadzorca więzienia śledczego Zarządu NKWD obwodu zachodniego; od 9.04.1938 roku nadzorca 1. kategorii więzienia śledczego Zarządu NKWD obwodu smoleńskiego; ewakuowany do Nowosybirska; w marcu 1942 roku powołany do ACz, był na froncie, zaginął w 1942 roku (CAMO – Centralne Archiwum Ministerstwa Obrony, f. 58. op. 977521a, d. 916, l. 39).

57. KOZOCHOTSKI MICHAIŁ ANDRIEJEWICZ (ur. 1901 rok, Czerepowiec – zm. 1965 rok, Kalinin), w organach WCzK od 1919 roku, członek RKP(b) od 1919 roku; od 1.02.1934 roku sekretarz wołogodzkiego sektora operacyjnego GPU; sekretarz wielkołuckiego okręgowego Wydziału NKWD; od 1.06.1937 roku p.o. szefa 5. wydziału wielkołuckiego okręgowego Oddziału NKWD; od 10.08.1937 roku szef 5. wydziału wielkołuckiego okręgowego Oddziału NKWD; od 1.01.1938 roku p.o. naczelnika sekretariatu Zarządu NKWD obwodu kalinińskiego; od 13.07.1938 roku p.o. szefa 8. Oddziału Zarządu NKWD obwodu kalinińskiego; od

1.02.1939 roku szef I Oddziału Specjalnego Zarządu NKWD obwodu kalinińskiego; zwolniony 19 września 1946 roku ze stanowiska szefa I Oddziału Specjalnego Zarządu MWD obwodu kalinińskiego w stopniu podpułkownika z powodów zdrowotnych. Stopnie: młodszy lejtnant BP (7.04.1936 rok), lejtnant BP (wzmianka z 26.10.1940 roku), starszy lejtnant BP (29.05.1940 rok). Odznaczenia: Order Lenina (10.12.1945 rok), Order Czerwonego Sztandaru (15.01.1945 rok), order „Znak Honoru" (20.09.1943 rok), odznaka „Zasłużony funkcjonariusz NKWD" (27.04.1940 rok).

58. KRASNOWIDOW IWAN IWANOWICZ (ur. 1911 rok, wieś Kupiłowo, rejon jemielianowski, obwód kaliniński – zm. ?); wykształcenie – 4 klasy; w ACz i organach bezpieczeństwa państwowego od 1933 roku; bezpartyjny, w 1940 i 1951 roku kierowca Zarządu NKWD-MGB obwodu kalinińskiego; starszy sierżant. Odznaczenia: Order Czerwonej Gwiazdy (24.11.1950 rok), medal „Za zasługi bojowe" (19.01.1945 rok).

59. KRIWIENKO MICHAIŁ SPIRIDONOWICZ (ur. 1904 rok, wieś Politotdielskoje, rejon nikołajewski, obwód stalingradzki – zm. październik 1954 rok, obwód stalingradzki), Ukrainiec, wykształcenie średnie; szef sztabu Wojsk Konwojowych NKWD ZSRS. Po wojnie naczelnik GUPWI (Głównego Zarządu do spraw Jeńców Wojennych i Internowanych) NKWD ZSRS. Stopnie: kombrig (wzmianka z 26.10.1940 roku), generał major, generał lejtnant. Odznaczenia: Order Lenina (12.05.1945 rok), trzykrotnie Order Czerwonego Sztandaru (14.04.1943 rok, 3.11.1944 rok i 21.06.1945 rok), Order Kutuzowa 2. klasy (8.03.1944 rok).

60. KUPRIJ TIMOFIEJ FIODOROWICZ (ur. 3.05.1906 roku, wieś Wiesiołyj Podoł, rejon siemionowski, obwód połtawski – zm. 10.12.1981

rok, Połtawa), Ukrainiec; w organach OGPU od 1931 roku, członek WKP(b) od 1930 roku; od 1939 roku komendant AChO Zarządu NKWD obwodu charkowskiego. Od 1947 roku mieszkał w Połtawie, zmarł na nadciśnienie 10.12.1981 roku. Stopnie: młodszy lejtnant BP (19.08.1939 rok), starszy lejtnant BP (17.03.1940 rok, awansowany z młodszego lejtnanta), podpułkownik (wzmianka z czerwca 1954 roku). Odznaczenia: Order Czerwonej Gwiazdy, medal.

61. KUZNIECOWA SERAFIMA SIEMIONOWNA (ur. 1900 rok, Saratów – zm. 1966 rok, Moskwa), wykształcenie średnie niepełne; w organach WCzK od 1918 roku, kandydatka na członka WKP(b) od 1939 roku, członek od 1943 roku (wykluczona w 1959 roku), w 1940 roku oficer operacyjny I Oddziału Specjalnego NKWD ZSRS; w 1941 roku oficer operacyjny 8. wydziału II Oddziału NKGB ZSRS; pełnomocnik operacyjny I Oddziału Specjalnego Zarządu NKWD obwodu swierdłowskiego; 1.06.1943 roku odkomenderowana do Oddziału Kadr NKWD ZSRS; w NKGB od 1943 roku; w 1949 roku pracownik MGB ZSRS. Stopnie: sierżant BP (wzmianka z 26.10.1940 roku), kapitan. Odznaczenia: Order Czerwonego Sztandaru (25.07.1949 rok), Order Czerwonej Gwiazdy (19.01.1945 rok).

62. LEBIEDIEW MICHAIŁ DMITRJEWICZ (ur. 1909 rok, wieś Zaborowje, rejon miednowski, obwód kaliniński – zm. ?), wykształcenie podstawowe; w ACz w latach 1931–1934; w WKP(b) od 1939 roku (wykluczony w 1948 roku); od 1.11.1941 roku nadzorca 1. kategorii więzienia nr 5 Zarządu NKWD obwodu kalinińskiego; w 1947 roku pracownik Zarządu MGB obwodu kalinińskiego; lejtnant. Odznaczenia: Order Czerwonej Gwiazdy (21.05.1947 rok), medal „Za zasługi bojowe" (19.01.1945 rok).

63. LEWANCZUKOW (LEWANCZIUKOW) GRIGORIJ KUŹMICZ (ur. 1915 rok, wieś Deniskowicze, powiat rohaczewski, gubernia mohylewska – zm. ?). W organach NKWD: w 1940 roku strażnik więzienia UGB Zarządu NKWD obwodu kalinińskiego; od 1940 roku starszy dozorca Więzienia Ostaszkowskiego Zarządu NKWD obwodu kalinińskiego.

64. ŁAZARIENKO (ŁAZARIENKOW) SIEMION MATWIEJEWICZ (ur. 1911 rok, wieś Szarowiczy w gminie rudniańskiej, gubernia smoleńska – zm. ?16.07.1941 rok), urodził się w średniozamożnej rodzinie chłopskiej, Rosjanin; w latach 1935–1939 członek WLKSM, od kwietnia 1941 roku członek WKP(b) (kandydat od kwietnia 1939 roku, według innych danych – od 1935 roku); od 2.01.1936 roku nadzorca, strażnik 2. kategorii komendantury Zarządu NKWD obwodu zachodniego; od 4.04.1937 roku nadzorca więzienia śledczego Zarządu NKWD obwodu zachodniego, później smoleńskiego; od 15.05.1938 roku starszy nadzorca 1. kategorii więzienia UGB Zarządu NKWD obwodu smoleńskiego; od 15.07.1938 roku do 1941 roku nadzorca 1. kategorii więzienia UGB Zarządu NKWD obwodu smoleńskiego. Zaginął bez wieści.

65. ŁOGINOW NIKOŁAJ WASILJEWICZ (21.11.1911 rok, wieś Wołyncewo, gmina miednowska, gubernia twerska – zm. 1945 rok, Moskwa). Rosjanin; bezpartyjny. W organach NKWD-NKGB: w latach 1939–1940 bibliotekarz-kancelista więzienia wewnętrznego UGB Zarządu NKWD obwodu kalinińskiego; od 1940 roku pracownik biurowy i maszynista więzienia wewnętrznego UGB Zarządu NKWD obwodu kalinińskiego. Do 1945 roku pomocnik pełnomocnika operacyjnego 8. wydziału, III Oddziału V Zarządu NKGB ZSRS. Wykreślony z list kadrowych w związku ze śmiercią.

66. ŁUGININ (ŁUCZYNIN) MICHAIŁ PIETROWICZ (ur. 1898 rok, wieś Ługinowka w powiecie orłowskim, gubernia wiacka – zm. 1965 rok, Kalinin), wykształcenie średnie; członek WKP(b) od 1937 roku; w 1940 roku zastępca szefa I Oddziału Specjalnego Zarządu NKWD obwodu kalinińskiego; od kwietnia 1945 roku teczka osobowa przechowywana w Oddziale Kadr NKGB ZSRS; zastępca szefa oddziału Zarządu MGB obwodu wielkołuckiego (wzmianka z października 1949 roku). Stopnie: młodszy lejtnant BP (wzmianka z 26.10.1940 roku), podpułkownik (wzmianka z października 1949 roku). Odznaczenia: Order Lenina (21.02.1945 rok), dwukrotnie Order Czerwonego Sztandaru (19.01.1945 rok i 25.07.1949 rok).

67. MAKARIENKOW GRIGORIJ IWANOWICZ (ur. 1911 rok, wieś Sieriedniewo, rejon kraśniński, obwód smoleński – zm. marzec 1976 rok, Smoleńsk); wykształcenie podstawowe; w ACz od grudnia 1933 roku do grudnia 1936 roku roku; w organach NKWD od kwietnia 1937 roku; członek WKP(b) od 1939 roku; kierowca w Zarządzie NKWD obwodu zachodniego, później smoleńskiego od stycznia 1937 roku do marca 1941 roku; w 1954 roku oficer operacyjny Zarządu KGB w obwodzie iwanowskim; starszy lejtnant. Odznaczenia: Order Czerwonego Sztandaru (5.11.1954 rok), Order Czerwonej Gwiazdy (25.07.1949 rok), medal „Za zasługi bojowe" (19.01.1945 rok), 5 medali.

68. MARUSIEW ALEKSIEJ JEGOROWICZ (ur. 1911 rok, wieś Nikulino, powiat twerski, gubernia twerska – zm. 1942 rok?), urodził się w średniozamożnej rodzinie chłopskiej, Rosjanin; w latach 1934– 1939 członek WLKSM, od lipca 1940 roku w WKP(b) (kandydat od kwietnia 1939 roku); w organach NKWD od 1935 roku – strażnik w więzieniu Zarządu NKWD obwodu kalinińskiego; od

1.03.1936 roku strażnik 2. kategorii więzienia Zarządu NKWD obwodu kalinińskiego; od 1.05.1938 roku nadzorca-strażnik w więzieniu Zarządu NKWD obwodu kalinińskiego.

69. MIEDWIEDIEW IWAN BORISOWICZ (ur. 1912 rok – zm. ?), pochodzenia chłopskiego, wykształcenie podstawowe; w organach NKWD od 31.08.1937 roku, członek WLKSM od 1935 roku; nadzorca-strażnik komendantury AChO Zarządu NKWD obwodu smoleńskiego.

70. MIELNIK ANTON TICHONOWICZ (ur. 1895 rok, wieś Bolszaja Daniłowka, rejon i obwód charkowski – zm. ?), Ukrainiec, wykształcenie podstawowe; bezpartyjny, w ACz i OGPU w latach 1918–1923 i od 1927 roku; w 1947 roku pracownik Zarządu MGB obwodu charkowskiego; starszy sierżant. Odznaczenia: Order Lenina (21.05.1947 rok), Order Czerwonego Sztandaru (19.01.1945 rok).

71. MIELNIK NIKITA WASILIEWICZ (ur. 1893 rok, wieś Bolszaja Daniłowka, rejon i obwód charkowski – zm. 1974 rok, tamże), Ukrainiec, wykształcenie podstawowe; w ACz i OGPU w latach 1919–1930 i od 1930 roku; członek WKP(b) od 1942 roku, w 1951 roku dyżurny pomocnik komendanta wydziału administracyjnego AChO Zarządu MGB obwodu charkowskiego; lejtnant. Odznaczenia: Order Czerwonego Sztandaru (1.06.1951 rok), Order Czerwonej Gwiazdy (30.04.1946 rok), medal „Za zasługi bojowe" (19.01.1945 rok).

72. MISZCZENKOW NESTOR ABRAMOWICZ (ur. 1912 rok, wieś Golaszy rejon kasimjanowski, obwód smoleński – zm. 17.01.1987 rok, Smoleńsk), wykształcenie – 4 klasy, bezpartyjny; w ACz od 1934 roku (z przerwą), od 1951 roku kierowca w Zarządzie MGB obwo-

du smoleńskiego; młodszy sierżant. Odznaczenia: medal „Za zasługi bojowe" (24.11.1950 rok).

73. MOISIEJENKOW AFANASIJ ANISIMOWICZ (ur. 1910 rok, wieś Koniuchowo, powiat i gubernia smoleńska – zm. kwiecień 1980 rok, Smoleńsk), wykształcenie podstawowe; w ACz od 20.10.1922 roku do 4.11.1934 roku i od 20.12.1934 roku do 3.12.1935 roku; w organach NKWD od 1937 roku, członek WLKSM od 1934 roku, członek WKP(b) od 1940 roku; od 10.07.1937 roku nadzorca więzienia śledczego Zarządu NKWD obwodu smoleńskiego (wzmianka z 10.12.1937 roku); w 1954 roku starszy nadzorca więzienia Zarządu KGB obwodu smoleńskiego; starszy sierżant. Odznaczenia: Order Czerwonego Sztandaru (5.11.1954 rok), Order Czerwonej Gwiazdy (24.11.1950 rok), medal „Za zasługi bojowe" (30.04.1946 rok), 2 medale.

74. MOISIEJENKOW WASILIJ PIETROWICZ (ur. 1912 rok, wieś Sierienino, rejon kraśniński, obwód smoleński – zm. 1967 rok, Smoleńsk), wykształcenie niepełne średnie, w ACz w latach 1934–1937; w organach NKWD od 1937 roku, członek WLKSM od 1936 roku, członek WKP(b) od 1946 roku; w 1940 roku pracownik ChOZO Zarządu NKWD obwodu smoleńskiego (wzmianka z czerwca 1942 roku); w 1952 r. oficer operacyjny oddziału w Zarządzie Milicji Zarządu MGB obwodu smoleńskiego; pracownik Zarządu MWD obwodu smoleńskiego (wzmianka z 19.07.1956 roku i 16.06.1958 roku). Stopnie: sierżant BP (20.10.1942 rok), lejtnant służby kwatermistrzowskiej (24.01.1946 rok, wzmianka z 1952 roku), kapitan milicji (wzmianka z czerwca 1958 roku). Odznaczenia: Order Czerwonej Gwiazdy (23.05.1952 rok), medal „Za zasługi bojowe" (12.05.1945 rok).

75. Mokridin Iwan Prokofjewicz (ur. 1913 rok, wieś Leonowo, powiat kliński, gubernia moskiewska – zm. maj 1990 rok, Kalinin), urodził się w rodzinie robotniczej, Rosjanin; w latach 1935–1942 w WLKSM, od września 1943 roku członek WKP(b) (kandydat od sierpnia 1942 roku). Wykształcenie podstawowe, niepełna szkoła średnia w m. Klin 1929 rok; w Acz od 27.10.1935 roku do 30.11.1937 roku, w organach bezpieczeństwa państwowego od 1.10.1939 roku do 4.06.1946 roku i od 17.02.1952 roku; członek WKP(b) od 1943 roku, w 1954 roku nadzorca 1. kategorii w Zarządzie MWD obwodu kalinińskiego; starszy sierżant. Odznaczenia: medal „Za zasługi bojowe" (5.11.1954 rok).

76. Nowosiełow Iwan Iwanowicz (ur. 1909 rok, wieś Żabkino, powiat nowotorżokski, gubernia twerska – zm. lipiec 1975 rok, Moskwa), w organach NKWD od 1939 roku, kandydat na członka WKP(b) od 1939 roku, członek od 1942 roku; zastępca szefa 5. wydziału I Oddziału Specjalnego NKWD ZSRS; od 1949 roku pracownik MGB ZSRS. Stopnie: sierżant BP (wzmianka z 26.10.1940 roku), major (wzmianka z 1949 roku). Odznaczenia: medal „Za zasługi bojowe" (25.07.1949 rok).

77. Oficerow Aleksiej Nazarowicz (ur. 1914 rok, os. Dubna, rejon dubieński, obwód tulski – zm. 1966 rok, Moskwa), wykształcenie – 4 lata studiów prawniczych; w organach NKWD od 1938 roku, członek WKP(b) od 1939 roku; pracownik I Oddziału Specjalnego NKWD ZSRS; w 1941 roku starszy oficer operacyjny 2. wydziału II Oddziału NKGB ZSRS; od stycznia 1942 roku do stycznia 1944 roku pracownik Zarządu NKWD obwodu smoleńskiego; oficer operacyjny 2. wydziału Oddziału Tajno-Politycznego Zarządu NKWD obwodu smoleńskiego (wzmianka z 1.02.1943 roku); pracownik I Oddziału Specjalnego NKWD ZSRS (wzmianka

z 29.01.1944 roku); oddelegowany do MGB ZSRS 29.11.1946 roku; pracownik Wydziału „A" (Analityczny) MGB ZSRS (wzmianka z 27.03.1947 roku); od 1954 roku starszy oficer operacyjny KGB przy Radzie Ministrów ZSRS (wzmianka z lipca 1954 roku). Stopnie: sierżant BP (3.01.1939 rok), młodszy lejtnant BP (25.03.1939 rok, wzmianka z 26.10.1940 roku), starszy lejtnant BP (11.02.1943 rok), kapitan BP (17.01.1944 rok), major (wzmianka z lipca 1954 roku). Odznaczenia: Order Czerwonej Gwiazdy (25.06.1954 rok), medal „Za zasługi bojowe" (25.07.1949 rok).

78. OKUNIEW ALEKSIEJ WASILIEWICZ (ur. 1901 rok, wieś Kisielowo, obwód jarosławski – zm. 1966 rok, Moskwa), wykształcenie niepełne średnie; w organach WCzK od 1919 roku, w WKP(b) od 1925 roku; w 1936 roku zastępca szefa wydziału w Oddziale Operacyjnym GUGB NKWD ZSRS (wzmianka z 19.12.1936 roku); w 1940 roku zastępca szefa 1. wydziału I Oddziału GUGB NKWD ZSRS; w 1941 roku pracownik I Oddziału NKGB ZSRS. 21 maja 1949 roku zwolniony z powodu choroby ze stanowiska zastępcy szefa 9. wydziału Oddziału Operacyjnego Głównego Zarządu Ochrony MGB ZSRS w stopniu pułkownika. Na emeryturze w Moskwie. Stopnie: starszy lejtnant BP (wzmianka z 20.12.1936 roku), kapitan BP (26.04.1938 rok), major BP (22.03.1940 rok), pułkownik BP (14.02.1943 rok). Odznaczenia: Order Lenina (21.02.1945 rok), trzykrotnie Order Czerwonego Sztandaru (28.10.1944 rok, 3.11.1944 rok i 25.07.1949 rok), Order Czerwonej Gwiazdy (22.07.1937 rok), Order „Znak Honoru" (19.12.1937 rok), medale.

79. ORŁOW DMITRIJ IWANOWICZ (ur. 1898 rok, wieś Miechy, gmina Jasieńsk, powiat porchowski, gubernia pskowska – zm. 1945 rok, Kalinin), wykształcenie podstawowe, członek WKP(b) od 1931

roku; kurier w Zarządzie NKWD obwodu kalinińskiego od lipca 1935 roku do sierpnia 1938 roku; pracownik Zarządu NKWD obwodu kalinińskiego od sierpnia 1938 roku; w 1945 roku pracownik Zarządu NKGB obwodu kalinińskiego, młodszy lejtnant BP. Odznaczenia: medal „Za zasługi bojowe" (19.01.1945 rok).

80. OSIPOW WŁADIMIR ANDRIEJEWICZ (ur. 1912 – zm. ?). W 1943 roku kierowca samochodowo-technicznego wydziału AChO oraz finansowego wydziału Zarządu NKWD obwodu kalinińskiego; 1945 roku kierowca samochodowo-technicznego wydziału NKGB Tadżyckiej SRS. W 1946 roku zwolniony za uporczywe naruszanie dyscypliny pracy.

81. PAWŁOW WASILIJ PAWŁOWICZ (ur. 1910 rok – zm. 1962 rok), w organach NKWD od 1938 roku; członek RKP(b) od 1922 roku; starszy lejtnant BP (4.12.1939 rok), od października 1939 roku do marca 1941 roku zastępca szefa Zarządu NKWD obwodu kalinińskiego. Od stycznia 1953 roku szef Zarządu Obozu Pracy Poprawczej i budowy Omskstroju[620] MWD, generał major (9.07.1945 rok). Według danych GPW popełnił samobójstwo.

82. PRUDNIKOW PROCHOR GRIGORJEWICZ (ur. 1905 rok, wieś Szełbica, rejon poczynkowski, obwód smoleński – zm. 1967 rok, Smoleńsk). Wykształcenie – 4 klasy; w organach NKWD od 1934 roku, w WKP(b) od 1940 roku; młodszy nadzorca aresztu śledczego w Smoleńsku (wzmianka z 20.10.1934 roku); od 1.02.1937 roku starszy nadzorca aresztu śledczego Zarządu NKWD obwodu zachodniego; od 11.07.1938 roku komendant bloku więzienia Zarządu NKWD obwodu smoleńskiego; w 1951 roku pracownik Zarzą-

---

[620] Omskstroj – kompleks budów z różnych dziedzin gospodarki, opartych na pracy więźniów łagrów z głównym ośrodkiem w Omsku (przyp. red.).

du MGB obwodu smoleńskiego. Stopień: starszy lejtnant (wzmianka z 30.03.1949 roku i sierpnia 1951 roku). Odznaczenia: Order Czerwonego Sztandaru (1.06.1951 rok), Order Czerwonej Gwiazdy (21.05.1947 rok), 2 medale.

83. RAZORIENOWA (BUŁACHOWA) ANNA IWANOWNA (ur. 1919 rok, wieś Kożuchowo k. Możajska – zm. sierpień 2003 rok, Moskwa). Wykształcenie niepełne średnie; w organach NKWD od 1938 roku, członek WLKSM od 1936 roku, w WKP(b) od 1949 roku (wystąpiła z KPZS w czerwcu 1990 roku na własną prośbę); w organach NKWD od lipca 1938 roku; od 2.08.1938 roku maszynistka-stenografistka w sekretariacie IX Oddziału I Zarządu NKWD ZSRS; od 27.04.1939 roku maszynistka-stenografistka I kategorii w sekretariacie III Oddziału Głównego Zarządu Ekonomicznego NKWD ZSRS (wzmianka z 10.10.1939 roku), stenografistka II Oddziału GUGB NKWD ZSRS; od stycznia 1941 roku maszynistka w Wileńskim Zarządzie Miejskim NKWD, a następnie od 3.04.1941 roku NKGB; od 29.06.1941 roku w rezerwie Zarządu Kadr NKGB; od 21.09.1941 roku w rezerwie Zarządu NKWD obwodu nowosybirskiego; pracownica Zarządu NKWD obwodu nowosybirskiego (wzmianka z 15.04.1942 roku); w 1949 roku pracownica III Zarządu Głównego MGB ZSRS; w 1955 roku rejestratorka dokumentacji partyjnej w Komitecie Partyjnym KGB przy Radzie Ministrów ZRSS, lejtnant. Odznaczenia: medal „Za zasługi bojowe" (25.07.1949 rok).

84. RUBANOW ANDRIEJ MAKSIMOWICZ (ur. 1902 rok, chutor Pietrowka, rejon mańkowsko-bieriezowski, obwód rostowski lub rejon morozowski, obwód doniecki – zm. marzec 1982 rok, Kazań), Ukrainiec. Wykształcenie podstawowe; w ACz od 1918 roku, w organach WCzK od 1920 roku, członek RKP(b) od 1924 roku;

od 10.11.1938 roku komendant milicji w Rżewie przy bazie zbożowej; od 10.11.1939 roku komendant AChO Zarządu NKWD obwodu kalinińskiego; od 1943 roku szef oddziału (AChO?) Zarządu NKGB obwodu kalinińskiego (wzmianka z 15.07.1945 roku); w obwodzie wielkołuckim (wzmianka z 9.11.1944 roku); w Estońskiej SRS (wzmianka z 23.02.1945 roku); w NKGB Tadżyckiej SRS (wzmianka z 13.10.1945 roku, 28.05.1948 roku); w 1951 roku zastępca szefa AChO MGB Tatarskiej Autonomicznej SRS; w 1967 roku na emeryturze. Stopnie: młodszy lejtnant BP, starszy lejtnant BP 17.03.1940 roku (awansowany z młodszego lejtnanta), podpułkownik (wzmianka z 1951 roku). Odznaczenia: Order Lenina (24.11.1950 rok), Order Czerwonego Sztandaru (4.12.1945 rok), trzykrotnie Order Czerwonej Gwiazdy (20.09.1943 rok, 19.01.1945 rok i 28.10.1967 rok), order „Znak Honoru" (31.05.1945 rok).

85. RYBAKOW ALEKSIEJ ALEKSANDROWICZ (ur. 1901 rok, m. Lew Tołstoj w obwodzie kałuskim – zm. 1969 rok). Wykształcenie średnie; w wojskach WCzK i w RKP(b) od 1920 roku; szef Oddziału Operacyjnego Głównego Zarządu Wojsk Konwojowych NKWD ZSRS (wzmianka ze stycznia 1940 roku); od 1.03.1941 roku p.o. zastępcy szefa Oddziału Służby w Zarządzie Wojsk Konwojowych NKWD; naczelnik III Oddziału I Zarządu Głównego Zarządu Wojsk Wewnętrznych NKWD; szef Oddziału Lokalnej Obrony Przeciwlotniczej (MPWO) Uzbeckiej SRS (wzmianka z 27.05.1942 roku); od 25.07.1945 roku szef oddziału MPWO Zarządu NKWD obwodu krymskiego; zwolniony z NKWD 11.02.1946 roku ze stanowiska dowódcy MPWO Zarządu NKWD obwodu krymskiego. Przeszedł na emeryturę, pracował w Symferopolu jako naczelnik wydziału kadr w przedsiębiorstwie handlu specjalnego, dyrektor zjednoczenia stołówek i restauracji, naczelnik bazy handlowo-zaopatrzeniowej. Stopień: pułkownik (17.04.1939 rok). Odznacze-

nia: Order Lenina (12.05.1945 rok), Order Czerwonego Sztandaru (15.01.1945rok), Order Czerwonej Gwiazdy (28.10.1967 rok).

86. SIEMIENICHIN DIEMJAN EMMANUIŁOWICZ (ur. 1894 rok, wieś Kazaki, rejon jelecki, obwód orłowski – zm. sierpień 1975 rok, Moskwa), wykształcenie podstawowe; w organach WCzK od 1920 roku, w RKP(b) od 1924 roku; w 1936 roku naczelnik oddziału przyjęć aresztowanych komendantury AChU NKWD ZSRS (wzmianka z 19.12.1936 roku); pracownik do zadań specjalnych wydziału komendanckiego AChU NKWD ZSRS. Zwolniony w marcu 1955 roku ze stanowiska zastępcy szefa wydziału KGB przy Radzie Ministrów ZSRS. Przeszedł na emeryturę, mieszkał w Moskwie. Stopnie: lejtnant BP (11.04.1936 rok), starszy lejtnant BP (19.12.1936 rok, wzmianka z 26.10.1940 roku). Odznaczenia: Order Lenina (21.02.1945 rok), trzykrotnie Order Czerwonego Sztandaru (20.09.1943 rok, 3.11.1944 rok i 25.07.1949 rok), Order Czerwonej Gwiazdy (28.11.1936 rok), order „Znak Honoru" (19.12.1937 rok), odznaka „Zasłużony funkcjonariusz WCzK- -GPU (XV)" (20.12.1932 rok).

87. SIENIUSZKIN NIKOŁAJ MICHAJŁOWICZ (ur. 1906 rok, wieś Romanowskoje w powiecie wiesjegońskim, gubernia twerska – zm. lipiec 1974 rok, wieś Romanowskoje w rejonie wiesjegońskim, obwód kaliniński). Wykształcenie podstawowe; członek WKP(b) od 1930 roku; kierowca Zarządu NKWD obwodu kalinińskiego od lutego 1935 roku do kwietnia 1937 roku; komendant warsztatów garaży Zarządu NKWD obwodu kalinińskiego od kwietnia 1937 roku do listopada 1937 roku; komendant garażu Zarządu NKWD obwodu kalinińskiego od listopada 1937 roku do maja 1943 roku; w 1946 roku pracownik Zarządu MGB obwodu kalinińskiego, lejtnant. Zwolniony 20.08.1959 roku ze względu na wiek ze stanowi-

ska starszego inspektora Państwowej Inspekcji Samochodowej Zarządu Spraw Wewnętrznych Kalinińskiego Obwodowego Komitetu Wykonawczego. Stopnie: lejtnant (wzmianka z 1946 roku), starszy lejtnant BP, kapitan służby wewnętrznej (30.11.1954 rok). Odznaczenia: Order Czerwonej Gwiazdy (30.04.1946 rok), medal „Za zasługi bojowe" (19.01.1945 rok).

88. SILCZENKOW IWAN MICHAJŁOWICZ (ur. 1908 rok, wieś Andriejkowo, powiat i gubernia smoleńska – zm. styczeń 1978 rok, Smoleńsk). Wykształcenie podstawowe; w ACZ od 1.09.1929 roku, w WKP(b) od 1940 roku; nadzorca, starszy nadzorca, komendant bloku więzienia Zarządu NKWD obwodu smoleńskiego, w 1952 roku starszy strażnik wydziału administracyjnego AChO Zarządu MGB obwodu smoleńskiego, od 1952 roku dyżurny biura przepustek wydziału administracyjnego AChO Zarządu MGB obwodu smoleńskiego; starszy sierżant. Odznaczenia: Order Czerwonego Sztandaru (23.05.1952 rok), Order Czerwonej Gwiazdy (21.05.1947rok), medal „Za zasługi bojowe" (19.01.1945 rok), 3 medale.

89. SINIEGUBOW NIKOŁAJ IWANOWICZ (ur. 1895 rok, stacja Debalcewo Kolei Jekaterinskiej – zm. 12.08.1979 rok, Moskwa). Ukrainiec, wykształcenie podstawowe; w organach WCzK od 1920 roku, w RKP(b) od 1920 roku; starszy major BP (14.03.1940 rok), od sierpnia 1939 roku do września 1940 roku szef pionu śledczego i zastępca szefa Głównego Zarządu Transportowego NKWD ZSRS. Od 1942 roku zastępca ludowego komisarza komunikacji ZSRS. Bohater Pracy Socjalistycznej (5.11.1943 rok). W 1958 roku wykluczony z partii „za fałszowanie materiałów śledczych i stosowanie nielegalnych metod przesłuchiwania aresztowanych w okresie pracy w latach 1937–1939 w Głównym Zarządzie Transporto-

wym NKWD ZSRS", pozbawiony tytułu Bohatera Pracy Socjalistycznej i odznaczeń.

90. Siurin Andriej Borisowicz (ur. 1912 rok, wieś Uwarowo, powiat jarcewski, gubernia smoleńska – zm. 1993 rok, Smoleńsk). Wykształcenie – 7 klas; w WKP(b) od 1940 roku; w 1940 roku kierowca AChO Zarządu NKWD obwodu smoleńskiego; w 1942 roku kontroler 1. kategorii „PK" (Kontroli politycznej) II Oddziału Specjalnego Zarządu NKWD obwodu smoleńskiego; od sierpnia 1944 roku do lipca 1948 roku oficer operacyjny Bariatińskiego Oddziału Rejonowego Zarządu NKGB-MGB obwodu kałuskiego; od lipca 1948 roku starszy oficer operacyjny Oddziału Kontrwywiadu Wojsk Wewnętrznych MGB – Oddział „BB" (wojsk wewnętrznych) aparatu pełnomocnika MGB w Niemczech (wzmianka z 19.07.1948 roku i kwietnia 1954 roku). Stopnie: sierżant BP (27.09.1942 rok, rozkaz nr 3041), młodszy lejtnant BP (11.02.1943 rok, wzmianka z czerwca 1945 roku), kapitan (wzmianka z kwietnia 1954 roku). Odznaczenia: Order Czerwonej Gwiazdy, medal „Za zasługi bojowe" (19.01.1945 rok), 2 medale.

91. Skorodumow Wasilij Jegorowicz (4.03.1906 rok, wieś Iljinskoje, gmina turginowska, powiat twerski, gubernia twerska – zm. ?). Rosjanin; bezpartyjny. W organach NKWD: w 1940 roku kierowca samochodowo-technicznego wydziału AChO Zarządu NKWD obwodu kalinińskiego.

92. Smykałow Iwan Pawłowicz (ur. w 1903 rok, wieś Kobielewka, gmina puszkarska, powiat biełgorodzki, gubernia kurska – zm. październik 1985 rok, Charków). Kierowca Zarządu NKWD obwodu charkowskiego.

93. Sołowjow Michaił Matwiejewicz (ur. 8.11.1896 rok, stanica Czamłycka, oddział łabiński[621] obwodu kubańskiego – zm. czerwiec 1982 rok, Smoleńsk). Urodził się w ubogiej rodzinie chłopskiej (ojciec zginął na froncie w 1915 roku), Rosjanin, bezpartyjny, wykształcenie podstawowe; w organach WCzK od 1918 roku; w 1951 roku pracownik Zarządu MGB obwodu smoleńskiego, lejtnant. Mieszkał w Smoleńsku (wzmianka z 1968 roku). Odznaczenia: Order Lenina (6.11.1946 rok), dwukrotnie Order Czerwonego Sztandaru (30.04.1946 rok i 24.11.1950 rok), medal „Za zasługi bojowe" (21.06.1968 rok).

94. Sołowjow Władimir Aleksandrowicz (ur. 1912 rok, Grodno – zm. 1974 rok, Smoleńsk), w organach OGPU od 5.03.1934 roku, członek WKP(b) od 1940 roku; kierowca garażu Zarządu NKWD obwodu smoleńskiego od października 1937 roku do lipca 1941 roku; w 1952 roku kierowca Oddziału Transportu Samochodowego Zarządu MGB obwodu smoleńskiego, straszy sierżant. Odznaczenia: Order Czerwonej Gwiazdy (23.05.1952 rok), medal „Za zasługi bojowe" (10.01.1945 rok), 3 medale.

95. Sorokin Wasilij Kuźmicz (ur. 1899 rok, Twer – zm. 1967 rok, Kalinin). Wykształcenie podstawowe; w organach NKWD od 8.04.1935 roku, członek WKP(b) od 1930 roku; strażnik Zarządu NKWD obwodu kalinińskiego od marca 1935 roku do maja 1937 roku; starszy nadzorca więzienia wewnętrznego Zarządu NKWD obwodu kalinińskiego od maja 1937 roku do października 1941 roku; w 1954 roku starszy nadzorca Zarządu KGB obwodu kalinińskiego, starszy sierżant. Odznaczenia: Order Czerwonego Sztandaru (5.11.1954 rok), Order Czerwonej Gwiazdy (25.07.1949 rok), medal „Za zasługi bojowe" (19.01.1945 rok).

---

[621] Oddział łabiński (Łabinskij (armawirskij) otdieł, ros.) – jednostka administracyjna będąca częścią obwodu kubańskiego Imperium Rosyjskiego i obwodu kubańsko-czarnomorskiego w RFSRS, istniał w latach 1888–1924 (przyp. red.).

96. STELMACH IWAN IWANOWICZ (ur. 1882 rok, wieś Omieleniec gmina Wierzchowice, powiat brzesko-litewski guberni grodzieńskiej – zm. 1957 rok, Smoleńsk). Wykształcenie podstawowe; w organach WCzK od 1918 roku, kandydat na członka WKP(b) od 1931 roku, członek od 1938 roku; zwolniony do rezerwy 25.03.1937 roku ze stanowiska komendanta Zarządu NKWD obwodu zachodniego; przyjęty ponownie; od marca 1938 roku do października 1941 roku komendant więzienia wewnętrznego Zarządu NKWD obwodu smoleńskiego; od marca 1942 roku do lutego 1946 roku szef wydziału komendanckiego Zarządu NKWD--NKGB obwodu smoleńskiego; od lutego 1946 roku na emeryturze. Stopnie: lejtnant BP (9.02.1936 rok), major BP (wzmianka z 1945 roku). Odznaczenia: Order Lenina (21.02.1945 rok), Order Czerwonego Sztandaru (19.01.1945 rok), 2 medale, odznaka „Zasłużony funkcjonariusz WCzK-GPU (XV)" (20.03.1936 rok) (zob. GARF, f. 7523, op. 7, d. 572, l. 173–176).

97. STIEKOLSZCZYKOW IWAN ALEKSANDROWICZ (ur. 1905 rok, wieś Miergusowo, rejon konstantynowski, obwód moskiewski – zm. ?). Wykształcenie – 7 klas; w ACz od 1927 roku, w organach OGPU od 1930 roku, członek WKP(b) od 1931 roku; pracownik I Oddziału Specjalnego NKWD ZSRS; w 1949 roku oficer operacyjny I Oddziału Specjalnego MWD ZSRS; od 21.01.1950 roku przeniesiony do MGB ZSRS. Zwolniony z MGB 1 grudnia 1952 roku z powodu redukcji etatów. Stopnie: sierżant BP (wzmianka z 26.10.1940 roku). kapitan (wzmianka z 1949 roku i 1952 roku). Odznaczenia: Order Czerwonego Sztandaru (6.08.1949 rok), Order Czerwonej Gwiazdy (3.11.1944 rok).

98. STIEPANOW IWAN ALEKSANDROWICZ (ur. 1890 rok, wieś Batawino powiat orłowski, gubernia orłowska – zm. 1953 rok, Moskwa). Wykształcenie – 7 klas; w organach GPU od 1922 roku, członek

WKP(b) od 1939 roku; szef 1. wydziału I Oddziału sztabu Wojsk Konwojowych NKWD ZSRS. Przeniesiony w stan spoczynku 2 stycznia 1947 roku z powodu choroby, ze stanowiska zastępcy szefa Oddziału Operacyjnego Zarządu Wojsk Konwojowych MWD ZSRS. Zmarł w Moskwie. Stopień: pułkownik (15.07.1939 rok). Odznaczenia: Order Lenina (21.02.1945 rok), Order Czerwonego Sztandaru (3.11.1944 rok), Order Czerwonej Gwiazdy (20.09.1943 rok), dwukrotnie Order Wojny Ojczyźnianej 2. klasy (7.07.1944 roki 21.04.1945 rok), medal „Za zasługi bojowe" (14.04.1943 rok).

99. SUCHARIEW NIKOŁAJ IWANOWICZ (ur. 1910 rok, wieś Zaruczje, rejon bieżecki, obwód kaliniński – zm. 1964 rok, Kazań). Wykształcenie niepełne średnie; w WKP(b) od 1948 roku, w ACz w latach 1932–1935; w 1940 roku kierowca Zarządu NKWD obwodu kalinińskiego; w 1952 roku pracownik MGB Tatarskiej Autonomicznej SRS, starszy lejtnant; w 1954 roku inspektor Wydziału Bezpieczeństwa Ruchu GAI (Państwowa Inspekcja Samochodowa) milicji w Kazaniu. Zwolniony z MWD Tatarskiej Autonomicznej SRS ze względu na wiek 1.01.1959 roku w stopniu starszego lejtnanta milicji. Odznaczenia: Order Czerwonej Gwiazdy (23.05.1952 rok), medal „Za zasługi bojowe" (19.01.1945 rok).

100. SYROMIATNIKOW MITROFAN WASILIEWICZ (ur. 1908 rok, wieś Zarożnoje, powiat czugujewski, gubernia charkowska – zm. 8.06.1995 rok, Czugujew), wykształcenie podstawowe; w ACz od 1930 roku, w organach OGPU od 1933 roku, członek WKP(b) od 1946 roku; od 16.02.1936 roku do grudnia 1941 roku nadzorca, starszy nadzorca, starszy w bloku więzienia wewnętrznego Zarządu NKWD obwodu charkowskiego; w 1951 roku dyżurny pomocnik komendanta więzienia Zarządu MGB obwodu charkowskiego; lejtnant (wzmianka z września 1951 roku). Zwolniony 30.06.1955 roku.

W latach 90. żył jeszcze, był przesłuchiwany przez prokuraturę w ramach dochodzenia. Odznaczenia: Order Czerwonego Sztandaru (1.06.1951 rok), Order Czerwonej Gwiazdy (30.04.1946 rok), medal „Za zasługi bojowe" (19.01.1945 rok).

101. SYTIN WASILIJ MICHAJŁOWICZ (ur. 1904 rok, wieś Dmitrowskaja, powiat twerski, gubernia twerska – zm. kwiecień 1987 rok, Kalinin). Wykształcenie podstawowe. W WKP(b) od 1939 roku; strażnik AChO Zarządu NKWD obwodu kalinińskiego od 2.11.1937 roku do sierpnia 1939 roku; nadzorca więzienia Zarządu NKWD obwodu kalinińskiego od sierpnia 1939 roku do października 1941 roku; w 1954 roku nadzorca więzienia wewnętrznego Zarządu MWD obwodu kalinińskiego, starszy sierżant. Odznaczenia: Order Czerwonej Gwiazdy (5.11.1954 rok).

102. SZCZEPKA TICHON SIERGIEJEWICZ (ur. 1905 rok, wieś Bondurowo, rejon gajworoński, obwód odesski – zm. lipiec 1984 rok, Charków), Ukrainiec. Wykształcenie – 6 klas; w organach NKWD od 1937 roku, w WKP(b) od 1945 roku; w 1940 roku nadzorca więzienia śledczego UGB Zarządu NKWD obwodu charkowskiego (wzmianka z 15.12.1937 roku); od 1945 roku dyżurny pomocnik komendanta komendantury Zarządu NKWD obwodu charkowskiego, starszy sierżant; w 1950 roku pracownik Zarządu MWD obwodu odesskiego (wzmianka z 1.11.1950 roku). Zwolniony z MWD 21.07.1953 roku Odznaczenia: Order Czerwonej Gwiazdy (12.05.1945 rok), medal „Za zasługi bojowe" (15.01.1945 rok).

103. SZEWIELOW ALEKSIEJ MAKAROWICZ (ur. 1907 rok, wieś Andronicha, rejon iwanowski, obwód kostromski – zm. kwiecień 1974 rok, Moskwa). Wykształcenie niepełne wyższe; w ACz w latach 1929–1931; od marca 1939 roku do września 1940 roku szef 11. wydzia-

łu I Oddziału Specjalnego NKWD ZSRS; szef 15. wydziału I Oddziału Specjalnego NKWD ZSRS (do 1943 roku?); w 1951 roku szef wydziału w Oddziale „A" MGB ZSRS. Stopnie: młodszy lejtnant BP (25.07.1938 rok), lejtnant BP (25.03.1939 rok,wzmianka z 26.10.1940 roku); podpułkownik. Odznaczenia: Order Czerwonej Gwiazdy (1.06.1951 rok), medal „Za zasługi bojowe" (30.04.1946 rok).

104. SZYGALOW IWAN IWANOWICZ (ur. 1900 rok, Kirżacz – zm. 1945 rok). W wojskach ochrony pogranicza od 1923 roku, w organach OGPU od 1925 roku, w WKP(b) od 1932 roku; od 1.09.1932 roku naczelnik biura przepustek OGPU; od 1.09.1934 roku funkcjonariusz do zadań specjalnych AChU NKWD; w 1936 roku naczelnik biura przepustek komendantury AChU NKWD ZSRS (wzmianka z 19.12.1936 roku); od 2.08.1938 roku komendant Zarządu NKWD obwodu moskiewskiego; od 4.08.1938 roku p.o. szefa AChO Zarządu NKWD obwodu moskiewskiego. Stopnie: sierżant BP (11.04.1936 rok), młodszy lejtnant BP (19.12.1936 rok), lejtnant BP (7.07.1937 rok), starszy lejtnant BP (17.03.1940 rok), major BP (11.02.1943 rok), podpułkownik BP (10.12.1943 rok). Odznaczenia: Order Lenina (21.02.1945 rok), dwukrotnie Order Czerwonego Sztandaru (20.09.1943 rok i 3.11.1944 rok), Order Czerwonej Gwiazdy (28.11.1936 rok), order „Znak Honoru" (19.12.1937 rok), odznaka „Zasłużony funkcjonariusz WCzK-GPU (XV)" (8.04.1934 rok).

105. SZYGALOW WASILIJ IWANOWICZ (ur. 1896 rok, Kirżacz – zm. 23.08.1942 rok). Wykształcenie podstawowe; w organach WCzK od 1920 roku, w RKP(b) od 1919 roku; w 1936 roku pomocnik naczelnika oddziału przyjęć aresztowanych komendantury AChU NKWD ZSRS (wzmianka z 19.12.1936 roku); funkcjonariusz do

zadań specjalnych wydziału komendanckiego AChU NKWD ZSRS. Zmarł 23.08.1942 roku. Stopnie: młodszy lejtnant BP (11.04.1936 rok), lejtnant BP (20.12.1936 rok), starszy lejtnant BP (7.07.1937 rok), kapitan BP (17.03.1940 rok). Odznaczenia: Order Czerwonego Sztandaru (19.12.1937 rok), Order Czerwonej Gwiazdy (28.11.1936 rok), order „Znak Honoru" (26.04.1940 rok), odznaka „Zasłużony funkcjonariusz WCzK-GPU (XV)" (20.12.1932 rok).

106. Tarasow Gieorgij Nikonorowicz (ur. 1908 rok, Smoleńsk – zm. październik 1975 rok, tamże). Wykształcenie podstawowe, w ACz i OGPU od 1930 roku, w WKP(b) od 1939 roku; od października 1939 roku do sierpnia 1941 roku starszy w bloku więzienia ogólnego nr 1 Zarządu NKWD obwodu smoleńskiego; w 1952 roku szef służby nadzorczej oddziału obozowego nr 1 OITK (Oddziału Kolonii Pracy Poprawczej) Zarządu MWD obwodu smoleńskiego; od 2.04.1954 roku inspektor sekcji specjalnej więzienia nr 1 Zarządu MWD obwodu smoleńskiego. Zwolniony z Zarządu Spraw Wewnętrznych Smoleńskiego Obwodowego Komitetu Wykonawczego 14.04.1959 roku ze względu na wiek. Stopnie: młodszy lejtnant BP (23.03.1945 rok), lejtnant (wzmianka z 1.11.1950 roku, 1952 rok). Odznaczenia: Order Czerwonej Gwiazdy (20.03.1952 rok), medal „Za zasługi bojowe" (30.04.1946 rok).

107. Tichonow Dmitrij Fiodorowicz (ur. 1899 rok – zm. ?). W organach NKWD od 1934 roku, bezpartyjny; od 25.08.1934 roku młodszy nadzorca aresztu śledczego Zarządu NKWD obwodu zachodniego; od 1.02.1937 roku nadzorca-strażnik 1. kategorii aresztu śledczego Zarządu NKWD obwodu zachodniego (smoleńskiego); w 1942 roku pracownik Zarządu NKWD Kraju Chabarowskiego (wzmianka z 15.04.1942 roku).

108. TICHONOW PAWIEŁ PAWŁOWICZ (ur. 1909 rok – zm. 1990 rok). W organach NKWD od 1939 roku, w WKP(b) od 1928 roku, kapitan BP (17.01.1939 rok), od stycznia 1939 roku do marca 1941 roku zastępca szefa Zarządu NKWD obwodu charkowskiego. Od 1954 roku zastępca przewodniczącego KGB przy Radzie Ministrów USRS, w latach 1959–1970 szef Zarządu KGB obwodu kijowskiego, generał major (18.02.1958 rok).

109. TIKUNOW IWAN JEGOROWICZ (GIEORGIJEWICZ) (ur. 1910 rok, Petersburg – zm. luty 1988 rok, Kalinin). Wykształcenie podstawowe; w ACz od 29.09.1931 roku do 30.03.1934 roku, w organach NKWD od 15.03.1935 roku, członek WKP(b) od 1940 roku; pracownik AChO Zarządu NKWD obwodu kalinińskiego od 15.03.1935 roku do września 1940 roku; komendant więzienia wewnętrznego Zarządu NKWD-NKGB obwodu kalinińskiego od września 1940 roku do października 1944 roku; w 1954 roku – starszy wykładowca punktu szkoleniowego Zarządu Milicji Zarządu MWD obwodu kalinińskiego, kapitan. Odznaczenia: Order Czerwonego sztandaru (25.06.1954 rok), Order Czerwonej Gwiazdy (24.11.1950 rok), 2 medale „Za zasługi bojowe" (20.09.1943 rok i 19.01.1945 rok).

110. TIMOSZENKO GRIGORIJ IWANOWICZ (ur. 1912 rok, wieś Pirogi, powiat kriemienczudzki, gubernia jekaterynosławska – zm. 24.07.1958 rok, Charków), Ukrainiec. Wykształcenie niepełne średnie, w organach NKWD od 1936 roku, członek WKP(b) od 1941 roku; od października 1937 roku do maja 1941 roku strażnik komendantury Zarządu NKWD obwodu charkowskiego; od 1.03.1951 roku inspektor (dyżurny) 8. wydziału milicji m. Charkowa; od 1951 roku sekretarz Oddziału Rejestracji i Ewidencji Zarządu Milicji Zarządu MGB-MWD obwodu charkowskiego,

młodszy lejtnant milicji (wzmianka ze stycznia 1955 roku). Odznaczenia: Order Czerwonej Gwiazdy (25.06.1954 rok), medal „Za zasługi bojowe" (12.05.1945 rok), 2 medale.

111. TIWANIENKO (TIWANIENKOW) ŁAZAR ANDRIEJEWICZ (ur. 1908 rok – zm. 7.08.1942 rok). W organach OGPU od 1932 roku, członek WKP(b) od 1931 roku; od 17.10.1932 roku strażnik komendantury PP OGPU obwodu zachodniego; od 15.04.1934 roku kurier do spraw łączności operacyjnej PP OGPU obwodu zachodniego; od 25.05.1937 roku dyżurny komendant Komendantury Zarządu NKWD obwodu zachodniego, potem smoleńskiego; politruk batalionu 60. gwardyjskiego pułku strzeleckiego 20. Gwardyjskiej Dywizji Strzeleckiej, poległ.

112. TOCZENOW AFANASIJ MATWIEJEWICZ (ur. 1910 rok, wieś Biełogorowo, rejon zubcowski, obwód kaliniński – zm. grudzień 1989 rok, miasto Żukowski, obwód moskiewski), w ACz w latach 1932–1934, w organach NKWD od 1935 roku, w WKP(b) od 1943 roku; szef magazynu dowodów rzeczowych Zarządu NKGB obwodu zachodniego; od 1.04.1936 roku nadzorca-wyprowadzający aresztu śledczego Zarządu NKWD obwodu zachodniego (smoleńskiego); od 31.07.1940 roku strażnik Oddziału Transportowo-Drogowego NKWD Kolei Zachodniej; w 1949 roku pracownik MGB ZSRS, starszy sierżant. Odznaczenia: Order Czerwonej Gwiazdy (25.07.1949 rok), medal „Za zasługi bojowe" (19.01.1945 rok).

113. WIGOROWSKIJ J. A., właściwie: WIGOWSKIJ JEFIM ANDRIEJEWICZ (ur. 1905 rok, wieś Albinowka, powiat żytomirski, gubernia wołyńska – zm. marzec 1980 rok, Charków), Ukrainiec, wykształcenie – 4 klasy; w ACz od 1933 roku, w WKP(b) od 1939 roku; od 1940 roku pracownik komendantury Zarządu NKWD obwodu

charkowskiego; w 1952 roku starszy nadzorca więzienia nr 1 Zarządu MWD obwodu charkowskiego, starszy sierżant. Odznaczenia: Order Czerwonego Sztandaru (20.03.1952 rok), Order Czerwonej Gwiazdy (12.11.1946 rok), medal „Za zasługi bojowe" (10.12.1945 rok).

114. ZACHAROW A. J. – nie odnaleziono informacji.

115. ZAJCEW ALEKSANDR GRIGORJEWICZ (ur. 1911 rok, wieś Popowskoje w powiecie jarosławskim, gubernia jarosławska – zm. 1972 rok, Kalinin). Urodził się w ubogiej rodzinie chłopskiej. Rosjanin. W Komsomole w latach 1934–1939; w WKP(b) od maja 1941 roku (kandydat od kwietnia 1939 roku). Wykształcenie: średnie niepełne, w 1932 roku ukończył 6 klas szkoły 2. stopnia w Kalininie; I rok na mechanicznym fakultecie robotniczym, Kalinin 1933 rok. W NKWD od 1936 roku; pracownik AChO Zarządu NKWD obwodu kalinińskiego od lutego 1936 roku do września 1940 roku; od 1951 roku pracownik Zarządu MGB obwodu kalinińskiego; lejtnant. Odznaczenia: Order Czerwonej Gwiazdy (24.11.1950 rok), medal „Za zasługi bojowe" (19.01.1945 rok).

116. ZILBERMAN KONSTANTIN SIERGIEJEWICZ (ur. 1895 rok, Moskwa – zm. maj 1978 rok, tamże), w organach WCzK od 1918 roku, członek WKP(b) od 1936 roku; zastępca szefa Głównego Zarządu Więziennictwa NKWD ZSRS. Zwolniony 22.11.1946 roku ze stanowiska szefa I Oddziału i zastępcy szefa Zarządu Więziennictwa MWD ZSRS w randze pułkownika. Na emeryturze mieszkał w Moskwie, pracował jako naczelnik Oddziału Centralnego Ochrony Wojskowej Ministerstwa Komunikacji. Stopnie: kapitan BP (14.12.1935 rok), major BP (14.03.1940 rok, wzmianka z 26.10.1940 roku). Odznaczenia: Order Lenina (21.02.1945 rok),

Order Czerwonego Sztandaru (3.11.1944 rok), Order Czerwonej Gwiazdy (20.09.1943 rok), order „Znak Honoru" (26.04.1940 rok), odznaka „Zasłużony funkcjonariusz WCzK-GPU (XV)" (20.12.1932 rok).

117. ZINOWJEW NIKOŁAJ PROCHOROWICZ (ur. 27.07.1910 rok, Smoleńsk – zm. 1970 rok, Symferopol), wykształcenie podstawowe (stan na kwiecień 1951 roku), średnie (stan na wrzesień 1966 roku); w ACz od 1.09.1929 roku; członek WKP(b) od 1939 roku; w 1940 roku kierowca Zarządu NKWD obwodu smoleńskiego (zob. oświadczenia P. Klimowa); od kwietnia 1951 roku zastępca szefa wydziału w Zarządzie MGB obwodu krymskiego; we wrześniu 1966 roku inspektor Zarządu Ochrony Porządku Publicznego Krymskiego Obwodowego Komitetu Wykonawczego. Stopnie: major (wzmianka z kwietnia 1951 roku). Odznaczenia: Order Czerwonego Sztandaru (24.11.1950 rok), Order Czerwonej Gwiazdy (19.01.1945 rok), medal „Za odwagę" (23.09.1965 rok), 3 medale.

118. ZIUSKIN (ZIUŚKIN) GRIGORIJ PIETROWICZ (ur. 1912 rok, wieś Zimnicy, rejon poczynkowski, obwód smoleński – zm. 16.06.1994 rok, Smoleńsk), wykształcenie podstawowe; w organach NKWD od 4.08.1937 roku, w WKP(b) od 1941 roku, nadzorca więzienia Zarządu NKWD obwodu smoleńskiego. W 1951 roku śledczy wydziału kryminalnego komendy milicji Zarządu MGB obwodu smoleńskiego; od 4.09.1951 roku przeniesiony do Zarządu MWD obwodu smoleńskiego; od 1952 roku kurier Zarządu MWD obwodu smoleńskiego: starszy sierżant milicji (wzmianka z czerwca 1952 roku). Odznaczenia: dwukrotnie Order Czerwonej Gwiazdy (12.03.1945 roku i 23.05.1952 roku), 6 medali.

119. ZORIN PIOTR MICHAJŁOWICZ (ur. 1910 rok, wieś Kwaszkino, powiat i obwód kaliniński – zm. luty 1985 rok, Kalinin), wykształcenie podstawowe; w organach NKWD od 1935 roku, członek WLKSM od 1933 roku; członek KPZS (wzmianka z grudnia 1954 roku); od 1935 roku strażnik-nadzorca Zarządu NKWD obwodu kalinińskiego; od 1.05.1938 roku nadzorca więzienia UGB Zarządu NKWD obwodu kalinińskiego, w 1954 roku nadzorca 1. kategorii więzienia wewnętrznego Zarządu KGB obwodu kalinińskiego; starszy sierżant (wzmianka z grudnia 1954 roku). Odznaczenia: Order Czerwonego Sztandaru (5.11.1954 rok), Order Czerwonej Gwiazdy (25.07.1949 rok), medal „Za zasługi bojowe" (19.01.1945 rok).

120. ZUBCOW WŁADIMIR PIETROWICZ (ur. 1899 rok, gmina Strielecka, powiat kozłowski, gubernia tambowska – zm. 1941 rok?), w organach WCzK od 1921 roku, członek RKP(b) od 1918 roku. Do 1.04.1934 roku szef Oddziału Kadr PP OGPU Krymu; od 4.05.1934 roku pracownik PP OGPU obwodu swierdłowskiego; od 21.07.1934 roku p.o. szefa Oddziału Kadr UGB i szefa sektora kadr Zarządu NKWD obwodu swierdłowskiego; od 5.11.1934 roku do 23.02.1937 roku szef Oddziału Kadr tamże; od 27.03.1937 roku szef Oddziału Kadr Zarządu NKWD obwodu zachodniego; od 3.07.1938 roku p.o. zastępcy szefa; od 4.09.1938 roku do 1941 roku zastępca szefa Zarządu NKWD obwodu smoleńskiego. Zaginął w 1941 roku w obwodzie smoleńskim, usunięty z list na mocy rozkazu MWD nr 1101 z 31.07.1946 roku. Stopnie: starszy lejtnant BP (25.12.1936 rok), kapitan BP (10.07.1938 rok, wzmianka z 26.10.1940 roku). Odznaczenia: odznaka „Zasłużony funkcjonariusz WCzK-GPU (XV)" (9.05.1938 rok).

121. ZUBOW NIKOŁAJ ALEKSIEJEWICZ (ur. 1908 rok, Tuła – zm. lipiec 1978 rok, Moskwa), wykształcenie średnie niepełne; w organach

NKWD od 1938 roku, członek WKP(b) od 1928 roku; w 1941 roku oficer operacyjny Wydziału Ewidencyjno-Operacyjnego Pionu Śledczego NKGB ZSRS; od 1945 roku w sekretariacie Komisji Specjalnej (OSO) NKWD ZSRS (wzmianka z 31.01.1945 roku); przeniesiony do MGB ZSRS 3.01.1947 roku (rozkaz nr 4); od 1950 roku pracownik pionu śledczego MGB ZSRS; major (wzmianka z grudnia 1950 roku); od 1954 roku sekretarz naczelnika Pionu Śledczego do spraw Szczególnej Wagi MWD ZSRS (wzmianka z lutego 1954 roku); od 1954 roku szef Sekretariatu Zarządu Śledczego KGB przy Radzie Ministrów ZSRS (wzmianka z lipca 1954 roku). Stopnie: sierżant BP (3.01.1939 rok, wzmianka z 26.10.1940 roku), major (wzmianka z lipca 1954 roku). Odznaczenia: Order Czerwonej Gwiazdy (25.06.1954 rok), medal „Za zasługi bojowe" (24.11.1950 rok).

122. Żurawlow Małach Małachowicz (ur. 1902 rok, Łopino, gmina spasska, powiat smoleński, gubernia smoleńska – zm. 19.05.1944 rok), bezpartyjny; od 26.09.1933 roku starszy nadzorca więzienia śledczego, PP OGPU obwodu zachodniego; od 1.01.1937 roku kurier 2. kategorii Oddziału Łączności Zarządu NKWD obwodu zachodniego; od 15.07.1938 roku daktyloskopista-bibliotekarz Zarządu NKWD obwodu smoleńskiego; zastępca dowódcy batalionu strzeleckiego 17. Gwardyjskiej Duchowiszczeńskiej Dywizji Strzeleckiej odznaczonej Orderem Czerwonego Sztandaru; starszy lejtnant gwardii. Poległ w walce.

123. Żurawlow Nikołaj Tichonowicz (ur. 26.08.1909 rok, wieś Szechmań, powiat lipiecki, gubernia tambowska – zm. 1968 rok, Kalinin). Syn średniozamożnego chłopa (ojciec zmarł w 1921 roku). Rosjanin. W partii komunistycznej od sierpnia 1944 roku. Wykształcenie: 1922 rok, czteroletnia szkoła wiejska w Szechma-

niu. Od maja 1925 roku do stycznia 1927 roku pracownik fizyczny w sowchozie, majątek Orłowa, gmina szechmańska; od stycznia 1927 roku do kwietnia 1927 roku pracował w gospodarstwie matki w Szechmaniu; od kwietnia 1927 roku do października 1932 roku elektromonter w kopalni im. Ruchimowicza, Lisiczańsk. W RKKA: od października 1932 roku do listopada 1934 roku czerwonoarmista 45. dywizji strzelców w jednostce wojskowej nr 1442, Kijowski Okręg Wojskowy. W organach NKWD-MWD: od grudnia 1934 roku do października 1941 roku kierowca 1. klasy samochodowo-technicznego wydziału AChO Zarządu NKWD obwodu kalinińskiego (wzmianka z 1940 roku); od października 1941 roku do grudnia 1941 roku kierowca Zarządu NKWD obwodu kalinińskiego, miasto Kaszyn; od grudnia 1941 roku do marca 1946 roku kierowca Zarządu NKWD obwodu kalinińskiego; od marca 1946 roku kierowca Zarządu MWD obwodu kalinińskiego (wzmianka z 12.03.1954 roku). Odznaczenia: 3 medale.

124. Żylcow Wasilij Iwanowicz (ur. 1912 rok, wieś Poddubie w powiecie kalinińskim, obwód kaliniński – zm. ?), wykształcenie – 6 klas; w ACz od 1934 roku, w organach NKWD od 1936 roku, członek WLKSM od 1932 roku, członek WKP(b) od 1939 roku; od 4.05.1938 roku nadzorca więzienia wewnętrznego Zarządu NKWD obwodu kalinińskiego; w 1951 roku pracownik Zarządu MGB obwodu kalinińskiego; lejtnant; pracownik Zarządu MWD obwodu kalinińskiego (wzmianka z 16.08.1952 roku i 16.06.1958 roku). Odznaczenia: Order Czerwonej Gwiazdy (24.11.1950 rok), medal „Za zasługi bojowe" (19.01.1945 rok).

125. Żyła Maksim Andriejewicz (ur. 15.08.1912 rok, wieś Połogi, rejon ochtyrski, obwód sumski – zm. ?). Ukrainiec. W partii komunistycznej od 1941 roku. W 1939 roku strażnik aresztu śledczego

Zarządu NKWD obwodu charkowskiego; od czerwca 1941 roku skierowany do RKKA; komendant Oddziału Specjalnego NKWD 18. Armii (wzmianka z października 1942 roku); szef garażu Oddziału Kontrwywiadu SMIERSZ 18. Armii Zakaukaskiego Okręgu Wojskowego do 1946 roku. Zwolniony wskutek redukcji etatów. Stopnie: sierżant BP (wzmianka z października 1942 roku); starszy lejtnant BP (wzmianka z 20.05.1945 roku). Odznaczenia: Order Czerwonej Gwiazdy (20.05.1945 rok*), medal „Za zasługi bojowe" (20.10.1942 rok*).

Jeden z „listy białoruskiej"

Latem 1940 roku minister spraw zagranicznych Włoch – hrabia Galeazzo Ciano – zwrócił się do ambasadora w ZSRS Augusto Rosso z prośbą o udzielenie informacji o losach i miejscu przebywania byłego pułkownika Wojska Polskiego Tadeusza de Winczi – Włocha z pochodzenia, którego Ciano znał osobiście. 8 sierpnia Ambasada Włoch skierowała oficjalny wniosek do przewodniczącego Rady Komisarzy Ludowych oraz ludowego komisarza spraw zagranicznych ZSRS Wiaczesława Mołotowa, w którym była mowa o tym, że zgodnie z ustaleniami strony włoskiej de Winczi został aresztowany. Pismo zawierało też prośbę o uwolnienie pułkownika[622].

Po zapoznaniu się z treścią wniosku, Mołotow wysłał go Ławrientijowi Berii do NKWD z krótką rezolucją: „tow. Beria. Co można powiedzieć na ten temat". Beria z kolei w celu wyjaśnienia wszystkich okoliczności sprawy przekazał prośbę Włochów zastępcy naczelnika V Oddziału (wywiadowczego) GUGB NKWD Pawłowi Sudopłatowowi z dopiskiem: „tow. Sudopłatow! Proszę szybko zdobyć potrzebne informacje i zaraportować do mnie. Ł. Beria 9/VIII-40.". Rozumiejąc, że chodzi o byłego polskiego oficera, Beria czuł, że będą problemy – wszak decyzją Politbiura KC WKP(b) z 5 marca 1940 roku dopiero co przeprowadzono masowe egzekucje polskich wojskowych i cywilów. Z Moskwy wysłano więc zapytanie do Białorusi.

---

[622] CA FSB, f. 3-os., op. 7, d. 4, l. 163.

Już następnego dnia, czyli 10 sierpnia 1940 roku, z NKWD Białorusi przyszło telegraficzne wyjaśnienie, że osoby o imieniu Tadeusz de Winczi nie ma w kartotekach NKWD BSRS, jest jednak informacja, że 20 września 1939 roku aresztowano Winczego Faddieja[623] Iwanowicza, rok urodzenia 1877, miejsce urodzenia i zamieszkania: chutor Priełow, gmina głębocka, powiat dziśnieński[624]. W telegramie informowano, że jest on właścicielem ziemskim i byłym majorem wojska polskiego, że został aresztowany przez grupę operacyjną NKWD „za działalność antysowiecką" i pociągnięty do odpowiedzialności z artykułu 72 (działalność antysowiecka) Białoruskiego Kodeksu Karnego. Dalej czytamy: „czynności śledcze zakończono 3 maja 1940 roku skierowano do Komisji Specjalnej (OSO) NKWD ZSRS. Aresztowany wraz z aktami śledztwa nr 56344 przetransportowany do Moskwy 22 maja 1940 roku"[625]. Na podstawie tej odpowiedzi można przypuszczać, że po zakończeniu sprawy w NKWD Białorusi zamierzano skazać Winczego na łagier. Wynika to z faktu, że OSO NKWD w tamtym okresie nie miało prawa skazywać na karę śmierci. Niezrozumiałe jest jednak, dlaczego w takim razie aresztanta przewieziono do Moskwy. OSO NKWD rozpatrywało sprawy zaocznie, więc obecność oskarżonego nie była konieczna. Zgodnie z zasadami sprawy przysłane do OSO zawsze rozpatrywano zaocznie, a decyzje, które tam zapadły, wysyłano do wykonania (czyli umieszczenia skazanego w więzieniu lub łagrze, zgodnie z wypisanym w GUŁagu zleceniem) w regionach. Można zatem podejrzewać, że w Moskwie na podstawie uzyskanych informacji w przypadku Winczego postanowiono postąpić inaczej.

Po zapoznaniu się z wiadomościami z Białorusi i zasięgnięciu informacji w centralnym aparacie NKWD Sudopłatow napisał na zapytaniu krótką frazę: „Narkomowi zaraportowano, że Tadeusz de Winczi został

---

[623] Faddiej to rosyjski odpowiednik imienia Tadeusz – przyp. tłum.
[624] W 1939 roku rejon głębocki i dziśnieński zostały włączone do obwodu wileńskiego.
[625] CA FSB, f. 3-os., op. 7, d. 4, l. 164.

rozstrzelany w maju 1940 roku. Sudopłatow. 10/VIII-40 r."[626]. Możemy z niej wywnioskować, kto i w jaki sposób podjął decyzję o rozstrzelaniu. Rzecz w tym, że danych o zamordowaniu Winczego nie ma w materiałach archiwalnych zespołu 7-os (CA FSB), gdzie zgromadzone są raporty o wykonaniu wyroków śmierci. Wyjaśnienie tego faktu może być tylko jedno – raporty dotyczące polskich obywateli rozstrzelanych wiosną 1940 roku (na podstawie decyzji Biura Politycznego z 5 marca) przechowywano osobno i nie przekazano ich do ogólnego zbioru dokumentów dotyczących egzekucji. Znaczy to, że Winczi został skazany na rozstrzelanie przez Specjalną Trójkę NKWD (Mierkułow, Kobułow i Basztakow). A do tego – co ciekawe – wyrok wykonano w Moskwie. Nie zachowały się informacje świadczące o tym, żeby wcześniej tak postępowano. Można jednak przypuszczać, że to niejedyny przypadek, kiedy polscy obywatele skazani na mocy decyzji Biura Politycznego z 5 marca 1940 roku byli rozstrzeliwani właśnie w Moskwie. Prawdopodobnie, zgodnie z obowiązującą wówczas procedurą, ich ciała spalono w krematorium, a prochy pochowano na Cmentarzu Dońskim. Czyli również w Moskwie należy postawić obiekt upamiętniający zamordowanych w 1940 roku Polaków.

Beria i Mołotow najpewniej nie chcieli zasmucać Włochów, więc ukryli przed nimi tragiczny koniec Winczego. A może w ogóle zaprzeczyli samemu faktowi jego uwięzienia? Byłoby to typowe. Wszak strona sowiecka na podobne zapytania i wnioski zazwyczaj lakonicznie odpowiadała, że nie dysponuje żadnymi wiadomościami na temat takiej czy innej osoby.

Dlaczego jednak Winczi został rozstrzelany? Czy tylko za to, że w momencie zatrzymania miał status (byłego wprawdzie) polskiego oficera i podpadł pod akcję aresztowań i egzekucji polskich obywateli w 1940 roku? Jakie porachunki mógł mieć z nim Kreml? Okazuje się,

---

[626] CA FSB, f. 3-os., op.7, d. 4, l. 163.

że w biografii oficera były rzeczy, o których nie wiedziało NKWD Białorusi, lecz wiedziało i pamiętało NKWD w Moskwie.

W latach 30. XX wieku w ambasadzie Włoch w Moskwie na stanowisku attaché handlowego pracował niejaki de Wintczi (tak przynajmniej jego nazwisko zapisano w dokumentach NKWD). Z dużym prawdopodobieństwem można przypuścić, że chodzi o jedną i tę samą osobę. Skromny attaché handlowy mimowolnie odegrał pewną rolę w stalinowskich czystkach w aparacie NKWD. Zdawało się, że w pierwszej połowie lat 30. moskiewskim czekistom udało się zwerbować de Wintcziego pod pseudonimem Winow. Dalej figurował on jako agent Oddziału Specjalnego NKWD, ale nie darzono go pełnym zaufaniem. Skończyło się tym, że większość czekistów związanych z de Wintczim rozstrzelano w latach 1937–1938. Pewne światło na te wydarzenia rzucają zeznania aresztowanego wicenaczelnika wydziału Oddziału Specjalnego NKWD Łazara Pierlina, który w kwietniu 1938 roku w trakcie śledztwa oświadczył, że tak naprawdę Winow był podwójnym agentem i sam zwerbował Pierlina do pracy dla włoskiego wywiadu. Pierlin zeznał również przeciwko ludziom, którzy byli jego bezpośrednimi przełożonymi w okresie pracy w Oddziale Specjalnym OGPU-NKWD: komisarzowi bezpieczeństwa państwowego 2. rangi Lwowi Zalinowi (rozstrzelany w 1940 roku) oraz starszym majorom bezpieczeństwa państwowego Ansowi Załpietierowi i Siemionowi Giendinowi (obaj rozstrzelani w 1939 roku). Twierdził, że wszyscy oni są rezydentami wywiadu francuskiego. Pierlina stracono jeszcze wcześniej – w 1938 roku. Samemu de Wintcziemu natomiast, jak można się domyślać, udało się wyjechać z ZSRS bez żadnych konsekwencji.

A potem nadszedł 1939 rok i inwazja sowieckich wojsk na Polskę. I jeśli Winczi aresztowany w chutorze Priełow i były attaché ambasady włoskiej to ta sama osoba, jasne staje się, dlaczego w maju 1940 roku Moskwa naprawiła błąd „niedopuszczalnej pobłażliwości" białoruskiego NKWD, które jego sprawę zamierzało skierować tylko do

Komisji Specjalnej. Zdaniem pamiętliwych moskiewskich czekistów Winczi zasługiwał na więcej. Przetransportowano go do Moskwy być może w celu dodatkowych wyjaśnień i przesłuchania, po czym sprawę natychmiast skierowano do rozpatrzenia przez specjalną trójkę (Mierkułowa, Kobułowa i Basztakowa). Najpewniej Winczi został dołączony do tych protokołów trójki, w których zapisani są również pozostali obywatele polscy aresztowani i rozstrzelani na terytorium Białorusi. Listy ich nazwisk nie zostały jeszcze znalezione. Dziś mówi się o nich „lista białoruska". Ale kto konkretnie wydał rozkaz dołączenia Winczego do listy proskrypcyjnej? Prawdopodobnie był to człowiek uprawniony również do skreślania z listy. Człowiek, od którego Beria zażądał informacji o losach Winczego, czyli Sudopłatow. Rzeczywiście zdarzały się przypadki, kiedy Sudopłatow wycofywał decyzję o rozstrzelaniu pewnych osób w celu wykorzystania ich w pracy wywiadowczej. Czasem wyprowadzano kogoś już z pociągu wiozącego na miejsce kaźni. Widzimy jednak, że Sudopłatow mógł równie dobrze zalecić umieszczenie kogoś w spisach osób przeznaczonych do rozstrzelania, przed wysyłaniem spisów do specjalnej trójki, w trybie przewidzianym rezolucją Biura Politycznego z 5 marca 1940 roku.

Gdzie szukać „listy białoruskiej" rozstrzelanych Polaków

Tak naprawdę odpowiedź na to pytanie powinna być zawarta w wielotomowych aktach śledztwa w sprawie zbrodni katyńskiej – sprawie nr 159, którą aż do 2004 roku prowadziła Główna Prokuratura Wojskowa Federacji Rosyjskiej. Do tej pory jednak nie wiemy, czy ta odpowiedź tam jest i czy Główna Prokuratura Wojskowa podjęła niezbędne kroki w celu odnalezienia „listy białoruskiej". Niestety, najważniejsze dokumenty tej sprawy dalej mają status tajnych. Wbrew obietnicom składanym na najwyższym szczeblu po katastrofie smoleńskiej w kwietniu 2010 roku, Rosja na różne sposoby spowalnia proces ich odtajniania i przekazywania kopii stronie polskiej.

Mimo wyjaśnienia okoliczności mordowania polskich obywateli na podstawie decyzji Biura Politycznego KC WKP(b) z 5 marca 1940 roku, śledztwo w ramach sprawy nr 159 powinno było ustalić nazwiska wszystkich ofiar straconych wiosną 1940 roku. I jeśli w przypadku 14552 jeńców wojennych internowanych w obozach w Kozielsku, Ostaszkowie i Starobielsku, a rozstrzelanych w Smoleńsku, Kalininie i Charkowie, było to możliwe, ponieważ w archiwum byłego Zarządu do Spraw Jeńców Wojennych i Internowanych NKWD zachowały się listy dyspozycyjne z nazwiskami i imionami rozstrzelanych, to podobnych wykazów z danymi osób cywilnych straconych w tym samym okresie – wiosną 1940 roku – nie odnaleziono.

Jak wynika z ogólnej notatki szefa KGB Aleksandra Szelepina (sporządzonej w 1959 roku), w sumie na mocy decyzji Politbiura z 5 marca 1940 roku w więzieniach Ukrainy i Białorusi rozstrzelano 7305 polskich obywateli, aresztowanych w okresie od września 1939 roku do kwietnia 1940 roku na terytorium Polski zajętym przez Armię Czerwoną. Zasadnicza różnica polegała na tym, że wziętych w niewolę polskich oficerów zgromadzono w trzech obozach, natomiast aresztowani wówczas przez organy NKWD polscy cywile przetrzymywani byli w więzieniach zarządów NKWD rozproszonych po zachodnich obwodach Ukrainy i Białorusi. Podstawę do ich aresztowania i mordowania stanowiła Stalinowska teoria „wrogów klasowych". Zgodnie z decyzją Politbiura z 5 marca 1940 roku, rozstrzelaniu podlegali członkowie rozmaitych „kontrrewolucyjnych organizacji szpiegowskich i dywersyjnych, byli obszarnicy, fabrykanci, byli polscy oficerowie, urzędnicy i uciekinierzy". Dokładnie według tych samych kryteriów i przynależności klasowej represjonowano w latach 1937–1938 obywateli ZSRS oraz obcokrajowców. Czyli Stalin znów zastosował swoją ulubioną metodę masowych rozstrzelań, lecz tym razem już na nowo zajętych przez ZSRS obszarach zachodnich. Sowietyzacja tych ziem w wykonaniu Stalina musiała pociągnąć za sobą proces selekcji społecznej i czystek poprzez aresztowania, egzekucje i masowe deportacje „klasowo obcych elementów".

Wiosną 1994 roku w Kijowie, w archiwum Służby Bezpieczeństwa Ukrainy (SBU), odnaleziono i przekazano do Prokuratury Generalnej RP spis nazwisk 3435 osób (w kolejności alfabetycznej) przetrzymywanych w więzieniach zachodnich obwodów Ukrainy, ze wskazaniem numerów dyspozycji, zgodnie z którymi wysłano ich na rozstrzelanie. Wielostronicowy dokument został opublikowany w Polsce, gdzie przyjęło się go nazywać „listą ukraińską". Czym jest? To przede wszystkim list towarzyszący z 25 listopada 1940 roku dołączony do wykazu 3435 więziennych teczek personalnych, które przekazywano na stałe przechowanie do ewidencyjno-archiwalnego oddziału NKWD w Moskwie. W spisie teczek dołączonym do listu znajdowały się nazwiska skazanych oraz numery dyspozycji z NKWD, zgodnie z którymi zostali straceni wiosną 1940 roku.

Oczywiste jest, że istniała analogiczna „lista białoruska" – przecież akta polskich obywateli rozstrzelanych w Białorusi również wysłano do Moskwy, gdzie miały być przechowywane. Na liście tej powinny widnieć nazwiska 3870 osób. Pozostaje pytanie, czy ta lista się zachowała.

Dlaczego „lista białoruska" mogła się nie zachować

„Lista ukraińska" znaleziona w archiwum Służby Bezpieczeństwa Ukrainy z całą pewnością była drugim egzemplarzem dokumentu (pozostawioną w archiwum kopią oryginału). Pierwszy razem z teczkami trafił do Moskwy i najprawdopodobniej był pozostawiony do celów informacyjnych w tym samym pomieszczeniu, co akta personalne w nim wymienione. Niewykluczone, że pierwszy egzemplarz

„listy ukraińskiej" został zniszczony w 1959 roku razem ze wszystkimi teczkami polskich obywateli rozstrzelanych na mocy decyzji Biura Politycznego z 5 marca 1940 roku. Taki sam los mógł spotkać oryginał „listy białoruskiej", który również trafił do oddziału archiwalno-ewidencyjnego NKWD i mógł być tam przechowywany razem z aktami osobowymi.

Pozostaje nadzieja, że w archiwum KGB Białorusi – podobnie jak to było w Ukrainie – zachował się drugi egzemplarz „listy białoruskiej" z wykazem akt personalnych wysłanych w 1940 roku do Moskwy. Jednak w odróżnieniu od archiwów NKWD Ukrainy, które nie w pełni, ale jednak udało się ewakuować w 1941 roku, archiwa Białorusi ucierpiały znacznie bardziej. Już 28 czerwca 1941 roku Niemcy zdobyli Mińsk, a pierwszego dnia wojny bomby zniszczyły siedzibę mińskiego NKWD. Z tego powodu szanse, że „lista białoruska" przetrwała gdzieś w materiałach archiwalnych dzisiejszego białoruskiego KGB, są bardzo niskie, ale jednak nie zerowe. Nie wiadomo bowiem, czy po 1990 roku podjęto próby gruntownych poszukiwań i czy przeprowadzono pełny, uwzględniający każdą kartę, przegląd zbiorów oddziału ewidencyjno--archiwalnego (I Oddziału Specjalnego) NKWD Białorusi w Mińsku oraz korespondencji tej instytucji z Moskwą.

Jak wiadomo, szef KGB Aleksandr Szelepin w notatce z marca 1959 roku proponował, żeby zniszczyć teczki wszystkich 21857 straconych polskich obywateli, lecz zachować do celów informacyjnych protokoły trójki NKWD (Wsiewołod Mierkułow, Bogdan Kobułow i Leonid Basztakow), która skazała ich na śmierć. Przy założeniu, że te protokoły przetrwały, nie byłoby potrzeby szukać „listy białoruskiej", ponieważ w nich figurowały nazwiska, imiona i numery teczek wszystkich rozstrzelanych Polaków – zarówno oficerów, jak i cywilów. Dziś archiwiści FSB oraz pracownicy Głównej Prokuratury Wojskowej, którzy badali sprawę, zgodnie twierdzą, że w 1959 roku funkcjonariusze KGB w swojej nadgorliwości spalili również te bezcenne protokoły trójki – dowody stalinowskiej zbrodni. Ale czy na pewno tak było? Przecież do tej pory nie przedstawiono dokumentów poświadczających zniszczenie tych teczek (a takie dokumenty zgodnie z obowiązującymi zasadami powinny zostać sporządzone). Niejasne pozostaje też, czy poświadczenia takie znaleziono w trakcie śledztwa i dołączono do materiałów sprawy nr 159. Historycy w każdym razie tego nie wiedzą. Dopóki zniszczenie w 1959 roku materiałów informacyjnych o sprawach rozstrzelanych Polaków (protokołów trójki, potwierdzeń wykonania wyroków trójki) nie zostało udowodnione na podstawie dokumentów, a za taki dowód może posłużyć wyłącznie pisemne poświadczenie zniszczenia spraw, pozostaje nadzieja, że materiały te zachowały się w archiwum FSB. W takim wypadku ich znalezienie to kwestia czasu i gotowości władz Rosji, by ostatecznie rozwiązać kwestię Katynia.

Czy można odtworzyć „listę białoruską"?

Jeśli jednak w archiwum KGB w Moskwie rzeczywiście w 1959 roku zniszczono cały kompleks akt osobowych straconych Polaków – i same teczki, i materiał informacyjny o nich – pojawia się pytanie, czy można odtworzyć zawartość „listy białoruskiej".

Duże znaczenie ma tu stopień zachowania archiwaliów NKWD w Mińsku i w zarządach NKWD w zachodnich obwodach Białorusi. Samo odtworzenie „listy białoruskiej", nawet przy całkowitym zachowaniu archiwów białoruskiego NKWD, to zadanie skrajnie pracochłonne, lecz wykonalne. Przede wszystkim istnieje ważne i stuprocentowo pewne kryterium, według którego można ustalić, czy dana osoba została rozstrzelana na podstawie decyzji z 5 marca 1940 roku. Jej akta śledcze i personalne po rozstrzelaniu powinny bezwzględnie być przechowywane w archiwum NKWD w Moskwie, podczas gdy akta innych ofiar represji (i jest to powszechnie obowiązująca zasada) pozostawiono w tych zarządach NKWD, które prowadziły śledztwa w ich sprawach. Oznacza to, że polscy obywatele, którzy zostali aresztowani przez organy białoruskiego NKWD, a których teczek nie ma w archiwach KGB Białorusi (ani w mińskim, ani w obwodowych) – to właśnie figuranci „listy białoruskiej". To charakterystyczna cecha całej operacji mordowania polskich obywateli w 1940 roku na mocy decyzji trójki kierowanej przez Mierkułowa – wszystkie ich teczki, dyspozycje na rozstrzelanie i protokoły wykonania kary śmierci wywieziono do Moskwy. A po tym, jak w latach 1943–1944 ZSRS ogłosił kłamliwe informacje o zbrodni katyńskiej i próbował obarczyć odpowiedzialnością Niemców, stopień tajności tych materiałów jeszcze się zwiększył. Trzymano je w specjalnym odizolowanym pomieszczeniu, a dostęp do wiedzy o nich miała tylko niewielka, ograniczona grupa funkcjonariuszy.

Zatem za najważniejszy wyznacznik należy uznać brak akt śledczych osoby aresztowanej w archiwach białoruskiego KGB. Czego w takim razie mamy szukać i z czym to porównywać? Przede wszystkim jednostką stałego przechowywania w archiwach KGB są dzienniki rejestracyjne spraw śledczych. Notowano tam nazwisko, imię i patronimik, datę rejestracji i numer sprawy. Czyli samych akt w archiwum nie ma, ale informacje o nich pozostały w dziennikach. Jeśli dzienniki zachowały się w obwodowych zarządach KGB Białorusi, to należy je zbadać i sporządzić kompletny wykaz Polaków aresztowanych w okresie od września 1939 roku do początku maja 1940 roku. Oprócz wspomnianego źródła być może zachowały się okładki nakazów aresztowań (odrywana część nakazu była dołączana do teczek wydziałów operacyjnych). Na podstawie tych materiałów również można sporządzić listę aresztowanych we wskazanym okresie.

Kolejny krok to ustalenie, czyich teczek z owego kompletnego wykazu uwięzionych brakuje w archiwach KGB Białorusi. Po takiej operacji zostaną ci, którzy najprawdopodobniej zostali rozstrzelani właśnie na podstawie decyzji Politbiura z 5 marca 1940 roku. Poza tym w wyjaśnieniu losów tych ludzi pomoże baza danych o represjonowanych obywatelach Polski, której tworzeniem już 20 lat zajmuje się rosyjskie stowarzyszenie Memoriał oraz Fundacja Ośrodek „Karta" w Warszawie. Stopniowe odsiewanie tych osób, których losy oraz miejsce przechowywania akt śledczych są znane, powinno w efekcie doprowadzić do odtworzenia (nawet jeśli z pewnymi błędami i lukami) „listy białoruskiej". Wymaga to oczywiście ogromnej pracy, a jej efektywność zależy m.in. od gotowości strony białoruskiej, żeby otworzyć archiwa KGB oraz zorganizować prace dotyczące poszukiwania i opracowywania potrzebnych materiałów. Jednak, znając białoruskie realia polityczne, nie można liczyć na tego rodzaju otwartość.

Czego jeszcze należy szukać w archiwum FSB w Moskwie

Co w latach 90. nie pozwalało i dalej nie pozwala przeprowadzić odpowiedniego przeglądu archiwaliów? Przede wszystkim „feudalne" rozdrobnienie resortów odpowiedzialnych za poszukiwania i badania. Wszak prokuratorzy wojskowi w trakcie śledztwa w związku ze „sprawą katyńską" nie zajmowali się bezpośrednio (to znaczy sami, osobiście) szukaniem materiałów archiwalnych w archiwach KGB, a następnie FSB. Zwracali się tylko pisemnymi prośbami o odnalezienie i wysłanie im wszystkich materiałów dotyczących egzekucji polskich obywateli w 1940 roku. Z kolei archiwiści służby bezpieczeństwa zapewne przeglądali teczki i robili kopie tych dokumentów, które według nich miały związek ze sprawą. A jeśli w jakimś dokumencie nie było wprost mowy o Polakach? Przecież tylko osoba prowadząca śledztwo i znająca całość już zgromadzonego materiału może określić (czasem na podstawie szeregu pośrednich wskazówek), jakie dokumenty rzucają światło na sprawę i mogą mieć wartość informacyjną. Na przykład zaszyfrowane telegramy wysłane wiosną 1940 roku do Moskwy do zastępcy narkoma spraw wewnętrznych Mierkułowa, które zawierały raporty wykonania rozkazów rozstrzelania z zarządów NKWD w Kijowie, Mińsku i innych miastach Ukrainy i Białorusi, na pierwszy rzut oka wydają się nieistotne: „29 kwietnia wykonano (i dalej cyfra)". Ani słowa o Polakach! Tymczasem to niezwykle cenna informacja, która pozwala nie tylko prześledzić dynamikę egzekucji według list „ukraińskiej" i „białoruskiej", lecz również ustalić kompletny wykaz zarządów NKWD, w których odbywały się rozstrzelania. W ten sposób można stawiać tezy na temat miejsc pochówku, żeby następnie szukać ich w terenie i przeprowadzać ekshumacje.

Najważniejsze wskazówki to: skąd wychodzi informacja, do kogo jest skierowana i czego dotyczy. Konieczny jest pełny przegląd wszystkich szyfrowanych telegramów wysyłanych z NKWD ZSRS do lokalnych zarządów NKWD Ukrainy i Białorusi, a także telegramów z tych zarządów do Moskwy na nazwisko Mierkułowa, zawierających raporty o wykonaniu rozkazów. Poza tym niewykluczone, że zlecenia lub imienne dyspozycje wykonania decyzji trójki dotyczących rozstrzelania Polaków były wysyłane przez Mierkułowa do Białorusi i Ukrainy również w postaci szyfrowanych telegramów. Jeśli przypuszczenie to jest słuszne, listy Polaków straconych w białoruskich więzieniach można odtworzyć również na podstawie dyspozycji przekazywanych w owych telegramach.

Osobny temat to oprawcy. Nazwiska ludzi, którzy rozstrzeliwali jeńców w Smoleńsku, Kalininie i Charkowie, poznaliśmy dzięki znalezionemu w archiwach i opublikowanemu rozkazowi NKWD nr 011365 z 26 października 1940 roku o przyznaniu im nagród pieniężnych. Niewykluczone, że pracownicy, którzy wykonywali wyroki śmierci na Polakach w więzieniach Ukrainy i Białorusi, też zostali w jakiś sposób odznaczeni. Jednak do tej pory wszystkie rozkazy NKWD ZSRS (zarówno te tajne, jak i jawne) za rok 1940 zostały dość dobrze zbadane i nie znaleziono tam żadnych informacji o tych osobach. Całkiem możliwe, że odznaczono je na podstawie rozkazów wydanych przez narkomów spraw wewnętrznych Ukrainy i Białorusi.

Póki co nie wiadomo, czy podjęto poszukiwania tych rozkazów w archiwach Służby Bezpieczeństwa Ukrainy i KGB Białorusi oraz ich analizę pod kątem zidentyfikowania rozkazów o przyznaniu nagród wykonawcom egzekucji polskich obywateli.

Niestety, wnioski na dziś są mało optymistyczne. Sprawa nr 159 dotycząca rozstrzelania Polaków w 1940 roku już dawno została umorzona przez Główną Prokuraturę Wojskową, a najważniejsze pytania – a takich jest niemało – nie zostały do tej pory wyjaśnione.

Tyran u schyłku życia

Trudno sobie wyobrazić coś bardziej odrażającego. Stary dyktator przy pomocy podporządkowanego mu osobiście aparatu tajnej policji terroryzuje swoich najbliższych współpracowników i dopuszcza się bezprawia. A przecież nie chodzi bynajmniej o latynoamerykańskiego uzurpatora w jakiejś bananowej republice. Stoi przed nami przywódca wielkiego mocarstwa. Jego kult organy propagandy szerzyły tak długo i z taką gorliwością, że wielu obywateli prawie go wielbiło, a do dziś jego wyznawcy uważają go za największego działacza epoki sowieckiej. Ale czy znają go naprawdę? Stalina – człowieka, a nie mit o nim?

Dokumenty publikowane poniżej mogą otworzyć oczy tym, którzy dotąd negują fakt osobistego udziału Stalina w zbrodniach.

To interesujące, że domagając się stosowania tortur, Stalin odwoływał się do Lenina, próbując wpoić czekistom przekonanie, że takie metody były konieczne i uświęcone autorytetem założyciela państwa sowieckiego. Przewodniczący Rady Komisarzy Ludowych Lenin interesował się wszystkimi ważnymi elementami działalności WCzK, a czasami wręcz osobiście pisał Dzierżyńskiemu, kogo powinien aresztować, a kogo można wypuścić z więzienia – takie zachowanie było charakterystyczną cechą sowieckiego systemu politycznego. Stalin działał w identyczny sposób, przejął i w znacznym stopniu udoskonalił codzienne sterowanie systemem bezpieczeństwa państwowego. I nie jest ważne, że Lenin nie dawał instrukcji w sprawie stosowania tortur [wbrew temu, co twierdził Stalin, red.]. Owszem, mógł zlecić, ile sobie życzył egzekucji bez sądu, ale nie tortury (przynajmniej nie widzieliśmy takich dokumentów). Stalin zapomniał i o tym, że w 1925 roku Lenin nie mógł, spoczywając już od ponad roku w mauzoleum, domagać się od Dzierżyńskiego rozprawy nad Borisem Sawinkowem w kazamatach OGPU. Ale Gruzin pamiętał o najważniejszym: Lenin nie patyczkował się z wrogami i nie przejmował się formalnymi ograniczeniami prawa. Stalin zdołał przekonać siebie samego i przekonywał kierowników MGB, że tak było za Lenina i tak powinno być zawsze. I do samej śmierci szczerze uważał się za marksistę i kontynuatora sprawy Lenina.

Po śmierci Stalina żaden z członków Prezydium KC z jego najbliższego otoczenia nie odważył się na podobne zbrodnie, na kontynuację tak otwarcie łamiącego prawo kursu represyjnego. I to jest chyba najbardziej ewidentne świadectwo osobistej klęski Stalina, jego politycznej przegranej. Zbyt długo trzymał wszystkich w strachu. Nikt z jego najbliższych współpracowników nie stał się godnym następcą, dorównującym mu w katowskim fachu. Nawet Beria, który kiedyś, będąc narkomem spraw wewnętrznych, wykonywał zbrodnicze rozkazy Stalina. To on jako pierwszy rzucił się do demaskowania zbrodni despoty. I właśnie on nakazał przeprowadzenie dochodzenia w sprawie działalności ostatniego stalinowskiego ministra bezpieczeństwa państwowego Siemiona Ignatjewa (od sierpnia 1951 roku do marca 1953 roku). Beria zażądał od Ignatjewa wyjaśnień w sprawie całego szeregu spreparowanych spraw, wszczętych przez MGB z bezpośredniego polecenia Stalina.

Na wizytę do Ignatjewa wysłano naczelnika pionu śledczego Włodzimirskiego. Ten uzyskał od byłego ministra bezpieczeństwa państwowego pisemne informacje i dodatkowe ustne wyjaśnienia.

Rehabilitacja lekarzy kremlowskich odbyła się 3 kwietnia 1953 roku, a następnego dnia na pierwszych stronach informowały o tym sowieckie gazety. A już dzień później Ignatjew został w niesławie usunięty ze stanowiska sekretarza KC, a 28 kwietnia 1953 roku – w ogóle z KC KPZS[627]. Materiały dotyczące udziału Stalina w przestępstwach Beria zamierzał wykorzystać nie tylko do rozprawienia się z Ignatjewem, lecz także w celu budowania własnego wizerunku obrońcy sprawiedliwości. Według wspomnień Konstantina Simonowa, przygotowane przez Berię dokumenty przekazywano do zapoznania się członkom KC KPZS na Placu Starym: „lektura była ciężka", dokumenty dotyczące bezpośredniego udziału Stalina w całej historii „lekarzy-zabójców" świadczyły o jego „podejrzliwości i okrucieństwie, graniczącymi z psychozą"[628]. Wkrótce dokumenty te przestano jednak rozpowszechniać. I kiedy Simonow opowiedział o całej historii członkom KC Aleksandrowi Fadiejewowi i Aleksandrowi Korniejczukowi, którzy nie zdążyli ich przeczytać z powodu wyjazdu za granicę, ci nie wierzyli własnym uszom[629]. Jak zauważa Simonow, „to było przerażające – czytać te dokumenty świadczące o zaczynającym się rozkładzie osobowości, o okrucieństwie, o podejrzliwości graniczącej z szaleństwem, dokumenty, które na tydzień podsunął nam pod nos powstrzymany później przez kogoś Beria"[630]. Lektura nie poszła jednak na marne. Dzięki niej Simonow już w 1953 roku był przygotowany na „moralny cios", który wielu innym przyszło przeżyć podczas wystąpienia Chruszczowa na XX Zjeździe. Również dzisiaj dokumenty te stanowią bezpośredni i przekonujący dowód jednoczesnej siły i bezsilności Stalina pod koniec życia, kiedy nawet pracownicy aparatu MGB rozumieli, jak pisał w notatce Goglidze, że ewidentnie wymaga się od nich łamania prawa. Ale nikt z nich nie śmiał się przeciwstawić woli wodza… Czyż nie jest to lekcja dla współczesności?

---

[627] *Ławrientij Bierija, 1953*, s. 23–25, 398.
[628] K. M. Simonow, *Głazami czełowieka mojego pokolenija. Razmyszlenija ob I. W. Stalinie*, Moskwa 1989, s. 275–276.
[629] Tamże.
[630] Tamże, s. 283.

Wykaz załączników cd.

Dokument nr 2

Notatka szefa III Zarządu MWD ZSRS S. A. Goglidzego dla ministra spraw wewnętrznych ZSRS Ł. P. Berii w sprawie śledztwa MGB ZSRS dotyczącego „sprawy lekarzy". 26 marca 1953 roku[631].

Ściśle tajne

26 MARCA 1953 ROKU

Do towarzysza Ł. P. Berii

W związku z błędami i wypaczeniami, ujawnionymi przez MGB ZSRS przy sprawie lekarzy Kliniki Kremlowskiej, aresztowanych czekistów i innych sprawach, uważam za swój obowiązek zameldować o okolicznościach, które doprowadziły do tak poważnego fiaska.

Po decyzji KC z 11 lipca 1951 roku O złej sytuacji w Ministerstwie Bezpieczeństwa Państwowego ZSRS, MGB zostało zobowiązane do kontynuacji śledztwa w sprawie działalności terrorystycznej grupy Etingera.

O ile wiem, w czerwcu 1951 roku, spośród funkcjonariuszy MGB wyłoniono grupę specjalną, której zadaniem było zorganizowanie działalności agenturalnej wśród personelu medycznego pracującego obecnie i wcześniej na oddziałach Kliniki Kremlowskiej, jak również wśród specjalistów, których Klinika Kremlowska angażowała do konsultacji ws. leczenia chorych.

O przebiegu działań owej grupy specjalnej nie mogę niczego powiedzieć, ponieważ wkrótce zostałem przeniesiony do Uzbekistanu i ponownie wróciłem do pracy w MGB ZSRS pod koniec miesiąca lutego 1952 roku, i zostałem szefem Głównego Zarządu Kontrwywiadu w Armii Sowieckiej i Marynarce Wojennej i jednocześnie zastępcą ministra. Jako wiceminister dostałem polecenie pokierowania pracą Głównego Zarządu Ochrony Transportu Kolejowego i Wodnego, Oddziałem „K" i kilka miesięcy później Oddziałem „A" (Ewidencyjno-Archiwalnym).

W przebiegu działalności agenturalnej i pracy śledczej w sprawie lekarzy z Kliniki Kremlowskiej nie byłem zorientowany. Dopiero jesienią 1952 roku w związku z usunięciem byłego dyrektora kliniki Jegorowa i mianowaniem na to stanowisko towarzysza Kupierina, od ministra bezpieczeństwa państwowego

---

[631] Składnia oryginału (przyp. red.).

Ignatjewa dowiedziałem się, że ponoć do kierownictwa Kliniki Kremlowskiej przedostali się ludzie nieuczciwi, że materiały śledztwa i pracy agenturalnej, materiały ekspertyz dowodzą, że wśród lekarzy i przede wszystkim w klinice, istnieje wroga grupa dopuszczająca się przestępstw w trakcie leczenia kierownictwa Partii i Rządu, a nawet kierownictwa krajów „demokracji ludowej", przedstawicieli bratnich partii komunistycznych itd.

W okresie późniejszym stopniowo z ust towarzyszy Ignatjewa i Riumina dowiadywałem się o niektórych szczegółach tej sprawy. W szczególności powiedzieli mi, że Oddział Śledczy do spraw Szczególnej Wagi pod kierownictwem byłego naczelnika Riumina wykonał dużą „robotę" polegającą na zbadaniu historii chorób wielu wysokich rangą towarzyszy, których leczenie odbywało się w Klinice Kremlowskiej, i że w celu rozstrzygnięcia kwestii, jakie stanęły przed MGB ZSRS, przeprowadzono ekspertyzę medyczną (i to nie jedną), do tego zadania zostali zaangażowani sprawdzeni i doświadczeni lekarze z różnych miast Związku Sowieckiego i że jakoby wszystkie dane, pozwalające ustalić personalia chorych, lekarzy czy nazwy instytucji zostały przed nimi utajnione.

Riumin pochwalił się nawet dużym stopniem trudności zadań wykonanych przez Oddział Śledczy i zastosowaniem szeregu kombinacji operacyjnych, które pozwoliły mu zorientować się w kwestiach diagnostyki, jakości leczenia, ujawnić osoby, które dopuszczały się przestępstw w trakcie leczenia przywódców Partii i Rządu, powodujących uszczerbek na ich zdrowiu, a w niektórych przypadkach prowadzących do przedwczesnej śmierci (t. Szczerbakowa, t. Dimitrowa, t. Żdanowa).

W połowie miesiąca listopada MGB ZSRS aresztowało: byłych dyrektorów Kliniki Kremlowskiej Busałowa, Jegorowa, lekarzy Winogradowa, Wasilenkę, Majorowa, Fiodorowa, Karpaja, Wowsi, Kogana i innych.

W ciągu całej jesieni 1952 roku bywając z meldunkami u ministra bezpieczeństwa państwowego towarzysza Ignatjewa, nie mogłem nie zwrócić uwagi na jego skrajne przygnębienie. Odpowiadając na moje pytania, towarzysz Ignatjew skarżył się na wyjątkowo powolny przebieg śledztwa w sprawie O działalności terrorystycznej w Klinice Kremlowskiej, że mimo codziennych bardzo surowych instrukcji i ostrzeżeń ze strony towarzysza Stalina, nie udaje się ujawnić źródeł działalności terrorystycznej lekarzy w Klinice Kremlowskiej, nie udaje się wykryć wspólników i organizatorów dokonanych przestępstw. Jeszcze gorzej ma się sprawa, mówił towarzysz Ignatjew, śledztwa dotyczącego szkodnictwa Abakumowa – Szwarcmana i że w tej sprawie instrukcje towarzysza Stalina nie są wykonywane, ponieważ do tej pory nie została ujawniona „szpiegowska" działalność tej grupy i aresztowani nie składają potrzebnych zeznań.

W związku z tą sytuacją, mówił towarzysz Ignatjew, towarzysz Stalin ocenia pracę MGB bardzo negatywnie.

W pierwszych dniach miesiąca listopada Ignatjew, Riasnoj, ja i Riumin zostaliśmy wezwani do gabinetu towarzysza Stalina w związku z oświadczeniem pracowników Zarządu Wywiadu MGB towarzyszy Kaszczejewa i Galicyna i otrzymaliśmy polecenie przygotowania projektu reorganizacji służby wywiadu i kontrwywiadu MGB ZSRS. Jednocześnie towarzysz Stalin zgłosił bardzo poważne zastrzeżenia w związku z przebiegiem śledztwa w sprawie lekarzy Kliniki Kremlowskiej.

Towarzysz Stalin ocenił, że śledczy pracują bez zaangażowania, że nieumiejętnie wykorzystują sprzeczności i przejęzyczenia aresztowanych w celu ich zdemaskowania, nieudolnie stawiają pytania, nie chwytają się każdej, najmniejszej nawet możliwości, żeby złapać aresztowanego w swoje ręce, itd., itp.

Towarzysz Stalin wracał do negatywnej oceny pracy śledczych Oddziału Śledczego do spraw Szczególnej Wagi MGB ZSRS zarówno podczas osobistych spotkań ze mną, jak i podczas rozmów telefonicznych. Nigdy nie miał nawet cienia wątpliwości co do sprawy lekarzy Kliniki Kremlowskiej i uważał, że tam rzeczywiście działała zorganizowana grupa terrorystyczna i że z powodu politycznej niefrasobliwości, krótkowzroczności i pobłażliwości pracowników MGB graniczących z przestępczym działaniem wobec Partii i Rządu grupa ta nie została w porę zdemaskowana.

Utrwaliło się przekonanie, że czekiści utracili zaufanie Partii i Rządu i że przede wszystkim towarzysz Stalin uważał, iż duża grupa pracowników MGB utraciła polityczny węch, wśród czekistów jest wielu karierowiczów, sobków, nierobów, którzy swój dobrobyt stawiają wyżej niż interesy państwa. Mówiąc krótko, uważano nas za „wielmożów", jak nierzadko mówił sam towarzysz Stalin.

W drugiej dekadzie miesiąca listopada towarzysz Ignatjew zachorował obłożnie. 20 listopada towarzysz Stalin wezwał do swojego gabinetu towarzyszy Ogolcowa, Pitowranowa i mnie w celu przeanalizowania zaprezentowanego przez nas projektu dotyczącego organizacji Głównego Zarządu Wywiadu. Dyskusja odbyła się w wyjątkowo napiętej i ostrej atmosferze. Spadł na nas grad zarzutów o charakterze politycznym.

Krótko mówiąc, sprowadzały się do tego, że MGB ZSRS dopuściło się bardzo poważnych błędów w organizacji pracy wywiadowczej za granicą, rezygnując z zastosowania w walce z przeciwnikiem dywersji i terroru, że zasłaniając się „zgniłymi i szkodliwymi dywagacjami o rzekomej niezgodności dywersji i terroru wobec wrogów klasowych z marksizmem-leninizmem stoczyliśmy się z pozycji rewolucyjnego marksizmu-leninizmu na pozycje burżuazyjnego liberalizmu i pacyfizmu", że także działania kontrwywiadu wewnątrz kraju polegające na walce z agenturą wywiadów innych państw są źle zorganizowane i nieudolnie prowadzone. Czekiści, upojeni zwycięstwami w Wielkiej Wojnie Ojczyźnianej i sukcesami budownictwa komunistycznego, zostali porażeni idiotyczną chorobą pobłażliwości i niefrasobliwością, wykazali się polityczną krótkowzrocznością wobec szkodniczych, szpiegowsko-dywersyjnych działań wrogów. Te oskarżenia towarzysz Stalin ilustrował za pomocą sprawy lekarzy Kliniki Kremlowskiej oraz sprawy Abakumowa – Szwarcmana i pod koniec rozmowy zapowiedział, że urządzi czekistom „ogólnonarodową czystkę", by usunąć z ich szeregów wielmożnych nierobów, wyrodków, itd.

Tego samego dnia zapadła decyzja o mianowaniu towarzysza Ogolcowa i mnie na stanowiska pierwszych zastępców ministra bezpieczeństwa państwowego. W tej sytuacji nie można było nie zgodzić się na tę nominację, bo mogło to zostać uznane za tchórzostwo i dezercję.

Jako pierwszy zastępca ministra otrzymałem polecenie doglądania pracy śledczych do spraw szczególnej wagi, co oznaczało przede wszystkim demaskowanie szkodnictwa lekarzy Kliniki Kremlowskiej. Zostałem również zobowiązany do odświeżenia składu grupy śledczych do spraw szczególnej wagi przez usunięcie z niej osób nieprzydatnych i zastąpienie ich nowymi świeżymi siłami śledczymi z organów regionalnych.

13 listopada Riumin został usunięty ze stanowiska zastępcy ministra i szefa Oddziału Śledczego do spraw Szczególnej Wagi z powodu niesprostania postawionym zadaniom i na czele Oddziału Śledczego tymczasowo stanął towarzysz Sokołow.

Towarzysz Sokołow zapoznał mnie z przebiegiem śledztwa w sprawie lekarzy Kliniki Kremlowskiej. Od niego dowiedziałem się, że w stosunku do aresztowanych lekarzy na bezpośrednie polecenie towarzysza Stalina zastosowano środki oddziaływania fizycznego i założono im kajdanki, i w efekcie prawie wszyscy aresztowani przyznają się do przestępstw w trakcie leczenia przywódców Partii i Rządu. Takie zeznania dali w październiku Jegorow, Busałow, Majorow i Fiodorow, a w listopadzie Winogradow i Wasilenko.

Instrukcje dotyczące zastosowania kajdanek i środków oddziaływania fizycznego osobiście słyszałem z ust towarzysza Stalina, jeszcze zanim zameldował mi o tym towarzysz Sokołow. Przy czym do bicia aresztowanych zgodnie z bezpośrednim rozkazem została przydzielona specjalna grupa składająca się z osób spoza grona śledczych.

Kilka dni po mojej nominacji na pierwszego zastępcę ministra zadzwonił do mnie towarzysz Poskriebyszew i poinformował, że 1 grudnia odbędzie się Prezydium KC KPZS, w czasie którego przewidziano dwa punkty obrad dotyczące MGB: O szkodnictwie w Klinice Kremlowskiej i O sytuacji w Ministerstwie Bezpieczeństwa Państwowego i że należy przygotować dla towarzysza Stalina dwa raporty na te tematy, a ja mam być gotowy do złożenia raportu podczas Prezydium.

1 grudnia w trakcie omówienia raportów podczas Prezydium i 5 grudnia podczas podejmowania decyzji na podstawie raportów towarzysz Stalin ponownie i z jeszcze większą siłą powtórzył swoje wcześniejsze oskarżenia o wypaczeniach w pracy, oceniając, że zapomnieliśmy o starych tradycjach czekistów, zapomnieliśmy, że ze zdziczałym wrogiem klasowym nie można walczyć w białych rękawiczkach, że chcielibyśmy pozostać „czyściutkimi", nie stosując aktywnych środków walki w interesach państwa socjalistycznego, zapomnieliśmy instrukcje Lenina, itd. Nie pominął i śledczych. Towarzysz Stalin mówił, że nie dysponujemy śledczymi-rewolucjonistami, że to „bonzowie", pasożyty, mieńszewicy, do pracy nie przykładają żadnych starań, poprzestają na przyznaniu się aresztowanych, itd.

Towarzysz Stalin prawie codziennie pytał o przebieg śledztwa w sprawie lekarzy i w sprawie Abakumowa – Szwarcmana, rozmawiając ze mną przez telefon i czasami wzywając do swojego gabinetu. Zazwyczaj mówił z dużym rozdrażnieniem, nieustannie dając wyraz niezadowoleniu z przebiegu śledztwa, lżył, groził, a najczęściej żądał, by aresztowanych bić: „Bić, bić, bić bez litości". Moje uwagi, że może to doprowadzić do śmierci aresztowanych, że niektórzy aresztowani, jak np. Wowsi, Kogan, zeznają bez stosowania represji – wywoływały jeszcze większe rozdrażnienie i zarzuty, że jego polecenia nie są wypełnianie.

W takich nienormalnych okolicznościach toczyło się śledztwo. Żądano ode mnie zeznań, w których aresztowani lekarze przyznaliby się do działania w złej wierze we wszystkich przypadkach, gdy doszło do śmierci wysoko postawionych pracowników (towarzyszy Żdanowa, Szczerbakowa, Dimitrowa, Tołbuchina, Jefriemowa i innych) lub we wszystkich przypadkach poważnych zachorowań (towarzyszy Andriejewa, Toreza, Tokudy (jeden to Francuz, drugi Japończyk), Wasilewskiego, Goworowa, Lewczenki i innych).

Ma się rozumieć, że wszystkie te żądania towarzysza Stalina przekazywałem śledczym.

Nowe aresztowania przeprowadzano bez wystarczających dowodów, a czasami wręcz bez żadnych materiałów. Tak aresztowano neuropatologa Popowa, otolaryngologa Prieobrażeńskiego, terapeutę Zielenina i innych, na których nie było w MGB żadnych materiałów kompromitujących. Wystarczyło, że ktokolwiek z aresztowanych wymienił nazwisko nowego lekarza, nawet w charakterze członka konsylium, a najczęściej kończyło się to poleceniem towarzysza Stalina, by go aresztować.

W związku z tym wielokrotnie wstrzymywałem przekazanie tych protokołów, w których pojawiały się nowe osoby, lub przekazywałem je z adnotacją, że wobec tych nowych osób została rozpoczęta aktywna działalność agenturalna i jej wyniki zostaną przedstawione dodatkowo. Ale nie zawsze przynosiło to pozytywny efekt.

Można mi zadać w pełni uzasadnione pytanie: jak oceniałem sprawę lekarzy Kliniki Kremlowskiej?

Sumienie nakazuje mi przyznać, że w głębi duszy nigdy nie wierzyłem w istnienie i zorganizowane funkcjonowanie w Klinice Kremlowskiej grupy terrorystycznej, a tym bardziej że działała ona na zlecenie wywiadów państw kapitalistycznych. Do takich wniosków doszedłem, ponieważ nikt z aresztowanych nie potwierdził istnienia spisku, zamierzonemu szkodnictwu wszyscy zaprzeczali, a opisane przez Winogradowa, Wowsi i Kogana związki szpiegowskie urywały się na osobach nieżyjących.

Jedyną żyjącą osobą wskazaną przez Winogradowa był już wcześniej aresztowany i skazany na 25 lat lekarz Berlin. Został on ściągnięty z łagru do Moskwy, „przyznał się" do działalności szpiegowskiej i złożył obszerne zeznania. Jednakże przeprowadzona weryfikacja wykazała, że były one bez pokrycia, dlatego zeznania Berlina nie zostały przekazane instancjom.

Jeszcze mniej przekonujące były zeznania o związkach aresztowanych lekarzy żydowskich z międzynarodową organizacją „Joint". Wszystkie zeznania aresztowanych prowadziły do Szymelowicza, rozstrzelanego w sprawie „Żydowskiego Komitetu Antyfaszystowskiego". Same zeznania dotyczące szpiegostwa były ewidentnie nieprzekonujące.

Jak się dowiedziałem, niektórzy śledczy w trakcie śledztwa dopuszczali się łamania prawa sowieckiego: fałszowali zeznania aresztowanych, znęcali się, bili, chociaż śledczym kategorycznie się tego zabraniało.

Wszystko to było rezultatem braku stałej kontroli i obserwacji śledczych, co bez wątpienia sprzyjało rozwinięciu się u niektórych śledczych niskich instynktów i doprowadziło do przestępstw. Winy za to nie chcę z siebie zrzucać, ale muszę powiedzieć, i wszyscy mogą to potwierdzić, że we wszystkich przypadkach, kiedy dowiadywałem się o nieprawidłowym zachowaniu śledczych wobec aresztowanych, natychmiast reagowałem. Ale co można było uczynić, kiedy łamane były podstawy prawa – zalegalizowano kajdanki, okowy, bicie, przesłuchania bez snu i odpoczynku. W tych warunkach kierownictwo nie mogło nie utracić kontroli nad działaniami swoich podwładnych.

B.[yły] zastępca ministra bezpieczeństwa państwowego ZSRS
Goglidze
Moskwa

CA FSB, f. 4-os., op. 11, d. 1, l. 315–322. Kopia.

Dokument nr 3

Notatka skierowana przez ministra spraw wewnętrznych ZSRS Ł. P. Berię do byłego ministra bezpieczeństwa państwowego S. D. Ignatjewa nakazująca przygotowanie wyjaśnień w „sprawie lekarzy". 26 marca 1953 roku.

26 MARCA 1953 ROKU

NOTATKA

Jak ustalono, aresztowania w związku ze sprawą lekarzy oskarżanych o działalność terrorystyczną przeciwko kierownictwu partii i rządu były przeprowadzone przez byłe MGB ZSRS, w czasie gdy Pan był ministrem, bez odpowiednich podstaw.

Jak ustalono, w wyniku zastosowania wobec aresztowanych lekarzy środków oddziaływania fizycznego (pobicia, długotrwałe przetrzymywanie w kajdankach, pozbawienie snu, groźby) wielu z nich zostało zmuszonych do złożenia zmyślonych zeznań, sfabrykowanych przez śledczych, dotyczących ich antysowieckiej-terrorystycznej działalności i pracy szpiegowskiej przeciwko ZSRS. Ustalono również, że wnioski ekspertyzy medycznej w sprawie lekarzy sfabrykowano, wykorzystując w tym celu pracowników medycznych będących agentami MGB ZSRS.

Należy przedstawić Wasze wyjaśnienie w tej sprawie jako byłego ministra bezpieczeństwa państwowego, uzasadniając, dlaczego nie podjęliście kroków mających na celu zaprzestanie fałszerstw i niezgodnych z prawem działań śledczych MGB oraz udzielenie rządowi ZSRS obiektywnej informacji o sytuacji faktycznej.

Adnotacje:
Do rąk własnych tow. S. D. Ignatjewa. Ł. Beria.

26 marca

CA FSB, f. 5-os., op. 2, d. 31, l. 446 (OP-Z za rok 1955)

Dokument nr 4
Wyjaśnienie byłego ministra bezpieczeństwa państwowego ZSRS S. D. Ignatjewa dla ministra spraw wewnętrznych ZSRS Ł. P. Berii o „sprawie lekarzy". 27 marca 1953 roku.

Ściśle tajne

27 marca 1953 roku

Do rąk własnych
Do tow. Ł. P. Berii

W związku z aresztowaniem lekarzy oskarżanych o działalność terrorystyczną przeciwko przywódcom partii i rządu melduję, co następuje.
Po wydaniu decyzji KC z 11 lipca 1951 roku, w której MGB otrzymało dyrektywę, by wykryć istniejącą wśród lekarzy wrogą grupę prowadzącą działania na szkodę przywódców partii i rządu – w zarządach operacyjnych zajmujących się działaniem w środowisku lekarzy przejrzano wszystkie akta lekarzy znajdujących się w rozpracowaniu agenturalnym. Po ich zbadaniu MGB nie dysponowało żadnymi informacjami o istnieniu wśród lekarzy zorganizowanej

wrogiej grupy. W posiadaniu MGB znajdowały się doniesienia agentów i zapisy z tajnych podsłuchów, z których wynikało jedynie, że niektórzy z rozpracowywanych lekarzy prowadzili antysowieckie rozmowy, dawali wyraz niezadowoleniu z powodu rzekomej oficjalnej linii w ZSRS mającej na celu ograniczenie praw osób narodowości żydowskiej... Z posiadanych materiałów wynikało, że niektórzy z rozpracowywanych lekarzy i członków ich rodzin prowadzili oczerniające rozmowy o przywódcach partii i rządu, złorzecząc pod ich adresem.

W październiku 1951 roku zameldowałem o tym towarzyszowi Stalinowi w odpowiedzi na jego pytanie – „Jak idzie robota w sprawie wykrycia wrogiej grupy wśród lekarzy?", które zadał mi przez telefon, dzwoniąc z południa kraju (Achali-Afoni[632]).

Moja informacja wywołała ostre rozdrażnienie towarzysza Stalina, który, zarzucając, że „czekiści ni cholery (za diabła) nie widzą dalej niż czubek swojego nosa, stają się niezdarnymi mieszczanami, nie chcą uczciwie wykonywać dyrektyw KC" – zażądał podjęcia zdecydowanych działań w celu wykrycia grupy lekarzy-terrorystów, co do istnienia której, jak powiedział, jest od dawna głęboko przekonany.

Po tej rozmowie z towarzyszem Stalinem wezwałem do siebie towarzyszy Goglidzego, Ogolcowa, Pitowranowa i postanowiliśmy utworzyć w II Zarządzie Głównym grupę złożoną z funkcjonariuszy operacyjnych i śledczych, która zajęłaby się dokładnym zbadaniem wszystkich materiałów dotyczących personelu medycznego i w kontakcie z odpowiednimi oddziałami przygotowałaby przedsięwzięcia operacyjne w celu jego dalszego rozpracowania.

Przez cały okres swojego istnienia grupa ta nie osiągnęła żadnych rezultatów, i w związku z tym do końca stycznia 1952 roku, prawie podczas każdego spotkania z towarzyszem Stalinem byłem obrzucany ostrymi przekleństwami, ale również groźbami mniej więcej takiego rodzaju: „Jeśli nie wykryjecie terrorystów amerykańskich agentów wśród lekarzy, to wylądujecie tam, gdzie Abakumow", „Ja nie jestem petentem w MGB. Mogę i żądać, i w mordę dać, jeśli nie będziecie wypełniać moich żądań", „Rozpędzimy was jak barany" itp. (swoją drogą, te przekleństwa i groźby, jak wiadomo, trwały do samego końca). Jednocześnie towarzysz Stalin uparcie domagał się wyjaśnienia, kto zabił towarzysza Żdanowa, towarzysza Dimitrowa? Kto doprowadził do choroby towarzysza Andriejewa? Później takie same pytania były zadawane w związku z chorobami towarzyszy Toreza i Tokudy.

Do połowy lata 1952 roku nie byliśmy w stanie dostarczyć o lekarzach żadnych informacji, które choć w minimalnym stopniu zadowoliłyby towarzysza Stalina...

Któregoś dnia w sierpniu 1952 roku zaszedł do mnie Riumin z informacją, że załatwił ekspertyzę medyczną w celu zbadania fragmentu serca towarzysza Żdanowa, by wyjaśnić lub doprecyzować charakter jego choroby, i że wnioski ekspertów różniły się od wniosków z sekcji zwłok towarzysza Żdanowa przeprowadzonej w dniu jego śmierci. Riumin powiedział, że lekarze, któ-

---

[632] Nowy Aton, Abchazja.

rzy mieli zbrodnicze zamiary w trakcie leczenia towarzysza Żdanowa, ukryli przed rządem rzeczywiste przyczyny jego śmierci oraz nieprawidłowości podczas leczenia, o czym jeszcze w 1948 roku informował lekarz Timaszuk. Oświadczając to, Riumin powiedział, że eksperci to wysoko wykwalifikowani specjaliści, ale w celu wykluczenia możliwości kłamstwa z ich strony, do ich grona włączono lekarza będącego jednocześnie agentem MGB. Dwa lub trzy dni później Riumin pokazał mi sporządzoną przez siebie notatkę w tej sprawie adresowaną do towarzysza Stalina, która następnie została wysłana.

Pewnej niedzieli (wieczorem) pod koniec sierpnia 1952 roku towarzysz Stalin wezwał mnie do Bliskiej Daczy[633] i po bardzo ostrej rozmowie, w trakcie której stwierdził, że czekiści zapomnieli, jak się pracuje, obrośli tłuszczem, roztrwonili i zapomnieli o tradycjach CzK z czasów Dzierżyńskiego, oderwali się od partii, chcą stanąć ponad partią – wziął do ręki notatkę o wynikach ekspertyzy w sprawie wycinka serca towarzysza Żdanowa, spytał, kto był inicjatorem, i usłyszawszy moją odpowiedź, że zrobił to Riumin ze swoimi ludźmi, towarzysz Stalin powiedział: „Ciągle powtarzam, że Riumin to uczciwy człowiek i komunista, pomógł KC wykryć poważne przestępstwa w MGB, ale on, biedaczek, nie ma wsparcia z waszej strony i dzieje się tak dlatego, że mianowałem go mimo pańskiego sprzeciwu. Riumin to zuch, żądam, żebyście go słuchali i trzymali bliżej siebie. Miejcie to na uwadze, że niezbyt ufam starym pracownikom MGB". Tym razem już nie próbowałem protestować.

Następnie towarzysz Stalin powiedział, że ekspertyzę jako bardzo ważne przedsięwzięcie należało przeprowadzić od razu po decyzji KC, kazał odwołać Jegorowa i odprawić go na prowincję, a po drodze lub po przybyciu na miejsce aresztować i trzymać w kajdankach. Zaproponował też od razu, by utworzyć komisję KC do skontrolowania pracy Kliniki Kremlowskiej, odwołać profesora Wasilenkę, przebywającego w Chinach przy towarzyszu Tokudzie, a po jego przybyciu do ZSRS aresztować, założyć mu kajdanki i przetransportować samolotem do Moskwy. Tego samego wieczora dostałem polecenie, by aresztować lekarza Majorowa i żonę Jegorowa.

Później towarzysz Stalin nie rzadziej niż co jeden, dwa dni zaciekle wypytywał mnie, jak są wykonywane jego rozkazy dotyczące Jegorowa i Wasilenki. Początkowo meldowałem, że Jegorow przekazuje sprawy w obecności komisji KC i trwają poszukiwania kogoś na miejsce Wasilenki. W odpowiedzi ja oraz czekiści zostaliśmy nazwani hipopotamami, ludźmi, którzy nie są w stanie szybko i starannie wykonywać instrukcji KC.

Po przekazaniu spraw w połowie września, Jegorow zachorował i został umieszczony w szpitalu, gdzie pozostał do drugiej połowy października. W związku z tym towarzysz Stalin wielokrotnie obwiniał nas, a zwłaszcza mnie, że pomagamy Jegorowowi uniknąć odpowiedzialności, że jego choroba to wymysł MGB. Niejednokrotnie mówił mi, że zapłacę głową za chronienie (krycie) Jegorowa.

---

[633] Bliska Dacza – dacza Stalina w Kuncewie, dziś w granicach administracyjnych Moskwy (przyp. red.).

Pod koniec października stan Jegorowa poprawił się i został on aresztowany, o czym doniesiono towarzyszowi Stalinowi, który natychmiast spytał: „Czy założyli mu kajdanki?". Kiedy wyjaśniłem, że w MGB nie używa się kajdanek, towarzysz Stalin w niespotykany mi dotąd ostry sposób obrzucił mnie stekiem wyzwisk, nazwał idiotą, dodał, że „jesteśmy politycznymi ślepcami, bonzami, a nie czekistami, nikt i nigdzie tak nie postępuje z wrogami, jak robimy to my". Zażądał, by bez szemrania robić wszystko dokładnie tak, jak on rozkaże, i meldować mu o wykonaniu.

Po aresztowaniu Jegorowa, Wasilenki i Majorowa rozpoczęto ich przesłuchania, nad którymi nadzór towarzysz Stalin kazał zlecić Riuminowi, mówiąc: „Wy (tzn. ja) ni cholery nie znacie się na robocie czekistowskiej, a na śledczej w szczególności". Polecenie to wykonałem.

Protokoły z przesłuchań aresztowanych lekarzy nie zawierały żadnych informacji, które zasługiwałyby na szczególną uwagę, i towarzysz Stalin po ich przeczytaniu wpadł w ogromny gniew, rzucał wyzwiskami i groźbami pod moim adresem, nakazał mi również przekazywać jego polecenia pracownikom oddziału śledczego, co czyniłem.

Począwszy od końca października 1952 roku towarzysz Stalin coraz częściej w sposób kategoryczny żądał ode mnie, towarzysza Goglidzego i śledczych stosowania środków oddziaływania fizycznego w stosunku do aresztowanych lekarzy, którzy nie przyznawali się do wrogiej działalności. „Bijcie!" – żądał od nas, mówiąc przy tym: „Chcecie być bardziej humanitarni niż był Lenin, który kazał Dzierżyńskiemu wyrzucić przez okno Sawinkowa? Dzierżyński miał do tego specjalnych ludzi – Łotyszów, którzy wykonywali takie poruczenia. Dzierżyńskiemu nie dorastacie do pięt, on nie unikał czarnej roboty, a wy pracujecie jak kelnerzy w białych rękawiczkach. Jeśli chcecie być czekistami, zdejmijcie rękawiczki. Praca czekisty to robota dla chłopa (mężczyzny), a nie dla panicza (baby)".

Niewykonanie poleceń towarzysza Stalina uważałem za rzecz niemożliwą, nakazałem więc przydzielenie dwóch pracowników z oddziału więziennictwa do stosowania środków oddziaływania fizycznego, żeby wykluczyć udział (nie dopuścić do udziału) śledczych w tych czynnościach. Ani razu nikt nie donosił, by którykolwiek ze śledczych osobiście brał udział w stosowaniu środków oddziaływania fizycznego wobec aresztowanych czy naruszał inne zasady postępowania z aresztowanymi. Żadnych skarg od aresztowanych również nie otrzymałem. Z własnej inicjatywy ani razu nie pozwoliłem na stosowanie takich środków. Odbywało się to wyłącznie na bardzo kategoryczne żądanie towarzysza Stalina.

Po odsunięciu od tego zadania Riumina w pierwszej połowie listopada 1952 roku, towarzysz Stalin zlecił kierowanie śledztwem podczas jednego z posiedzeń KC towarzyszowi Goglidzemu. 15 listopada poważnie się rozchorowałem i wróciłem do pracy dopiero pod koniec stycznia 1953 roku.

Jak przekazywali mi towarzysze Goglidze i Ogolcow, w czasie mojej choroby śledztwo w sprawie lekarzy nabrało na żądanie towarzysza Stalina szczególnego tempa i było kierowane przez niego osobiście. Sprawa ta była kilkakrotnie omawiana w KC, powstała komisja do s.praw sporządzenia uchwały. Według relacji towarzysza Goglidzego w tym czasie nasiliły się pretensje towarzysza Stalina w sprawie śledztwa, jak również osobiście pod adresem Goglidzego. Towarzysz Stalin codziennie bardzo nachalnie żądał nasilenia przesłuchań, aresztowania lekarzy i stosowania środków oddziaływania fizycznego. Co się tyczy fabrykowania zeznań przez śledczych, takiego problemu u nas nie było, ponieważ przed wysyłką protokołów z przesłuchań do KC (kiedy byłem obecny) dokładnie czytałem i uściślałem, najpierw u Riumina i Sokołowa, a następnie u towarzysza Goglidzego, czy nie ma w nich fałszu, naciągania, nieprecyzyjnych czy przekręconych sformułowań aresztowanych? We wszystkich przypadkach otrzymywałem zapewnienia, że wszystko jest w porządku, nie ma żadnych nieprawidłowości, przesłuchania i sporządzanie protokołów są kontrolowane przez prokuratorów. <u>Prokuratorzy nigdy nie zgłaszali żadnych protestów ani wniosków w tej sprawie</u>[634]. Towarzysz Goglidze mówił mi, że w ostatnich miesiącach aktywnego śledztwa osobiście przesłuchiwał aresztowanych, był obecny podczas przesłuchań prowadzonych przez śledczych w celu ich skontrolowania i nigdy nie zgłosił wątpliwości ani podejrzeń, że mogło dojść do złamania prawa.

Polegając na dużym doświadczeniu towarzysza Goglidzego, znając go jako czekistę-komunistę i mając w pamięci, że już w 1951 roku KC surowo potępił fałszowanie protokołów z przesłuchań aresztowanych, do których doszło w MGB, i surowo ukarał winnych tego zła i hańby, nie dopuszczałem możliwości powtórki tych zbrodni, tym bardziej że po uchwale KC z 11 lipca 1951 roku w tej sprawie wykonano ogromną pracę wśród funkcjonariuszy śledczych, zarówno po linii partyjnej, jak i administracyjnej.

Co się tyczy obiektywności informacji.

Nigdy nie pozwoliłem i nigdy nie pozwolę sobie przedstawić Rządowi i KC nieobiektywnej informacji. Bardzo dobrze znam cenę prawdy. Jeśli jednak w informacji MGB były jakiekolwiek nieścisłości, mogło to być wyłącznie skutkiem zbyt ufnego stosunku do ludzi przygotowujących te informacje, których nie byłem w stanie w pełni fizycznie zweryfikować.

Towarzysz Stalin kazał nam wysyłać sobie materiały związane ze śledztwem, mówiąc, że sam będzie je przekazywać członkom Biura Politycznego. Kategorycznie zabronił nanoszenia jakichkolwiek poprawek czy korekt do zapisów śledczych i dodał, że „my sami potrafimy ustalić, co jest prawdą, a co nie, co jest ważne i co jest nieważne".

Do lutego 1953 roku nie miałem pojęcia, że informacja przekazywana towarzyszowi Stalinowi z MGB nie zawsze docierała do kierownictwa Partii i Rządu. W lutym moją pewność zaburzyło następujące wydarzenie.

Towarzysze Ogolcow i Pitowranow poinformowali mnie, że mają możliwość przeprowadzenia pewnej akcji specjalnej wobec Tity. Zaproponowałem, by nie podejmowali żadnych kroków w tym kierunku, i doniosłem o tym towarzy-

---

[634] Podkreślenie w tekście dokumentu.

szowi Stalinowi, który wezwał mnie i Ogolcowa i dał polecenie, by się nie spieszyć, kazał wezwać odpowiedzialnego za tę sprawę pracownika I Głównego Zarządu towarzysza Korotkowa, przebywającego w Austrii. 3–4 dni później ja i towarzysze Ogolcow, Korotkow znowu zostaliśmy wezwani do towarzysza Stalina. Po wysłuchaniu towarzysza Korotkowa Stalin polecił mu dobrze tę kwestię przemyśleć, a nam wszystkim nakazał, by „nie wtajemniczać w tę sprawę nikogo więcej, nawet członków Biura Politycznego". Towarzysz Stalin dodał: „Jeśli to się uda, sam im potem powiem".

Powyższa historia każe mi podejrzewać, że cały szereg informacji MGB przesyłanych towarzyszowi Stalinowi, podobnie jak niektóre jego rozkazy wydawane nam, mogły być nieznane innym przywódcom Partii i Rządu.

Widzieliście, w jakich warunkach przyszło mi, niemającemu żadnego doświadczenia w robocie czekistowskiej, pracować. Wiecie również, że nasze nawet ostrożne protesty w jakiejkolwiek sprawie wywoływały ogromne niezadowolenie i potok wyzwisk i gróźb ze strony towarzysza Stalina. Trudno było pracować, a jeszcze trudniej wykonywać rozkazy, których słuszność i celowość często wzbudzały wątpliwości. Ale w tym czasie, jak widzieliście, nie miałem innego wyjścia.

Wykonywałem rozkazy.

S. Ignatjew

CA FSB, f. 5-os., op. 2, d. 31, l. 447–454,
kopia, maszynopis. Tamże, l. 459–464, oryginał.

Dokument nr 5
Raport szefa Oddziału Śledczego do Spraw Szczególnej Wagi MWD ZSRS L. J. Włodzimirskiego dla ministra spraw wewnętrznych ZSRS Ł. P. Berii o dodatkowych wyjaśnieniach S. D. Ignatjewa do jego notatki w „sprawie lekarzy". 27 marca 1953 roku.

27 MARCA 1953 R.
DLA TOWARZYSZA Ł. P. BERII

RAPORT

Melduję, że zgodnie z Waszym poleceniem dzisiaj 27 marca o godzinie 15 stawiłem się w szpitalu kremlowskim u towarzysza S. D. Ignatjewa w celu odebrania adresowanego do Was dokumentu.
Uważam za konieczne poinformować Was, że w chwili przekazywania mi dokumentu, towarzysz Ignatjew powiedział mi, co następuje:
On nie wierzył w zasadność oskarżeń wobec Jegorowa, Wowsi i innych o działalność terrorystyczną przeciwko przywódcom Partii i Rządu. Wprawdzie MGB dysponowało informacjami o antysowieckich rozmowach Kogana i niektórych innych osób, ale nie było żadnych dowodów, że lekarze ci dopuścili się szkodnictwa podczas leczenia w celu doprowadzenia do śmierci wysokich rangą partyjnych i sowieckich funkcjonariuszy.
Wszyscy wiedzieliśmy, powiedział towarzysz Ignatjew, np. o ciężkim stanie zdrowia towarzysza A. S. Szczerbakowa[635] i w mojej opinii nie było podstaw, by przypisywać jego śmierć złym intencjom leczących go lekarzy.
Sprawa lekarzy pojawiła się z inicjatywy Riumina, który latem 1951 roku złożył w KC KPZS oświadczenie o rzekomych zeznaniach aresztowanego Etingera. Trzeba dodać, kontynuował t. Ignatjew, że to oświadczenie Riumin złożył po tym, jak kiedyś wracając z więzienia w Lefortowie, zostawił w autobusie swoją teczkę z tajnymi dokumentami, co stało się przedmiotem dyskusji w kierownictwie ministerstwa i w organizacji partyjnej.

---

[635] Aleksandr Szczerbakow był alkoholikiem, zmarł w 1945 roku na zawał serca po libacji alkoholowej (przyp. red.).

Towarzysz Stalin[636] przywiązywał dużą wagę do oświadczenia Riumina i na jego podstawie rozpoczęły się aresztowania lekarzy. Riumin przeprowadził dodatkowo ekspertyzy medyczne, które potwierdziły słuszność jego oskarżeń. *Towarzysz Stalin* mówił mi, że aresztowani lekarze działali na zlecenie Amerykanów, którym służyli, i żądał, byśmy wyegzekwowali od nich przyznanie się do działalności terrorystycznej. Sytuację pogarszał (komplikował) fakt, że Riumin miał bezpośredni kontakt z *towarzyszem Stalinem* i informował go o wielu sprawach poza mną. Czasami informacje te były całkowicie sprzeczne z tym, co w tych sprawach mówiłem ja. *Towarzysz Stalin* wierzył jednak Riuminowi. Następnie towarzysz Ignatjew opowiedział o roli Riumina w przeprowadzonych jesienią 1951 roku aresztowaniach szeregu ważnych pracowników MGB: Pitowranowa, Raichmana, Ejtingtona i innych. Jesienią 1951 roku razem z towarzyszem Stachanowem zostaliśmy wezwani przez *towarzysza Stalina*, przebywającego na południu kraju. W rozmowie ze mną *towarzysz Stalin* zapytał, jak pracują Pitowranow, Szubniakow i wymienił chyba jeszcze kogoś, ale teraz nie pamiętam. Odpowiedziałem, że po aresztowaniu grupy Abakumowa widać było pewną dezorientację, ale teraz czekiści wrócili do formy, pracują lepiej, a co się tyczy Pitowranowa i Szubniakowa, to uważam ich za uczciwych ludzi, pracują z pełnym zaangażowaniem. Na co *towarzysz Stalin* odrzekł: „Ślepi jesteście, nic nie widzicie, co się dzieje dookoła. Macie, czytajcie".
Z tymi słowami *towarzysz Stalin* wyjął z kieszeni list i rzucił go na biurko. Był to list Riumina, w którym pisał on do *towarzysza Stalina*, że szereg wysokich rangą pracowników MGB to bliscy ludzie i lizusy Abakumowa, i że pracują nieuczciwie. Nie pamiętam teraz wszystkich, o których w tym liście pisał Riumin, ale była mowa o Pitowranowie, Rajchmanie, Ejtingtonie, Szubniakowie, Seliwanowskim i innych. Riumin wszystkich po kolei szkalował w najbrutalniejszych słowach, nie podając jednak żadnych konkretnych faktów. Zaprotestowałem, mówiąc *towarzyszowi Stalinowi*, że najwyraźniej Riumin co najmniej mocno przesadza, bo pracując jako starszy śledczy pionu śledczego z wymienionymi przez siebie zajmującymi kierownicze stanowiska pracownikami MGB nie miał osobiście do czynienia ani w pracy, ani w życiu osobistym i nie ma podstaw, by twierdzić to, co napisał. Ale *towarzysz Stalin* oświadczył, że Riumin to człowiek uczciwy, zasłużył się zdemaskowaniem lekarzy-terrorystów i grupy Abakumowa, i że jako komunista jest więcej wart niż ja. Następnie *towarzysz Stalin* zapytał, dlaczego nie mianowałem Riumina szefem oddziału śledczego. Odpowiedziałem, że decyzją Biura Politycznego na to stanowisko został już zatwierdzony sekretarz komitetu obwodowego towarzysz Kidin. W odpowiedzi usłyszałem: „Nie znam tego człowieka. Mianujcie szefem wydziału śledczego Riumina".
Następnie towarzysz Ignatjew powiedział, że wiedząc o ograniczonych możliwościach intelektualnych i cechach osobistych Riumina, na podstawie szeregu faktów upewnił się również, że jest to karierowicz.

---

[636] W tym miejscu i dalej zaznaczono kursywą tekst dokumentu wpisany ręcznie w miejscach wcześniej przygotowanych.

Na przykład, podczas jednej z rozmów z Ignatjewem Riumin powiedział, że jego zdaniem szef Oddziału Śledczego do Spraw Szczególnej Wagi powinien zostać zastępca ministra, jak to było – mówił – wcześniej, kiedy oddziałem śledczym kierował towarzysz Kobułow, będąc jednocześnie zastępcą ministra. O tej rozmowie, jak powiedział towarzysz Ignatjew, poinformował _towarzysza Stalina_, żeby obiektywnie pokazać mu prawdziwą twarz Riumina. Jednak _towarzysz Stalin_ powiedział: „To bzdura, a Riumina trzeba zrobić zastępcą ministra", co też uczyniono.

Po powrocie z południa towarzysz Ignatjew otrzymał od _towarzysza Stalina_ polecenie, by aresztować Pitowranowa, Szubniakowa i szereg innych czekistów. Wcześniej rozmawiał z Riuminem, który oznajmił mu, że niedawno mówił z nim _towarzysz Stalin_ i że on, Riumin, potwierdził wszystko to, co napisał w liście do _towarzysza Stalina_, z którym Ignatjew zapoznał się na południu. Mniej więcej w tym samym czasie _towarzysz Stalin_ nakazał Ignatjewowi usunąć z MGB wszystkich Żydów. Na uwagę towarzysza Ignatjewa, że wielu z nich zajmuje wysokie stanowiska i jak np. Ejtingon są osobiście znani _towarzyszowi Stalinowi_ ze względu na wykonywane przez nich odpowiedzialne zadania, _towarzysz Stalin_ powiedział: „Nie mówię, żebyście ich wyrzucili na ulicę. Wsadźcie ich i niech siedzą. Czekista ma tylko dwie drogi: albo awans, albo więzienie".

Na koniec towarzysz Ignatjew powiedział, że pełnych wyjaśnień w sprawie przebiegu śledztwa w sprawie lekarzy mogą udzielić towarzysze Goglidze i Riasnoj, ponieważ on sam prawie trzy miesiące chorował i może nie mieć pełnej informacji.

Wysłuchałem przytoczonej informacji, nie przerywając towarzyszowi Ignatjewowi, i na końcu zapytałem, czy nie napisał o tym wszystkim w dokumencie, który mi przekazał. Towarzysz Ignatjew odpowiedział, że opowiada mi to tylko dla ogólnej orientacji, ale o wszystkim rzekomo wie towarzysz Ł. P. Beria.

Szef Oddziału Śledczego do Spraw Szczególnej Wagi MWD ZSRS
generał lejtnant
Włodzimirski

CAFSB, f. 5-os., op. 2, d. 31, l. 455–458, oryginał.

Skróty

AChO ros. Administratiwno-chozjastwiennyj otdieł – Oddział Administracyjno-
-Gospodarczy
AChU ros. Administratiwno-chozjastwiennoje uprawlenije – Zarząd Administracyjno-
-Gospodarczy
ACz Armia Czerwona
AP RF ros. Archiw Prezidienta Rossijskoj Fiederacyi – Archiwum Prezydenta Federacji Rosyjskiej
ASD ros. Archiwno-sledstwiennoje dieło – osobowe akta śledcze
BP Bezpieczeństwo Państwowe
CA FSB Centralne Archiwum Federalnej Służby Bezpieczeństwa
CGAOR ros. Central'nyj gosudarstwiennyj archiw Oktiabrskoj Rewolucyi – Centralne Państwowe Archiwum Rewolucji Październikowej
ChOZO ros. Chozjastwiennyj otdieł – Odział Gospodarczy
CSU ros. Centralnoje statisticzeskoje uprawlenije – Centralny Urząd Statystyczny
CZON ros. Czasti osobogo naznaczenija – Jednostki Specjalnego Przeznaczenia
Dalstroj ros. Gławnoje uprawlenije stroitiel'stwa Dal'niego Wostoka – Główny Zarząd Budów na Dalekim Wschodzie
„DR" MGB oddział dywersji i terroru indywidualnego MGB
EKO ros. Ekonomiczeskij otdieł – Oddział Ekonomiczny
FSB ros. Fiederalnaja służba biezopasnosti – Federalna Służba Bezpieczeństwa
GARF ros. Gosudarstwiennyj Archiw Rossijskoj Fiederacyi – Państwowe Archiwum Federacji Rosyjskiej
GEU ros. Gławnoje ekonomiczeskoje uprawlenije – Główny Zarząd Ekonomiczny
GPU ros. Gławnoje politiczeskoje uprawlenije – Główny Zarząd Polityczny, później OGPU
GPW Główna Prokuratura Wojskowa
GUGB ros. Gławnoje uprawlenije gosudarstwiennoj biezopasnosti – Główny Zarząd Bezpieczeństwa Państwowego
GUKR SMIERSZ ros. Gławnoje uprawlenije kontrrazwiedki Smiert' szpionam – Główny Zarząd Kontrwywiadu Śmierć Szpiegom
GUŁag ros. Gławnoje uprawlenije łagieriej – Główny Zarząd Obozów
GUOBR ros. Gławnoje uprawlenije oboronitel'nych rabot – Główny Zarząd Budownictwa Obronnego
GUPWI ros. Gławnoje uprawlenije po diełam wojennoplennych i internirowannych – Zarząd Główny do spraw Jeńców Wojennych i Internowanych
GUSIMZ ros. Gławnoje uprawlenije sowietskogo imuszczestwa za granicej – Główny Zarząd Mienia Sowieckiego za Granicą / Główny Zarząd Majątku Radzieckiego za Granicą
KC Komitet Centralny
KGB ros. Komitet gosudarstwiennoj biezopasnosti – Komitet Bezpieczeństwa Państwowego
Komsomoł ros. Kommunisticzeskij sojuz mołodioży – Komunistyczny Związek Młodzieży
KP(b) Kommunisticzeskaja partija (bolszewikow) – Partia Komunistyczna (bolszewików) – oddział na poziomie republiki
KPZS Komunistyczna Partia Związku Sowieckiego
MGB ros. Ministerstwo gosudarstwiennoj biezopasnosti – Ministerstwo Bezpieczeństwa Państwowego

Moskopromsojuz Moskiewski Związek Spółdzielni Producentów
Mossowiet Moskiewska Rada Miejska
MWD ros. Ministierstwo wnutriennich dieł – Ministerstwo Spraw Wewnętrznych
Narkom ros. narodnyj komissar – ludowy komisarz
Narkomat ros. narodnyj komissariat – ludowy komisariat
NKGB ros. Narodnyj komissariat gosudarstwiennoj biezopasnosti – Ludowy Komisariat Bezpieczeństwa Państwowego
NKO ros. Narodnyj komissariat oborony – Ludowy Komisariat Obrony
NKWD ros. Narodnyj komissariat wnutriennich dieł – Ludowy Komisariat Spraw Wewnętrznych
Oddział „A" ros. analiticzeskij – analityczny
Oddział „P" ros. posielenij – oddział osiedleń specjalnych
OGPU ros. Objedinionnoje gławnoje politiczeskoje uprawlenije – Zjednoczony Główny Zarząd Polityczny
OITK ros. Otdieł isprawitielno-trudowych kołonij – Oddział Kolonii Pracy Poprawczej
OSO ros. Osoboje sowieszczanije – Komisja Specjalna (Centralna Trójka)
Politbiuro ros. Politiczeskoje Biuro – Biuro Polityczne
PP Pełnomocne Przedstawicielstwo
Rada Komisarzy Ludowych ros. Sowiet narodnych komissarow
RFSRS Rosyjska Federacyjna Socjalistyczna Republika Sowiecka
RGASPI ros. Rossijskij gosudarstwiennyj archiw socjal'no-politiczeskoj istorii – Rosyjskie Archiwum Państwowe Historii Społeczno-Politycznej
RKP(b) ros. Rossijskaja Kommunisticzeskaja partija (bolszewikow) – Rosyjska Partia Komunistyczna (bolszewików)
RFSRS ros. Rossijskaja Sowietskaja Fiedieratiwnaja Socjalisticzeskaja Riespublika – Rosyjska Federacyjna Socjalistyczna Republika Sowiecka
Sibłag ros. Sibirskije łagieria – Łagry Syberyjskie
Siewwostłag ros. Siewiero-wostocznyj isprawitielno-trudowoj łagier – Północno--Wschodni Obóz Pracy Poprawczej
Sowiet Rada
SRS Socjalistyczna Republika Sowiecka
UGB ros. Uprawlenije gosudarstwiennoj biezopasnosti – Zarząd Bezpieczeństwa Państwowego
UNKGB ros. Uprawlenije narodnyj komitet gosudarstwiennoj biezopasnosti – Zarząd Ludowego Komisariatu Bezpieczeństwa Państwowego
WCzK (CzK, Czeka) ros. Wsierossijskaja Czriezwyczajnaja komissija po borbie s kontrrewolucyj jej i sabotażom – Wszechrosyjska Komisja Nadzwyczajna do Walki z Kontrrewolucją i Sabotażem
WKP(b) ros. Wsiesojuznaja kommunisticzeskaja partija (bolszewikow) – Wszechzwiązkowa Partia Komunistyczna (bolszewików)
WKWS ros. Wojennaja kollegija Wierchownogo suda – Izba Wojskowa Sądu Najwyższego
WLKSM ros. Wsiesojuznyj leninskij kommunisticzeskij sojuz mołodioży – Wszechzwiązkowy Leninowski Komunistyczny Związek Młodzieży
WOCHR ros. Wojska wnutrienniej ochrany Riespubliki (Wojska WOCHR) – Wojska Ochrony Wewnętrznej Republiki
ZSRS Związek Socjalistycznych Republik Sowieckich

Indeks osobowy

Abakumow W. S. 48-49, 65-66, 80, 89, 102, 115, 123, 124-127, 130-131, 137, 141-142, 148, 152-153, 155, 163-164, 167-170, 180, 183, 190, 192-195, 198-202, 207, 213, 215, 225, 246, 305, 312-314, 319-334, 410-411, 413, 416
Afanasjew N. P. 140
Afanasjewa A. A. 325
Agranowicz L. 276-277
Aleksandrow A. S. 341
Aleksiejew I. I. 188
Alochin M. S. 75
Andriejew A. A. 413, 416
Andropow J. W. 160-161, 331
Antipow N. K. 181
Antonow I. I. 73, 220, 242, 269, 336, 341
Arnold W. W. 51-52

Babajan T. Ch. 342
Babel I. E. 181
Bagirow M. D. 27
Baramija M. I. 207
Baranow M. A. 342
Baranow P. M. 342
Barinow I. S. 337, 342
Basztakow L. F. 177, 395, 397, 400
Bedija E. 24
Berg I. D. 221-222
Beria L. P. 8, 11-27, 29-30, 32-42, 44, 46, 50, 53-57, 61-65, 67-75, 79, 80-83, 89, 90-93, 95-101, 103-108, 110-111, 113-116, 119-122, 124, 127-132, 134, 137-139, 141, 143-145, 155-156, 170-171, 177, 181-182, 185-188, 193, 201, 209-210, 212, 223-225, 229, 280, 282, 285-288, 290-291, 298, 300-304, 307-308, 310, 312-314, 322, 325-326, 328, 330-331, 393, 395, 397, 407-409, 415, 421, 423
Berlin L. B. 413
Berling Z. 8, 99
Berlinks O. 84-85, 108
Biełogorłow W. A. 343

Biełosłudcew 177
Biełow F. I. 214
Biełow I. I. 343-344
Bierzin J. K. 299
Biezrukow I. D. 339, 344
Blucher W. K. 98
Błank K. E. 344
Błochin W. M. 63-64, 73-76, 78-79, 144, 216-226, 239, 242, 254, 336-337, 340, 344
Boczkow W. M. 63, 233
Bodunow W. 73
Bogdanow N. F. 254-245, 345
Bogdanow N. W. 259-260, 265
Bogdanow P. A. 345
Bogomołow D. W. 332
Borodin M. M. 194
Borodin A. 283
Boszyndżagian 94
Bowkun-Ługaniec I. T. 54-57, 59-60, 67, 138, 144, 249
Brajko P. E. 199
Breżniew L. I. 273, 289, 332
Browkin D. W. 225
Bucharin N. I. 22, 222, 299
Bucharina A. M. patrz Łarina A. M.
Bułanow P. P. 223
Bułatow D. A. 181
Bułgakow 107
Bułganin N. A. 113-114, 116, 201-202, 212
Burda T. D. 346
Burdenko N. N. 98

Canawa Ł. F. 17, 101, 119-133
Cepkow W. 234
Cereteli Sz. O. 57-60, 62, 232
Christozow R. 191
Chrustalow G. W. 220-221
Chruszczow N. S. 71, 116-117, 173, 181-182, 186-187, 210, 212, 214, 273, 288, 302, 306, 408
Cinamzgwariszwili 93
Cowjanow 94
Cukanow A. I. 346
Cykulin M. W. 347
Czarkwiani K. N. 59
Czekułajew W. K. 347
Czernow A. K. 220

Czernow I. 330
Czerwenkow W. 191
Czubar W. J. 173, 181-182
Czuprin B. 60
Czużajkin I. M. 348
Czyżow F. K. patrz Iljin F. K.

Dagin I. J. 136, 222
Dawydow M. J. 348
Dedikow N. I. 187
Demczenko N. N. 298
Diekanozow W. G. 17, 25, 32, 109
Diewiatiłow A. G. 349
Dimitrow G. 132, 410, 413, 416
Dmitrijew A. D. 73, 220, 349
Dobrynin G. P. 36
Doroginin F. M. 350
Doronin F. I. 350
Dostojewski F. M. 13, 157
Drobnis J. N. 43
Dzierżyński F. E. 7, 160, 197, 205, 214, 255, 283-284, 296, 406-407, 417-418
Dżilas M. 18

Ejche R. I. 177, 181, 224
Ejngorn J. A. 137
Ejtingon N. I. 66, 73-75, 79, 89, 156, 157-162, 164-172, 239, 423
Etinger J. G. 200-202, 327, 409, 421

Fadiejew A. M. 351, 408
Feldman I. I. 73, 220, 336, 351
Fiedoryszko S. M. 352
Fiedotow P. W. 44
Filagin W. P. 50, 53
Filimonow M. P. 73, 75-80, 238
Finkiel I. D. 186
Fiodorow A. N. 410, 412
Fiodorow S. S. 131-132
Fortuszenko A. D. 194
Fouché J. 18
Frinowski M. P. 30, 56, 176, 321
Frolenkow I. L. 352

Gabalin R. M. 220
Galicyn A. M. 411
Galicyn N. A. 352, 411

427

Ganin M. I. 56, 60
Gawrilenkow T. K. 353
Gegeczkori E. P. 207
Gelman M. 44
Giecelewicz R. S. 353
Giercowski A. J. 64, 74
Goglidze S. A. 23-24, 27, 106, 115, 122, 208, 214, 230, 258-259, 329, 408, 409, 414, 416, 418-419, 423
Gołow G. W. 220-221
Gołowinkin N. I. 353
Gordow W. N. 323
Gorgonow I. I. 245, 312-314, 316
Goriaczew M. D. 354
Gottwald K. 113
Goworow L. A. 413
Gribow J. I. 354
Grigorjew M. P. 355
Grigorowicz A. A. 73, 76, 78-79
Griszajew P. I. 206
Gromyko A. A. 328
Gulst W. N. 61-62, 65, 232
Gumotudinow I. A. 355
Gusiew L. 234
Gwozdowskij N. A. 355

Himmler H. 42, 99
Hitler A. 71, 81-88, 99-100, 304
Husejnow M. D. 20, 26

Ignatjew M. F. 356
Ignatjew S. D. 80, 127-128, 192-193, 203, 205-206, 209, 212-215, 246, 329, 407-408, 410-411, 414-415, 420-423
Iljin F. K. 356
Iwanow I. M. 357
Iwanow W. G. 138, 148-149, 151, 181, 357

Jachontowa L.D. 94
Jagoda G. G. 222, 228
Jakowlew A. M. 357
Jakowlew P. A. 75, 220, 222, 243, 336, 358
Jakuszew T. P. 359
Jankowski J. 140
Jefriemow A. I. 413
Jegorow A. W. 215, 359
Jegorow P. I. 409-410, 412, 417-418, 421
Jemieljanow A. M. 336, 359

Jermolin I. P. 199
Jerszow-Łurje A. M. 26
Jesauław A. A. 177
Jewdokimow J. G. 98
Jewstigniejew S. K. 274
Jusis I. F. 220-221

Kabanow M. A. 275
Kaczyn T. F. 360
Kaganowicz L. M. 21, 34, 297
Kalinin A. M. 271
Kalinin M. I. 61, 152, 286
Kałmykow B. 181
Kapica P. Ł. 65
Kapustin J. F. 49
Karawajew W. M. 361
Karcew P. M. 337, 362
Karmanow A. A. 362
Karpaj S. J. 410
Karpow G. F. 362
Kassel A. D. 296, 302
Kaszczejew J. G. 411
Kawierin 116-118
Kawtaradze S. I. 190
Kidin A. N 204, 422
Kiedrow M. S. 143
Kirow S. M. 20, 50, 52, 88, 264
Kisielow N. A. 362
Klestow-Angarski N. 189
Kobułow A. Z. 13, 84-85, 105-107, 109-118
Kobułow B. Z. 13, 17, 23, 32-33, 44, 50, 57, 63-64, 68, 74, 97, 102, 105-107, 109-115, 122, 132, 137, 142-143, 145, 179, 181, 186-188, 195, 217, 230, 290, 322, 337, 395, 397, 400, 423
Kobułow Z. O. 106
Kogan B. B. 410, 413, 421
Kolada N. 180
Kolcow M. E. 187
Kołczak A. W. 200
Komarow W. M. 330
Komarowski I. I. 363
Korotkow A. M. 420
Kosariew A. W. 131-132, 181, 187-188, 205, 286, 288
Kosior S. W. 173, 181-182
Kostiuczenko N. K. 363
Kostiuczenko W. K. 364
Kostow T. 190-191
Kotow P. M. patrz Łobow P. M.

Kowalow A. S. 364
Kozlenko N. 193
Kozłow A.S. 187
Kozochotski M. A. 364
Krasnowidow I. I. 365
Krawczenko W. A. 75
Kriwienko M. S. 339, 365
Krugłow S. N. 71, 110
Kubatkin P. N. 45-51, 231
Kulik G. I. 61-62, 100, 138, 144, 323
Kupierin I. I. 409
Kuprij T. F. 365
Kuprijanow J. I. 338
Kuzniecow A. A. 48, 141-142, 165, 180, 328
Kuzniecow A. W. 199
Kuzniecowa S. S. 366

Lebiediew W. 131, 149-151
Lebiediew M. D. 366
Lenin W. I. 5, 15, 24, 97, 118, 189, 286, 296, 406-407, 412, 418
Leonow A. G. 190, 199, 202, 330
Lewanczukow G. K. 367
Lewczenko G. I. 413
Lewin A. A. 176
Licealista patrz Berlinks O.
Lichaczow M. 190-191, 202, 330
Lifszyc J. A. 43
Litkens G. A. 299-230, 301-3402
Litwinow M. M. 66, 72, 308
Ludwigow B. A. 24

Łapszyn J. P. 75
Łarina A. M. 17
Łazarienko S. M. 367
Łobow P. M. 46, 50, 52
Łoginow N. W. 367
Łoktionow A. D. 138, 143, 181, 189
Ługinin M. P. 368

Macz E. A. 220-221, 242
Maggo P. I. 220-221, 243
Majorow G. I. 410, 412, 417-418
Majranowski G. M. 66-74, 76-80, 149-151, 154-156, 164, 167, 238
Makarienkow G. I. 368
Makarow N. I. 187

Maklarski I. B. 196-197
Malcew M. M. 273-281
Malenkow G. M. 30, 48, 61, 71, 95, 104, 111-112, 116, 125, 131, 192-193, 201, 209, 210, 212, 301, 305, 328-330
Mamulija J. I. 21
Mamułow S. S. 17, 32, 74
Maniu I. 190
Margolin N. W. 137
Martynow 45
Marusiew A. J. 368
Matikaszwili 23
Matusow J. N. 44,
Meyer 176, 184
Meyerhold W. E. 176, 181, 187
Michajłow M. J. 176
Michoels S. M. 66, 123-124, 129, 131, 305, 325
Miedwiediew I. B. 369
Mielnik A. T. 369
Mielnik N. W. 369
Mienżyński W. P. 197
Mieńszowa-Radiszczewa 80
Miereckow K. A. 100
Mierkułow W. N. 8, 13, 24, 32-33, 62-65, 68, 70-72, 74, 77, 79-80, 86-87, 92-104, 122, 142, 145, 166, 170, 230, 308, 324, 330, 395, 397, 400, 402, 404
Mikojan A. I. 21, 297
Mikołaj II 180
Milsztejn S. R. 330
Minajew-Cykanowski A. M. 188
Mironow A. N. 58, 60, 63-64, 144, 233
Miszakowa O. P. 205
Miszczenkow N. A. 369
Moisiejenkow A. A. 370
Moisiejenkow W. P. 370
Mokridin I. P. 371
Mołotow W. M. 34-35, 38-40, 56, 61, 66, 71, 83, 85, 87, 88-89, 99, 163-164, 174, 201, 297, 305, 308, 328, 330, 393, 395
Morgan D. 186
Mraczkowski S. W. 299
Müller Z. 84-85, 108
Murałow N. I. 43, 253
Muromcew S. N. 71, 73, 75, 76-77, 80, 238

Nikołajenko 205
Nikołajew L. W. 271, 297
Nosow I. P. 181
Nowosiełow I. I. 371

Oficerow A. N. 371
Oggins I. M. 66, 162-164
Ogolcow S. I. 80, 124-125, 129-131, 201-202, 305, 308, 411-412, 416, 418-420
Ogwarelidze 23
Okulicki Ł. 180, 190
Okuniew A. W. 79, 220-221, 242, 372
Ordżonikidze K. K. 20-21, 145, 181
Ordżonikidze S. K. 181
Orlińska 281
Orłow A. 160-161
Orłow D. I. 372
Osinin-Winnicki G. 321
Osinkin A. A. 73, 238
Osipow W. A. 373
Owczynnikow I. W. 52

Pakałn P. P. 220-221
Pankratjew M. I. 41
Pawłow P. A. patrz Sudopłatow P. A.
Pawłow W. P. 337-338, 373
Pawłowski S. G. 185
Piatakow G. Ł. 43, 253
Pikina W. F. 188, 290
Pitowranow J. P. 203, 328, 411, 416, 419, 422-423
Podobiedow W. N. 74
Popow 17, 22, 23, 27
Popowa N. A. 413
Poskriebyszew A. N. 61, 202, 412
Postyszew P. P. 173, 181
Prieobrażenski B. C. 413
Prudnikow P.G. 373

Rabinowicz I. M. 137
Radek K. B. 25, 43, 45, 50, 250
Rajchman Ł. F. 115, 185, 422
Rakow A. M. 223
Rapawa A. N. 54-55, 598, 232
Razorienowa A. I. 374
Redens S. F. 26, 30
Reinhold I. I. 299
Riasnoj W. S. 410, 423
Ribbentrop I. 84-85, 99

Riumin M. D. 14, 80, 183, 191-193, 196-211, 246, 283, 326-327, 410, 412, 416-419. 421-423
Rodos B. W. 13, 138, 140, 173-183, 187, 189, 191, 200, 234, 244
Rodowański J. F. 220
Rogow A. P. 21, 220
Rokk W. patrz Mierkułow W. N.
Romanowa T. N. 180
Romża F. 66,
Romża T. 165-167, 171
Rubanow A. M. 337, 374
Rudenko R. A. 71, 99, 116, 195, 330
Runicz N. 321
Rybakow A. A. 375
Ryczagow P. W. 138-139, 143, 181
Ryczkow N. M. 30
Rykow A. I. 22, 222

Safonow P. S. 25, 337-338
Sakrijer I. F. 189
Salimanow G. W. 279, 281
Samet N. T. 66, 147-148, 156, 167, 171
Sawczenko S. R. 66
Sawinkow B. W. 407, 418
Segizbajew S. 137
Seliwanowski N. N. 422
Siemienichin D. E. 73, 220, 376
Sieniuszkin N. M. 376
Sieriebriakow Ł. P. 43
Sierow I. A. 50, 52, 178, 195, 199, 306, 309, 325
Silczenkow I. M. 377
Simonicz-Kulik K. I. 61-65, 71-72, 138, 144
Simonow K. 408
Siniegubow N. I. 339, 377
Siurin A. B. 378
Skorodumow W. J. 378
Slanski R. 114
Smirnow W. A. 318
Smuszkiewicz J. W. 138, 143, 181
Smykałow I. P. 378
Sokolnikow G. J. 43, 44, 46, 47, 50, 51, 67, 250
Sokolnikowa G. G. 44
Sokołow K. A. 412, 419
Sołowjow M. M. 379
Sołowjow N. W. 200

429

Sołowjow W. A. 167-168, 172, 379
Sołżenicyn A. I. 272, 279, 280, 319, 326
Sorokin W. K. 379
Sotnikow F. I. 220-221, 345
Stachanow I. 422
Stachanow N. P. 422
Stalin I. W. 5-9, 11-16, 18, 20-25, 27, 30-36, 38-45, 47, 49, 54-57, 60-61, 63-68, 70, 72, 81-90, 96-97, 100, 102-103, 105, 107-109, 111, 114-115, 117-119, 122-129, 131, 137, 139-140, 142-145, 147-148, 152-153, 155, 157, 160, 162-164, 166-170, 174, 178, 181-182, 186-193, 196-197, 199-210, 212-217, 219-224, 227, 250, 253, 268, 273-275, 286, 297-308, 310-311, 313-315, 322-327, 329-334, 398-399, 406-408, 410-413, 416-420, 422-423
Stecki A. I. 181
Stelmach I. I. 380
Stiekolszczykow I. A. 380
Stiepanow I. A. 380
Stiepanow I. I. 45, 46, 53
Stroiłow M. S. 51,
Suchanow D. N. 33, 62, 71
Suchariew N. I. 337, 381
Sudopłatow P. A. 47, 65-66, 69, 73-77, 79-83, 89-90, 147-148, 151-158, 160, 162, 164, 166, 167-172, 239, 287, 325-326, 393-395, 397
Surikow W. I. 45
Susłow M. A. 123, 328
Swoboda Ł. 114
Syromiatnikow M. W. 337, 381
Sytin W. M. 382
Szarija P.A. 207
Szarok G. F. 46-47, 49-51, 231
Szczegolew W. D. 78
Szczepka T. S. 382
Szczerbakow A.S. 110, 117, 410, 413, 421,

Szejnin L. R. 115
Szewielow A. M. 382
Szkiriatow M. F. 301
Szłykow G. N. 194
Sztern G. M. 143, 181, 189
Szubniakow F. G. 124, 131, 203, 422-423
Szumski A. J. 66, 152-153, 155-156, 167, 171
Szwarcman Ł.Ł. 13, 140, 183-195, 202, 206, 207, 234, 244, 329, 410-411, 413
Szwernik N.M. 45
Szygalow I. I. 73, 220-221, 243, 336, 383
Szygalow W. I. 220-221, 243, 336, 383
Szymelowicz B. A. 414

Takujew 94
Tarabarin N. A. 57, 60
Tarasow G. N. 384
Tichonow D. F. 384
Tichonow P. P. 338, 385
Tikunow I. J. 385
Timaszuk Ł. F. 417
Timofiejewa T. J. 278-279
Timoszenko G. I. 385
Tito I. B. 169, 419
Tiwanienko Ł. A. 386
Toczenow A. M. 386
Tokariew D.S. 216-217, 337-338, 340
Tokuda K. 413, 416-417
Tołbuchin F. I. 413
Torez M. 413, 416
Tuchaczewski M. N. 110, 222, 299
Tupolew A. N. 300

Ugarow A. I. 187
Ulrich A. D. patrz Kassel A. D.
Ulrich W.W. 222, 245, 295-302
Unszlicht I.S. 213

Walter 213
Wannikow B. L. 100

Warieżnikow patrz Stiepanow I. I. 45, 51
Wasilenko W. Ch. 206, 215, 410, 412, 417-418,
Wasilewski A. M. 413
Wejs K. I. 218-219
Wigorowskij J. A. patrz Wigowskij J. A.
Wigowskij J. A. 386
Winogradow W. N. 215, 410, 412-413
Własik N. S. 122, 215, 223
Włodzimirski J. T. 135
Włodzimirski L. J. 13, 57-58, 60-64, 134-145, 180, 234, 236-237, 330, 407, 421, 423
Worobjow W. I. 74
Wowsi M. S. 410, 413, 421
Wujkowicz 18
Wyszyński A. J. 30, 140, 222, 253, 254, 300, 328

Zacharow A. E. 108, 259
Zacharow A. J. 387
Zajcew A. G. 387
Zawieniagin A. P. 274, 280-281
Zielenin P. W. 245, 312-314, 316,
Zielenin W. F. 413
Zilberman K. S. 339, 387
Zinowjew N. P. 388
Ziuskin G. P. 388
Zorin P. M. 389
Zoszczenko M. M. 195
Zubcow W. P. 389
Zubow N. A. 389
Zweig S. 18

Żdanow A. A. 123, 205, 297, 410, 413, 416-417
Żukow G. K. 196, 199, 323, 325, 329
Żurawlow M. M. 390
Żurawlow N. T. 390
Żurbienko A. S. 26
Żylcow W. I. 391
Żyła M. A. 391